丁　力◎主编　　杨旭辉◎副主编

中国职业技术教育教师发展区域报告

2021—2022

华东师范大学出版社
·上海·

图书在版编目(CIP)数据

中国职业技术教育教师发展区域报告.2021—2022/丁力主编;杨旭辉副主编.—上海:华东师范大学出版社,2024.—ISBN 978-7-5760-5081-3

Ⅰ.G715

中国国家版本馆 CIP 数据核字第 20249S35D3 号

中国职业技术教育教师发展区域报告(2021—2022)

主　　编　丁　力
副 主 编　杨旭辉
策划编辑　彭呈军
责任编辑　朱小钗
特约审读　陈雅慧
责任校对　王丽平　时东明
装帧设计　卢晓红

出版发行　华东师范大学出版社
社　　址　上海市中山北路3663号　邮编 200062
网　　址　www.ecnupress.com.cn
电　　话　021-60821666　行政传真 021-62572105
客服电话　021-62865537　门市(邮购)电话 021-62869887
地　　址　上海市中山北路3663号华东师范大学校内先锋路口
网　　店　http://hdsdcbs.tmall.com

印 刷 者　上海锦佳印刷有限公司
开　　本　787毫米×1092毫米　1/16
印　　张　25.5
字　　数　414千字
版　　次　2024年7月第1版
印　　次　2024年7月第1次
书　　号　ISBN 978-7-5760-5081-3
定　　价　98.00元

出 版 人　王　焰

(如发现本版图书有印订质量问题,请寄回本社客服中心调换或电话 021-62865537 联系)

编辑委员会

顾　问：石伟平

主　任：丁　力

副主任（以姓氏笔画为序）：

　　李梦卿　杨旭辉　夏金星　徐　涵　徐平利　臧志军

委　员（以姓氏笔画为序）：

　　王　志　王　芳　王世铎　王斯克　田铁杰　田舒蕾
　　吕国圆　刘兴革　刘晶晶　衣　明　李　丰　李玉静
　　李良立　李灵莉　杨旭辉　余　静　张　汀　张　宇
　　张　淼　张祺午　陈春霞　陈姝伊　贺应根　袁李兰
　　卿中全　梁　伟　蒋春洋　韩　玉

前言 / 1

第一章
京津冀地区职业技术教育教师培养培训发展报告 / 1

第一节 京津冀地区职教师资培养培训年度发展概况 / 3
 一、以高质量发展为指引,职业院校师资队伍结构不断优化 / 4
 二、以专业成长为抓手,培养培训体系基本建成 / 5
 三、以立德树人为根本,师德师风建设持续加强 / 7
 四、以校企共育为依托,"双师型"教师队伍建设持续强化 / 8
 五、以智能技术为载体,基地信息化建设全面加强 / 10
 六、以"三教"改革为引领,教师教学创新团队建设成效显著 / 12
 七、以"互通共建共享"为遵循,京津冀协同发展稳中有序 / 14

第二节 京津冀地区职教师资培养培训的主要举措 / 16
 一、探索区域职教师资政策,营造良好教师发展生态 / 16
 二、探索多元师资培养模式,增强教师培养体系开放性 / 18
 三、加强职教师德师风建设,健全师德师风建设长效机制 / 22
 四、探索产教融合培训体系,加强"双师型"教师队伍建设 / 25
 五、引培并举优化师资结构,打造高素质结构化教师团队 / 29
 六、组织参与教学实践活动,促进高水平专业化教师队伍建设 / 33
 七、深化人事制度综合改革,完善职业院校治理体系 / 36

第三节 年度主要成绩 / 40
 一、筑牢意识形态防线,加强思政教育和师德师风建设 / 40
 二、贯彻职教师资政策,推进外延式扩张与内涵式发展 / 43
 三、创新培养培训模式,促进"双师型"教师规模与质量提升 / 46
 四、拓展教师交流渠道,加强培养培训共同体建设 / 49
 五、聚焦师资队伍质量,坚持特色化与可持续发展 / 52
 六、提升信息技术素养,彰显数字化与智能化成效 / 54

第四节 问题与展望 / 58
 一、面临问题 / 58

二、工作展望　/ 60

第二章
东北地区职业技术教育教师培养培训发展报告　/ 67

第一节　东北地区职教师资队伍概况　/ 69
　　一、中等职业教育师资队伍概况　/ 69
　　二、高等职业教育师资队伍概况　/ 77
　　三、本科职业教育师资队伍概况　/ 89
第二节　东北地区职教师资培养培训概况　/ 91
　　一、职业技术师范院校及分布情况　/ 91
　　二、教育硕士（职业技术教育领域）试点院校及分布情况　/ 95
　　三、职业教育教师培训情况　/ 103
第三节　东北地区职教教师培养培训的主要举措　/ 108
　　一、省级政府出台的职教师资培养培训政策分析　/ 109
　　二、职教师资培养举措分析　/ 111
　　三、东北地区职教师资培养培训举措　/ 113
　　四、职教师资培养培训院校实践分析　/ 114
第四节　东北地区职业教育教师培养培训的经验与问题　/ 124
　　一、职业教育教师培养的经验与问题　/ 125
　　二、职业教育教师培训的经验与问题　/ 132
第五节　东北地区职教教师培养培训的展望　/ 136
　　一、区域合作推动职教教师培养培训现代化　/ 137
　　二、不同省份自主提升职业教育教师培养培训能力　/ 140

第三章
长三角地区职业技术教育教师培养培训发展报告　/ 145

第一节　长三角经济发展及职业教育发展概述　/ 147

一、长三角地区经济发展概况　/ 147
　　二、长三角地区职业教育发展概况　/ 151
　　三、多域共振助力长三角"三链"衔接　/ 153
第二节　长三角职业技术教师培养培训工作现状　/ 154
　　一、研究设计　/ 154
　　二、长三角职业技术教师队伍基本现状　/ 155
　　三、长三角职业技术教师培养工作现状　/ 167
　　四、长三角职业技术教师培训工作现状　/ 176
第三节　长三角职业技术教师培养培训政策分析　/ 180
　　一、研究设计　/ 180
　　二、长三角职业技术教师培养培训政策文本分析　/ 181
　　三、长三角职业技术教师培养培训政策内涵分析　/ 188
第四节　长三角职业技术教师培养培训工作的举措　/ 190
　　一、江苏省职业技术教师培养培训工作的主要举措　/ 191
　　二、浙江省职业技术教师培养培训工作的主要举措　/ 199
　　三、安徽省职业技术教师培养培训工作的主要举措　/ 203
　　四、上海市职业技术教师培养培训工作的主要举措　/ 205
第五节　长三角职业技术教师培养培训工作的主要成绩　/ 207
　　一、研究设计　/ 207
　　二、长三角职业技术教师队伍职业发展成绩　/ 212
　　三、长三角职业技术教师队伍整体优化情况　/ 226
第六节　长三角职业技术教师培养培训存在的问题及发展建议　/ 231
　　一、长三角职业技术教师培养培训存在的问题　/ 231
　　二、长三角职业技术教师培养培训的建议　/ 234

第四章
川渝地区职业技术教育教师培养培训发展报告　/ 239

第一节　川渝地区职教师资队伍建设基本情况　/ 241
　　一、川渝地区职业院校教师结构与素质分析　/ 241

二、川渝地区职业技术教育教师培养培训情况　/ 249
　　三、川渝地区职业技术教育教师队伍建设存在的主要问题　/ 252
　　四、对策建议　/ 258
第二节　川渝地区职教师资培养培训概况　/ 264
　　一、职教师资职前培养情况　/ 264
　　二、职教师资培训情况　/ 276
第三节　川渝地区职教教师培养培训的主要举措　/ 282
　　一、川渝地区职教师资培养培训政策分析　/ 282
　　二、职教师资培养培训院校实践分析　/ 288
第四节　川渝地区职教教师培养培训的经验与问题　/ 295
　　一、川渝地区职教教师培养的经验与问题　/ 296
　　二、川渝地区职教教师培训的经验与问题　/ 298
第五节　川渝地区职教师资培养培训的展望　/ 303
　　一、区域协同推进职教师资培养培训一体化　/ 304
　　二、自主建设职教师资培养培训体系　/ 308

第五章
粤港澳大湾区职业技术教育教师培养培训发展报告　/ 313

第一节　年度发展概况　/ 315
　　一、广东省职业技术教师整体水平稳步提高　/ 315
　　二、香港职业技术教师接受强制性和自愿性相结合的课程培训　/ 316
　　三、澳门特别行政区政府教育及青年发展局成立　/ 317
　　四、粤港澳三地积极探索职业技术教师协同发展机制和模式　/ 318
第二节　年度主要举措　/ 319
　　一、进一步强化教师"双师素质"培训　/ 319
　　二、充分发挥国培和省培的主干作用　/ 320
　　三、完善职业学校教师培训生态体系　/ 321
　　四、强化三地职教师资培训交流合作　/ 324
第三节　年度主要成绩　/ 325

一、粤港澳大湾区职业技术教师队伍整体素质位居全国前列 / 325
　　二、广东省"双师型"教师队伍建设案例位列全国第二 / 327
　　三、"产教融合、校企合作"培养职业技术教师成果显著 / 328
　　四、职业技术教师的思政素养在培训中得到了加强 / 329
第四节　问题与展望 / 330
　　一、粤港澳大湾区职业技术教师培养培训存在的问题 / 330
　　二、粤港澳大湾区职业技术教师培养培训展望 / 332

第六章
五大区域职业技术教育教师培养培训现状及未来发展 / 335

第一节　五大区域职业技术教育教师培养培训发展现状 / 337
　　一、五大区域职业技术教育教师培养培训的概况 / 337
　　二、五大地区职业技术教师培养培训的特点与亮点 / 339
第二节　五大区域职业技术教育教师培养培训面临的问题与挑战 / 343
第三节　我国职业技术教师培养培训发展方向展望 / 346

第七章
中国职业技术教育教师发展区域典型案例 / 351

　　一、江苏省职业技术教师培训工作的典型案例 / 353
　　二、浙江省职业技术教师培训工作的典型案例 / 355
　　三、安徽省职业技术教师培训工作的典型案例 / 356
　　四、上海市职业技术教师培训工作的典型案例 / 357
　　五、辽宁省职业技术教师培训工作的典型案例 / 359
　　六、吉林省职业技术教师培训工作的典型案例 / 366
　　七、黑龙江省职业技术教师培训工作的典型案例 / 371
　　八、北京市职业技术教师培训工作的典型案例 / 383
　　九、天津市职业技术教师培训工作的典型案例 / 387

十、河北省职业技术教师培训工作的典型案例　/ 388

十一、广东省职业技术教师培训工作的典型案例　/ 389

后记　/ 394

前　言

党的十八大以来，职业教育改革发展迎来了历史性机遇，职业教育教师培养培训取得了历史性成就。《中国职业技术教育教师发展区域报告（2021—2022）》的编纂出版，是基于区域视角梳理分析各地职教教师培养培训现状、问题以及对策，学习领会教育家精神，深刻认识在建设教育强国背景下的我国职业教育教师培养培训发展成就及其内在逻辑的重要尝试。

本书由上海市职业技术教师教育学院和上海市职业技术教师教育研究院牵头组织，联合东北地区、京津冀地区、长三角地区、川渝地区、粤港澳大湾区五大区域职业教育专业研究力量，致力于归纳总结不同地区在职教师培养培训方面的创新经验。希望《中国职业技术教育教师发展区域报告（2021—2022）》的出版能对深入了解和认识不同地区职教教师培养培训现状和成绩有所助益，对进一步提高区域和全国职教教师培养培训的成效有所启迪。

《中国职业技术教育教师发展区域报告（2021—2022）》力求用理论研究、政策分析和客观数据，全面、完整、准确地反映五大区域2021—2022年职业技术教育教师培养培训的现状、成绩、问题和对策。五个区域的课题组注重理论与实践相结合、宏观与微观相结合，坚持问题导向、目标导向，遵循"点—线—面"的研究路线，细致梳理并介绍了各区域2021—2022年职业技术教育教师培养培训的现状，总结凝练了各地各校的实践探索经验。在此基础上，展望了五个区域职业技术教育教师培养培训的发展方向。

《中国职业技术教育教师发展区域报告（2021—2022）》共有七章。

第一章　京津冀地区职业技术教育教师培养培训发展报告——梳理了京津冀地区职教师资培养培训概况、主要举措、主要成绩、问题与展望。

第二章　东北地区职业技术教育教师培养培训发展报告——介绍了东北地区职教师资队伍概况，梳理了东北地区职教师资培养培训现状，总结了东北地区职教师资培养培训的经验并分析了存在的问题，展望了东北地区职教师资培养培训的方向。

第三章　长三角地区职业技术教育教师培养培训发展报告——梳理了长三角经济发展及职业教育概况，描述了长三角职教教师培养培训的现状，分析了长三角职教教师培养培训政策，梳理了关键举措和主要成绩，分析了存在的问题并提出了发展建议。

第四章　川渝地区职业技术教育教师培养培训发展报告——介绍了川渝地区职教师资队伍建设的基本情况、培养概况以及主要举措，总结了职教教师培养培训的经验与问题，展望了川渝地区职教师资培养培训的方向。

第五章　粤港澳大湾区职业技术教育教师培养培训发展报告——介绍了粤港澳大湾区职教教师培养培训的年度发展概况、主要举措和成绩，总结了粤港澳大湾区职教教师培养培训的经验与问题，并对职教师资培养培训的方向进行了展望。

第六章　五大区域职业技术教育教师培养培训现状及未来发展——归纳概括了五大区域职教教师培养培训的特点与亮点，总结了五大区域职教教师培养培训面临的问题与挑战，提出未来改进与发展的方向。

第七章　中国职业技术教育教师发展区域典型案例——介绍了相关地区在职教教师培养培训方面的典型做法。

本书融合了五大区域职业教育研究团队的集体智慧，希望能对促进区域职教教师培养培训工作高质量发展起到抛砖引玉的作用。由于水平所限，难免存在不足，真诚期盼各方大家提出宝贵意见。让我们共同努力为我国职业技术教育教师培养培训的发展作出更多贡献！

第一章
京津冀地区职业技术教育教师培养培训发展报告

百年大计，教育为本；教育大计，教师为本。职业教育作为类型教育，其高质量发展迫切需要提高师资队伍的整体水平，亟须高水平职教师资作为支撑。作为"十四五"规划开局之年，2021年我国隆重庆祝了中国共产党成立100周年，正式宣布全面建成小康社会，开启了全面建设社会主义现代化国家、向第二个百年奋斗目标进军的新征程。为抓住发展重要机遇期，2021年京津冀在职业教育改革创新方面全面推进高质量发展。尤其在职教师资培养培训方面，始终坚持以习近平新时代中国特色社会主义思想为指导，将习近平总书记关于职业教育的重要论述作为根本遵循，深入贯彻落实《关于全面深化新时代教师队伍建设改革的意见》《关于推动现代职业教育高质量发展的意见》《深化新时代教育评价改革总体方案》和《国家职业教育改革实施方案》等文件精神，实施了一系列重要措施，取得了一系列重要的成效。

第一节　京津冀地区职教师资培养培训年度发展概况

2021年,京津冀三省市紧紧围绕教育部《关于确定北京市、天津市与河北省部分高职院校"结对子"任务的通知》,共同签署了《京津冀职业教育协同发展科研组织合作协议》,通过"京津冀职业教育协同发展研究中心"和"京津冀职业教育教学协同发展联盟"等平台,以共研、共建、共用、共享、共赢的"五共机制"与政行企校研的"五方携手"合作新形式,实现京津冀地区职教师资培养培训共同发展。以打造具备高尚的师德、广博的专业知识、过硬的专业技能,即成为"双师型"教师为培养目标,在京津冀地区各高职院校、企业行业等多方共同努力下实施多项举措,将职业教育高质量发展作为指引,职教师资队伍不断优化并逐渐形成完整的职教师资培养培训体系。同时,在三教改革的驱动下,京津冀地区搭建了校企互培的"双师型"教师培养体系,开展了"1+X"证书与师资培训结合的新形式,聚焦"学历证书+技能等级证书"制度,有序开展教师全员培训,进行职业技能新知识的培训,并推进优质教师创新教学团队建设,提升育人能力,为深化新时代职业院校教师队伍建设改革,全面加强师德师风建设,京津冀地区按照"四有好老师""四个引路人"的要求,建设了一支高素质"双师型"教师队伍。同时,加强贯彻落实教育部教育信息化2.0行动计划,三省市将智能技术融入职教师资培养培训中,推进教育信息系统整合共享,完善教育数据标准规范,建设智慧教育环境,实现信息技术与师资培养的深度融合。引导教师在培养培训中不断提升学习的内在动力,强化师德师风建设,在不断学习、积累与反思中强化自身专业素养与思想道德,培养更多高素质"双师型"教师。

一、以高质量发展为指引，职业院校师资队伍结构不断优化

随着我国职业教育快速发展，高等职业教育的发展重心也逐渐由规模扩张向质量提升转变。2021年10月，中共中央办公厅、国务院办公厅印发《关于推动现代职业教育高质量发展的意见》（以下简称《意见》），文件以"贯彻落实全国职业教育大会精神，推动现代职业教育高质量发展"为目标在多方面进行了部署，"按照职业学校生师比例和结构要求配齐专业教师""加强职业技术师范学校建设"等表述在文件中均有所体现。2021年，京津冀地区坚持以习近平新时代中国特色社会主义思想铸魂育人，教师整体素质全面提升，名师大师队伍建设取得新突破，教学创新团队建设成效显著。在职业教育高质量发展的引领下，通过"高层次引进，多渠道培养"等多种形式，京津冀地区引进高素质人才，全面提升教师教育教学能力、专业实践能力、科学研究能力和社会服务能力。京津冀地区以专业团队为教师队伍建设基础，以双带头人、双师素质、双向兼职、双岗双责和提升团队教学、科研、服务企业的能力为目标，逐步优化师资队伍，打造优质教师团队。同时，京津冀地区运用"老带新"的方式对青年教师进行一对一、一对多指导，关注青年教师的成长，提升青年教师文化素质、实践能力，培养京津冀职业教育教师的中坚力量。

通过一系列的职教师资培养培训，目前京津冀地区的职教师资队伍结构不断优化。2021年，京津冀地区职业院校的高级职称教师、高层次人才在专任教师中的占比总体较去年有所提升。2021年，北京25所高职院校教职工总数为8377人，专任教师总数为4107人；其中，高级职称教师1729人，占专任教师总数的42%；同时，博士学位437人，硕士学位1924人，分别占专任教师的11%和47%；专任教师中具有硕士及以上学位人数占比达58%，具有硕士及以上学位教师占专任教师比例为全国平均水平的1.4倍；另有兼职教师1518人。[①] 北京市有中职学校109所，专任教师7161人，其中具有博士学位的有69人，占

---

① 北京市教育委员会. 北京市高等职业教育质量年度报告2022[EB/OL]. (2022-03-31)[2022-11-20]. https://jw.beijing.gov.cn/bjzj/gdzyreport/gdreport/202201/t20220114_2591278.html.

0.96%,硕士学位的有1 147人,占16.02%。在校生74 132人,生师比为10.35∶1。天津市23所高职院校在岗教职员工总数为10 201人,专任教师总数为6 727人;其中高级职称教师占比38.11%,生师比17.12∶1。① 天津市有中职学校40所,专业教师2 688人。河北省65所高职学校现有专任教师近3万人,其中具有高级职称教师占专任教师比例为33.56%,较去年下降2.53个百分点;具有硕士及以上学位教师占专任教师比例为58.97%,较去年上升0.11个百分点;拥有黄大年式教师团队3个,国家级教学团队11个,国家级教学名师3人。② 河北省中职学校有430所,专任教师总数为50 330人,生师比为16.65∶1,高级专业技术职务专任教师占专任教师的比例为26.67%,硕士研究生及以上学历教师占比达到5.61%,逐渐结构化、专业化的职业院校师资队伍为提高技术技能人才培养质量提供了强劲有力的师资支撑,必将使京津冀地区职业教育高质量发展的目标圆满达成。

二、以专业成长为抓手,培养培训体系基本建成

2018年,中共中央、国务院印发的《关于全面深化新时代教师队伍建设改革的意见》指出,要加强职业技术师范院校建设,支持高水平学校和大中型企业共建"双师型"教师培养培训基地,建立高等学校、行业企业联合培养"双师型"教师的机制。切实推进职业院校教师定期到企业实践,不断提升实践教学能力。建立企业经营管理者、技术能手与职业院校管理者、骨干教师相互兼职制度。集职前培养、入职培训和在职进修于一体的职教师资培养培训基地,是培养和造就高素质专业化教师队伍的工作母机,是教师队伍建设的源头活水。2021年,京津冀地区以关注职教教师专业成长为抓手,致力于打造符合职业教育高质量发展的职教师资培养培训基地。在职教师资培养方面,京津冀地区已经形成以天津职业技术师范大学、河北科技师范学院、河北师范大学职业技术学院

---

① 天津市教育委员会.天津市高等职业教育质量年度报告2022[EB/OL].(2021-11-20)[2022-11-20]. https://ddzx.tjtc.edu.cn/tj-zlnb-2022.pdf.
② 河北省教育厅.河北省高等职业教育质量年度报告(2022)[EB/OL].(2021-12-06)[2022-11-20]. https://www.tech.net.cn/column_rcpy/art.aspx?sf=%E6%B2%B3%E5%8C97%E7%9C%81&nd=2022&type=1.

为主的师资培养体系,本科层次与研究生层次职教师资培养如火如荼。目前天津职业技术师范大学已开展对博士层次卓越职教师资的培养,在系统学习专业知识的同时,注重博士研究生的职业技能训练,通过专业知识学习指导职业技能训练,强化专业知识的应用,逐步构建起"校—企—校"协同育人机制①,以本硕博相衔接的职业技术师范教育体系已经基本建成。在职教师资培训方面,2021年,各地为深入贯彻落实教育部、财政部《"十四五"期间职业院校教师素质提高计划》,坚持以深化"三教"改革为抓手,发挥师资培训平台作用,通过实施信息技术应用能力提升、公共课教学能力提升、课程实施能力提升、"1+X"证书种子教师培训和访学研修等五大举措,推进新时代职业院校教师队伍建设改革,助力教师全面发展,切实提升职业院校教师队伍的整体素质和建设水平。

各职业院校以提升教师的素质能力为出发点和落脚点,把教师队伍的培养培训放在突出地位。一是以国家、省(市)级教师培训基地为平台,强化教师培训学习,提升教师素质;二是以校本研修为抓手,大力开展"信息化教学能力提升"等培训,提升教师的专业技能;三是通过"走出去,请进来"的培训方式,提升教师的理论水平和业务能力。京津冀地区为促进教师发展,基于职业能力发展规律相关理论进行职教师资培训,确定了培养"未来职教教师"的目标,按照"从新手到专家"的职业发展一般规律,将目标标准系统作为出发点,以教师培训系统为主体,以教学比赛系统为桥梁,以条件保障系统和制度激励系统为支撑,以诊断改进系统保良性运行。同时,以"双师型"教师作为职教师资培养培训的目标,京津冀地区建构了教师发展促进体系,统筹规划培养培训基地建设。2021年,北京市依据《北京市职业院校"双师型"教师认定办法(试行)》,对已有的20个企业实践基地和15个"双师型"国家级、市级教师培养培训基地进行统筹,以校企合作为主要形式,深化产教融合,建立"双师型"教师队伍建设长效机制,致力于打造独具首都职业教育特色的"双师型"教师队伍。② 河北省为抓好职业院校"双师型"教师队伍建设,提高教师培训的针对性和实效性,设计规划了3大类10个项目类型共计258个国培项目,全面提高职业学校教师队伍的整体素质和建设水平,补齐教师

---

① 周兰菊,蔡玉俊.高职博士层次卓越职教师资培养研究与探索[J].中国职业技术教育,2022(21):28—35.
② 北京市教育委员会.北京市高等职业教育质量年度报告 2022[EB/OL].(2022-03-31)[2022-11-20].https://jw.beijing.gov.cn/bjzj/gdzyreport/gdreport/202201/t20220114_2591278.html.

队伍建设"短板"。① 目前,京津冀地区逐渐建立起规范化、专门化职教教师培养培训体系,构建起以普通高校、职业技术师范院校、企业等为组织主体,以培训基地、实践单位为育人平台,以教师素质提高项目为驱动的极具特色和世界水平的现代职教师资培养培训体系,为京津冀区域职教教师的整体素质提升提供了有力支撑。

三、以立德树人为根本,师德师风建设持续加强

教育是"国之大计""党之大计"。习近平总书记多次强调,教育应始终"把立德树人的成效作为检验学校一切工作的根本标准"。2021年,中共教育部党组织印发《关于完善高校教师思想政治和师德师风建设工作体制机制的指导意见》,要求建立健全学校党委、院(系)党组织、教师党支部三级联动的教师工作机制,强化基层党组织在教师思想政治和师德师风建设中的作用。目前,我国已经建成世界上最大规模的职业教育体系,截至2020年底,全国职业院校专任教师人数多达129万(其中:中等职业学校专任教师69.5万人,高职专科学校专任教师57.0万人,本科层次职业学校2.5万人)②。"培养什么人、怎样培养人、为谁培养人"始终是教育的根本问题。2017年,中共中央、国务院印发的《新时期产业工人队伍建设改革方案》明确提出,要"造就一支有理想守信念、懂技术会创新、敢担当讲奉献的产业工人队伍"。我国每年从职业院校流入社会的劳动力高达70%,学生是否具有优良的思想道德品质直接关系到我国未来工人的素质高低,同时也关系到国家与民族的未来。正因如此,职业院校教师必须在技术技能、工匠精神的传承与发展中肩负起立德树人的重任,加强师德师风建设在职业教育教师培养培训中尤为关键。2021年,为贯彻落实教育部等七部门印发的《关于加强和改进新时代师德师风建设的意见》,京津冀地区对师德师风建设提出多项举措,开展"四史"教育、组织学习习近平总书记关于师德师风

---

① 河北省教育厅. 河北省高等职业教育质量年度报告(2022)[EB/OL]. (2021-12-06)[2022-11-20]. https://www.tech.net.cn/column_rcpy/art.aspx?sf=%E6%B2%B3%E5%8C%97%E7%9C%81&nd=2022&type=1.

② 人民网.教育部:全国职校专任教师达129万人"双师型"教师占比过半[EB/OL]. (2022-05-24)[2022-11-21]. http://edu.people.com.cn/n1/2022/0524/c1006-32429074.html.

的重要论述等一系列师德师风培训,全面深化新时代职业院校教师队伍建设改革,将师德师风建设与职业院校教师培养培训结合起来,构筑师德师风管理长效机制,把师德师风作为评价教师队伍素质的第一标准,将职业道德素质要求贯穿于教师发展全过程,逐步引导教师以德立身、以德立学、以德施教,重点打造一支师德高尚、业务精湛、结构合理的专兼结合的"双师型"教师队伍。

以"立德树人"为教育工作的根本任务,京津冀地区多举加强师德师风建设。2021年,北京市教育委员会组织召开全市职业院校思想政治与德育工作会议,以加快探索构建具有北京特色的新时代职业院校德育工作体系为出发点,坚持五育并举,强化立德树人,着力推进"三全育人"。同时,河北省按照河北教育厅、中共河北省委机构编制委员会办公室等5部门联合印发的《河北省教师教育振兴行动计划(2018—2022年)》要求,将师德师风作为教师业绩考核、职称评聘、评优奖励首要要求,并开展优秀教师表彰工作,建立师德失范行为通报警示制度。天津市更是将师德师风建设工作制度化、常态化,在每年教师节前夕组建百人"师德宣讲团",并深入开展"津门师德巡讲"系列活动,弘扬尊师重道的优秀文化,使教师自觉向上向善,传承优良师风师德。与此同时,各地开展"四史"教育及系列师德培训,将"四史"学习作为教师思想政治的"必修课",以党史学习为主线,组织广大教师参与主题党日、"三会一课"、专题组织生活会等活动,引导教师学史明理、学史增信、学史崇德、学史力行,提升理论素养与立足岗位办实事能力,在学习中以史为镜、以史明志、知史爱党、知史爱国。结合教师节等重大节日和重要时间节点,推荐评选全国及各省市优秀教师(先进集体)、教书育人楷模、教育世家、黄大年教学团队、最美教师等先进典型,讲好师德故事,表彰师德典型,宣传师德事迹,引导广大职业院校教师实力自省、自励,树立优良师德师风。经过一系列师德师风培训,京津冀地区职业院校教师的整体思想政治素质和职业道德水平实现全面提升,充分展现新时代教师立德树人的良好精神风貌,职业院校教师的师风师德建设如火如荼。

四、以校企共育为依托,"双师型"教师队伍建设持续强化

目前,高质量的"双师型"教师短缺是制约职业教育高质量发展的最大短

板,更多高质量的融"师范性、专业性、职业性"为一体的"双师型"教师能够为职业教育高质量发展提供强劲动力。《关于推动现代职业教育高质量发展的意见》提出,要强化"双师型"教师队伍建设,制定"双师型"教师标准,建设一支高素质"双师型"教师队伍。近年来,同时具备理论教学和实践教学能力的"双师型"教师成为职业院校教师队伍建设的重点。通过进一步强化"双师型"教师队伍建设,使职业院校人才培养质量得以提升。只有不断向职业院校输送高质量"双师型"教师,整体提升职教师资的素质,才能形成职业院校人才培养的合力,让更多优秀的"双师型"教师在职业教育人才培养的岗位上发光发热,引导学生习得未来社会、岗位需要的核心素质和能力,让学生在前所未有的育人氛围中不断探索自我、探索世界、探索未来,成为符合产业与社会需求的高素质技术技能人才。2021年,京津冀地区为落实《关于全面深化新时代教师队伍建设改革的意见》,坚持校企共育,建立健全行业企业参与教师培养培训制度,不断加强"双师型"职教师资培养培训,并落实"1+X"师资培训等多项举措,全方位提升教师专业素养与实践能力。同时,坚持内培与外引相结合,通过完善校内"双师"队伍建设机制,引进企业技术专家做兼职教师,打造专兼结合的"双师型"教学创新团队。以天津机电职业技术学院为例,该校积极开展教师培训,落实国培计划,大力开展师资能力提升工程,本年度共有12人参与了8个国培项目。学校积极组织、选派教师参加各类相关培训,以提升专业教师队伍的实践教学能力,另有56人次获得培训师、考评员资格。同时,邀请多名企业技术骨干和具有丰富研发经验的工程师到校开展技术讲座,派遣教师参与企业实践与科技研发工作,创新教师企业实践形式,建立"流动岗+固定岗"的师资管理制度。2021年,该校先后组织教学一线教师445人次深入到15家企业,累计完成1314个工作日的实践锻炼,不断在提升教学质量上强作为、创优质、出成果,打造了基础实、适应快、能力强、素质高,富有创新精神与实践能力的"双师型"教师队伍。[①]

将校企共育作为"双师型"教师培养培训的重要形式,通过与行业名家、企业高管等大师名家交流,融合行业发展前沿,开展理论讲解、企业实践教学等培训,切实提升教师的"双师"素养。从京津冀三地高职院校"双师型"专任教师

---

① 天津机电职业技术学院.天津机电职业技术学院高等职业教育质量年度报告(2022)[EB/OL].(2021-11-11)[2022-11-17]. https://www.tech.net.cn/column_rcpy/art.aspx?id=16219&type=2.

比例分布来看,"双师型"教师比例北京市为67.2%,天津市为61.8%,河北省为58.0%①,总体均超过国家对"双师型"教师占比50%的要求。三省市致力于打造企业实践基地与"双师型"国家级、省(市)级教师培养培训基地,支持各高职院校充分利用产教融合型企业资源进行专业课教师实践训练;积极选派职业院校青年教师进入国家级教师企业实践基地研修,开展产学研一体化的岗位实践,并支持职业院校设立一批产业导师特聘岗,着力提升职业院校中高素质"双师型"教师的比重。为深化"三教改革",京津冀地区纷纷将"1+X"证书制度与高素质"双师型"教师培养培训相结合,推进"1+X"师资培训,探索适应职业技能培训要求的教师分级培训模式,开展"双师型"教师专业技能培训等项目。以天津大学为例,2021年,天津大学借助该校建工类国家级教师教学创新团队师资培训基地优势,组织土木建筑类专家组整合BIM、装配式建筑构件制作与安装、建筑工程识图三类证书的核心课程,开设中高职"1+X"试点院校建工类教师培训班,通过专家对"1+X"证书制度、三教改革等进行专题报告,极大提升教师专业技能,为天津市职业教育高质量发展贡献力量。② 加强对职业院校教师企业实践管理与检查,实现职业院校产教融合、校企合作,紧紧围绕"双高""特高"培养专业带头人、骨干教师等任务,依托企业为教师成长搭建实践平台,实现"双师型"教师培养培训全覆盖,提升教师专业水平,开拓教师视野,更新教学理念,使其能够掌握企业先进的生产技术和工艺、企业行业发展前沿和动向以及企业行业的实际岗位要求,全方位引领教师实现专业成长。

五、以智能技术为载体,基地信息化建设全面加强

打造具有鲜明职教特点的"双师型"教师队伍,既要依靠职业技术师范类院校和部分综合性大学为职业院校培养主力军,同时也要依靠职教师资培养培训基地的努力。"互联网+"正推动职业教育领域发生深刻变化,培训基地也已将

---

① 陈正华,马倩.京津冀协同发展中河北省高职教育的机遇与挑战[J].教育学术月刊,2021(2):41—47.
② 天津市教育委员会.天津市高等职业教育质量年度报告(2022)[EB/OL].(2021-11-20)[2022-11-20]. https://ddzx.tjtc.edu.cn/tj-zlnb-2022.pdf.

传统集中式培训与网络分散式培训融合起来，实现在岗远程学习与脱产面授培训相结合。2021年3月教育部印发了《关于加强新时代教育管理信息化工作的通知》，文件提出要"全面贯彻落实全国教育大会精神，深化教育领域'放管服'改革，以数据为驱动力，利用新一代信息技术提升教育管理数字化、网络化、智能化水平，推动教育决策由经验驱动向数据驱动转变、教育管理由单向管理向协同治理转变、教育服务由被动响应向主动服务转变，以信息化支撑教育治理体系和治理能力现代化"。为响应智能技术时代对教育智能化、数字化的需求，扎实推进《教育信息化2.0行动计划》等文件精神，提升职业院校教师信息化能力，优化教学内容，提升教学效率与教育质量，使教师在"教"与"学"中充分运用信息技术，京津冀地区统筹人力、资金、技术等资源，加强教育信息化统筹规划，健全教育信息化管理制度体系，提升教育信息化平台服务水平，推进教育大数据建设，发展"互联网+职业教育"服务体系，促进先进技术与教育教学深度融合。以唐山工业职业技术学院为例，2021年，唐山工业职业技术学院被中央电化教育馆授予"职业院校数字校园建设样板校"称号，学院立足人工智能、大数据、物联网、移动互联、5G等先进技术与现代服务业的跨界融合大背景，主动适应区域经济发展新技术、新产业、新模式、新业态和市场新需求，紧追产业的数字化、信息化、智能化、高端化、标准化技术升级趋势，加快校内信息技术硬件升级，升级数据中心、流程中心、快速开发平台，提前完成了学院网站IPv6升级改造，同时利用"云物大智移"等新技术改造传统课程，以信息技术重构教学内容和组织形式，从多方面确保教师在线学习得到保障。①

2021年，京津冀地区全面加强对职业院校进行智能化、数字化建设，综合推动京津冀地区职业教育迈入高质量发展阶段。各职业院校坚持以信息化促进教育教学提升的发展战略，积极推动信息技术与教育教学的深度融合，加快教育信息化进程，以教育信息化支撑和引领教育现代化，利用"信息技术+"升级传统专业，及时发展数字经济催生的新兴专业。三省市充分利用现代信息技术推动职教师资培养培训改革，大力推进了"互联网+""智能+"教育新形态，并在网络及教学基础建设、信息资源中心建设、教学信息化建设上构建"智能校园"，以人工

---

① 唐山工业职业技术学院.唐山工业职业技术学院高等职业教育质量年度报告（2022）[EB/OL].（2021-11-25）[2022-11-17]. https://www.tech.net.cn/column_rcpy/art.aspx?id=15397&type=2.

智能、大数据、5G等技术集成应用为引擎,探索职业教育教师培养培训新形式,促进线上线下教育融合发展,利用优质数字资源和网络构建不同形态且富有效率的培养培训共同体,促进智慧校园建设与智能化水平的全面提升,提升教师信息化应用能力以推动教育教学改革创新,助力学校的高质量发展。以北京信息职业技术学院为例,2021年,学院全面推进网络学习空间建设,建成功能完善的北信在线平台,全面支撑基于混合学习的全日制课程教学、面向社会成员的在线教育与培训服务。同时,学院已完成北京市教育信息化融合创新"双百"示范行动项目,并已提交北京市教委审核。此外,学院持续加强学校教师发展中心建设,不断提升教师和管理人员的信息化能力。[1] 2021年,京津冀地区全面夯实信息建设基础,打造数字校园,整合校园信息资源,升级智慧校园基础平台,并以智慧校园建设为依托,积极推进智慧化图书馆建设,构建集智慧教学、虚拟仿真实训系统、智慧图书馆于一体的泛在智慧化学习环境,改善了教师"教"与"学"的成长环境。通过构建新技术环境下的职教师资培养培训、教育服务和教育治理新模式,以新技术激发了教育活力,培育了教育发展新动能,激发了教师的内在潜力。

六、以"三教"改革为引领,教师教学创新团队建设成效显著

习近平总书记在全国教育大会上指出:"教师是人类灵魂的工程师,是人类文明的传承者,承载着传播知识、传播思想、传播真理,塑造灵魂、塑造生命、塑造新人的时代重任。"职教教师同样是促进职业教育发展的关键力量,打造专业化、创新型职业院校教师教学创新团队则是培养高水平技术技能人才和大国工匠的必然要求。2019年1月,《国家职业教育改革实施方案》中提出要"探索组建高水平、结构化教师教学创新团队,教师分工协作进行模块化教学"的建设目标。2021年,为深化"三教"改革,打造一批高水平教师教学创新团队,示范引领高素质"双师型"教师队伍建设,京津冀地区开展了一系列教学名师与团队建设工作。根据《国家职业教育改革实施方案》的部署,为服务职业教育高质量发展

---

[1] 北京信息职业技术学院.北京信息职业技术学院2022年高等职业院校教育质量年度报告[EB/OL].(2021-11-25)[2022-11-17]. https://www.tech.net.cn/column_rcpy/art.aspx?id=15074&type=2.

和"学历证书+若干职业技能等级证书"即"1+X"证书制度试点需要,突出示范引领、建优扶强、协同创新、促进改革,三省市以打造一批覆盖骨干专业(群)、引领教育教学模式改革创新、推进人才培养质量持续提升的教师教学创新团队为主要着力点,示范引领职业院校教师、教材、教法"三教"改革。各职业院校大力推进教师教学创新团队建设,开展创新团队培训与培育工作,师德高尚、技艺精湛、育人水平高超的教学名师、专业带头人、青年骨干教师等高层次人才队伍建设取得显著成效。截至2021年,京津冀地区入选国家级职业教育教师创新团队共计45个,其中北京市12个、天津市14个、河北省19个;2021年,京津冀地区第二批入选国家级职业教育教师创新团队共计29个,其中北京市7个、天津市8个、河北省14个。各地各校有序推进教师教学创新团队建设,并以国家级团队立项建设单位为示范,进一步优化省级、地方级教师教学创新团队的建设方案与结构规范,坚持以职业教育教学改革创新为内生动力,全面提升教师教学能力与团队协作能力,加强高素质"双师型"教师队伍建设,为提高技术技能人才培养质量提供强有力的师资支撑。

通过教学创新团队建设,进一步优化教师整体结构,增强教师团队意识,建立团队合作机制,充分发挥教学创新团队的传帮带作用,提高团队教师的业务能力和教学研究水平,在学院专业(群)建设、课程建设、教材建设、教育教学改革、社会服务能力建设等方面发挥积极作用,提高专业(群)人才培养质量。以河北科技工程职业技术大学为例,2021年,学校深入推进职业教育教师教学创新团队建设,多次参加国家级职业教育教师教学创新团队建设培训,围绕国际"双元制"职业教育、教师企业实践、校企校际协作共同体建设、课程与教材建设等开展研究。本年度,该校物联网应用技术专业获批第二批国家级职业教育教师教学创新团队;电气自动化技术专业、电子商务专业、钢铁智能冶金技术专业、物联网应用技术专业获批第二批省级职业教育教师教学创新团队;马克思主义学院教学团队获批第二批省级职业教育思想政治课教师教学创新团队。目前,学校有国家级职业教育教师教学创新团队2个,省级职业教育教师教学创新团队4个,教育部课程思政教学名师及教学团队3个。① 《职业教育提质培

---

① 河北科技工程职业技术大学.河北科技工程职业技术大学高等职业教育质量年度报告(2020—2021学年)[EB/OL].(2021-11-03)[2022-11-21]. https://www.tech.net.cn/column_rcpy/art.aspx?id=15365&type=2.

优行动计划（2020—2023年）》提出，到2023年要实现专业教师中"双师型"教师占比超过50%，遴选一批国家"万人计划"教学名师、建设360个国家级教师教学创新团队的预期目标。组建高水平、结构化教师教学创新团队，一方面有助于推动校企进一步加强合作，使教师教学能力与专业实践能力有机融合和提升；另一方面，有助于形成老中青传帮带梯队建设，促进教学机制和文化传承延伸，提高团队教师整体水平。通过整合京津冀区域内优质教师资源，保障了各教学团队内"双师型"教师、骨干教师、专业教师、兼职教师比例合理，优化了教师教学创新团队建设结构，这不仅能够提高团队建设的整体水平，也为促进教师协同创新、提升教师团队合作效率起到重要的推动作用。

七、以"互通共建共享"为遵循，京津冀协同发展稳中有序

为疏通北京的非首都职能，改变京津冀区域内发展不平衡的问题，党的十八大以来，党中央、国务院将京津冀协同发展作为我国"十三五"经济社会发展的重要战略之一。长期以来，为积极服务京津冀协同发展国家战略，深入贯彻落实教育部《关于确定北京市、天津市与河北省部分高职院校"结对子"任务的通知》，三省市共同签署《京津冀职业教育协同发展科研组织合作协议》，成立了"京津冀职业教育协同发展研究中心""京津冀职业教育教学协同发展联盟"，为实现三地职业教育内涵合作提供了充分条件，创建了共研、共建、共用、共享、共赢的"五共机制"以及政行企校研的"五方携手"合作新形式。为区域经济发展服务是职业教育的重要使命，这一发展战略的提出为京津冀地区的发展带来了机遇与挑战，京津冀地区逐渐成为我国经济发展新的增长极。京津两地高等教育资源丰富，优势区位使得资源共享与合作成为可能。京津冀地区集中了大量的高校和科研机构，三地在科技成果转化上可加强资源共享与合作，环绕京津两地的河北可成为其科研成果转化的重要载体和基地，区域间充分利用地缘优势接受该区域科技、信息等资源辐射而促进自身发展。事实证明，职业教育空间联系具有显著经济增长效应，通过对教育资源的空间整合，最大程度发挥了三地资源优势。关注职业教育教师能力提升是京津冀职业教育协同发展的重要内容之一，以三地互通、共建、共享为重要形式，2021年京津冀职业教育协同

发展在稳中有序地推进。

随着《京津冀教育协同发展行动计划（2018—2020年）》的落实，2021年三地继续加强职教师资培养培训的沟通与合作，推进京津冀职业教育协同发展再上新台阶。目前，京津冀职业教育协同发展的地理层面较为广泛，但相对集中于京冀与津冀间双向合作，京津之间的合作则较少。同时，在京津冀协同发展主体即众多职业院校间存在多层次性，以如下六种合作形式为主：一是京津冀教育行政部门间合作；二是异地同等层次的职业院校间合作，如北京卫生职业学院、天津医学高等专科学校、沧州医学高等专科学校；三是异地不同层次的职业院校间合作，如北京信息职业技术学院与怀来县职业技术教育中心；四是异地职业院校与职业技能培训机构的合作，如天津职业大学与雄县增民职业培训学校；五是京津冀职业教育科研和教研机构间的合作；六是异地职业教育集团间的合作，如北京现代服务业职业教育集团、全国现代服务业职业教育集团京津冀分部（天津职业大学）与河北省现代服务业职业教育集团。① 依托京津冀职教联盟，各地职业院校利用专业、师资、实训条件、合作企业等优势资源共建共享师资培养培训，利用"走出去"和"请进来"两种方式共享培养培训资源，服务京津冀协同发展。同时，为高质量完成"双高计划"建设任务，由天津职业大学牵头成立的京津冀"双高计划"建设联盟，推动了三地在现代职业教育重大理论、发展战略、发展规划、关键举措与实践探索等方面的合作协商，并在师资培训等方面协同发展。如天津职业大学对河北省石家庄市教育局和唐山市教育局所属的中职校长、骨干教师进行培训，涉及津冀职业教育合作、职业教育理念、课程改革、校企合作、创新创业教育等内容。北京信息职业技术学院举办河北省职业院校信息化发展校长培训班，来自河北省25所高职院校的校长、副校长、教务主任和信息中心主任参加。此外，京津两地选派了很多优秀教师赴河北支教，除在教学一线承担常规教学工作以外，还在课余时间分享业务经验。京津冀职业院校教师通过直接参加或观摩教学能力比赛，也实现了交流和提升，在共建共享背景下，京津冀地区未来将进一步提升职教师资培养培训的协同发展力度，真正实现京津冀互相合作、优势互补，发挥职教联盟作用。

---

① 侯兴蜀. 京津冀职业教育协同发展实践特征与2035战略[J]. 职业技术教育，2021(6)：57—61.

2021年，京津冀地区职教师资培养培训呈现了良好发展态势，并取得显著成效，如职教师资队伍梯队体系不断优化、职教师资培养培训体系基本建成、职业院校教师师德师风建设持续推进、"双师型"教师培养成效显著、职教师资培养培训基地信息化建设全面加强、优质教师教学创新团队建设如火如荼、京津冀协同发展稳中有序等。但是，随着产业与社会对职业教育的需求逐步增加，职教师资培养培训依然面临着一些尚未解决的难题与挑战。京津冀地区以首都为中心，承担着更多职业教育发展的重任。2022年，在职教师资培养培训方面，需进一步优化职业技术师范教育理念、提升职业技术师范培养质量、加快推进本硕博衔接的职业技术师范教育培养体系等，同时，还需加强培训基地建设，完善基础设施，以更加切实可行的政策为保障，更好地满足经济社会发展和高素质技术技能人才培养对"双师型"教师的需求。

第二节 京津冀地区职教师资培养培训的主要举措

《国家中长期教育改革和发展规划纲要（2010—2020年）》提出，要加强职业院校教师队伍建设，加大职业院校教师培养培训力度。2018年1月，中共中央、国务院印发的《关于全面深化新时代教师队伍建设改革的意见》提出，教师承担着传播知识、传播思想、传播真理的历史使命，肩负着塑造灵魂、塑造生命、塑造人的时代重任，是教育发展的第一资源，是国家富强、民族振兴、人民幸福的重要基石。京津冀地区致力于职业院校"双师型"教师队伍建设，实施了一系列有力措施，夯实了职教师资队伍建设的基础，不断完善了培养培训体系，持续优化了教师队伍结构，教师专业水平和教学能力都有了显著提升。

一、探索区域职教师资政策，营造良好教师发展生态

2021年，京津冀地区贯彻落实教育部、财政部《职业院校教师素质提高计划（2021—2025年）》的文件要求，积极建立健全职教师资培养培训体系与制度，以

国家政策为导向,探索符合地区发展需要的职教师资政策,为打造高水平、高层次职教师资队伍提供保障。加强职教师资队伍建设作为发展职业学校的基础建设工作,被看作是政府的重要任务之一,京津冀地区各自建立了专门负责职教师资队伍建设的管理部门,发布了诸多加强区域职教师资队伍建设的政策文件,对职教师资的发展方向、素质要求、培养模式、培训工作等都进行了明确。

天津市成立了由市教委、计委、经委、财政局、人力资源和社会保障局等部门人员组成的天津市职教师资培养培训工作领导小组,并专门部署人员负责该项工作。2021年7月,天津市教育委员会、天津市发展和改革委员会发布了《关于印发天津市教育现代化"十四五"规划》,对天津市教育的发展基础与面临形势进行了总体分析,并阐明了"十四五"时期天津市教育发展的主要任务,其中,教师工作作为教育事业发展的重要组成部分,是天津教育现代化"十四五"规划的重点内容,该规划提出了"到2025年,聚集一批高水平领军人才,培育一批教育家型名师名校长,打造一批'双师型'大国工匠,建设一支政治素质过硬、业务能力精湛、育人水平高超的高素质教师队伍"的总体目标,并进一步细化落实举措,强调要通过实施职业院校名师名校长培养工程、实施职业院校领军人才引育计划、探索职业院校与合作企业"双栖人"互聘机制、加强国家级职教师资培训基地建设、实施现代产业导师特聘岗位计划、完善职业院校兼职教师管理办法等举措完善"工匠之师"培养培训体系,该政策规划了天津市职教师资队伍的目标,为天津市职教师资建设提供了明确的发展方向与发展路径。

河北省职业技术教育研究所和河北省职业技术教育中心设置在河北师范大学,研究所为省教育厅直属的职业教育研究机构,是河北职业教育政策与事务的重要资讯中心,在国家与省市有关政策文件制定中发挥重要作用,其下设四个研究室,包括河北省职教师资培训项目管理办公室[①],其项目研究成果直接为河北省政府与教育厅所采用。2021年7月12日,河北省教育厅等七部门印发的《河北省高职扩招专项工作实施方案》强调,河北省推进百万扩招工作的当务之急是要补齐办学条件,提出"承担扩招任务的各职业院校要针对扩招带来

---

① 河北省职业技术教育研究所. 河北省职业技术教育研究所简介[EB/OL]. [2022 - 11 - 17]. http://hbszjs.hebtu.edu.cn/a/bmjs/bmgk/.

的师资和教学设施不足等问题，有计划地加强建设，扩充教学用房面积及设施设备，加快补充急需的专业教师，提升教师面向不同生源学生组织实施教育教学的能力"。2021年是完成高职百万扩招三年行动目标的收官之年，该政策的提出对确保高质量完成河北省高职扩招任务，着力扩大河北省职教师资力量、提升职教师资队伍建设质量而言意义重大。此外，2021年河北省教育厅还基于《关于全面深化新时代教师队伍建设改革的意见》《深化新时代职业教育"双师型"教师队伍建设改革实施方案》等文件精神，结合河北省职业院校发展实际，制定了《河北省职业院校"双师型"教师认定标准（试行）》，开展"双师型"教师认定工作是加强"双师型"教师队伍建设、优化师资队伍结构的必然选择，该认定办法的颁布为河北省"双师型"教师的培养提供了政策依据。

2021年北京市发展和改革委员会、教育委员会发布了《关于深化产教融合提升人力资源质量的实施意见》，其中重点指出了在产教融合背景下职教师资队伍建设的相关举措，强调要支持行业企业与职教教师共同组建高水平、结构化教师教学创新团队，完善职业学校师资认定标准与评聘办法，支持校企建立管理人员、专业人才双向聘任制度，设立相应产业教师岗位，同时要构建企业创新实践基地，并完善职教师实践锻炼制度。校企协同推进职教师资培养培训方案的制定与实施是保障职教师资数量与质量同步提升的应然举措。

基于宏观政策导向构建符合区域发展需要的教师培养培训政策制度至关重要。京津冀地区于2021年发布的相关政策文件，从职教师资整体发展目标等宏观视角、产教融合师资队伍建设模式等中观视角、"双师型"教师认定办法等微观视角出发，对区域职教师资队伍建设提供了明确指导，形成了由政府、企业行业、职业学校等多元主体参与构建的职教教师发展生态，以期推进京津冀地区职教教师的高质量发展。

二、探索多元师资培养模式，增强教师培养体系开放性

时任教育部教师工作司司长任友群强调职教师资培养的重点在于增强职教教师培养体系的开放性，要加强职业技术师范院校建设，并支持综合性大学

和工科类大学承担职教师资培养任务。① 2021年京津冀地区以职业技术师范院校为引领,保障师资的有效供给;以博士层次职教师资培养为重点,打造高层次教师培养平台,创新综合大学、师范大学等多类型学校协同参与职教教师培养模式,为职业教育提供坚实的后备师资力量。

一是以职业技术师范院校为引领,助力师范生供给质量提升。全国独立设置的职业技术师范院校是以培养职业学校教师为办学目标的本科高校,在职教师资培养工作中扮演着不可替代的关键角色,天津职业技术师范大学、河北科技师范学院两所职业技术师范院校是区域内职教师资的主要输出单位,在京津冀地区职业教育发展与改革中发挥着重要作用。

天津职业技术师范大学是全国最早建立的职业技术师范院校之一,专业涵盖了文学、工学、理学、教育学、管理学、经济学、艺术学7个学科门类,为国家与地区培养了大批优秀的职教师资与高素质应用型人才,被誉为"中国职教师资培养的摇篮"。2021年,天津职业技术师范大学通过深化产教融合、校企合作推进职教师资培养改革不断深化,凝结多元主体合力以优化学校布局结构、完善人才培养模式。2021年4月,天津职业技术师范大学与天津水务集团共建培训教学基地,在实践基地建设、教学资源建设、社会培训以及师资培养服务等方面开展深度合作,如校企互建培训教学基地,共同开发职业技能等级的教学资源,以及共建管理人员、专业人才双向聘任制度等②,有利于优化天津职业技术师范大学人才培养路径、提升未来职教教师实践应用能力。同年6月,天津职业技术师范大学与中国通用技术集团天津第一机床有限公司等7家企业签订协议,共建"智能制造与高端齿轮装备研究院""智能锻压装备技术国家地方工程研究中心""汽车模具智能制造研究院""产教融合公共服务体系项目""校企协同技术研究中心""工业无人机研究中心""智慧养老与智能装备研发中心"7个协同创新联合体,协同创新联合体的建立为打造校企产学研用合作的技术协同创新团队、实现科研成果的创造与转化、培养符合产业发展需要的复合型高素质人才③提供有效助力。

---

① 孙竞,熊旭. 教育部:加强职业技术师范院校建设[EB/OL]. (2022-09-06)[2022-11-17]. http://edu.people.com.cn/n1/2022/0906/c367001-32520586.html.
② 姜凝. 校企合作助推产教融合 天津职业技术师范大学与天津水务集团共建培训教学基地[N]. 天津日报,2021-04-22.
③ 姜凝. 打造先进制造研发基地 协同创新联合体落户天职师大[N]. 天津日报,2021-06-12.

河北科技师范学院是教育部首批全国重点建设的职教师资培养培训基地。2021年,河北科技师范学院以教学技能大赛为抓手,以产学合作协同育人项目为载体,为职教师范生培养提供良好发展环境。2021年5月20日,由教育部教师工作司指导,教育部高等学校中等职业学校教师培养教学指导委员会、中国职业技术教育学会职教师资专业委员会主办的第三届FANUC杯·中国职业技术师范院校教学技能大赛(学生组)决赛在河北科技师范学院开展,有来自全国12所培养职教师范生高校的学生参与决赛,决赛采取现场授课形式,包括模拟授课以及专家提问两个环节,评委由具有考核学科专业背景的资深专家担任[1],着力运用"以赛促教,以赛促学"的人才培养模式提升职教师范生的实践能力与教学水平,充分发挥教学技能大赛对职业技术师范学校育人建设的引领作用。3月15日,该校园艺科技学院获批两项教育部产学合作协同育人项目,此项目旨在为校企搭建合作交流平台,以产业和技术发展的最新需求推动高校加快人才培养改革和创新创业教育[2],对接产业发展、引领技术前沿、校企深度沟通的协同育人项目为职教师范生提升专业能力与综合素质提供有力支撑。同年12月底,河北科技师范学院申报的"校企协同就业创业创新示范实践基地"项目正式入选首批示范基地拟建设单位,该项目将有效推动"理实一体"教学方式实施,形成"理论实践相辅相成、教学科研互促共进、产教深度融合"的专业特色[3],为职教师范生培养提供专业发展平台。

二是以博士层次职教师资为重点,打造高层次教师培养平台。职业技术师范院校承担着培养职教师资的主要任务,但其大多仍停留在开展本科、硕士层次的职业技术师范教育,开展博士层次的职业技术师范院校只有天津职业技术师范大学。而我国高等职业院校的现有师资招聘需求越来越倾向于招收博士研究生,只具有本科学历、硕士研究生学历的职业技术师范院校毕业生则会选择去往中职学校抑或是企业工作,高职院校、本科层次职业院校职教师资仍存在供需矛盾。因而,京津冀地区除支持区域内有条件的职业技术师范

---

[1] 王剑锋.我校承办第三届FANUC杯·中国职业技术师范院校教学技能大赛(学生组)[EB/OL].(2021-05-28)[2022-11-17].https://www.hevttc.edu.cn/info/1019/19928.htm.

[2] 汪洋.园艺科技学院再次获批两项教育部产学合作协同育人项目[EB/OL].(2021-03-15)[2022-11-17].https://www.hevttc.edu.cn/info/1019/19336.htm.

[3] 河北科技师范学院.我校成功获批工信部"校企协同就业创业创新示范实践基地"项目[EB/OL].(2021-12-29)[2022-11-17].https://www.hevttc.edu.cn/info/1019/21285.htm.

本科院校大力开展博士层次的职业技术师范教育之外,也应鼓励高层次的师范院校、工科院校或综合大学探索职业技术师范教育,培养职业技术教育类博士研究生。

全国仅有天津职业技术师范大学一所职业技术师范院校以服务国家特殊需求博士人才培养项目为目标,开展博士层次"双师型"职教师资培养探索。为了满足国家对高层次职教师资与高素质职业技术技能人才的需求,天津职业技术师范大学通过与高新企业、优质高职院校合作,为高职院校、本科层次职业院校培养具有博士学位的"双师型"教师。2021年天津职业技术师范大学招收机械设计制造教育与自动化工程教育专业博士,采取校内导师与校外合作导师相结合、教育学与工学相结合、专业知识学习与职业技能训练相结合的培养方式[①],旨在培养高等职业院校所需的具有深厚理论知识、扎实实践能力、掌握专业前沿技术、拥有创新素质的"双师型"领军人物与专业带头人。

除天津职业技术师范大学培养的博士层次"双师型"职教师资之外,高层次的师范院校、工科院校或综合大学培养的职业技术教育类博士研究生也是高等职业院校职教师资的主要来源,如北京师范大学、天津大学、河北师范大学等职教研究生培养单位是京津冀地区高层次职教师资培养的重要平台。2021年,北京师范大学招收了4名职业技术教育学专业博士研究生,主要研究方向为职业教育课程开发与教学设计、职业教育管理与政策研究等;天津大学招收了3名职业技术教育学专业的博士研究生,旨在提升其对职业教育课程开发、教学设计、教学方法等内容的研究能力,为高等职业学校培养能够综合运用职业教育理论知识、方法解决实际问题,推进教学、课程改革的高层次人才。

京津冀地区以天津职业技术师范大学、河南科技师范学院等职教师范生培养为基础,以北京师范大学、天津大学等博士层次职教师资培养为重点,探索多元职教师资培养模式,服务中职、高职各个层次职业学校师资供给需求,以开放性教师培养体系优化职业教育层次结构。

---

① 天津职业技术师范大学. 天津职业技术师范大学2021年博士研究生招生简章[EB/OL]. (2021-03-08)[2022-11-17]. https://yjsh.tute.edu.cn/info/1122/6967.htm.

三、加强职教师德师风建设,健全师德师风建设长效机制

2020年《中共中央关于制定国民经济和社会发展第十四个五年规划和二〇三五年远景目标的建议》提出,要"坚持立德树人,加强师德师风建设,培养德智体美劳全面发展的社会主义建设者和接班人。健全学校家庭社会协同育人机制,提升教师教书育人能力素质"。师德师风是评价职教师资队伍素质的第一标准,是关乎学生成长发展的关键要素,理应作为职教师资培养培训的首要内容。2021年,京津冀地区重视职教师资师德师风建设,着力构建中职、高职师德师风建设制度体系,明确将师德师风纳入职教师资培训内容,打造师德师风建设基地,完善师德师风考评监督机制,推进师德建设的常态化长效化发展。

2021年,北京市教育委员会贯彻落实《关于全面深化新时代教师队伍建设的意见》,将推进师德师风建设作为职业学校教师队伍建设改革的第一要义。如北京电子科技职业学院将教师师德师风的评价结果作为教师管理的重要指标,包括岗位招聘、职称评定、职务晋升、工资晋级、干部选任、项目申报、进修学习和评优评先等,贯穿于教师职业生涯发展全过程,学校还组织召开师德论坛与师德师风专题教育活动,以评选形式表彰师德典型,树立师德榜样。[①] 北京交通运输职业学院实施院系两级师德师风制度,发布《师德师风建设年度工作方案》,师德师风建设工作相关制度逐步完善,除制度建设外,该校推出榜样示范、实践教育、师生互动等多元化师德教育形式,围绕师德师风主题开展教师学习、自查、互查、整改等活动[②],引领职教教师相互促进、共同成长,促使学院师德师风建设常态化,营造良好育人环境。北京信息职业技术学院制定了《师德考核办法和实施细则》《北京信息职业技术学院师德负面清单和失范行为处理办法》

---

① 北京电子科技职业学院. 北京电子科技职业学院高等职业教育质量年度报告(2022)[EB/OL]. (2021-11-25)[2022-11-17]. https://www.tech.net.cn/column_rcpy/art.aspx?id=15054&type=2.

② 北京交通运输职业学院. 北京交通运输职业学院高等职业教育质量年度报告(2022)[EB/OL]. (2021-11-24)[2022-11-17]. https://www.tech.net.cn/column_rcpy/art.aspx?id=15057&type=2.

《北京信息职业技术学院思想政治理论课教师队伍建设管理办法(试行)》《北京信息职业技术学院关于开展师德专题教育的实施方案》等师德建设及考核办法,将师德师风建设纳入教师聘用、考核、培养全过程,此外,还通过举办师德标兵评选活动①,发挥典型示范的积极引领作用。北京经济管理职业学院制定《中共北京经济管理职业学院委员会 2021 年师德专题教育活动方案》,预先统筹布局教育活动,并将师德师风专题作为 2021 年教职工政治理论学习的重要部分,组织教师深入学习教育部、北京市教委关于高校教师职业道德和行为规范相关内容②,确保教师师德教育取得实效。

  2021 年,天津市积极推进师德师风长效机制建设,推行师德承诺书和师德档案制度,完善师德失范行为监测、通报警示及责任追究机制,促进师德考核与档案管理常态化,师德建设体系完善化。天津职业大学创建了"党建引领、制度保障、思想强基、队伍支撑、典型引路、规则立行、考核评价"七位一体师德建设体系,保障师德师风建设实效化发展,通过开展理论规范学习、问题集中探讨、社会志愿服务、榜样示范宣传、反面案例警示等专项活动切实强化教师师德意识;通过组织以师德师风为主题的宣讲活动与教育报告增强教师认同感、加强教师师德修养;通过制定完善师德师风示范行为标准,推行师德考核负面清单制度与师德档案制度③,全面规范约束教师行为,推进教师师德师风的养成。天津机电职业技术学院重视面向新入职教师开展师德师风培训工作,建立以师德师风为首要标准、以教书育人质量为导向的综合评价体系,严格落实对违背职业道德行为的处理办法④,促进职前职后师德培训一体化发展,构建从职前培训到职后管理的全面化师德师风建设。天津交通职业学院构建了以"师德为先、分类培育、分类考核"的教育分类管理与培育机制,明确了培养"党和人民满意

---

① 北京信息职业技术学院. 北京信息职业技术学院 2022 年高等职业院校教育质量年度报告[EB/OL]. (2021-11-25)[2022-11-17]. https://www.tech.net.cn/column_rcpy/art.aspx?id=15074&type=2.
② 北京经济管理职业学院. 北京经济管理职业学院高等职业教育质量年度报告(2022)[EB/OL]. (2021-11-26)[2022-11-17]. https://www.tech.net.cn/column_rcpy/art.aspx?id=15060&type=2.
③ 天津职业大学. 天津职业大学高等职业教育质量年度报告(2022)[EB/OL]. (2021-11-05)[2022-11-17]. https://www.tech.net.cn/column_rcpy/art.aspx?id=16225&type=2.
④ 天津机电职业技术学院. 天津机电职业技术学院高等职业教育质量年度报告(2022)[EB/OL]. (2021-11-21)[2022-11-17]. https://www.tech.net.cn/column_rcpy/art.aspx?id=16219&type=2.

的'四有'好教师"师资队伍建设目标，组织开展了师道传承、师德规范、师术提升、师魂温暖、师风弘扬的"五师"教育工程[1]，为促进职教教师队伍整体素质提升构建可持续化发展路径。天津轻工职业技术学院制定了《开展师德师风问题专项治理活动方案》，对师德专题教育和师德师风问题专项治理提供有效指导，并结合学院发展实际，将廉政教育、师德师风建设相结合，探索形成了以廉政教育助推师德师风建设的长效机制[2]，开辟了师德师风建设的创新型模式。

2021年3月，河北省委、教育工委发布的《河北省教育厅2021年工作要点》中提到要明确"落实师德师风第一标准，强化师德建设主体责任，深化拓展师德师风治理成果"的目标任务，从制度建设、行为准则落实、评价机制完善、教育活动开展等对师德师风进行深度综合整治。河北机电职业技术学院建立教师师德准入制度，在教师招聘中加强对教师的思想政治素质与德行考察；构建师德教育机制，系统化、常态化开设师德教育培训专题；实行师德考核机制，师德考核不合格教师在职称评定、岗位聘用、评优评先环节进行一票否决[3]，严格的教师师德准入与评价制度是促进教师自我约束的重要保障。河北软件职业技术学院制定了《关于开展师德专题教育活动的实施方案》《河北软件职业技术学院教师师德失范行为处理办法（试行）》和《河北软件职业技术学院关于加强和改进新时代师德师风建设的实施方案》，并成立师德专题教育领导小组，统筹推进学院师德专题教育活动，如开展教师"四史"学习教育，学习榜样先进事迹，警示违反职业行为的反面案例[4]，帮助教师了解并践行师德规范，逐渐建立教师遵从职业行为准则的自觉意识与坚定信念。唐山职业技术学院多途径、分层次开展师德师风教育，对新入职教师开展岗前培训，参与《教师誓词》宣誓和师德师风专

---

[1] 天津交通职业学院.天津交通职业学院高等职业教育质量年度报告（2022）[EB/OL].（2021-11-01）[2022-11-17]. https://www.tech.net.cn/column_rcpy/art.aspx?id=16220&type=2.

[2] 天津轻工职业技术学院.天津轻工职业技术学院高等职业教育质量年度报告（2022）[EB/OL].（2021-12-06）[2022-11-17]. https://www.tech.net.cn/column_rcpy/art.aspx?id=16221&type=2.

[3] 河北机电职业技术学院.河北机电职业技术学院2022高等职业教育质量年度报告[EB/OL].（2021-11-26）[2022-11-17]. https://www.tech.net.cn/column_rcpy/art.aspx?id=15362&type=2.

[4] 河北软件职业技术学院.河北软件职业技术学院高等职业教育质量年度报告（2022）[EB/OL].（2021-11-25）[2022-11-17]. https://www.tech.net.cn/column_rcpy/art.aspx?id=15370&type=2.

题讲座,并定期开展师德师风建设主题教育活动、主题征文活动,[①]召开优秀教师表彰大会,整体形成重视师德师风的良好风气。

大力推进师德师风建设是打造高素质专业化教师团队的关键。京津冀地区内各职业院校以师德师风为首要标准,努力构建师德师风建设常态化长效化机制,以建立健全准入制度、考核制度、奖励制度、惩处制度、宣传教育制度等,营造良好的师德师风氛围,为教师综合素质与教书育人能力提升奠定基础。

四、探索产教融合培训体系,加强"双师型"教师队伍建设

提升教师素质是加强师资队伍建设的基本要义,是提升职业教育质量的关键路径。职教师资建设不仅需重视职业技术示范院校与高水平综合大学参与的师资培养环节,对在职教师的培养培训也至关重要。2021年,《教育部 财政部关于实施职业院校教师素质提高计划(2021—2025年)的通知》提出,要"带动地方健全完善职业院校教师培训体系和全员培训制度,打造高水平、高层次的技术技能人才培养队伍。创新培训方式,重点支持骨干教师、专业带头人、名师名校长和培训者等的能力素质提升。"2021年,京津冀地区贯彻落实《深化新时代职业教育"双师型"教师队伍建设改革实施方案》与《职业院校教师素质提高计划(2021—2025年)》,积极推进职业院校"双师型"教师队伍建设,深化产教融合、校企合作,支持引导行业企业深度参与职教师资培训工作,推进校企合作共建"双师型"教师培养培训基地和企业实践基地,完善高等学校、地方政府、职业院校、行业企业联合培养教师机制,提升职教教师的职业能力与实践水平。

一是搭建多元师资培训平台,有效促进教师专业发展。校企共建职教师资培养培训基地与企业实践基地能够为职教师资提供有针对性、适切性的培训内容,促进教师提升实际操作技能与综合应用能力,满足教师职业能力提升的迫切需要。2021年,北京电子科技职业学院与美国康明斯公司合作共建康明斯发动机实训室、康明斯工具实训室等技术技能实训平台,依托实训平台合作开展

---

① 唐山职业技术学院.唐山职业技术学院高等职业教育质量年度报告(2022)[EB/OL].(2021-11-25)[2022-11-17]. https://www.tech.net.cn/column_rcpy/art.aspx?id=15401&type=2.

的康明斯北京社区技术教育合作项目,为职教教师提供了一个标准化的培训平台。① 北京信息职业技术学院与职教集团骨干单位360集团达成合作,共同申报北京市信息安全类教师"双师"教师培训基地项目,该项目充分发挥了360集团在信息安全行业的领导力量,将360集团在政府、石油化工、智能制造、金融、轨道交通、电力等行业领域中应用的红蓝对抗技术、重保技术、样本检测技术、安全检查技术、渗透测试技术、代码审计技术、应急响应技术引入师资培训内容,②有利于促进教师掌握行业先进技术,提升教师职业技术应用能力。天津交通职业学院物流管理专业国家级职业教育教师教学创新团队与南开大学教师发展中心合作,为专业群教师量身打造线上线下配合、内容丰富、形式多样的教师培训计划,同时,以物流管理专业国家级职业教育教师教学创新团队为引领,建成集产学研一体的商贸物流全产业链实训基地和全国物流管理专业"双师型"教师培养基地,③充分发挥团队协作能力,为教师实践能力提升提供科学合理的规划与专业的培训场地。天津医科高等专科学校推进教师发展中心建设,与天津市第一中心医院等医疗单位、健康服务相关企业共建"双师型"教师培养培训基地,着力打造面向全国同类院校的师资培训基地,④帮助参培教师熟知工作模式并掌握实操规范,以及能够及时把握医学领域研究的新进展、新动态。冀中职业学院与长安汽车股份有限公司等若干所中小型企业合作,共建集"师资培养、职工培训、课程开发、科技研发与应用"等于一体的"多科目、双师型"教师培养培训基地,⑤致力于为高职院校打造高素质专业化教师队伍。

二是积极落实师资培训计划,紧跟行业前沿开展培训工作。面向不同层

---

① 北京电子科技职业学院.北京电子科技职业学院高等职业教育质量年度报告(2022)[EB/OL]. (2021-11-25)[2022-11-17]. https://www.tech.net.cn/column_rcpy/art.aspx?id=15054&type=2.
② 北京信息职业技术学院.北京信息职业技术学院2022年高等职业院校教育质量年度报告[EB/OL]. (2021-11-25)[2022-11-17]. https://www.tech.net.cn/column_rcpy/art.aspx?id=15074&type=2.
③ 天津交通职业学院.天津交通职业学院高等职业教育质量年度报告(2022)[EB/OL]. (2021-11-01)[2022-11-17]. https://www.tech.net.cn/column_rcpy/art.aspx?id=16220&type=2.
④ 天津医学高等专科学校.天津医学高等专科学校高等职业教育质量年度报告(2022)[EB/OL]. (2021-11-30)[2022-11-17]. https://www.tech.net.cn/column_rcpy/art.aspx?id=16229&type=2.
⑤ 冀中职业学院.冀中职业学院高等职业教育质量年度报告(2022)[EB/OL]. (2021-11-29)[2022-11-17]. https://www.tech.net.cn/column_rcpy/art.aspx?id=15377&type=2.

次、不同阶段的教师,职业学校需分类开展差异化师资培训活动,新入职教师、中高级职称教育等不同层次教师,行政岗、科研岗、教学岗等不同岗位教师需接受不同培训内容。2021年,京津冀各职业院校按照教师多样化培训诉求、依托国家级、市级等培训平台积极开展培训工作。北京农业职业学院针对新教师、新晋中高级不同层次的教师群体,精心设计培训课程,组织院内外专家团队,为教师提供职业生涯规划、教育教学指导、学术发展咨询、问题诊断指导等服务,[①]有效提升了职教教师的岗位适应能力与职业发展能力。北京方正软件职业技术学院落实新教师培养培训任务,积极探索新教师教育见习和企业实践,依托国家级、北京市相关教师培训基地,以及学院内训、教研活动等形式,组织教师参加各类培训,[②]有效促进了教师专业成长、提升教师职业素养。天津滨海职业学院着重强调对职教教师培训的顶层设计与统筹,切实推进以国培计划、"1+X"证书、思政课教师、专业教师专业能力提升项目为主的线上线下培训,紧扣职业教育发展前沿性内容,安排培训任务以增强教师的综合素质。天津海运职业学院以教师培训为抓手,组织推进高职院校教师素质提高计划国培项目,项目包括信息技术应用能力提升项目、"三科"教材教学能力提升培训项目、优秀青年教师跟岗访学项目、"1+X"证书试点教师培训项目、教师企业实践项目和职业院校教育教学改革培训项目等7个类别,[③]切实提升了教师的业务能力与技术水平,对夯实教师专业知识基础、增强教师专业技能大有裨益。河北机电职业技术学院组织团队教师开展专项培训,提升教师模块化教学设计实施能力、课程标准开发能力、教学评价能力、团队协作能力和信息技术应用能力。[④] 承德应用技术职业学院成立了教师发展中心,深入实施师资队伍建设"2666"工程和个人成长"13510"规划,做实新教师岗前培训、教师校本培训和业

---

① 北京农业职业学院.北京农业职业学院高等职业教育质量年度报告(2022)[EB/OL].(2021-12-01)[2022-11-17].https://www.tech.net.cn/column_rcpy/art.aspx?id=15066&type=2.
② 北大方正软件职业技术学院.北京北大方正软件职业技术学院高等职业教育质量年度报告(2022)[EB/OL].(2021-11-30)[2022-11-17].https://www.tech.net.cn/column_rcpy/art.aspx?id=15052&type=2.
③ 天津海运职业学院.天津海运职业学院高等职业教育质量年度报告(2022)[EB/OL].(2021-12-06)[2022-11-17].https://www.tech.net.cn/column_rcpy/art.aspx?id=16218&type=2.
④ 河北机电职业技术学院.河北机电职业技术学院2022年高等职业教育质量年度报告[EB/OL].(2021-11-26)[2022-11-17].https://www.tech.net.cn/column_rcpy/art.aspx?id=15362&type=2.

务能力提升培训，切实完成全体教职工培训、国家级专项培训以及"1+X"证书相关培训工作，①保障教师培训工作的有序高效推进。

三是健全教师企业实践机制，提高教师技能水平和实践能力。组织教师参与企业实践是强化"双师型"教师队伍建设、深化产教融合育人模式的应然举措。2021年，京津冀地区各高职院校通过完善教师定期参与企业实践相关制度，明确实践内容与形式，有效推进了教师企业实践工作，提升了教师实践育人能力。北京经济技术职业学院针对学校部分教师行业实践能力不足的问题，通过有针对性安排教师到企业进行挂职锻炼、顶岗实训、外出培训、外出参观及考察学习、外聘专家来校授课、组织企业专业技术人才交流等方式②带领教师切身参与一线生产实践，以及时获取所处专业在生产实践中的新方法、新模式、新知识。天津城市职业学院围绕高水平专兼结合"双师双能"师资队伍建设目标，实施企业实践卡与贡献卡，在2021年，学院全体教职工深入216家企业（社区）实践，通过企业实践在为企业提供技术服务与支持的同时，③也帮助教师获取了丰富的实践经验。天津国土资源和房屋职业学院出台相关政策，积极落实专业教师定期参与企业实践制度，推进教师到企业进行专业实践锻炼，提高专业技术素质，深入企业学习新技术、新方法、新工艺，了解现代企业生产管理过程，并将学习成果融入到实际的教学工作中，④培养实践能力、教学水平与理论知识兼具的双师素质教师。天津市机电职业技术学院构建了双主体育人（学校+企业）、双导师指导（教师+师傅）、双课堂教学（校内课堂+企业课堂）、双身份学习（学生+学徒）、双评价证书（学历证书+专业技能证书）的"五双"育人体系，⑤组织

---

① 承德应用技术职业学院.承德应用技术职业学院高等职业教育质量年度报告（2022）[EB/OL].（2021-11-27）[2022-11-17]. https://www.tech.net.cn/column_rcpy/art.aspx?id=15352&type=2.
② 北京经济技术职业学院.北京经济技术职业学院高等职业教育质量年度报告（2022）[EB/OL].（2021-11-23）[2022-11-17]. https://www.tech.net.cn/column_rcpy/art.aspx?id=15061&type=2.
③ 天津城市职业学院.天津城市职业学院2022年高等职业教育质量年度报告[EB/OL].（2021-12-06）[2022-11-17]. https://www.tech.net.cn/column_rcpy/art.aspx?id=16212&type=2.
④ 天津国土资源和房屋职业学院.天津国土资源和房屋职业学院高等职业教育质量年度报告（2022）[EB/OL].（2021-12）[2022-11-17]. https://www.tech.net.cn/column_rcpy/art.aspx?id=16217&type=2.
⑤ 天津机电职业技术学院.天津机电职业技术学院高等职业教育质量年度报告（2022）[EB/OL].（2021-11-21）[2022-11-17]. https://www.tech.net.cn/column_rcpy/art.aspx?id=16219&type=2.

教学一线教师深入企业进行实践锻炼，极大地激发了教师的创新精神与实践动力。河北软件职业技术学院根据《教师企业实践管理暂行办法》及《专业教师企业实践管理办法补充规定》，落实教师五年一周期的企业实践制度，同时加强对专业教师企业实践情况备案、管理、督导和检查。如在教师企业实践过程中，由学院督导组牵头，对下企业教师进行实地走访，了解并解决教师工作中遇到的困难，做到了事前安排合理，事中监控到位，事后评比表彰，①切实落实教师企业实践培训任务，建设高水平"双师型"教师队伍。唐山职业技术学院完善教师定期到企业实践制度，选派青年教师、专业课教师以多种形式到唐山市协和医院、尚德口腔病防治所、河北恒达会计服务有限公司、博玉陶瓷文化创意有限公司、荣川汽贸公司、开用网络信息服务有限公司、中车集团等合作企事业单位挂职或参加实践实训，且临床医学系实行教师 AB 制管理，即专任教师定期轮换到医院参加临床实践，②保证教师定期参与企业实践培训，优化教师的能力素质结构。

职业教育改革与发展的关键在于打造一支高素质专业化的"双师型"教师队伍。2021 年，京津冀地区职业院校以实践为导向，以产教融合育人模式为抓手，以体制机制完善为前提，加快推进了职教教师培养培训工作，通过搭建师资培训平台、优化教师参与企业实践机制，形成了强化教师技能训练，促进专业素质发展的协同育人生态。

五、引培并举优化师资结构，打造高素质结构化教师团队

"引培并举"是职教师资队伍建设的重要内容。2019 年，国务院印发的《国家职业教育改革实施方案的通知》提出，要"在职业院校实行高层次、高技能人才以直接考察的方式公开招聘。建立健全职业院校自主聘任兼职教师的办法，推动企业工程技术人员、高技能人才和职业院校教师双向流动"。基于职业教育

---

① 河北软件职业技术学院.河北软件职业技术学院高等职业教育质量年度报告（2022）[EB/OL].（2021-11-25）[2022-11-17]. https://www.tech.net.cn/column_rcpy/art.aspx?id=15370&type=2.

② 唐山职业技术学院.唐山职业技术学院高等职业教育质量年度报告（2022）[EB/OL].（2021-11-26）[2022-11-17]. https://www.tech.net.cn/column_rcpy/art.aspx?id=15401&type=2.

"职业性"这一本质属性,畅通高层次技术技能人才引进渠道,聘请企业工程师、技术人员等具有实践生产经验的一线人才充实职教师资队伍,优化专兼教师结构至关重要。2021年,京津冀地区职业学校坚持引培并举,一方面优化教师岗位招聘计划,扩宽高层次、高技能人才兼职从教渠道,建立健全职业学校兼职教师聘用管理制度,推进形成"固定岗+流动岗"、双师素质与双师结构兼顾的高素质教学团队;另一方面实施职业院校领军人才培养计划,面向海内外引进与培育一批专业领军人物、一线技术人才、国家技能大师、教学名师,为职业学校建设发展提供强有力的人才支撑。

一是推进兼职教师队伍建设,优化职教师资队伍结构。2021年京津冀地区各职业院校注重完善兼职教师管理制度,设置兼职教师聘用岗位,并加强对兼职教师的培训与指导,逐渐形成专兼结合、结构合理、素质优良的职教师资队伍。北京经济技术职业学院选择从企业及行业一线的专家和技术骨干中聘请一部分兼职教师到校内授课,进而形成企业教师和校内教师双主体指导学生的认识实习、跟岗实习和定岗实习的育人模式,此外,学校促进兼职教师利用自身实践优势开展课堂教学革命,实践混合式教学,①不断挖掘兼职教师潜力,深化职业教育教学改革。北京科技职业学院通过从行业企业聘用具有丰富实践经验的专家、专业技术人员担任兼职教师,建立兼职教师库,同时加强对兼职教师教学能力的培训,②以强化职业学校实践教学环节。天津城市职业学院实施双带头人制度,聘请合作企业的一线技术骨干和高级管理人员参与到专业建设和教学中去,聘请行业企业专家担任兼职专业带头人,并组织开展兼职教师教学能力培训会和交流座谈会,③促进兼职教师能够有效输出实践经验,满足职业学校的教学需要。天津轻工职业技术学院制定完成《天津市职业教育创优赋能建设项目——加强"双师型"教师队伍建设方案》,实施高层次人才"引培"计划,现代产业导师特聘岗位计划,教师素质提升计划以及校企"共聘共育""双

---

① 北京经济技术职业学院. 北京经济技术职业学院高等职业教育质量年度报告(2022)[EB/OL]. (2021-11-23)[2022-11-17]. https://www.tech.net.cn/column_rcpy/art.aspx?id=15061&type=2.
② 北京科技职业学院. 北京科技职业学院高等职业教育质量年度报告(2022)[EB/OL]. (2021-11-25)[2022-11-17]. https://www.tech.net.cn/column_rcpy/art.aspx?id=15064&type=2.
③ 天津城市职业学院. 天津城市职业学院2022年高等职业教育质量年度报告[EB/OL]. (2021-12-06)[2022-11-17]. https://www.tech.net.cn/column_rcpy/art.aspx?id=16212&type=2.

栖制"引人用人制度改革,①为兼职教师队伍建设创建良好制度环境,有利于促进教师队伍素质的整体提升。河北能源职业技术学院建立校企人员双向流动、相互兼职的常态运行机制,实施现代产业导师特聘岗位计划,吸收企业技能大师参加教学研究、专业建设和团队建设,实现兼职教师与专任教师联合开展企业技术攻关,②在满足职业学校教育教学需要的同时服务企业技术发展的需要。石家庄城市经济职业学院以培养适应"行业主导式"人才培养模式教师队伍为目标,积极探索有利于专兼结合教学团队建设的长效机制,引进众诚集团管理人员、工程技术人员和行业精英,③打造了规范有序、和谐稳定的高素质教师队伍。

二是开展职业院校领军人才培养计划,打造高水平教师团队。开展名师名校长培育工程、培育并遴选教学名师、专业带头人、骨干教师等是2021年京津冀地区职业院校师资培养的重点推进项目。北京财贸职业学院以高水平"双师型"队伍建设为重点,深入实施师资队伍建设"三师"战略。在原有国家级职业教育教师教学创新团队、市级专业带头人、职教名师、专业创新团队以及校级教学名师的基础上,又遴选了校级职教名师、专业(群)带头人、优秀青年骨干教师、教育教学创新团队等近百位专任教师,建立校级人才储备库,通过资金支持、定制培训等方式,多层次全方位支持教师专业发展,建成校、市、国三级人才培育体系,④打造形成一个结构良好、充满活力的教师梯队。北京经贸职业学院注重专业带头人培养,推进教学团队建设学校发挥专业带头人、课程群负责人的作用,切实落实任务,学校以重点专业建设项目的实施带动优秀教学团队的建设和能力提升,从而形成了会计专业、思政课、保险

---

① 天津轻工职业技术学院. 天津轻工职业技术学院高等职业教育质量年度报告(2022)[EB/OL]. (2021-12-06)[2022-11-17]. https://www.tech.net.cn/column_rcpy/art.aspx?id=16221&type=2.
② 河北能源职业技术学院. 河北能源职业技术学院高等职业教育质量年度报告(2022)[EB/OL]. (2021-11-28)[2022-11-17]. https://www.tech.net.cn/column_rcpy/art.aspx?id=15368&type=2.
③ 石家庄城市经济职业学院. 石家庄城市经济职业学院高等职业教育人才培养质量年度报告(2022)[EB/OL]. (2021-11-26)[2022-11-17]. https://www.tech.net.cn/column_rcpy/art.aspx?id=15383&type=2.
④ 北京财贸职业学院. 北京财贸职业学院高等职业教育质量年度报告(2022)[EB/OL]. (2021-12-02)[2022-11-17]. https://www.tech.net.cn/column_rcpy/art.aspx?id=15053&type=2.

专业等优秀教研团队,为职业教育质量提升提供强有力的师资力量。天津铁道职业技术学院面向高水平人才开展能力提升培训,派出校领导、专业带头人、骨干教师等11人次参加海河名校长研修、课程实施能力提升、信息技术应用能力提升等国家级教师素质提升培训,①深化人才强校战略,努力打造更具影响力与领先水平的领军人物。天津机电职业技术学院坚持以高层次人才队伍建设为目标,以引培并举、质量优先为原则,实施技术技能大师引育、专业带头人培养、骨干教师培育的培养方式,进行师资队伍建设,同时学院修改完善了《专业带头人管理办法》,组织专业带头人参加国培项目,②创新教师队伍建设体制机制,全面加强教师队伍建设。沧州职业技术学院着力加强专业带头人、教学名师、双师素质教师、骨干教师的培养,制定了《专业带头人考核标准》《教学名师遴选标准》《双师素质教师考核标准》《骨干教师考核标准》,③明确学校高层次教师各项标准细则,增强教师自我提升动力,促进专业素质提升。河北艺术职业学院加强高层次人才引进和培养,出台了《高层次人才引进办法》《教师进修学习管理办法》《大师工作室遴选与建设管理办法》《培训管理办法》《教学名师选拔和管理办法》等制度10余项,完善各类人才遴选与管理办法④,构建"引进—培育—遴选—管理"一体化教师教育体系,为教师发展提供规范化管理制度。

  2021年,京津冀地区各职业院校深入实施人才强校战略,奋力开创师资队伍建设新格局,以引进企业技术人才、高技能人才优化职业院校师资队伍结构,以遴选培育专业带头人、骨干教师、教学名师等提升教师队伍整体素质,努力建设一支结构合理、素质优良、开拓创新、行业领先的高层次、高水平教师队伍。

---

① 天津铁道职业技术学院. 天津铁道职业技术学院2022年高等职业教育质量年度报告[EB/OL]. (2021-12-06)[2022-11-17]. https://www.tech.net.cn/column_rcpy/art.aspx?id=16227&type=2.
② 天津机电职业技术学院. 天津机电职业技术学院高等职业教育质量年度报告(2022)[EB/OL]. (2021-11-21)[2022-11-17]. https://www.tech.net.cn/column_rcpy/art.aspx?id=16219&type=2.
③ 沧州职业技术学院. 沧州职业技术学院高等职业教育质量年度报告(2022)[EB/OL]. (2021-11-26)[2022-11-17]. https://www.tech.net.cn/column_rcpy/art.aspx?id=15349&type=2.
④ 河北艺术职业学院. 河北艺术职业学院高等职业教育质量年度报告(2022)[EB/OL]. (2021-11-26)[2022-11-17]. https://www.tech.net.cn/column_rcpy/art.aspx?id=15373&type=2.

六、组织参与教学实践活动,促进高水平专业化教师队伍建设

教学实践活动是对教师专项培训结果的检验,对教师企业实践内容的应用,在教学实践中丰富教学经验、探索教学方法、创新教学模式是提升教师综合素质能力的有效方式。2021年,京津冀地区职业学校积极承办各类国家级、市级教学竞赛活动,创新校内教学研究活动形式,如开展各项教师竞赛、组织教研活动,在实践活动中促进职业学校教学改革,带动职教师在活动过程中拓展专业知识、积累教学经验、更新教学理念,全方位、多渠道实现自我发展、自我提升。

北京市按照"实践育人、以赛促教"的总体思路,鼓励支持安排各种形式教学实践活动,如开展2021年北京市职业院校教学能力比赛,鼓励北京市内各职业院校组织教师按照比赛要求开展集训、选拔与培育,致力于发挥教学能力比赛在深化"三教"改革中的树旗、导航、定标、催化作用[1],在比赛过程中对教师教学内容、教学方法、教学设计、教学手段等基本教学能力进行强化,对教师的信息获取能力、临场应变能力、解决问题等综合能力进行培养,引领高质量教育教学。首钢工学院各二级学院组织优质课、公开课,召开教师学生座谈会,分析归纳问题,自我诊断症结,研究解决措施,立查立改。通过整改,有用、有趣、有效的"三有"课堂数大幅提升,课堂教学质量获得督导专家好评,同时学校高度重视教学研究,长期坚持通过教研活动、示范课、观摩课等多种方式开展教学内容、教学方法、教学手段的研究、交流和创新[2],促进教师之间对授课方式、互动模式与信息化教学手段的相互学习与沟通。北京信息职业技术学院为推动课堂革命,落实三教改革,以教学能力大赛为引领,坚持以赛促教、以赛促改,依托教学团队通过教研活动、示范课、观摩课、互动课堂评选等多种方式,探索教学

---

[1] 北京市教育委员会.北京市高等职业教育质量年度报告2022[EB/OL].(2022-03-31)[2022-11-20]. https://jw.beijing.gov.cn/bjzj/gdzyreport/gdreport/202201/t20220114_2591278.html.

[2] 首钢工学院.首钢工学院高等职业教育质量年度报告(2022)[EB/OL].(2021-11-29)[2022-11-17]. https://www.tech.net.cn/column_rcpy/art.aspx?id=15077&type=2.

手段创新,深化教学方法改革①,不断提升教师的课堂表现能力与教学质量。北京科技职业学院通过开展"金课"评审、"重点岗位"竞聘、全校教研活动等形式,提升教师课堂教学水平,积极推进"三教改革",注重以竞赛为抓手推动学校教育教学改革创新发展②,整体提升教师教育教学水平与综合素质,进而实现职业学校教育质量与人才培养质量的提升。

  天津市始终坚持探索教师素质提升新途径,将实践教学活动作为深化教师教育改革的重要抓手,引导各高职院校积极开展、主动参与教师基本功大赛、教学能力比赛、混合式教学模式比赛、集体备课活动等,鼓励教师参与教学改革,全面推进高质量教师队伍建设,切实提高教师的职业素养与职业能力。天津电子信息职业技术学院不断加强教师思政工作建设,依托教育部"全国高校思政课教师网络集体备课平台"、全国高职院校思政联盟、天津市名师工作室、协同创新基地等思政阵地,定期组织教师参加相关培训,通过教师说课比赛、课堂比赛、教案比赛、教学比赛以及承担各级思政课题,提升教师学思政、知思政、用思政能力③,促进教师在集体备课过程中切实得到提高,自觉培养自身教案撰写水平和教学授课能力。天津渤海职业技术学院参与天津市职业院校技能大赛教学能力比赛暨全国职业院校技能大赛教学能力比赛并获得相应奖项④,在比赛过程中拓展了教师的专业技术领域,实现了教师之间教学知识与技能的共享与发展。天津铁道职业技术学院作为全国技能大赛轨道车辆技术赛项天津集训基地、"海河工匠杯"技能大赛相关赛项承办单位,于2021年举办"技能竞赛月"等专题活动,开展了一系列技能竞赛⑤,致力于以"以赛促教、以赛促学"的教学

---

① 北京信息职业技术学院. 北京信息职业技术学院 2022 年高等职业院校教育质量年度报告[EB/OL]. (2021-11-25)[2022-11-17]. https://www.tech.net.cn/column_rcpy/art.aspx?id=15074&type=2.

② 北京科技职业学院. 北京科技职业学院高等职业教育质量年度报告(2022)[EB/OL]. (2021-11-25)[2022-11-17]. https://www.tech.net.cn/column_rcpy/art.aspx?id=15064&type=2.

③ 天津电子信息职业技术学院. 天津电子信息职业技术学院高等职业教育质量年度报告(2022)[EB/OL]. (2021-12-03)[2022-11-17]. https://www.tech.net.cn/column_rcpy/art.aspx?id=16213&type=2.

④ 天津渤海职业技术学院. 天津渤海职业技术学院高等职业教育质量年度报告(2022)[EB/OL]. (2021-12-03)[2022-11-17]. https://www.tech.net.cn/column_rcpy/art.aspx?id=16210&type=2.

⑤ 天津铁道职业技术学院. 天津铁道职业技术学院 2022 年高等职业教育质量年度报告[EB/OL]. (2021-12-06)[2022-11-17]. https://www.tech.net.cn/column_rcpy/art.aspx?id=16227&type=2.

模式促进教师反思教学方式、改善教学方法、优化教学设计,提升教师培养质量。

河北省充分重视教学实践活动的引领作用,以教学技能大赛为抓手,加大对教学技能大赛的宣传与推广力度,鼓励支持各高职院校开展教学技能大赛,巩固教学技能比赛成效,推动教师在信息技术与教育教学深度融合过程中实现专业教学水平、创新精神、综合素质的有效提升。邯郸幼儿师范高等专科学校通过集体备课,听课评课说课,参加教学基本功比赛、汇报等形式,对新教师的教学理念、方法、技能等方面给予指导。此外,该校专项设置教研室,专门组织师资队伍建设、教学改革与教学研究等活动,旨在在教学实践中以教研促教改[1],以此激发新教师教学教法创新活力,支持教师提出新观点、使用新方法、运用新手段,在引领提升新教师专业素质的同时鼓励教师实现自主成长。石家庄工程职业学院开展了以提升技能竞赛和实践教学水平为中心任务,以提高人才培养质量为目标的"双心循环—阶梯式"实践教学改革,取得了一定成效。此外,为更好地组织实施教学技能竞赛,学院建立了科学有效的管理运行机制,通过为参赛团队提供专项经费,明确规定获奖指导教师与岗位聘任、职称评审、评优评先等方面挂钩,大幅提高对获奖团队及师生个人的奖励额度[2],极大增强了教师参与教学竞赛的热情。石家庄工商职业学院每年定期组织各类教学活动以提升教师业务水平,如举办示范课活动,优秀教师以示范课形式展示其教学设计、教学内容、教学方法及课堂把控能力,为其他教师提供教学参考,并设置答疑环节,向全体教师进行经验心得分享[3],有效开拓了教师的教学思路、提升教学能力。

京津冀地区各职业院校以各级各类教学实践活动为契机,以教学技能大赛为抓手,创新教师培养路径,为职教教师提供相互交流与经验学习的成长空间,强化教师教学能力、实践经验与创新精神的培养,打造高素质专业化教师队伍,

---

[1] 邯郸幼儿师范高等专科学校. 邯郸幼儿师范高等专科学校高等职业教育质量年度报告(2022)[EB/OL]. (2021-11-26)[2022-11-17]. https://www.tech.net.cn/column_rcpy/art.aspx?id=15354&type=2.

[2] 石家庄工程职业学院. 石家庄工程职业学院高等职业教育质量年度报告(2022)[EB/OL]. (2021-11-25)[2022-11-17]. https://www.tech.net.cn/column_rcpy/art.aspx?id=15384&type=2.

[3] 石家庄工商职业学院. 石家庄工商职业学院高等职业教育质量年度报告(2022)[EB/OL]. (2021-11-26)[2022-11-17]. https://www.tech.net.cn/column_rcpy/art.aspx?id=15385&type=2.

有利于深化职业教育教学改革、提升职业教育育人质量。

七、深化人事制度综合改革，完善职业院校治理体系

人事制度是职业学校治理体系建设的核心，深化人事制度综合改革是推进职业院校治理体系和治理能力现代化的关键所在。人事制度包括编制、岗位、职称、评价等制度内容，是学校管理教师的重要依据，为教师成长发展提供了选择路径。推进职业学校教师队伍建设改革，要以调动教师积极性、主动性、创造性为目标，以优化师资队伍布局为立足点，深化人事制度综合改革。2021年，京津冀地区为推进职业教育内涵式发展，激发教师教学和创新活力，鼓励并支持职业学校不断推进和深化人事制度改革，完善教师聘任机制，创新考评机制、完善薪酬分配机制，以此开拓教师的成长发展空间，激发教师的内生发展动力。

一是完善教师岗位聘任制度，提高人才聘用质量。教师聘任制度是人事管理制度的基础部分，需依据学校职能进行教师岗位分类并合理设置聘任岗位，依据岗位明确岗位任职的条件与职责，设置分级分类管理岗位体系，提高学校的用人质量。北京信息职业技术学院优化岗位设置，完善全员聘用与聘任制度，通过修订完善《全员聘用与聘任实施办法》《专业技术职务聘任管理办法》，优化组织机构、捋顺聘用与聘任关系、实现教师分类管理、试行高职低聘，打造"人才能进能出、职务能上能下、薪酬能增能减"的良性运行机制。坚持强化竞聘上岗，事业为上、以事择人，完善人岗匹配、人尽其才的聘任机制[1]，依据教师特点设置相应的以教学为主型岗位、教学科研型岗位以及科学性岗位，对不同岗位教师提出不同职责要求，最大程度发挥教师各自的发展优势。天津商务职业学院完善教师岗位聘用机制，加快教师编制岗位管理改革，推动人事制度改革向纵深发展。学校通过多方位广泛听取意见，形成了聘期考核及岗位聘用的原则意见、工作方案及教师教学、科研、社会服务工作任务等聘期制度[2]，为引进

---

[1] 北京信息职业技术学院. 北京信息职业技术学院2022年高等职业院校教育质量年度报告[EB/OL]. (2021-11-25)[2022-11-17]. https://www.tech.net.cn/column_rcpy/art.aspx?id=15074&type=2.

[2] 天津商务职业学院. 天津商务职业学院2022年度高等职业教育质量年度报告[EB/OL]. (2021-11-01)[2022-11-17]. https://www.tech.net.cn/column_rcpy/art.aspx?id=16222&type=2.

与培育高质量教师队伍提供有力制度保障。石家庄幼儿师范高等专科学校贯彻落实《石家庄市人才发展促进条例》，建立集中时间、统一规程、分级实施的人才招聘制度，组织英才入石选聘；全面落实《引进高层次人才暂行办法》，制定学校年度博士引进计划，向市财政申请30万人才引进专项资金，此外，学校积极与市委编办、市人社局沟通，按照市委编办、市委组织部、市人社局下发的《机关事业单位进人用编管理办法（试行）》要求，合理使用运行空编，争取到一定编制名额用于引进急需人才和专业人才[①]，以编制名额、人才引进专项资金为支持引进高层次人才，保障学校的人才聘任质量。

二是健全教师薪酬制度，激发教师工作积极性。2021年，北京市教委印发的《北京市"十四五"时期教育改革和发展规划（2021—2025年）》中提到，要"建立有吸引力和竞争力的教师薪酬制度，完善教师荣誉和表彰制度，显著提升教师的政治地位、社会地位、职业地位"。京津冀地区各高职院校力图建立健全教师工资长效机制，切实保障教师工作待遇，面向不同层次人才设置相应薪酬标准，完善绩效工资水平与分配办法，充分调动教师工作的积极性。北京劳动保障职业学院突破了人事体制机制改革难点，改革了薪酬绩效管理体系，形成了一套适应现代职业教育的薪酬制度，通过强化履行岗位职责和业绩考核，赋予团队一定的绩效工资分配权限，实现了团队以业绩贡献和能力水平为导向、以目标管理和目标考核为重点的绩效工资动态调整机制，实现多劳多得、优绩优酬[②]，极大地激发了教师的工作热情与创新积极性。天津体育职业学院推行院系两级管理体制，梯度管理，权责明确，管理体制由直线职能制向院系两级管理转变，管理机制由过程管理向目标总控转变，薪酬激励由按劳分配向按价值、按贡献分配转变[③]，在放宽院校自主权的同时建立健全教师激励机制，有利于增强教师工作积极性与发展潜力。天津医学高等专科学校完善学校改革绩效分配机制，加强人才培养标志性成果激励，加大对教师教学比赛、指导学生比赛、

---

① 石家庄幼儿师范高等专科学校. 石家庄幼儿师范高等专科学校高等职业教育质量年度报告（2022）[EB/OL].（2021 - 11 - 27）[2022 - 11 - 17]. https://www.tech.net.cn/column_rcpy/art.aspx?id=15395&type=2.
② 北京劳动保障职业学院. 北京劳动保障职业学院高等职业教育质量年度报告（2022）[EB/OL].（2021 - 11 - 25）[2022 - 11 - 17]. https://www.tech.net.cn/column_rcpy/art.aspx?id=15065&type=2.
③ 天津体育职业学院. 天津体育职业学院高等职业教育质量年度报告（2022）[EB/OL].（2021 - 12 - 04）[2022 - 11 - 17]. https://www.tech.net.cn/column_rcpy/art.aspx?id=16226&type=2.

社会培训、技术服务等业绩奖励力度,引导教职工全员育人,同时深入贯彻《中共中央、国务院关于加强和改进新形势下高校思想政治工作的意见》等文件精神,完善思政专项绩效奖励①,以动态化管理机制满足教师多样化发展诉求,激发教师的多元发展潜力。唐山职业技术学院制定和修订了《绩效考核及奖励性绩效工资分配办法(试行)》《专业技术职务任职资格申报推荐实施办法(试行)》等制度文件,逐步实施岗位分类管理及考核评价,发挥奖励性绩效工资的激励作用,形成重业绩、重贡献和向重点岗位、教学一线倾斜的管理与激励制度,增设项目专项奖励②,鼓励教师积极参与各类教学技能大赛、承担各类课题申报项目等,营造良好的教师干事创业环境。河北机电职业技术学院起草了《教职工绩效考核管理规定》,深化实施教师、辅导员、管理三大类系绩效改革,将教职工的工资收入与岗位职责、工作业绩、实际贡献等直接挂钩,加大对标志性成果等影响学校发展项目的奖励力度③,有效提升了教师的项目参与活力。

三是优化教师考核评价制度,激发教师自主发展动力。考核评价贯穿于人事管理的各个环节,在教师聘任、绩效分配、职称评定等环节中扮演着举足轻重的角色。2021年,京津冀地区重点推进教师考核评价制度发展,着力拓宽评价内容、丰富评价方式、完善评价程序,构建多元多维的教师考核评价体系。北京经济管理职业学院贯彻落实《深化新时代教育评价改革总体方案》,修订《专业技术职务评聘管理办法》《专业技术岗人员量化考核办法》,细化《教学建设工作业绩计分办法》《科研工作量计分办法》,进一步完善教师评价机制,构建以品德、能力和业绩为导向的人才评价体系;坚持分类评价,针对不同岗位类型,进一步细化分类评价标准,拓宽晋升通道;改革科研评价,将社会影响力评价纳入评聘管理办法,针对取得重大贡献的研究成果,申报高级职称时论文不作限制性要求④,通

---

① 天津医学高等专科学校.天津医学高等专科学校高等职业教育质量年度报告(2022)[EB/OL].(2021-11-30)[2022-11-17]. https://www.tech.net.cn/column_rcpy/art.aspx?id=16229&type=2.
② 唐山职业技术学院.唐山职业技术学院高等职业教育质量年度报告(2022)[EB/OL].(2021-11-26)[2022-11-17]. https://www.tech.net.cn/column_rcpy/art.aspx?id=15401&type=2.
③ 河北机电职业技术学院.河北机电职业技术学院高等职业教育质量年度报告(2022)[EB/OL].(2021-11-26)[2022-11-17]. https://www.tech.net.cn/column_rcpy/art.aspx?id=15362&type=2.
④ 北京经济管理职业学院.北京经济管理职业学院高等职业教育质量年度报告(2022)[EB/OL].(2021-11-26)[2022-11-17]. https://www.tech.net.cn/column_rcpy/art.aspx?id=15060&type=2.

过打造多元化、差异化的教师评价体系,为不同岗位的教师提供不同发展平台和晋升渠道。天津轻工职业技术学院开展职称评价标准试点,积极推进教育评价改革学院构建专业化、制度化、常态化教师发展体系,建立并实行教师标准化制度体系和考核、评价、激励机制,创建产教融合人才队伍治理新模式的建设要求,遵循教育规律和人才成长规律,破除"唯分数、唯升学、唯学历、唯论文、唯帽子"顽瘴痼疾,结合职教类型和特点积极推进职称评审改革①,通过构建适应教师多样化发展需求的评审标准,有效增进教师创新实践动力。唐山工业职业技术学院落实国务院《深化新时代教育评价改革总体方案》要求,以绩效奖励、职称评聘、评优评先为抓手,在破除"五唯"的原则下,将项目建设绩效融入教师评价体系,完善突出项目绩效评价的"双15"激励机制,将项目建设目标达成度与绩效工资挂钩,完善具有示范引领作用的"模范"选拔机制,营造激励文化②,推动教师积极参与项目建设,增强业绩贡献,提升能力水平。石家庄邮电职业技术学院实施评价改革工程,保障师资良性发展,强化教师师德评价。将师德表现作为评价与奖励教师的首要标准,对师德表现突出的教师,在职称评聘、职务(职级)晋升、评奖评优、项目申报等方面享受优先权;完善职称评聘制度,优化职称评审标准体系,按照教学为主型、教学科研型分类构建了职称评审标准,在评价中突出对教师能力、业绩和贡献的评价导向,加大对标志性成果的奖励③,最大限度地激发广大教师的创新创造活力。

人事制度改革是职业学校适应现代职业教育发展的客观需要,2021年,京津冀地区职业学校通过完善教师聘任制度,创新岗位分类管理模式,切实提升了教师用人质量;健全教师薪酬制度,改革绩效工资分配制度,有效增强了教师的工作积极性;优化教师考核评价制度,科学设定考核评价程序,优化职称评审内容,拓宽了教师职业发展路径,以聘任制度、薪酬制度、考核评价制度为重点

---

① 天津轻工职业技术学院.天津轻工职业技术学院高等职业教育质量年度报告(2022)[EB/OL].(2021-12-06)[2022-11-17]. https://www.tech.net.cn/column_rcpy/art.aspx?id=16221&type=2.
② 唐山工业职业技术学院.唐山工业职业技术学院高等职业教育质量年度报告(2022)[EB/OL].(2021-11-25)[2022-11-17]. https://www.tech.net.cn/column_rcpy/art.aspx?id=15397&type=2.
③ 石家庄邮电职业技术学院.石家庄邮电职业技术学院高等职业教育质量年度报告(2022)[EB/OL].(2021-11-28)[2022-11-17]. https://www.tech.net.cn/column_rcpy/art.aspx?id=15394&type=2.

推进人事管理制度改革，职业学校人才队伍不断壮大，加快推进了学校治理能力与治理体系的现代化。

第三节 年度主要成绩

京津冀地区是我国的"首都经济圈"，其建设和发展对我国其他城市和地区起着重要的引领和示范效应。职业教育是与经济社会发展关系最为直接和最为密切的教育类型，职业教育教师队伍不仅仅是职业教育的中坚力量，更是职业教育系统的关键组成部分，其自身素质的高低与质量的优劣对职业教育技术技能人才的培养水平影响重大。建设一支现代化、优质化、特色化的"双师型"教师队伍是推动实现现代职业教育高质量发展的重要工作。世界百年未有之大变局，使职业教育面临着全新的机遇与挑战，对职教师资培养培训有关项目的推进与实施造成了一定程度的影响。面对新产业、新模式、新局面，京津冀地区利用自身地理位置优势充分发挥主观能动性，积极应对职业教育周遭环境条件的新变化，主动把握时代契机，应对职教师资培养培训发展的新情况、新面貌和新气象，采取了与之相对应的新理念、新思路与新办法，取得了可圈可点的成绩。主要包括以国家重点建设职业教育师资培养培训基地为主体、职教师资国培基地与省培基地双向协同发力，塑造职教师资培养培训一体两翼之耦合共生命运聚合体，进一步深化产教融合、校企合作，打造了一批高水平校企合作"双师型"教师培养培训基地，形成了职教师资培养培训新范式，在职教师资队伍整体结构、体系、质量、制度、模式、机制、体制等维度实现了全新的突破，为造就一批具有示范效用的健康优质高素质职业教育教师队伍夯实了职教基础，更为全国各地的职教师资培养培训发展提供了一些可资借鉴的经验和模式。

一、筑牢意识形态防线，加强思政教育和师德师风建设

2016年10月，习近平总书记在中共十八届六中全会第二次全体会议上的

讲话指出，各级党委要把做好意识形态工作摆在重要位置，加强组织领导，及时掌握意识形态形势和动态，对各种政治性、原则性、导向性问题要敢抓敢管，对各种错误思想必须敢于亮剑，帮助人们明辨是非，牢牢掌握意识形态工作主动权。同样，职教师资培养培训更需要坚定不移地抓牢意识形态领域的重要工作，将其作为职教教师发展的首要任务，在师德师风涵养与思政教师队伍建设上同向发力，齐头并进。党的十九大报告强调，要"加强师德师风建设，培养高素质教师队伍，倡导全社会尊师重教"。2019年3月，习近平总书记在学校思想政治理论课教师座谈会上的讲话强调，办好思想政治理论课关键在教师，关键在发挥教师的积极性、主动性、创造性，要配齐建强思政课专职教师队伍，建设专职为主、专兼结合、数量充足、素质优良的思政课教师队伍。京津冀三地区高度重视职业教育教师师德师风与思政队伍的建设问题，通过宏观布局、科学规划、有序实施，开创了职业教育教师队伍意识形态建设的新局面。就河北而言，根据《2022年河北省高等职业教育质量年度报告》显示，河北省贯彻落实《关于深化新时代学校思想政治理论课改革创新的若干意见》，2021年，省教育厅印发《关于进一步加强学校思想政治理论课建设的意见》，通过打造名师工作室、开展高校思政课质量评估、民办高校思政课结对帮扶等，进一步提升思政课质量。按照《习近平新时代中国特色社会主义思想进课程教材指南》《"党的领导"相关内容进大中小学课程教材指南》等文件要求，河北省全面提升课程教材铸魂育人功能，教育引导学生树立共产主义远大理想和中国特色社会主义共同理想，坚定"四个自信"，厚植爱国主义情怀，把爱国情、强国志、报国行自觉融入建设社会主义现代化强国、实现中华民族伟大复兴的奋斗之中。此外，《中国教育报》头版头条以《擦亮青年学子人生底色——河北省加强高校思想政治工作纪实》为题报道了河北省高校的思政工作情况，其中河北工业职业技术大学、秦皇岛职业技术学院两所院校的两位思政教师获第二届全国高校思想政治理论课教学展示暨优秀课程观摩活动评审二等奖。为落实《新时代高等学校思想政治理论课教师队伍建设规定》的要求，河北省教育厅四次召开全省思政课教师队伍配备约谈推进会，推动河北省高职院校严格按照师生比不低于1∶350的比例核定专职思政课教师岗位，不断完善思政课教师队伍建设的体制机制，加强思政课教师配备工作，提升思政课教师选培工作的质量水平。根据2021年教育部提质培优行动计划绩效数据填报显示，河北省职业院校师生比1∶323，达到了国家规定的不低于1∶350的比例核定专职思政课教师岗位的要求。① 天津市一直以来将职教师资意识形态问题作为教育领域的头号工程来抓,坚持把职业教育教师师德师风建设摆在首要位置,将职业技术教育思政教师队伍培养培训作为深根固柢的系统性项目,着力培养一批紧跟时代发展的一流职教教师,满足新经济、新职业、新模式对当前职业教育教师意识形态方面发展的要求。值得关注的是天津滨海职业学院,该校坚持师德师风第一标准,将师德师风教育放在教师队伍建设首位,贯穿教师职业生涯的全过程。在院党委和系党支部的领导下,学院组织教师多平台、多渠道、多形式深入学习贯彻习近平新时代中国特色社会主义思想和党的十九大、十九届一中、二中、三中、四中、五中、六中全会精神;落实《关于加强和改进新时代师德师风建设的意见》,严格执行新时代教师职业行为十项准则,深化师德师风建设工程;落实师德承诺书和师德档案制度,制定学院《师德师风负面清单》,开展师德师风隐患问题排查工作,完善师德失范行为监测、通报警示及责任追究机制;组织200余人次参加师德师风教育专题培训、优秀教师模范事迹宣讲等系列活动,用"四有好老师"标准和"四个相统一""四个引路人""四为服务"等要求,引导教师以赤诚之心、奉献之心、仁爱之心投身教育事业,以德立身、以德立学、以德施教、以德育德,发挥师德示范引领作用。举行新教师入职宣誓和老教师荣休仪式,营造风清气正的师德师风氛围,弘扬高尚师德。②

  2021年,北京市坚持以习近平新时代中国特色社会主义思想为指导,以习近平总书记关于师德师风的重要论述为根本遵循,全面加强师德师风建设。北京高职院校贯彻《中共北京市委北京市人民政府关于全面深化新时代教师队伍建设改革的实施意见》,落实市委、市政府关于师德师风建设总体部署,召开2021年度北京市职业院校思想政治与德育工作会议,开展北京职业院校师德专题培训;组织广大教师结合培训教研、课堂教学、主题党日等,开展"讲述党史故事"主题活动,将"四史"教育和师德专题教育落地落实;将师德师风的考核结果

---

① 河北省教育厅. 河北省高等职业教育质量年度报告(2022)[EB/OL]. (2021-12-06)[2022-11-18]. https://www.tech.net.cn/column_rcpy/art.aspx?sf=％E6％B2％B3％E5％8C％97％E7％9C％81&nd=2022&type=1.
② 天津滨海职业学院. 天津滨海职业学院高等职业教育质量年度报告(2022)[EB/OL]. (2022-04-22)[2022-11-18]. https://www.tech.net.cn/upfiles/zlbg2022/xx/tianjing/tianjing％20(2).pdf.

运用于教师管理和职业发展全过程,强化师德师风作为评价教师的第一标准和师德"一票否决制",推进广大教师以德立身、以德立学、以德施教,增强责任感、使命感,教师思想政治素质和职业道德水平实现新提升。北京高职教育深刻理解"三教"(教师、教材、教法)改革的内涵要求,把推动"三教"改革作为高质量发展落地落实的"最后一公里"。高职院校把全面推进课程思政建设作为落实立德树人根本任务的战略举措和全面提高人才培养质量的重要任务,以党史教育为契机,全面推进课程思政示范课程建设,研究"谁来教、教什么、怎么教"三个关键问题,聚焦北京职业教育创新提出的"有趣、有用、有效"三有课堂建设理念,全面推动课程建设的理念更新、模式变革、体系重构,持续提升课程建设水平,建成一批优质课程,培养一批优秀教师。如北京农业职业学院,该校强化以建党百年党史学习教育为重点的"四史"学习教育,引导广大教师坚定理想信念、厚植爱国情怀、涵养高尚师德,牢记为党育人、为国育才的初心使命,筑牢"铸根京郊"农职特色师德价值观。充分发挥11个教学单位党总支的政治核心作用和38个教师党支部的战斗堡垒作用,突出抓好448名教师(含专职辅导员、实验员)的师德专题教育工作。学院组织962名教职员工签订了师德承诺书,完成了师德师风常识及"四史"知识考试及"四史"知识竞赛活动;评选出2021年"铸根京郊——我身边的师德榜样""我最喜爱的老师"29人。基本形成"五联五通"师德培育模式,即积极关联五大基础平台,互通五个重点项目(活动):一是依托专业(教研室)党支部平台,开展双带头人培育;二是依托职工之家平台,开展师德知识考试竞赛;三是依托教师发展中心平台,开展"铸根京郊——我身边的师德榜样"评选和师德承诺活动;四是依托管理育人平台,开展"我最喜爱的教师"评选活动;五是依托社会服务平台,发挥"铸根京郊"农职师德精神引领作用。①

二、贯彻职教师资政策,推进外延式扩张与内涵式发展

政策的作用是解决处理经济社会发展进程中某些特定领域抑或某个区域

---

① 北京市教育委员会. 北京市高等职业教育质量年度报告(2022)[EB/OL]. (2022-03-31)[2022-11-20]. https://jw.beijing.gov.cn/bjzj/gdzyreport/gdreport/202201/t20220114_2591278.html.

中出现的一些问题,对具体目标的实现起着良好的导向与指引作用,往往通过一些措施或者做法体现出来。一个政策的出台,是基于出现的问题需要从制度层面加以规范和引导,政策的内容取决于对现实情况的各种判断和反映,政策的有效性反映在问题的解决程度及现实需要的满足程度。职教教师教育政策制定的基点是解决职教师资队伍建设中出现的问题,促进职教师资队伍建设工作的有效开展,是职业院校及教师获得相应的发展保障。① 京津冀地区的改革与发展对其他地区乃至全国都有着很好的启示和借鉴意义,其所处的地位与发挥的作用不容小觑。职业教育是与经济社会发展紧密勾连的一种教育类型,而职教教师作为职业教育大系统中的重要因子,其质量、规模、结构、体系等对职业教育所培养的技能型人才影响巨大。统筹北京、天津与河北相关地区的示范辐射效应和职教师资的重要作用得出职教师资政策的制定、执行与完善是一个不可或缺且复杂的系统工程。英国社会学家米切尔·黑尧(Mitchell Heiyao)指出,任何一项教育政策的执行都是在利益博弈中完成的,是一个充满着连续不断的交易、谈判和政治互动的复杂过程。② 职教师资政策同样也是在政府、职业院校、社会组织、相关机构等多元多维利益主体的相互博弈中所产生的。在国家层面,从2018年1月中共中央、国务院印发的《关于全面深化新时代教师队伍建设改革的意见》,到2019年1月国务院印发的《国家职业教育改革实施方案》、2019年8月教育部等四部门印发的《深化新时代职业教育"双师型"教师队伍建设改革实施方案》,再到2021年8月教育部、财政部联合印发的《职业院校教师素质提高计划(2021—2025年)》等文件中均对职业教育教师培养与培训进行了系统谋划与详细布局,不仅对京津冀相关地区的职教师资培养培训提供了重要依据,更为全国各地职教师资队伍的建设与完善指明了未来的发展方向。如前所述,在一系列国家政策文件的大力支持与强力引导下,京津冀地区充分结合自身实际与现实需要,陆陆续续于2021年期间颁布了一些关于职业教育教师队伍建设的政策文件,强化职教师资培养培训的政策供给,形成了顶层设计与地方发展同频共振、同向同行的良好生态局面。政策的生命力在于落地实施,在国家文件的强势牵引下,天津市教育委员会于2021年8月发布《"十

---

① 孙琳.我国职教教师教育政策的变迁特点、时代需求及内容框架[J].中国职业技术教育,2022(15):13—17.
② [英]米切尔·黑尧.现代国家的政策过程[M].赵成根,译.北京:中国青年出版社,2004:129.

四五"职业教育规划》,力争在建设"双师型"教师队伍维度实现新突破;北京市怀柔区教育委员会2021年职业教育的工作要点之一是在稳步推进职业教育转型升级方面突出强化师资队伍建设,鼓励职业学校组建学校教师与企业技术人员相结合的"双师型"教师结构团队;2021年11月,由中共河北省委办公厅、河北省人民政府办公厅联合印发的《关于推动职业教育高质量发展加快建设技能型人才强省的实施意见》,在提升职业教育办学质量层面突出强化"双师型"教师队伍建设,实施好职业院校教师素质提高计划。

职业教育的外延式发展表现为职业院校以及师生数量的增长、教育规模的扩张、教育投资的扩大等,内涵式发展则表现为教育结构的优化、教育质量的提高、办学实力的增强等。外延式发展与内涵式发展的关系,就是量变与质变的关系。在事物孕育发展的最初阶段,量的扩展总是居于主导地位,而当其发展到一定程度时,质的提高就越发凸显出重要性,此时就需要把推动质变摆在更加突出的位置。① 京津冀地区一以贯之切实引领职教师资培养培训工作以服务国家发展战略、促进产业优化升级、融入区域协调发展,科学调整职业教育教师培养培训宏观规划、总体布局及目标方向,统筹职教师资培养数量规模等外延式发展与培训质量结构等内涵式变革协同并进,推动师资队伍发展事业跃上新台阶。三区域因地制宜致力于扩大职教师资培养项目影响辐射圈,加大培训项目资金投入使用力度,加快转变职教师资培养培训方式,突破职教教师培养发展瓶颈,加大发掘职教师资培养培训的力度、广度与深度,呈现出一番职教师资队伍培养的新风貌。北京作为首善之区,率先扛起推动职教师资培养发展的大旗,在2020年6月,由北京市教育委员会等四部门联合印发的《关于深化职业教育改革的若干意见》指出,鼓励职业院校与企业合作共建教师创新实践基地,着力培养"双师型"教师。北京市建设校、企人员双向交流协作共同体,从产教融合型企业中,遴选建立20个左右职业院校教师企业创新实践基地,用于教师专业培训、教研科研、技术创新等;分专业重点打造100个左右职业教育高水平教学创新团队;遴选若干职业院校开展职业教育专兼职教师培训,给予经费支持;探索与在京本科高校合作开展职教师资培养项目。

---

① 朱跃东,梁建胜.新时代下职业教育发展的要求、问题及实践理路[J].教育与职业,2018(11):5—12.

2021年4月,全国职业教育大会在京召开,作为天津市的参会代表,天津职业技术师范大学党委书记张金刚表示,加快构建职业教育体系,高素质职教师资培养是关键。天津职业技术师范大学将深入探索本硕博职教师资培养体系,实施卓越教师培养计划2.0,扩大面向中西部公费师范生培养规模,发挥"全国重点建设职教师资培训基地"作用,新建职业教育师资培训中心,在"十四五"期间,计划培训职教师资2万人,为我国提高职教师资培养质量作出积极贡献。① 2021年12月,河北省教育厅印发的《关于做好河北省2021年度职业院校教师素质提高计划国家级培训工作的通知》指出,全省国家级专业教师教学创新团队19个、省级教师教学创新团队242个,整合为18个专业类教师教学创新团队共同体和2个中职、高职思想政治课教师教学创新团队共同体。按专业类共同体和5个首批国家级专业教师教学创新团队分别设计20个和5个培训项目,共25个培训项目。培训目的是以教师教学创新团队为基础,培育15个省级"双师型"名师(名匠)工作室和5个省级技艺技能传承创新平台,培养一批"双师型"名师(名匠)工作室和技艺技能传承创新平台主持人、骨干成员和优秀青年教师。

三、创新培养培训模式,促进"双师型"教师规模与质量提升

2012年9月,国务院发布的《关于加强教师队伍建设的意见》提出,创新教师培养模式,要建立教师培养质量评估制度,职业学校教师队伍建设要以"双师型"教师为重点,完善"双师型"教师培养培训体系,发挥好行业企业在培养"双师型"教师中的作用。职业教育教师培养是一个由多种要素构成的综合性复杂系统,囊括培养体系与模式、建设与保障机制、能力与结构等多重因素,其中培养模式作为影响职业教育教师竞争力的关键因子为职教师资高质量发展提供了重要保障。面对职业教育发展的新形势、新任务、新局面,京津冀地区立足于自身基础,采取系列战略性举措,打出政策组合拳,延伸职教教师培养与培训办学空间,塑造了较有地方特色的师资培养新模式,开辟出职教师资队伍发展的

---

① 张雯婧. 职业教育前途广阔、大有可为——习近平总书记对职业教育作出的重要指示在津教育系统引发强烈反响[N]. 天津日报,2021-04-14.

新空间。具体通过教师技能大赛推动形成以赛促教、以赛提质、以赛培优的良好氛围,打造一批高标准、体系化、规模化的教学团队,深入贯彻落实新入职教师的培养和培训的相关政策措施,进一步探索新任教师教育见习与到企业进行实践的特色发展新模式,发挥传帮带制度的引领辐射作用,凝聚团队协作合力,激活新人教师的教育教学素养,提升适应职业教育新格局话语体系下的职教教师关键能力。值得一提的是,北京北大方正软件职业技术学院在2021年期间对照新时代职教师资的发展诉求,依托国家级与市级有关的教师培训基地,辅之以必要的学院内部培训、教研活动等丰富的形式,动员组织协调各级教师参加各种培训项目接近20多次,参加培训的教师数量达到90人左右,深刻反映出学院对于职教师资培养培训工作的高度重视,为实现职教师资队伍整体水平的跃升形成更加可持续发展的教育新动能,为更为稳定、深入和长远的教师培养与培训项目跃迁提供了重要遵循。此外,后疫情时代带来的种种不确定性因素促使京津冀地区职教师资培育突破原有的思维定式,摆脱已有培养模式惯习的路径依赖,以新发展理念为牵引,坚持开放包容、多元融通的合作共赢思路,充分展现新时代语境下职业院校教师培训的新风采。2021年1月,习近平总书记在省部级主要领导干部学习贯彻党的十九届五中全会精神专题研讨班开班式上发表的重要讲话强调,理念是行动的先导,一定的发展实践都是由一定的发展理念来引领的。发展理念是否科学,从根本上决定着发展成效乃至成败。京津冀相关地区坚持贯彻职教师资培养培训的新理念,以更开放化的视野、更全面化的体认、更整体性的谋划将职教师资培养的具体举措落实落地落细,以师资队伍需求为导向进一步推进培养模式改革,进而推动其内生发展,最终形成新一轮的具体要求,由此不断为教师队伍挹注新鲜血液,淬炼职业教育教师核心能力,提升其应对复杂情况的核心能力,拓新职教师资培养模式,进而为多样化、全方面、深层次培养高质量教师提供坚实的基础和科学的行动指引。

"双师型"教师是我国职业教育界一个典型本土化特色的概念,是我国职业教育特有的教师教育概念,是我国职业教育理论建设的一部分。[1]"双师型"教师的培养和培训一直以来都是职业教育师资队伍建设的重点内容,而打造一支

---

[1] 李宏伟,徐化娟.新时期职业教育"双师型"教师队伍建设策略研究[J].中国高等教育,2020(9):51—53.

数量充足、结构合理、质量优质的职业教育"双师型"教师队伍则为培养符合时代诉求的高素质技术技能人才提供了重要保障。早在1995年12月,国家教育委员会印发的《关于开展建设示范性职业大学工作的原则意见》提出,"要有三分之一以上的'双师型'教师",这是"双师型"教师概念首次出现在国家政策文件中,随着经济社会的不断发展,其内涵和意义也在逐渐完善和深化。2005年10月,国务院在发布的《关于大力发展职业教育的决定》中再次提出加强"双师型"教师队伍建设,"双师型"教师已成为职业院校教师建设的关键点与着力点。2018年1月,《关于全面深化新时代教师队伍建设改革的意见》指出,"全面提高职业院校教师质量,建设一支高素质双师型的教师队伍"。2019年1月,《国家职业教育改革实施方案》提出多措并举打造"双师型"教师队伍。2019年4月,教育部、财政部发布的《关于实施中国特色高水平高职学校和专业建设计划的意见》再次强调,"以'四有'标准打造数量充足、专兼结合、结构合理的高水平双师队伍"。由此可见,"双师型"教师贯穿于职业教育教师生涯发展始终,成为职业教育教师生涯发展的逻辑主线。① 京津冀地区同样将"双师型"教师培养培训工作作为2021年度教育发展与规划的重点项目稳步推进,大力推动"双师型"教师培训基地的建设,形成了一批高水平校企合作"双师型"教师培养培训基地,为提升职业教育教师的教学能力奠定了坚实的基础。比如在2021年6月,北京市教育委员会发布的《关于公布新增北京市职业院校校企合作的"双师型"教师培养培训基地名单的通知》提出,为贯彻落实《深化新时代职业教育"双师型"教师队伍建设改革实施方案》《北京职业教育改革发展行动计划》等文件精神和要求,加快提升职业院校"双师型"教师队伍建设水平,在总结2020年"双师型"教师培养培训工作的基础上,2021年新增评校企合作的"双师型"教师培养培训基地。同年9月,由北京市教育委员会颁布的《北京市"十四五"时期教育改革和发展规划》明确提出,"十四五"期间职业教育发展的主要目标之一是使"双师型"教师比例达到82%,强调深化"双师型"教师队伍改革,加强企业实践基地和校企合作培养培训基地建设,推动职业院校教师普遍成为"双师型"教师,从而为打开职教师资培养培训事业发展新天地提供了重要保障。紧接着在11月,北京市教委发布了《关于开展第三批北京市职业院校特色高水平骨干专

---

① 丁翠娟. 职业教育教师生涯发展的价值、表征及路向选择[J]. 教育与职业,2022(17):68—73.

业和实训基地(工程师学院及技术技能大师工作室)遴选与立项建设工作的通知》,其中指出拟遴选10个左右特高实训基地(两师基地),这为开辟职教师资培养培训新路径奠定了扎实的基础。河北省同样借助地方产业优势和区位优势,科学规划职教师资培养培训的责任、方向与策略,切实通过采取多样化方式提升教育教学能力。2021年11月,由中共河北省委办公厅、河北省人民政府办公厅联合印发的《关于推动职业教育高质量发展加快建设技能型人才强省的实施意见》强调,要强化"双师型"教师队伍建设,鼓励职业学校与企业深度合作共建教师发展中心、教师企业实践基地,支持高水平学校和大中型企业共建"双师型"教师培养培训基地。落实教师定期到企业实践的规定,支持企业技术骨干到学校从教,推进固定岗与流动岗相结合、校企互聘兼职的教师队伍建设改革。天津市亦紧扣职教师资高质量培养培训的时代主题,以"双高校"为龙头积极推进教师培训基地建设,鼓励职业学校承担更多培训任务,组织实施职教师资"国培"计划。市教委发布《关于下达天津市2021年度职业院校教师素质提高计划国家级培训任务的通知》,明确建立竞争机制,遴选确定2021年度培训任务及承担机构,天津市9所院校(含本科院校)承担了17个培训项目。"国培"计划项目的定期实施为职业院校开展高质量师资培训提供了支撑。[①]

四、拓展教师交流渠道,加强培养培训共同体建设

2017年1月,国家主席习近平在联合国日内瓦总部的演讲《共同构建人类命运共同体》中指出,要坚持交流互鉴,建设一个开放包容的世界。理念引领行动,方向决定出路。中国方案是:构建人类命运共同体,实现共赢共享。这也为延展职业院校教师培养培训交流空间提供了重要的参考与借鉴意义。京津冀地区以多渠道、多途径、多方式推动职教师资力量外引与内培双向结合塑造职教师资培养培训共同体。2021年7月,在京蒙教育对口协作座谈会上,北京市教育委员会与内蒙古教育厅签署《京蒙教育对口协作框架协议(2021—2025

---

① 天津市教育委员会.天津市教育委员会关于对市十七届人大五次会议第0373号建议的答复[EB/OL].(2021-10-18)[2022-11-18]. https://jy.tj.gov.cn/ZWGK_52172/JYTABL/BLJGGK/202110/t20211018_5653907.html.

年)》。该协议提出未来5年,京蒙教育部门将立足"解决关键性问题",有效整合资源,按照精准施策、分类推进原则,实施教师交流培训、提供职业教育优质资源支持。实施职业教育帮扶工程,加大北京市优质职业教育资源面向内蒙古地区职业院校开放力度,继续开展教师培训、联合培养等工作。河北省也积极拓宽职教师资发展新空间,根据2011年7月份河北省人社厅发布的消息显示,河北省深入贯彻第三次中央新疆工作座谈会精神和习近平总书记对职业教育工作作出的重要指示,全面推进冀疆职业技工学校结对帮扶,助力全省职业教育援疆升级加力开新局。省援疆工作前方指挥部通过"一对一""多对一"的方式,促成巴州15所技工学校、职教中心与河北省20所院校签订结对共建协议,在师资支持等方面进行帮扶援助。据统计,"十三五"期间选派37名职业技工学校教师到巴州支教,有力推动巴州各职业技工学校建设和职业教育发展。和硕县、且末县选派教师和学生到对口帮扶学校进行培训学习;邯郸市实施"师带徒提升工作"和"和静职业技工学校重点培养计划";秦皇岛市援疆教师与博湖技工学校骨干组建各学科(工种)"名师工作室"。[1] 11月,保定技师学院职业教育援疆走深入实工作全面推进,保定技师学院与红旗技校制定《合作培养师资实施方案》,在师资队伍等方面加大援助帮扶力度,并在暑假期间由保定技师学院为红旗技校开展线上"工单课堂"教学模式培训3期,受训人员240余人次,着力打造教育教学能力突出、信息化教学手段运用娴熟的高素质师资队伍。[2]

天津市蓄力打造职教师资互学互鉴、互促互进区域示范样板,为职教师资培养培训高质量发展增值赋能,取得了可喜成绩。2021年3月,天津市机电工艺技师学院精准帮扶助力京津冀地区协同发展,先后与石家庄职教中心、承德技师学院成为对口友好学校,接收骨干教师挂职锻炼,主动对接保定华中技校、保定技师学院提供技能帮扶,服务雄安新区建设与京津冀协同发展。与甘肃红古区职教中心签订对口帮扶协议,建立一对一帮扶关系,外派学院领导和中层干部到红古区职教中心进行技能帮扶,通过开展针对性座谈交流、师资培训、励志讲座,创新当地职教理念,深化教育教学改革,助其走上特色职业教育发展之

---

[1] 解楚楚. 河北职业教育援疆升级加力[EB/OL]. (2021-07-16)[2022-11-18]. https://hbxw.hebnews.cn/news/33028.html.
[2] 王新文. 河北省加大冀疆院校交流推进职业教育援疆走深入实[EB/OL]. (2021-11-05)[2022-11-15]. https://baijiahao.baidu.com/s?id=1715593429230555368.

路。除此之外,学院每年接收甘肃、宁夏校长挂职交流,开展教师培训,并外派4位教师"上门服务"开展技能帮扶,助力西部地区职业教育发展。① 天津进一步深化与重庆万州对口支援合作。在进一步深化教育合作层面坚持"鱼渔兼授",全面加强职业教育帮扶,重点在师资培训、专业和学科建设等方面深化交流合作,实现共建共享,发挥天津职业教育优势,结合万州中高职学校集中的特点,对学生、教师和管理人员开展能力提升培训,培养一批职业技能人才。② 7月,天津市宁河区与天津渤海职业技术学院签署服务终身学习"区校联合体"框架协议,双方将以本次签约仪式为契机,充分发挥各自资源优势,在教师培训、职业培训等多领域开展合作。8月,天津市教育系统160名干部教师组团赴新疆和田地区、新疆生产建设兵团开展教育对口支援工作,通过"支援一所学校、示范一个地区",发挥天津市职业教育资源优势,合作推进新疆各受援地教育质量总体提升。依托现有教师团队所在的受援学校搭建教师培训基地,将培养名师、选拔骨干和扶助青年相结合,加强教师梯队建设,促进教师队伍综合素养的全面提升,切实留下一支带不走的队伍。③ 11月,天津职业技术师范大学西藏阿里中等职业技术学校师资培训基地、教育实习基地挂牌成立,天津职业技术师范大学将充分发挥在职教师资培养领域的优势,在师资培养、专业建设、干部交流等方面积极支持和帮助阿里职校的发展,为加快推进东西部职业教育发展提供智力支持和人才保证。学校还积极拓展资源,建立西部基层等用人单位信息库,掌握用人需求,每年向西部620家用人单位寄送毕业生专业介绍画册、洽谈会邀请函及为当地"输送优秀'双师型'师资的一封信"。④ 同时在11月,第八届"大江论坛——津台职业教育融合发展论坛"在天津市举办。本届论坛以"提升职业教育质量 促进两岸融合发展"为主题,围绕加强职教师资培养、打造大国工匠、深化产学融合等专题展开交流。

---

① 王芊. 天津市机电工艺技师学院开展技能扶贫驻村帮扶助贫困村美丽"蜕变"[N]. 中国教育报,2021-03-23(6).
② 天津市合作交流办. 我市进一步深化与重庆万州对口支援合作[EB/OL]. (2021-03-18)[2022-11-18]. https://www.tj.gov.cn/sy/zwdt/bmdt/202103/t20210318_5388190.html.
③ 天津市教委办公室. 我市160名干部教师赴新疆开展教育对口支援"组团式"支教合作推进当地教育质量总体提升[EB/OL]. (2021-08-30)[2022-11-18]. https://jy.tj.gov.cn/JYXW/TJJY/202108/t20210830_5566914.html.
④ 天津市教委. 天津职业技术师范大学为西部基层输送优质职教人才[EB/OL]. (2021-11-12)[2022-11-18]. https://www.tj.gov.cn/sy/zwdt/bmdt/202111/t20211112_5701466.html.

五、聚焦师资队伍质量,坚持特色化与可持续发展

  2021年10月,中共中央办公厅、国务院办公厅联合印发的《关于推动现代职业教育高质量发展的意见》强调,要强化"双师型"教师队伍建设、创新教学模式与方法、完善质量保证体系等以推动现代职业教育师资力量的高质量发展。教师是立教之本、兴教之源,高质量的职业教育需要高质量职业教育教师队伍支撑。站在第二个百年奋斗历程的新开端,京津冀地区的职教师资培养培训建设深入贯彻习近平总书记关于教育的重要论述,贯彻落实党中央、国务院决策部署,以高质量作为时代主题,着眼于现代职业教育高质量发展的需要,着眼于技能型社会建设的需求,推进高素质专业化创新型教师队伍建设,造就职业教育类型特色鲜明,"经师"与"人师"相统一的职业教育"大先生"。① 为进一步构建更加健康、更加协调、更加可持续的职教师资区域化、中国式现代化培养培训发展新模式提供了理论注脚。河北省凝心聚力创构以校企合作联合培养高水平教师为中心,以职教师资国培项目与教师教学创新团队建设为两个基本点,在此基础上取得了阶段性的显著成绩。2021年4月,河北省教育厅确定河北石油职业技术大学等10所高职学校与华为技术有限公司共建首批鲲鹏产业学院,在师资培养、技能大赛等方面开展深度合作,取得了良好的成效。2021年间,累计培养教师50余人,其中华为中级认证工程师级别教师12名,华为高级认证级别教师2名。因新冠疫情的影响,省教育厅合理选择培训方式,全面安排和部署职业院校教师素质提高计划国家级培训项目组织实施工作,提高教师培训的针对性和实效性,设计规划了3大类10个项目类型,共计258个国培项目,全面提升职业学校教师队伍的整体素质和建设水平,补齐教师队伍建设"短板"。此外,河北省启动了第二批教师教学创新团队建设团队遴选工作,有220个团队入选第二批省教师教学创新团队建设团队。② 北京市在宏观概念与微观

---

① 教育部教师工作司.新时代职业教育教师队伍建设论纲[J].教育研究,2022(8):20—30.
② 河北省教育厅.河北省高等职业教育质量年度报告(2022)[EB/OL].(2021-12)[2022-11-18]. https://www.tech.net.cn/column_rcpy/art.aspx?sf=%E6%B2%B3%E5%8C%97%97%E7%9C%81&nd=2022&type=1.

经验交互作用下积极推进职教师资培养培训系列变革性实践,取得了一些标志性成果。在宏观维度,2021年9月,北京市教育委员会印发了《北京市"十四五"时期教育改革和发展规划(2021—2025年)》,在建设高素质专业化创新型教师队伍层面,提出要加强教师培养培训,突出提升教师人文素养和信息化素养,提高教师教书育人能力;深化教师管理制度改革,对教师的评价更加突出教育教学实绩;建立有吸引力和竞争力的教师薪酬制度,完善教师荣誉和表彰制度,显著提升教师的政治地位、社会地位、职业地位。在微观层面,2021年北京市怀柔区职业教育工作要点之一在强化师资队伍建设层面,鼓励职业学校组建学校教师与企业技术人员相结合的"双师型"教师结构团队;建立符合职业教育特点的教师招聘和职称评聘办法,将企业工作经历、技能等级列入专业教师招聘、评职和聘任条件;支持职业学校与企业合作共建教师创新实践基地,落实专业教师5年一周期的全员轮训制度,支持在职教师定期到企业实践锻炼。

天津市作为职教领域的标杆城市,一直将职教师资培养培训作为重点项目稳步推进,有关部门采取一系列战略性举措,实现了一些突破性进展,为引领职教师资队伍的建设与改革贡献出独有的天津智慧与天津方案。2021年,天津市聚力构建京津冀职业教育协同发展共同体,建立与区域产业转型升级相适应的技术技能人才培养培训体系。发挥全市教育优势,支持雄安新区教育发展。加强与中西部教育协作,打造教育帮扶天津模式。[①] 在1月份,教育部与天津市人民政府联合印发了《关于深化产教城融合打造新时代职业教育创新发展标杆的意见》,其中在打造"工匠之师"培养培训体系方面,提出要制定职业学校分层分类的教师专业标准体系,支持天津大学、天津职业技术师范大学、高职院校、产教融合型企业联合培养职业技术教育领域教育硕士,试点培养职业技术教育方向教育学博士,支持市属理工类院校开展本科层次的职业教育师资培养,形成"工匠之师"一体化培养体系。支持天津职业技术师范大学建设一流职业技术师范大学。学校实施教师职业能力提升工程,遴选海河名师和创新教学团队,培育传承绝活、弘扬绝技的技能大师;实施现代产业导师特聘岗位计划,建设标准统一、序列完整、专兼结合的实践导师队伍;实施新入职教师"入岗、适岗、胜岗"三年三

---

① 天津市教委. 市教委多项措施促进教育合作开放[EB/OL]. (2021 - 10 - 15)[2022 - 11 - 18]. https://www.tj.gov.cn/sy/zwdt/bmdt/202110/t20211015_5652049.html.

阶段培养工程,落实职业学校教师定期到企业实践制度。在《教育部天津市人民政府关于共建国家现代职业教育改革创新示范区协议》政策指引下,充分发挥和继续加大天津市国家现代职业教育改革创新示范区对中西部地区职业教育的支持和辐射力度。作为示范区升级版重点建设的国字号重大项目之一,国家中西部地区职业教育师资培训中心以天津机电职业技术学院为总部服务平台,搭建"一主多辅"的集散式师资培养培训服务结构,聚集国内外及天津市职教领域和行业企业专家,通过标准化教授、定制化传授、岗位化实授、转岗化精授、跟踪化讲授等"五授",开展"菜单式""定制式"和"标准模块式"等灵活多样的师资培训。中心自成立以来,面向新疆和田、宁夏、内蒙古、西藏、甘肃、青海、山西等19个中西部省区开展管理干部和职教师资培训,通过"聚、送、派、请、访",完成了宁夏37所职业院校师资"双向挂职全覆盖"。对师资培训开展"标准化教授、定制化传授、岗位化实授、转岗化精授、跟踪化讲授"五授课。① 天津市依托国家中西部地区职业教育师资培训中心的国字号品牌,以"双高校"为龙头积极推进教师培训基地建设,鼓励职业学校承担更多培训任务。组织实施职教师资"国培"计划,发布《关于下达天津市2021年度职业院校教师素质提高计划国家级培训任务的通知》,建立竞争机制,遴选确定2021年度培训任务及承担机构,全市9所院校(含本科院校)共承担了17个培训项目。"国培"计划项目的定期实施为职业院校开展高质量师资培训提供了项目支撑。下一步,天津市还将以创优赋能项目建设为抓手,深化"三教"改革,建强培训师资、建优培训资源,会同有关部门,强化信息服务。②

六、提升信息技术素养,彰显数字化与智能化成效

2015年5月,习近平主席在致国际教育信息化大会的贺信中指出,中国坚持不懈推进教育信息化,努力以信息化为手段扩大优质教育资源覆盖面。中国将通过教育信息化,逐步缩小区域、城乡数字差距,大力促进教育公平。2017年

---

① 刘莉.天津职业教育巩固职教帮扶成效,助力乡村振兴战略[N].天津日报,2021-05-21.
② 天津市教育委员会.天津市教育委员会关于对市十七届人大五次会议第0373号建议的答复[EB/OL].(2021-10-18)[2022-11-18]. https://jy.tj.gov.cn/ZWGK_52172/JYTABL/BLJGGK/202110/t20211018_5653907.html.

9月,教育部印发的《关于进一步推进职业教育信息化发展的指导意见》提出,将信息技术应用能力纳入教师评聘考核内容,开展以深度融合信息技术为特点的培训,帮助教师树立正确的信息化教学理念、改进教学方法、提高教学质量,提高教师信息技术应用水平。2020年9月,教育部等九部门印发的《职业教育提质培优行动计划(2020—2023年)》提出,要引导职业学校开展信息化全员培训,提升教师和管理人员的信息化能力。伴随着数字化、网络化、智能化时代的到来,信息化已然成为职业教育重点加强和持续推进的关键领域。在大数据、人工智能、云计算、物联网等新一代信息技术叠加组合效应的影响下,京津冀地区紧密对接新知识、新工艺、新方法,将推动职教师资培养培训信息化能力建设摆在优先发展的战略地位,大力促进职教师资队伍信息化素养提升。天津市面对新科技、新产业、新职业附带的种种新要求,采取具有针对性、多元化、高效化的应对措施,突破信息孤岛瓶颈,打破职教师资队伍传统封闭的物理空间,将新兴技术科学合理有机融入到职业教育教师教育信息化能力培养的全环节、全流程、全链条,着力建设一批具有信息化素养的新时代职业教育教师队伍。例如,在2021年4月,全球首家国际培训中心信息网络布线分中心落户天津电子信息学院。信息网络布线分中心成立后,双方将继续加大在教师团队打造、培训基地建设、培训课程资源开发等方面的合作力度,全面提升培训中心建设水平。天津滨海职业学院深入推进信息化教学资源建设以满足线上线下教学要求,学院教师在各个教学平台建设课程1 646门次,上传教学资源数量459 554个。总平台访问量29万人次,课堂活动17万人次。引进扩招学习管理平台,实现扩招专业的教学与管理信息化和教学大数据实时分析。2021级扩招专业两个学期的教学任务全部完成,共运行课程92门,资源建设总量28 604个。开展线上线下混合式教学课程改革试点,其中孙一玲老师建设的《会计基础实训》课程在超星平台上被评为"示范教学包课程",截至目前,被118人引用建课。①

北京市高职院校持续推进数字化校园建设。以人工智能、大数据、5G等技术集成应用为引擎,探索数字教育治理方式,构建覆盖全学科全链条课程资源的"空中课堂",建设以专业化、智能化线上核心教学平台为承载的"双师课堂",

---

① 天津滨海职业学院.天津滨海职业学院高等职业教育质量年度报告(2022)[EB/OL].(2022-04-22)[2022-11-18]. https://www.tech.net.cn/upfiles/zlbg2022/xx/tianjing/tianjing%20(2).pdf.

促进线上线下教育融合发展,利用优质数字资源和网络构建不同形态、灵活、高效的学习共同体,实现自主学习、探究学习、协作学习等多种形式的智能化学习。持续完善智慧校园基础建设;建设大数据综合治理平台和移动化、轻应用系统,支撑教育教学、智慧管理,实现数据共享。综合运用"云计算、物联网、大数据、人工智能"等技术手段助力校园管理智慧化;提升师生信息化应用能力,提升教学管理服务水平。其中极具代表性的是北京信息职业技术学院,该学院全面推进网络学习空间建设,建成功能完善的北信在线平台,持续加强学校教师发展中心建设,通过网络学习空间的应用不断提升教师和管理人员的信息化能力。2021年,学校被评为"2020年度网络学习空间应用普及活动优秀学校"。[①]

  河北省教育厅委托有关组织开展了信息化教学能力提升培训,围绕线上教学教育理论、课程标准、教学设计、教学方法、教学资源和平台操作、软件应用等,为全省职业学校教师提供了培训和线上教学指导。不断巩固教学能力比赛成果,加大宣传力度,充分发挥比赛引领作用,促进教师综合素质、专业化水平和创新能力的全面提升,推动信息技术与教育教学深度融合。2021年,河北省教育厅印发《河北省推进职业教育数字教学资源建设方案》,引导职业院校主动适应科技革命和产业革命要求,从数字科技阶段、数字化全面转型、数字岗位需求、数字化职业能力、数字化知识结构的逻辑出发,推进高职学校专业升级和数字化改造,推动"课堂革命",职业学校教师积极主动应对在线教学挑战,投入大量时间精力开发在线教学资源与活动,主动探索在线教学的策略与方法,在教师备课准备、教学方式以及实习实训等方面做出了针对性的调整。[②]张家口职业技术学院投入资金201万元,用于教室的信息化改造,改善了教学条件,落实了《教育信息化2.0行动计划》,满足了信息化教学需求,加快推进了学院教育现代化建设,提高了教师信息化教学应用能力。学院注重信息技术在教学中的应用,建立激励机制,鼓励广大教师通过网络教学平台进行"线上+线下"混合式教学;建设高等职业教育人才培养工作状态数据管理系统,实现了数据网络化采集,选拔信息系统管理员8人;注重提高教师和学生信息化技术能力,先后

---

① 北京市教育委员会.北京市高等职业教育质量年度报告(2022)[EB/OL].(2022-03-31)[2022-11-20].https://jw.beijing.gov.cn/bjzj/gdzyreport/gdreport/202201/t20220114_2591278.html.
② 河北省教育厅.河北省高等职业教育质量年度报告(2022)[EB/OL].(2021-12)[2022-11-18].https://www.tech.net.cn/column_rcpy/art.aspx?sf=%E6%B2%B3%E5%8C%97%E7%9C%81&nd=2022&type=1.

组织"线上+线下"信息技术培训 6 次,21 014 人次。①

2021 年,京津冀地区在充分尊重职业教育教师生长与培养规律的基础上,勇于直面与妥善处理职教师资培养中存在的一些现实繁杂问题,切实着力组建一批高素质、特色化、创新型的职教师资队伍。京津冀三地区职业教育教师培养培训工作已经从规模发展期过渡到内涵提升期,实现了从量的积累到质的突破,逐步探索了出了一条富有区域特色的职业教育教师高质量建设的道路,在诸多方面都获得了长足的进步和提高,取得了显著成效,呈现出良好的发展势头,例如:紧抓职教师资意识形态、落实职教师资相关政策、创新职教师资培养模式、拓展职教师资交流渠道、聚焦职教师资质量建设、提升职教师资信息素养……然而,职教师资培养培训工作任重而道远,是一个长期、复杂且艰巨的任务,并非毕其功于一役,难以一蹴而就,京津冀地区的职教师资培养培训工作依然面临着些许未能处理解决的风险与难题。在当下及不久的未来,京津冀地区的职教师资培养培训工程更应坚守高质量发展的培养定位,立足职教师资发展新形势,积极探索区域化职教师资培养建设新路径,凸显京津冀地区职教师资地方特色,充分汲取和吸收多方意见与建议,在国家政策文件的指导下,最大程度地调动与协调多元主体力量,最大限度地利用各种相关资源,努力实现职教师资供给与需求的适度对接,准确认清职教教师科学化、专业化、规范化发展的基本规律及牢牢把握新时代语境下职教师资规模化、内涵式、现代化发展趋势,高位推动教师专业理论与实践应用的有机整合,全方位致力于适应新格局、新形势、新阶段话语体系下职业教育高质量发展的新诉求与新要求,推动职教师资的体系化、专业化、制度化发展。通过多措并举、多管齐下,实现师资队伍建设各项工作多点突破、多点开花以保障职业教育教师队伍建设梯度开展与高效进行,奋力确保高素质、高水平、高质量师资培养工作见行见效、行稳致远,推动现代职业教育教师培养与培训向着更高水平、更深程度、更可持续的方向稳步行进,着力助推职教师资队伍发展早日实现从"大有可为"转化为"大有作为"。

---

① 张家口职业技术学院.张家口职业技术学院高等职业教育质量年度报告(2022)[EB/OL].(2021-11-25)[2022-11-18]. https://www.tech.net.cn/column_rcpy/art.aspx?id=15404&type=2.

第四节 问题与展望

一、面临问题

1. 职教师资培养存在短板,高层次职教师资培养院校数量不足

《2021中国职业教育质量年度报告》公开发布四个榜单:高职院校教师发展指数100所优秀院校、高职院校学生发展指数100所优秀院校、高职院校资源建设优势学校、高职院校服务贡献典型学校。综合四个榜单分析,上榜的院校分布于25个省(自治区、直辖市),其中江苏省入选院校最多,其次为山东省、浙江省、广东省、湖南省等[1],京津冀地区则较少。在培养主体上,参与职业教育教师培养的院校数量不多、实力不强。全国开办职教教师教育院校32所,其中职业技术师范院校有9所,职业技术师范生的培养数量和质量难以满足职业院校对教师的需求。在培养结构上,尚未设立专门的高等职业院校教师培养渠道,大部分教师来自普通高等学校,对职业教育的理解还不够深刻,不能满足高职院校所需的"双师型"教师的数量和质量需求;在培养方向上,职业教育教师培养服务京津冀地区经济社会发展的适应力还有提升空间;在培养层次上,职业教育教师本硕博贯通培养模式还需探索,在职教师学历提升需求尚未得到充分满足。我国专门培养职业教育师资的院校或专业都以本科、硕士阶段培养为主,除天津职业技术师范大学2013年开始的服务国家特殊需求项目——"双师型"博士层次卓越职教师资的培养项目外,其他院校对博士阶段的专业职教师资培养还处于空白。[2]

---

[1] 现代高等职业技术教育网.《2021中国职业教育质量年度报告》高职榜单大盘点[EB/OL]. (2022-02-17)[2022-11-20]. https://www.tech.net.cn/news/show-96001.html.

[2] 周兰菊,蔡玉俊.高职博士层次卓越职教师资培养研究与探索[J].中国职业技术教育,2022(21):28—35.

2. 教师培训效能有待提升,产教融合校企合作有待进一步深化

随着国家有关职业教育政策的落地实施,高职院校的"双师型"教师数量逐渐增加,教师队伍整体素质不断提升,涌现出一批国家级教学创新团队。目前的产教融合、校企合作整体仍处于浅层次状态,还停留在顶岗实习、学生就业等方面,而对于人才培养方案制订、课程开发、教学实施、质量评价等工作企业却很少参与,合作领域有待拓展,合作层次尚需深入。在培训模式上,京津冀三地高职院校组织的跨区域的专业交流和师资培训普遍时间太短,教师跨地区前往企业参观学习的行程安排过于紧凑,造成教师对企业缺乏深入了解,与企业的技术技能人才缺乏深入的沟通交流,对企业生产一线的具体情况和最新技术的运用情况无法全面掌握,培训往往大多流于形式。[①] 在培训内容上,京津冀三地产业结构存在差异,优势行业也不尽相同,三地高职院校派遣教师到企业生产一线进行挂职锻炼仅限于本地区的企业,不能使教师在培训期间了解和学习到行业内最先进技术和理念以及与自身专业相对应的真正的市场需求,培训效果大打折扣。在培训特色上,打造拳头培训产品的意识还不强、能力还不够。[②] 因此,需要进一步深化产教融合、校企合作,以全国重点建设职业教育师资培养培训基地为基础,拓宽"双师型"教师培训渠道,建立合理的培训机制,提升职业教育教师培训的效果。

3. 供需匹配度有待提高,毕业生就业渠道有待进一步拓宽

在京津冀职业教育协同发展的背景下,京津冀三地积极加强合作,建设了一大批教学、科研和教师交流平台,教师培训、学生培养、专业共建取得显著成效,创造了大量的就业机会,但造成职业技术毕业生就业难的原因仍然很多。第一,专业设置缺乏整体规划,与普通高校专业设置区分度不高;专业设置学术地位被边缘化,专业设置缺乏科学研究;高校职教师资培养专业与中等职业学校专业目录存在脱节,导致高校职教师资培养与中职学校师资需求不对应。第二,京津冀地区对职教师资水平的要求不断提高,职教教师的专业教学能力提升同技能市场迭代更新间存在巨大落差,职业技术师范生无法为当前京津冀地

---

① 左祯.协同与共享:京津冀三地高职院校教师专业发展研究[D].天津:天津职业技术师范大学,2018.
② 教育部教师工作司.新时代职业教育教师队伍建设论纲[J].教育研究,2022(8):20—30.

区经济发展提供高度适配性的技能教学。① 第三,职业技术师范生就业空间大,与普通师范毕业生相比,职业技术师范生尤其是工科专业,职业教育吸引力弱,毕业生更倾向于到企业工作,到中等职业学校就业的积极性不高。第四,我国对教师学历层次的限制过于严苛,基本要求具有本科及以上学历,京津冀地区更是如此,但职业教育真正需要的师资应该是来自企业的能工巧匠、技术工程师、首席技师等在某一领域做到极致的技术技能人才,职教师资供求结构性矛盾突出。

二、工作展望

1. 以立德树人为根本,建立健全师德师风建设长效机制

始终坚持立德树人,把德育工作放在职业教育工作的首位,突出德育在职教师资培养中的基础性、导向性和引领性。一是引导学校将思政和师德师风纳入教师培训中,加强教师队伍思政教育能力的培养。认真贯彻全国高校思想政治工作会议精神,加强学校党建和思想政治工作,定期开展师风师德评选活动,以"四有""六要"为导向建设教师队伍。将师德师风的考核结果运用于教师管理和职业发展全过程,作为岗位聘用、职称评定、职务晋升、工资晋级、干部选任、申报人才计划、申报科研项目、学习进修和评奖评优等工作的依据,将思想政治工作落实到每位教师的工作职责中,渗透到教育教学和管理服务各个环节。② 二是强化教师政治引领,落实教师职业行为准则,落实《学业导师实施意见》《学生生活导师制度》等,在推进育人方式、教学模式、管理机制、保障机制改革的同时,努力构建内容完善、标准健全、运行科学、保障有力的"三全育人"工作体系。③ 三是完善学校、教师、学生、家长和社会多方参与的师德监督体系,防

---

① 邓卓,杨磊.构建职教师资培养体系的现实之需、发展掣肘及实现路径[J].上海教育评估研究,2022(5):31—36.
② 北京电子科技职业学院.北京电子科技职业学院高等职业教育质量年度报告(2022)[EB/OL].(2021-11-25)[2022-11-17]. https://www.tech.net.cn/column_rcpy/art.aspx?id=15054&type=2.
③ 董彦宗.提质培优背景下高职教师队伍建设的逻辑、困境及策略[J].教育与职业,2022(16):72—77.

范教师师德失范行为,引导教师以德立身、以德立学、以德施教、以德育德,争做"四有"好老师。

2. 以服务发展为宗旨,着力深化师范生培养供给侧改革

推动职业技术师范教育提质培优、赋能增值,需着力深化职教师资培养供给侧改革,培养一支服务京津冀区域经济高质量发展的高水平师资队伍。探索职教联盟新模式,促进京津冀职业教育协同发展,在养老、护理、学前教育、托育、家政服务、健康管理、轨道交通、城市运行、非遗传承等经济发展和民生领域急需的人力资源紧缺专业,采用定向招生、联合培养等多种方式面向其他省份适当增加招生计划,供求直接对接,既可以满足职业学校对专业教师的需求,也可以促进职业技术师范毕业生就业;采用多种形式建立京津冀职教师资学习共同体,如组建京津冀高职院校教师联盟和联合会,京津冀高职院校骨干教师"手拉手"或师资轮训等合作交流项目,举办京津冀实训实践教师研修班,组织同学科、同专业的教师定期开展学科教学研究,联合建立京津冀重点实验室和新技术研发中心,开展重大课题京津冀联合攻关,加强京津冀联合智库建设等[①];此外,京津冀也可以根据区域职业教育协同发展需求,招考优秀的具有中等职业学校教师资格证书的本科及其以上毕业生,与职业学校签订就业协议,在职业教育教师培养院校公费学习一年,毕业后按协议到职业学校就业等。[②]

3. 以内涵建设为中心,提升新一轮教师素质提高计划质量

科学规划下一阶段职业院校教师素质提高计划,强化职教师资培养培训的鲜明类型特征,完善校企共建职业技术师资培养培训基地的体制机制,提升职教师资队伍的质量水平。京津冀三地政府应充分发挥地方政府的主动性和积极性,继续实施职业院校教师素质提高计划,持续推进高水平、结构化的教师教学创新团队建设,完善以教师资格认证、教师专业标准、教师管理制度建设为重点的制度体系建设;支持高职院校依托"全国重点建设职教师资培训基地",整合优质职教师资培训资源与载体平台,设立京津冀职业院校校长和骨干教师培

---

① 肖红梅. 京津冀教育协同发展背景下高职院校师资共享机制探讨[J]. 北京劳动保障职业学院学报,2016(3):23—27.
② 曹晔. 职业教育教师培养培训体系建设的成绩、问题与对策[J]. 教育与职业,2021(17):55—60.

训中心,对职业院校校长、骨干教师开展培训①;应根据京津冀职业教育协同发展要求来设计特色培训项目,在国培项目内容上突出师德师风、专业实践能力、信息技术应用能力、教师教学创新能力和团队建设能力、"1+X"证书制度实施、"三教"改革、职业院校高质量发展、校长治理能力等内容,满足区域经济社会发展对高素质技术技能人才的特色需求;应完善职教师资培训体制机制,通过进一步完善培训项目招标制度或评审制度,建立优胜劣汰的机制,广泛吸收国家和省级优质基地、教师企业实践基地和产教融合型企业等来承担培训项目,推动培训基地提高培训质量,逐渐向专业化方向发展,提高市场竞争力。②

4. 以体系构建为重点,贯通本硕博职业教育师资培养通道

加大硕士乃至博士层次"双师型"教师培养是支撑职业教育更高质量发展的前提和保障。完善职教师资培养体系,提高培养层次,形成本科、硕士、博士三个层次,满足京津冀三地职业院校高质量发展的需要。职教师资培养变革还需探索本科与硕士教育阶段以及博士教育阶段在入学选拔、培养过程和学位授予上的衔接,推动行业企业在本硕博高层次"双师型"师资培养过程中发挥有效作用。③ 建构本硕博贯通培养体系是提高"双师型"教师核心竞争力的关键。京津冀三地高职院校可通过继续增加研究生教育规模,增设职教师资硕博士点,开展职业技术师范教育本科和硕士接续培养,尝试"4+2"本硕连读模式、"4+1+1"职前职后本硕衔接模式等,增强职业技术师范教育的吸引力,构建高质量服务职业院校、"师范性、专业性、职业性"三性融合和"师范教育、技术技能教育、学科专业教育"贯通的博士层次"双师型"职教师资培养新模式。④ 培养一批职教博士,承担专业建设、课程建设、教学团队建设等重要任务,有利于优化师资队伍结构,加强教学团队建设,提升师资队伍的整体研究能力,更好地推动新

---

① 罗平,邓文新,许玲.部省合建推动一流技术师范大学高质量发展研究[J].职教论坛,2022(2):117—122.
② 曹晔.职业教育教师队伍建设"十三五"回顾与"十四五"展望[J].中国职业技术教育,2021(10):11—17.
③ 胡茂波,邹世康.新时代职教师资培养变革的诉求、框架及路向[J].职业技术教育,2021(31):52—57.
④ 陈泳竹,刘卫东,戴青云.关于布局博士层次"双师型"职教师资培养单位的探讨[J].职业教育研究,2022(1):10—14.

时期职业教育教学改革和技术技能教育创新、人才培养模式创新。

5. 以协同发展为主线,全面开展师资队伍协同建设项目

协同发展为职业教育师资队伍建设提供了难得的契机,协同合作院校应精心设计师资队伍协同建设项目,建立师资培训、交流、合作的细化方案和相关制度,合作院校围绕信息化素养提升、网络课程建设、课堂教学改革、课程思政等内容联合订制培训班,为教师素质提升和交流提供平台。第一,鼓励教师围绕京津冀区域经济发展需求,共同申报科研项目,以科研项目为抓手,提升师资队伍的科研水平。充分利用当地知名企业资源,组织教师共同到企业挂职锻炼,参与企业的生产经营和科技研发,将最前沿的知识技能和研发项目带回课堂;联合建立兼职教师资源数据库,引进企业、事业、行政等有实践经验的高级技术技能人才做实践指导教师,通过课堂教学、专项技能指导、技术开发等形式,教师能够掌握最先进最前沿的生产技术和现代管理方法,用新知识、新技能、新工艺充实教学内容,用大数据、人工智能、移动互联、云计算等现代信息技术手段,提升教师的职业能力。[①] 第二,共享、捐赠或共建教学资源。一是免费开放课程资源,如北京市信息管理学校将开发和积累的大量数字教学资源捐赠出来,与河北省40所中等职业学校共享,将数字校园网中的重要功能模块提供给河北省邯郸信息工程学校使用,共享了校园门户网站建设经验,提升了对方数字化校园的建设水平。二是免费开放共享型实训基地,在北京市教育委员会安排下,北京市职业院校物流专业共享型实训基地面向京津冀地区开设同类专业的职业院校免费开放。三是援建实训设施、捐赠实训设备。[②]

6. 以质量提升为核心,构建校企双主体教师培养培训体系

京津冀三地高职院校应主动打破地区界限,与区域内的各大中型企业在职教师资培养培训方面进行跨地区的长期合作。第一,校企共建"双师型"教师培养培训基地和教师企业实践基地。京津冀三地职业院校需要根据院校专业方向和实际需求,寻求有条件的、可靠的企业进行合作,共同建立"双师型"教师培

[①] 马成东,刘鑫军.京津冀协同发展背景下高等职业教育微观协同范式研究[J].职业技术教育,2020(36):61—66.

[②] 侯兴蜀.京津冀职业教育协同发展实践特征与2035战略[J].职业技术教育,2021(6):57—61.

训基地,在真实生产环境中培养教师的实践能力,使教师能运用已有的知识、技能解决问题。① 第二,完善校企互派共育机制。根据京津冀三地经济发展水平差距,河北省的职业院校应有计划地定期选派教师去京津两地大中型企业的生产建设第一线实习,使教师在实习的过程中学习到国内最先进的技术,提高专业实践能力,能够对学生进行更加科学的指导;京津两地的职业院校应积极派遣校内骨干教师前往河北省的企业中,利用他们的理论优势来指导企业的一线生产并和企业内部的技术工作人员进行研讨合作,共同解决企业在生产中的实际问题,帮助企业快速健康发展。② 第三,促进校企人才深入地交流学习。建立人才流动相互兼职的常态运行机制,组织专业教师通过参与企业的横向课题研究,指导学生顶岗实习,深入企业实践、调研等途径,加快双师型素质教师的培养;从企业引进专业技术人才、能工巧匠担任兼职教师,充实教师队伍,加强校企双方人员的深入交流与学习,同时也实现技术与人才的共培、共享、共同发展。在人才的学习与交流过程中,要同时注重过程与结果,注重形式多样与内容创新。

7. 以制度建设为保障,加快完善教师质量考评和激励机制

京津冀三地在职教师资培养培训过程中,要建立与之配套的保障和激励机制、科学的考核评价办法和激励政策,这有利于调动教师的工作主动性,助推京津冀职教师资培养培训取得成效。第一,京津冀三地政府应把职业技术师范院校建设与现代职业教育体系建设同步规划,加大政策支持力度,努力保持经费稳定增长。第二,要形成科学合理的考核量化体系。职业院校要对"双师型"教师的教学、科研过程与成果等进行考察考核、量化评估,并将结果作为奖惩、晋升、人事调整等的重要依据,同时也为"双师型"教师下一步的教育教学调整改进、科研发展等指明努力的方向,避免出现有部分教师入了"双师型"教师门槛后不作为的情况,要不断激励教师干事创业。③ 第三,建立"双师型"教师队伍激励机制。在薪酬方面,提高"双师型"教师的薪资水平,以此体现"双师型"教师

---

① 侯荣增.高职院校"双师型"教师立体化培养体系构建与探索[J].教育与职业,2022(6):76—79.
② 左祯.协同与共享:京津冀三地高职院校教师专业发展研究[D].天津:天津职业技术师范大学,2018.
③ 卢立红,邓瑾.产教融合视域下高职院校"双师型"教师队伍建设现状及对策[J].职业技术教育,2021(26):45—48.

不同于其他教师的优待薪酬,教师依法取得的科技成果转化的奖励收入应不纳入教师个体的绩效工资和单位工资总额基数;在评优、评奖、评先上,将是否是"双师型"教师作为一项特殊加分项,突出"双师型"教师的优势,使老师们体会到作为"双师型"教师的荣誉感;在职称评定中,针对某些评审标准或评审条件向"双师型"教师给予一定的倾斜,为其打开上升发展的通道;在培养培训方面,建立专门的"双师型"教师培养体系,特别是在对外交流、外派学习等方面优先考虑"双师型"教师等。①

---

① 黄海燕.新时代背景下高职"双师型"教师的制度建构与培育策略[J].教育与职业,2020(5):67—74.

第二章
东北地区职业技术教育教师培养培训发展报告

东北地区是新中国工业的摇篮和我国重要的工业与农业基地,拥有一批关系国民经济命脉和国家安全的战略性产业。党的十八大以来,党中央实施深入推进东北地区全面振兴、全方位振兴战略,推动产业调整升级迈向中高端水平,构建高质量发展的区域动力系统,迫切需要职业教育提供与之相适应的智力支撑和人才支撑。2016年4月26日,中共中央、国务院出台的《关于全面振兴东北地区等老工业基地的若干意见》提出,"推动提高职业院校办学水平""引导各类院校办出特色""建设一批高水平应用技术型大学""大力推进现代职业教育改革创新"[1]。在国家和区域职业教育一体化发展政策的推动下,东北地区大力发展职业教育。教师是立教之本、兴教之源,双师型师资队伍建设尤为重要与迫切。为了解东北地区职业教育教师队伍建设现状,本章运用问卷调查法、深度访谈法、内容分析法、比较分析法和案例分析法等研究方法,对东北地区职业教育师资队伍建设和教师培养培训的相关政策、文献和实践进行理论分析与实践探索,全面深入揭示了2021年东北地区职教教师的发展情况。

---

[1] 中共中央、国务院.中共中央、国务院关于全面振兴东北地区等老工业基地的若干意见[OB/EB](2016-04-26)[2022-12-26]. http: www. gov. cn/zhengce/2016-04/26/content_5068242. htm.

第一节 东北地区职教师资队伍概况

本书中的东北地区主要指辽宁、吉林和黑龙江三个省份,利用查阅分析统计年鉴等文献、深入职业院校进行访谈等方法,揭示东北地区职教师资队伍的概况。

一、中等职业教育师资队伍概况

东北地区中等职业教育师资队伍概况主要包括师资队伍总体数量及专任教师总体数量、各省的职业教育师资队伍总体数量及专任教师总体数量情况。

(一) 教师数量与分布总体情况及其比较分析

东北地区三个省份中等职业学校共计702所,其中辽宁省最多,为266所,黑龙江省最少,为195所,如表2-1所示。东北地区中等职业学校教师总体数量为59 343人,其中专任教师总数为45 587人。东北地区三个省份中等职业学校教师数量,辽宁省最多,为25 364人,吉林省次之,为17 483人,黑龙江省最少,为16 496人。东北地区三个省份中等职业学校专任教师数量,辽宁省最多,为19 461人,其次是吉林省,为13 392人,黑龙江省最少,为12 743人。东北地区中职教师专任教师的数量,辽宁省最多,黑龙江省最少。

表2-1 2021年东北三省中等职业学校教师情况(单位:所/人)

省份	学校数量	教师总数	专任教师总数
辽宁	266	25 364	19 461
吉林	241	17 483	13 392

(续表)

省份	学校数量	教师总数	专任教师总数
黑龙江	195	16 496	12 734
合计	702	59 343	45 587

数据来源：根据东北地区三个省份各有关院校上报的数据统计。

(二) 专任教师结构总体情况及比较分析

教师结构包含诸多维度，本书主要通过学历结构、职称结构和年龄结构反映东北地区中等职业学校专任教师结构的整体情况。

1. 学历结构

(1) 东北地区中等职业学校专任教师学历结构总体情况及比较

东北地区中职学校专任教师的学历结构，本科学历层次的专任教师数量最多，为40 346人，博士研究生学历层次的教师数量最少，为16人，其他学历层次的教师数量详见表2-2。

表2-2　2021年东北三省中等职业学校专任教师学历结构情况（单位：人）

省份	专科以下学历人数	专科学历人数	本科学历人数	硕士研究生学历人数	博士研究生学历人数	合计
辽宁	58	821	17 105	1 471	6	19 461
吉林	11	515	11 841	1 017	8	13 392
黑龙江	32	616	11 400	684	2	12 734
合计	101	1 952	40 346	3 172	16	45 587

数据来源：根据东北地区三个省份各有关院校上报的数据统计。

(2) 东北地区中等职业学校各个省份专任教师学历结构总体情况及比较

东北地区三个省份中辽宁省的中等职业学校专任教师中具有本科学历的教师数量最多，为17 105人，占比87.9%，如图2-1所示。其次为具有硕士研究生学历的教师数量，为1 471人，占比7.6%，最少的是具有博士研究生学历的教师数量，为6人，占比0.03%。

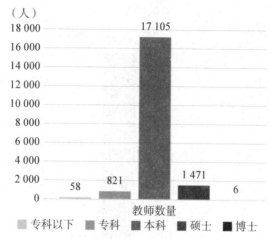

图 2-1 辽宁省中等职业学校专任教师学历结构情况
数据来源：根据东北地区三个省份各有关院校上报的数据统计。

吉林省的中等职业学校专任教师数量，具有本科学历的最多，为 11 841 人，占比 88.4%，如图 2-2 所示。其次为具有硕士研究生学历的，为 1 017 人，占比 7.6%，最少的是具有博士研究生学历的，为 8 人，占比 0.06%。

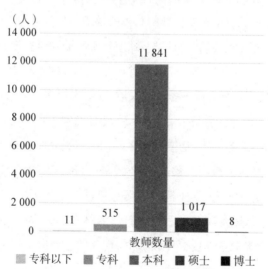

图 2-2 吉林省中等职业学校专任教师学历结构情况
数据来源：根据东北地区三个省份各有关院校上报的数据统计。

黑龙江省的中等职业学校专任教师数量，具有本科学历的最多，为 11 400 人，占比 89.5%，如图 2-3 所示。其次为具有硕士研究生学历的，为 684 人，占

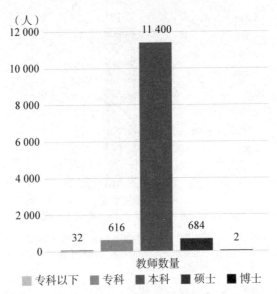

图 2-3 黑龙江省中等职业学校专任教师学历结构情况
数据来源：根据东北地区三个省份各有关院校上报的数据统计。

比5.4%，最少的是具有博士研究生学历的，为2人，占比0.016%。

东北地区中等职业学校专任教师总体的学历结构以本科为主，比较三个省份中等职业学校专任教师的学历结构，辽宁省中等职业学校专任教师中具有本科学历的人数最多，为17 105人，吉林省次之，为11 841人，黑龙江省最少，为11 400人；专任教师中具有硕士学位的人数，辽宁省最多，为1 471人，其次是吉林省，为1 017人，黑龙江省最少，为684人；专任教师中具有博士学位的专任教师人数，吉林省最多，为8人，辽宁省次之，为6人，黑龙江省最少，为2人；专任教师中具有专科学历的教师人数，辽宁省最多，为821人，黑龙江省次之，为616人，吉林省最少，为515人；专任教师中具有专科以下学历层次的教师人数，辽宁省最多，为58人，黑龙江省次之，为32人，吉林省最少，为11人。从学历结构看，在东北地区中等职业学校专任教师中，具有硕士和博士研究生学历的教师数量吉林省占比最高，为7.7%。

2. 职称结构

（1）东北地区中等职业学校专任教师职称结构总体情况及比较

东北地区中等职业学校专任教师的职称结构，具有中级职称的专任教师数量最多,为17 878人,具有正高级职称的教师数量最少,为1 031人,详见表2-3。

表2-3 2021年东北三省中等职业学校专任教师职称结构情况(单位:人)

省份	正高级教师人数	副高级教师人数	中级教师人数	初级及以下教师人数	合计
辽宁	736	6 401	8 119	4 205	19 461
吉林	153	4 672	5 241	3 326	13 392
黑龙江	142	4 225	4 518	3 849	12 734
合计	1 031	15 298	17 878	11 380	45 587

数据来源:根据东北地区三个省份各有关院校上报的数据统计。

(2) 东北地区中等职业学校各个省份专任教师职称结构总体情况及比较

辽宁省中等职业学校专任教师中具有中级职称的教师数量最多,为8 119人,占比41.7%,如图2-4所示。其次为具有副高级职称的教师数量,为6 401人,占比32.9%,最少的为具有正高级职称的教师数量,为736人,占比3.8%。

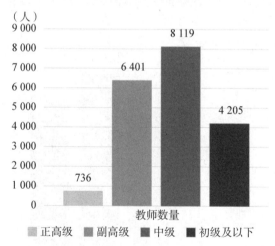

图2-4 辽宁省中等职业学校专任教师职称结构情况
数据来源:根据东北地区三个省份各有关院校上报的数据统计。

吉林省中等职业学校专任教师中具有中级职称的教师数量最多,为5 241人,占比39.1%,如图2-5所示,其次为具有副高级职称的教师数量,为4 672人,占比34.9%,具有正高级职称的教师数量最少,为153人,占比1.1%。

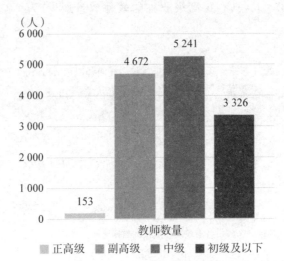

图2-5 吉林省中等职业学校专任教师职称结构情况
数据来源:根据东北地区三个省份各有关院校上报的数据统计。

黑龙江省中等职业学校专任教师中具有中级职称的教师数量最多,为4518人,占比35.5%,如图2-6所示。其次为具有副高级职称的教师数量,为4225人,占比33.2%,具有正高级职称的教师数量最少,为142人,占比1.1%。

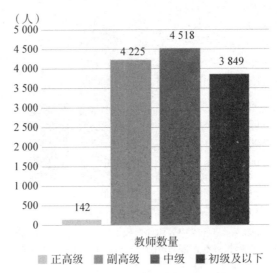

图2-6 黑龙江省中等职业学校专任教师职称结构情况
数据来源:根据东北地区三个省份各有关院校上报的数据统计。

比较东北地区三个省份中等职业学校专任教师的职称结构,具有正高级职称的教师数量,辽宁省最多,为 736 人,吉林省次之,为 153 人,黑龙江省最少,为 142 人;具有副高级职称的教师数量,辽宁省最多,为 6 401 人,吉林省次之,为 4 672 人,黑龙江省最少,为 4 225 人;具有中级职称的教师数量,辽宁省最多,为 8 119 人,吉林省次之,为 5 241 人,黑龙江省最少,为 4 518 人;具有初级及以下职称的教师数量,辽宁省最多,为 4 205 人,黑龙江省次之,为 3 849 人,吉林省最少,为 3 326 人。东北地区三个省份中等职业学校专任教师中具有正高、副高和中级职称的人数,辽宁省最多,具有初级及以下职称的人数,也是辽宁省最多。

3. 年龄结构

(1) 东北地区中等职业学校专任教师年龄结构总体情况及比较

东北地区中等职业学校专任教师的年龄结构,35—49 岁年龄段的专任教师数量最多,为 22 659 人,占比 49.7%,34 岁及以下年龄段的专任教师数量最少,为 9 414 人,占比 20.7%,详见表 2-4 所示。

表 2-4 2021 年东北三省中等职业学校专任教师年龄结构情况(单位:人)

省份	34 岁及以下专任教师数量	35—49 岁专任教师数量	50 岁及以上专任教师人数	合计
辽宁	3 980	9 740	5 741	19 461
吉林	2 519	6 255	4 618	13 392
黑龙江	2 915	6 664	3 155	12 734
合计	9 414	22 659	13 514	45 587

数据来源:根据东北地区三个省份各有关院校上报的数据统计。

(2) 东北地区中等职业学校各个省份专任教师年龄结构总体情况及比较

辽宁省中等职业学校专任教师中 35—49 岁年龄段的人数最多,为 9 740 人,占比 50.0%,如图 2-7 所示。其次为 50 岁及以上年龄段的专任教师数量,为 5 741 人,占比 29.5%,34 岁及以下年龄段的专任教师数量最少,为 3 980 人,占比 20.5%。

吉林省中等职业学校专任教师中 35—49 岁年龄段的人数最多,为 6 255

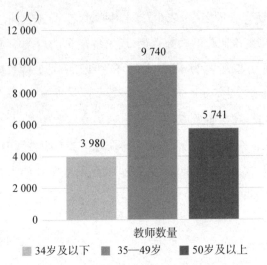

图2-7 辽宁省中等职业学校专任教师年龄结构情况
数据来源:根据东北地区三个省份各有关院校上报的数据统计。

人,占比46.7%,如图2-8所示。其次为50岁及以上年龄段的专任教师数量,为4618人,占比34.5%,34岁及以下年龄段的专任教师数量最少,为2519人,占比18.8%。

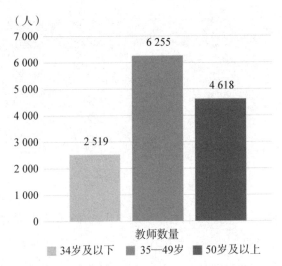

图2-8 吉林省中等职业学校专任教师年龄结构情况
数据来源:根据东北地区三个省份各有关院校上报的数据统计。

黑龙江省中等职业学校专任教师中35—49岁年龄段的人数最多,为6664

人,占比 52.3%,如图 2-9 所示。其次为 50 岁及以上年龄段的专任教师数量,为 3 155,人,占比 24.8%,34 岁及以下年龄段的人数最少,为 2 915 人,占比 22.9%。

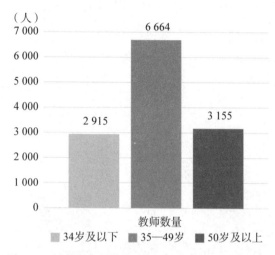

图 2-9 黑龙江省中等职业学校专任教师年龄结构情况
数据来源:根据东北地区三个省份各有关院校上报的数据统计。

东北地区三个省份中等职业学校专任教师各个年龄段中,34 岁及以下年龄段的专任教师数量最多的省份是辽宁省,为 3 980 人,最少的是吉林省,为 2 519 人,黑龙江省居中,为 2 915 人;35—49 岁年龄段的专任教师数量,辽宁省最多,为 9 740 人,吉林省最少,为 6 225 人,黑龙江省居中,为 6 664 人;50 岁及以上年龄段的专任教师数量,辽宁省最多,为 5 741 人,吉林省次之,为 4 618 人,黑龙江省最少,为 3 115 人。

比较三个省份中等职业学校不同年龄段专任教师的数量,辽宁省中等职业学校各个年龄段的专任教师数量均多于其他省份,吉林省中等职业学校 34 岁及以下和 35—49 岁两个年龄段的专任教师数量均少于其他省份,黑龙江省中等职业学校 50 岁及以上年龄段的专任教师数量最少。

二、高等职业教育师资队伍概况

东北地区高等职业教育师资队伍概况主要包括高等职业院校教师数量与

分布整体情况及其比较分析和教师结构整体情况及其比较分析。

(一) 教师数量与分布整体情况及其比较分析

1. 东北地区高等职业院校总体数量及其比较

东北地区三个省份高等职业院校共计119所,其中辽宁省最多,为51所,占比42.9%,吉林省最少,为29所,占比24.4%,如图2-10所示。

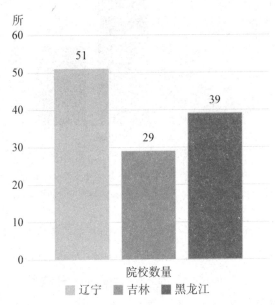

图2-10　东北地区三个省份高等职业院校数量情况
数据来源:根据东北地区三个省份各有关院校上报的数据统计。

2. 东北地区高等职业院校教师总体数量及各省分布情况比较

东北地区高等职业院校教师总体数量为43 523人,其中黑龙江省的最多,为18 731人,占比43.0%,吉林省的最少,为11 807人,占比27.1%,详见图2-11。

东北地区高等职业院校专任教师总体数量为32 616人,占总体比重为74.9%,专任教师数量最多的省份是黑龙江,为12 665人,占比38.8%,最少的省份是吉林,为7 824人,占比24.0%,如图2-12所示。

东北地区三个省份高等职业院校专任教师数量最多的省份是黑龙江,为

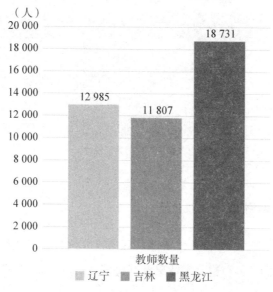

图 2-11 东北地区三个省份高等职业院校教师总体数量情况
数据来源:根据东北地区三个省份各有关院校上报的数据统计。

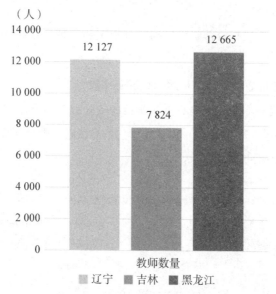

图 2-12 东北地区三个省份高等职业院校专任教师总体数量情况
数据来源:根据东北地区三个省份各有关院校上报的数据统计。

12 665 人,占比 38.8%,辽宁次之,为 12 127 人,占比 37.2%,吉林最少,为 7 824 人,占比 24.0%,详见表 2-5。

表2-5　2021年东北三省高等职业院校及其教师数量情况

省份	学校数量(所)	教师数量(人)	专任教师数量(人)
辽宁	51	12 985	12 127
吉林	29	11 807	7 824
黑龙江	39	18 731	12 665
合计	119	43 523	32 616

数据来源:根据东北地区三个省份各有关院校上报的数据统计。

(二) 教师结构整体情况及比较分析

高等职业院校教师结构整体情况及其比较分析主要包括整个区域的学历结构、职称结构和年龄结构分布情况及其比较,各省份的教师结构分布情况及其比较。

1. 学历结构

东北地区高职院校教师学历结构的分析主要包括区域整体情况分析和各省具体情况分析。

(1) 东北地区教师学历结构整体情况及比较

东北地区高等职业院校具有本科学历的专任教师数量最多,为21 244人,占总体比重的64.7%,具有博士研究生学历的专任教师数量最少,为409人,占总体比重的1.2%,详见表2-6。

表2-6　2021年东北三省高等职业院校专任教师学历结构情况(单位:人)

省份	专科以下学历人数	专科学历人数	本科学历人数	硕士研究生学历人数	博士研究生学历人数	合计
辽宁	7	183	8 124	4 484	187	12 985
吉林	4	97	4 721	2 900	102	7 824
黑龙江	10	113	8 399	3 376	120	12 018
合计	21	393	21 244	10 760	409	32 827

数据来源:根据东北地区三个省份各有关院校上报的数据统计。

(2) 东北地区三个省份教师的学历结构情况及比较

辽宁省高等职业院校专任教师中具有本科学历的数量为 8 124 人,占总体比重的 62.6%,具有硕士研究生学历的数量为 4 484 人,占总体比重的 34.5%,具有博士研究生学历的数量为 187 人,占总体比重的 1.4%,具有专科学历的数量为 183 人,占总体比重的 1.4%。从不同层次学历的数量分布上看,具有专科以下学历的数量最少,为 7 人,占总体比重的 0.05%,详见图 2-13。

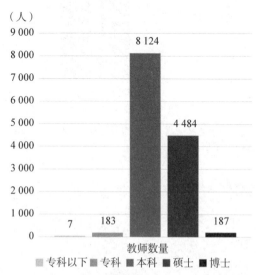

图 2-13 辽宁省高等职业院校专任教师学历结构情况
数据来源:根据东北地区三个省份各有关院校上报的数据统计。

吉林省高等职业院校专任教师中具有本科学历的数量为 4 721 人,占总体比重的 60.3%,具有硕士研究生学历的数量为 2 900 人,占总体比重的 37.1%,具有博士研究生学历的数量为 102 人,占总体比重的 1.3%,具有专科学历的数量为 97 人,占总体比重的 1.2%。从不同层次学历的教师数量分布上看,具有专科以下学历的数量最少,为 4 人,占总体比重的 0.05%,详见图 2-14。

黑龙江省高等职业院校专任教师中具有本科学历的数量为 8 399 人,占总体比重的 69.9%,具有硕士研究生学历的数量为 3 376 人,占总体比重的 28.1%,具有博士研究生学历的数量为 120 人,占总体比重的 1.0%,具有专科学历的数量为 113 人,占总体比重的 0.9%。从不同层次学历的专任教师数量分布上看,具有专科以下学历的数量最少,为 10 人,占总体比重的 0.08%,详见图 2-15。

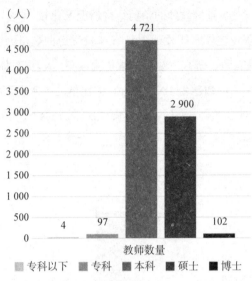

图2-14 吉林省高等职业院校专任教师学历结构情况
数据来源：根据东北地区三个省份各有关院校上报的数据统计。

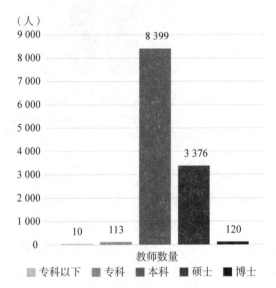

图2-15 黑龙江省高等职业院校专任教师学历结构情况
数据来源：根据东北地区三个省份各有关院校上报的数据统计。

东北地区三个省份本科学历教师占总体的比重最高的省份是黑龙江，为69.9%，辽宁次之，为62.6%，吉林最少，为60.3%。三个省份具有硕士研究生学历的教师占总体的比重最高的省份是吉林，为37.1%，辽宁次之，为34.5%，黑龙江最少，为28.1%。三个省份具有博士研究生学历的教师占总体比重最高的省份是辽宁,为1.4%,吉林次之,为1.3%,黑龙江最少,为1.0%;三个省份具有专科学历的教师占总体比重最高的省份是辽宁,为1.4%,吉林次之,为1.2%,黑龙江最少,为0.9%;三个省份具有专科以下学历的教师占总体比重最高的省份是黑龙江,为0.08%,辽宁和吉林均为0.05%,详见表2-7。

表2-7　2021年东北三省高等职业学校专任教师学历占比情况(单位:%)

省份	专科以下学历人数占比(%)	专科学历人数占比(%)	本科学历人数占比(%)	硕士研究生学历人数占比(%)	博士研究生学历人数占比(%)
辽宁	0.05	1.4	62.6	34.5	1.4
吉林	0.05	1.2	60.3	37.1	1.3
黑龙江	0.08	0.9	69.9	28.1	1.0

数据来源:根据东北地区三个省份各有关院校上报的数据统计。

2. 职称结构

东北地区高职院校教师职称结构的分析主要包括区域整体情况的分析及各省份具体情况的分析。

(1)东北地区高等职业院校教师职称结构及比较

东北地区高等职业院校具有中级职称教师的数量最多,为13 222人,占比42.3%。其次是具有副高级职称的教师,为9 378人,占比30%,具有正高级职称的教师数量最少,为2 861人,占比9.2%,详见图2-16。

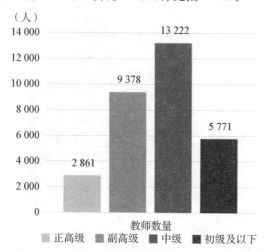

图2-16　东北地区高职院校专任教师职称结构情况
数据来源:根据东北地区三个省份各有关院校上报的数据统计。

(2) 东北地区三个省份高等职业院校教师职称结构及比较

辽宁省高等职业院校中具有中级职称的教师数量最多,为5 957人,占比49.1%,具有正高级职称的教师数量最少,为1 210人,占比10.0%,详见图2-17。

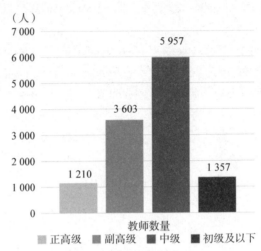

图2-17 辽宁省高等职业院校专任教师职称结构情况
数据来源:根据东北地区三个省份各有关院校上报的数据统计。

吉林省高等职业院校中具有中级职称的教师数量最多,为2 761人,占比39.0%,具有正高级职称的教师数量最少,为593人,占比8.4%,详见图2-18。

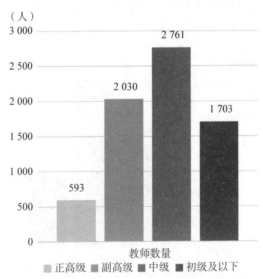

图2-18 吉林省高等职业院校专任教师职称结构情况
数据来源:根据东北地区三个省份各有关院校上报的数据统计。

黑龙江省高等职业院校中具有中级职称的教师数量最多,为4504人,占比37.5%,具有正高级职称的教师数量最少,为1058人,占比8.8%,详见图2-19。

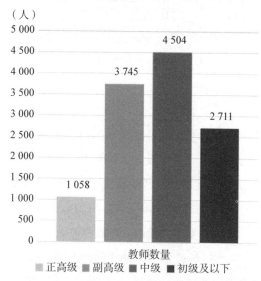

图2-19 黑龙江省高等职业院校专任教师职称结构情况
数据来源:根据东北地区三个省份各有关院校上报的数据统计。

东北地区三个省份中具有正高级职称的教师数量辽宁省最多,为1210人,黑龙江省次之,为1058人,吉林省最少,为593人。具有副高级职称的教师数量黑龙江省最多,为3745人;辽宁省次之,为3603人;吉林省最少,为2030人。具有中级职称的教师数量辽宁省最多,为5957人;黑龙江省次之,为4504人;吉林省最少,为2761人。具有初级及以下职称的教师数量黑龙江省最多,为2711人;吉林省次之,为1703人;辽宁省最少,为1357人。

东北地区三个省份高等职业院校专任教师,具有正高级和中级职称的,辽宁省数量最多,具有副高级和初级及以下职称的,黑龙江省的数量最多,详见表2-8。

表2-8 2021年东北三省高等职业院校专任教师职称结构情况(单位:人)

省份	正高级教师人数	副高级教师人数	中级教师人数	初级及以下教师人数	合计
辽宁	1210	3603	5957	1357	12127
吉林	593	2030	2761	1703	7087

(续表)

省份	正高级教师人数	副高级教师人数	中级教师人数	初级及以下教师人数	合计
黑龙江	1 058	3 745	4 504	2 711	12 018
合计	2 861	9 378	13 222	5 771	31 232

数据来源：根据东北地区三个省份各有关院校上报的数据统计。

3. 年龄结构

东北地区高等职业院校专任教师年龄结构分布情况主要包括区域整体专任教师的年龄结构分布情况和各省份专任教师年龄结构分布情况。

(1) 东北地区高等职业院校专任教师年龄结构情况及比较

东北地区高等职业院校 34 岁及以下年龄段的专任教师总数为 8 298 人，占总体比重的 25.3%，35—49 岁年龄段的专任教师总数为 17 129 人，占总体比重的 52.2%，50 岁及以上年龄段的专任教师总数为 7 400 人，占总体比重的 22.5%。从专任教师各个年龄段的数量分布看，35—49 岁年龄段的教师数量最多，50 岁及以上年龄段的教师数量最少，详见图 2-20。

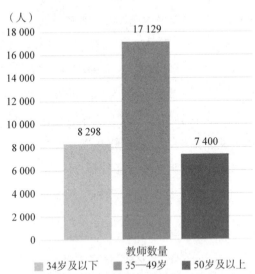

图 2-20 东北地区三个省份高职院校专任教师年龄结构分布情况
数据来源：根据东北地区三个省份各有关院校上报的数据统计。

(2) 东北地区三个省份高等职业院校专任教师年龄结构情况及比较

辽宁省高等职业院校 35—49 岁年龄段的专任教师数量最多，为 6 878 人，占比

53.0%,34岁及以下年龄段的教师数量最少,为2829人,占比21.8%,详见图2-21。

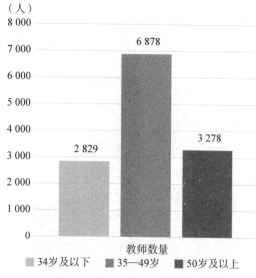

图2-21 辽宁省高等职业院校专任教师年龄情况
数据来源:根据东北地区三个省份各有关院校上报的数据统计。

吉林省高等职业院校35—49岁年龄段的专任教师数量最多,为3633人,占比46.4%,50岁及以上年龄段的教师数量最少,为1638人,占比20.9%,详见图2-22。

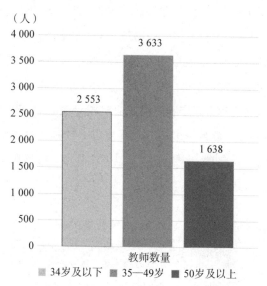

图2-22 吉林省高等职业院校专任教师年龄情况
数据来源:根据东北地区三个省份各有关院校上报的数据统计。

黑龙江省高等职业院校专任教师35—49岁年龄段的教师数量最多,为6618人,占比55.1%,50岁及以上年龄段的教师数量最少,为2484人,占比20.7%,详见图2-23。

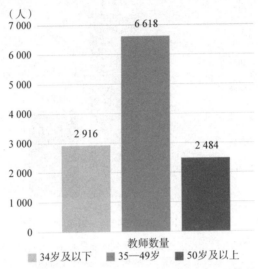

图2-23 黑龙江省高等职业院校专任教师年龄情况
数据来源:根据东北地区三个省份各有关院校上报的数据统计。

东北地区高等职业院校34岁及以下年龄段的专任教师黑龙江省的数量最多,为2916人,辽宁省次之,为2829人,吉林省最少,为2553人;35—49岁年龄段的专任教师辽宁省的数量最多,为6878人,其次是黑龙江省,为6618人,吉林省最少,为3633人;50岁及以上年龄段的专任教师辽宁省的数量最多,为3278人,黑龙江省次之,为2484人,吉林省最少,为1638人。

总体看来,东北三省中辽宁省高等职业院校专任教师35—49岁和50岁及以上两个年龄段的教师数量较多,其中50岁以上教师数量占整体教师比例为25.2%。黑龙江省高等职业院校34岁及以下年龄段专任教师数量占比在几个省份中最高,为35.1%,详见表2-9。

表2-9 2021年东北三省高等职业学校专任教师年龄结构情况(单位:人)

省份	34岁及以下专任教师人数	35—49岁专任教师人数	50岁及以上专任教师人数	合计
辽宁	2829	6878	3278	12985
吉林	2553	3633	1638	7824

(续表)

省份	34岁及以下专任教师人数	35—49岁专任教师人数	50岁及以上专任教师人数	合计
黑龙江	2 916	6 618	2 484	12 018
合计	8 298	17 129	7 400	32 827

数据来源：根据东北地区三个省份各有关院校上报的数据统计。

三、本科职业教育师资队伍概况

东北地区本科职业院校只有一所，从该校教师数量及结构情况分析本科职业教育师资队伍概况。

(一) 教师数量情况

东北地区职业本科高校只有一所，为辽宁理工职业大学。该校位于辽宁省锦州市，是经教育部批准的全日制职业本科高等学校，是辽宁省现代学徒制试点单位、全国首批本科层次职业教育试点学校、教育部第三批"1+X"证书制度试点院校。学校现有职业本科教育教师为480人，专任教师为352人，占总体比重73.3%，详见表2-10。

表2-10 2021年东北三省职业本科高校教师情况

省份	学校数量(所)	教师数量(人)	专任教师数量(人)
辽宁	1	480	352

数据来源：根据东北地区三个省份各有关院校上报的数据统计。

(二) 教师结构情况及比较分析

东北三省职业本科高校专任教师结构总体情况主要包括学历结构、职称结构和年龄结构情况。

1. 学历结构

辽宁理工职业大学专任教师的学历结构以本科和硕士为主,其中具有硕士研究生学历的人数最多,为161人,占总体比重45.7%,其次是具有本科学历的人数,为144人,占总体比重40.9%,具有博士研究生学历的人数为32人,占总体比重9.1%,具有专科学历的人数最少,为15人,占总体比重4.3%,详见表2-11。

表2-11 2021年东北三省职业本科院校专任教师学历结构情况(单位:人)

省份	专科以下学历人数	专科学历人数	本科学历人数	硕士研究生学历人数	博士研究生学历人数	合计
辽宁	0	15	144	161	32	352

数据来源:根据东北地区三个省份各有关院校上报的数据统计。

2. 职称结构

辽宁理工职业大学专任教师中,具有正高级职称的专任教师数量最少,为18人,占总体比重5.1%,具有中级职称的专任教师数量最多,为124人,占比35.2%,其次为具有初级及以下职称的专任教师,为118人,占比33.5%,具有副高级职称的专任教师数量为92人,占比26.1%,详见表2-12。

表2-12 2021年东北三省职业本科高校专任教师职称结构情况(单位:人)

省份	正高级教师人数	副高级教师人数	中级教师人数	初级及以下教师人数	合计
辽宁	18	92	124	118	352

数据来源:根据东北地区三个省份各有关院校上报的数据统计。

3. 年龄结构

辽宁理工职业大学35—49岁年龄段的专任教师数量最多,为152人,占比43.2%,其次为34岁及以下年龄段的专任教师数量,为150人,占比42.6%,50岁及以上年龄段的专任教师数量最少为50人,占比14.2%。东北地区职业本科院校专任教师中中青年教师较多,教师年龄结构分布较为合理。详见表2-13。

表 2-13 2021 年东北三省职业本科高校专任教师年龄结构情况(单位:人)

省份	34 岁及以下专任教师人数	35—49 岁专任教师人数	50 岁及以上专任教师人数	合计
辽宁	150	152	50	352

数据来源:根据东北地区三个省份各有关院校上报的数据统计。

第二节 东北地区职教师资培养培训概况

随着教师教育的职前职后一体化以及职业教育教师来源途径的多元化,职业教育越来越重视教师的培养培训,通过提高职业技术师范教育质量、建设职业院校教师培养培训基地等措施提高职业教育教师培养培训质量。充分认识职业教育改革与创新发展的重要性和迫切性,大力发展职教师资培养培训工作,2021 年东北地区职业教育教师培养培训工作得到较快发展。

一、职业技术师范院校及分布情况

(一)职业技术师范院校简介

吉林工程技术师范学院坐落在风光秀美的历史名城吉林省省会长春市,是经国务院批准成立的全国第一所专门为职业教育培养培训专业课师资的全日制本科师范院校,也是东北地区唯一一所独立设置的全日制本科职业技术师范院校,被誉为职业教育师资的摇篮。学校创建于 1979 年,原名吉林技工师范学院,2002 年 2 月,经教育部批准更名为吉林工程技术师范学院。学校是教育部确定的全国重点建设职业教育师资培训基地,是吉林省人民政府确定的全省职教师资保障体系建设牵头单位,吉林省中长期教育改革和发展规划纲要确定的重点建设职教师资基地。

学校以职教师资教育为核心功能,以应用型专业教育为主线,形成了职技高师教育、高等工程教育、高等技术教育"三位一体",职教教师培养与培训"双重支撑"的办学格局。在办学属性上,坚持应用性、师范性和学术性的"三性"统一;在办学特色上,突出职业技术师范教育特色;在内涵及载体建设上,始终致力于职教师资培养、职教师资培训、职教科学研究、职教信息服务四个中心建设;在服务职教全局上,注重发挥职教师资保障、职教科研引领、教育教学示范和职教文化建设四大母机功能。

学校建立了全国第一个中国现代职业教育史馆,承办了全国首次中国职业教育史展览,建立了全国首家职业教育博物馆,牵头组建了全国第一个省级职教师资教育联盟,建立了全国首个职业教育发展数据库,并以此为基础建立国家职业教育文献与数据监测中心和数字化职业教育博物馆,形成了覆盖全国、辐射全球的"五刊五报一网"职业教育传播平台。学校积极开展高校间的国际交流与合作,先后与美国、俄罗斯、澳大利亚等多个国家和地区的高校进行校际交流,邀请国外专家学者来校讲学,并选派部分师生赴国外留学、进修,参加各种学术活动。

(二) 专业数量与分布

学校建立了适应职业教育和地方经济社会发展需要的学科专业体系,涵盖理、工、文、管、经、教育、艺术等学科,设有本科专业54个,其中,国家级一流本科专业4个,国家级特色专业2个,国家级专业综合改革试点专业1个,省级特色专业、特色高水平专业12个,省级本科高校一流专业12个,省级品牌专业建设点3个,吉林省卓越工程师教育培养计划试点专业3个,国家中等职业学校卓越教师培养计划改革项目1个,省级人才培养模式创新实验区3个。

学校根据区域产业人才需求持续优化招生专业结构,2020年本科教育新增飞行器设计与工程、智能制造工程、车辆工程本科专业,2021年新增应用心理学专业。工商管理类、机械类、食品科学与工程类、新闻传播学类等专业实行大类招生,其计划招生比重逐年增加。

(三) 年度招生人数

学校招生情况较好,2021年招生数量比2016年增长近30%。学校面向全国近30个省(自治区、直辖市)招生(以省内为主),年均招生规模3900人左右,本科录取率100%，以普通高考生源为主，兼顾对口升学、"专升本"、公费师范生培养、中外合作办学、中高职贯通培养项目生源。

(四) 在校生人数

吉林工程技术师范学院2021年在校生数为15 000人，师生比为1∶18，符合我国高校师资配置规定。

(五) 培养模式

吉林工程技术师范学院以建设国内领先、国际一流的职业技术师范教育专业为目标，2014年开始在人才培养基础好的专业试点开展职教师资培养综合改革，目前已经形成了两个较为典型的职业技术教育师范生培养模式，即自动化专业卓越职教师资培养实验班、机械设计制造及自动化专业技师素质培养实验班。

自动化专业卓越职教师资培养实验班，坚持知识、能力、素养全面协调发展，主张关注人的发展，构建了"校—企—校"协同育人、"一二三课堂"立体设计的职教师资人才培养模式，培养了一批"热爱职教、品德高尚、技能突出、教学过硬、注重创新"的高素质职教师资。机械设计制造及自动化专业技师素质培养实验班，校企深度融合，创新"机械工程师""2.5+1.5+(1)"的人才培养模式，"2.5+1.5"为学生本科四年期间在校学习时间两年半，企业实践一年半，"(1)"为学生毕业后到企业开展见习工程师培养一年，经考核如能达到企业工程师标准，即享受企业工程师待遇。该培养模式将校企合作本科四年培养期延长至五年，五年内校企双方全程协同培养，围绕"2.5+1.5+(1)"人才培养方案，进行全方位的教学改革。以卓越中职教师+卓越工程师为培养目标，实施入学选拔制，单独编班，单列教学计划，培养了一批师能过硬、专业扎实、职业能力较强的职教师资。

未来，学校将加快推进专业认证，发挥职业技术师范教育专业认证在规范师范专业建设、提高师资培养质量方面的积极作用，强化职教师资培养目标、课程、评价方式改革，培养更高质量的职教师资。

(六) 培养质量

近年来，吉林工程技术师范学院毕业生就业工作始终走在吉林省省属高校前列,即使受新冠疫情影响,2021届就业率仍保持在90.5%。2021届共2 828名本科毕业生,对口就业率为80.7%,本地就业率为64.6%,610人获得职业资格证书,占比21.6%,详见表2-14。

表2-14 吉林工程技术师范学院师范生培养质量情况

项目 名称	招生数(人)	就业率	就业对口率	本地就业率	获得职业资格证书人数(人)
吉林工程技术师范学院	4 149	90.5%	80.7%	64.6%	610

数据来源:吉林工程技术师范学院官方网站。

2021年,学校师范专业毕业生和非师范专业毕业生的就业率分别为91.6%、88.4%,师范专业毕业生就业率明显高于非师范专业。师范专业毕业生就业率最高的是教育类专业,其次是制造业类专业。职业教育专业类毕业生到中等职业学校就业的有146人,占比14.6%,到职业培训机构就业的有64人,占比6.4%。在教育类专业师范毕业生中,机械设计制造及其自动化方向就业率占比最高,为8.4%。

从就业区域看,多数毕业生选择在省内就业,2021届毕业生本省就业率为64.6%,省外就业地区主要为新疆维吾尔自治区、江苏省、北京市,占比分别为3.3%、2.6%、2.5%。

2021届本科毕业生分布于41个专业,其中物流管理、德语、美术学专业毕业就业率最高,均为100%。以就业率、就业对口率、学生薪酬待遇、学生职业期待吻合度等指标衡量就业质量,物流管理、美术学本科教育专业就业质量较高。物流管理本科教育专业学生就业质量高的原因有三个:一是校企合作好,企业为学生提供对口岗位较多;二是学生职业生涯规划工作扎实,该专业职业生涯规划贯穿学生入学到毕业的整个过程,尤其大四的"毕业实习+就业"一体化设计,在提高就业率和对口度方面卓有成效;三是物流产业对专业人才需求量大,物流产业发展迅猛,提供的人才需求岗位多,学生的就业机会多。美术学专业毕业生就业质量高的原因主要是灵活就业、新业态的职业岗位就业比较多。该专业毕业生除到中小学担任美术教师外,还到培训机构、新媒体机构从事美术专业工作。

二、教育硕士(职业技术教育领域)试点院校及分布情况

(一) 试点院校简介

东北三省共有四所教育硕士(职业技术教育领域)试点院校,即辽宁省的沈阳师范大学,位于沈阳市,吉林省的长春师范大学、吉林外国语大学、吉林农业大学,均位于长春市。

1. 沈阳师范大学教育硕士(职业技术教育领域)简介

沈阳师范大学隶属辽宁省人民政府,始建于1951年,前身为东北教育学院,1953年更名为沈阳师范学院,是当时东北地区创办最早的两所本科师范院校之一。2002年,辽宁省政府决定并经教育部批准,沈阳师范学院与辽宁教育学院合并组建沈阳师范大学。学校学科门类齐全,涵盖哲学、经济学、法学、教育学、文学、理学、工学、管理学、艺术学9大学科。2015年被国务院学位委员会确定为首批教育硕士(职业技术教育领域)专业学位研究生教育试点单位。在研究生培养的过程中,不断探索研究生人才培养模式,通过实施多导师制、举办读书报告会和学术沙龙、职业院校和企业实地考察与实习、参与导师科研课题等多种方式,拓展学生的视野,培养研究能力、教育教学实践能力等核心素养。

2. 长春师范大学教育学院教育硕士(职业技术教育领域)简介

长春师范大学教育学院于2018年3月在原教育科学学院、初等教育学院、教育技术专业的基础上整合组建而成,目前是长春师范大学规模最大的学院。2015年被国务院学位委员会确定为首批教育硕士(职业技术教育领域)专业学位研究生教育试点单位。

3. 吉林外国语大学教育硕士(职业技术教育领域)简介

吉林外国语大学是吉林省重点高校,是全国率先举办专业学位硕士研究生教育的五所民办高校之一,是全国唯一一所民办高校翻译硕士专业学位授权单

位,是吉林省唯一一所外国语院校,是东北地区外语语种最全的院校。学校创办于1995年,2003年被教育部批准为民办普通高等本科院校,2005年获得学士学位授予权并开始联合招收硕士研究生,2015年被国务院学位委员会确定为首批教育硕士(职业技术教育领域)专业学位研究生教育试点单位,实现了专业学位授权点在文、经、管、教学科门类的全覆盖,形成了从本科到研究生的应用型人才培养体系,优化了研究生培养结构和布局,大力促进了学校高水平民办大学的建设进程。

4. 吉林农业大学教育硕士(职业技术教育领域)简介

吉林农业大学前身是中共中央东北局于1948年在黑龙江省创建的农业干部学校,1959年,学校更名为吉林农业大学。学校是吉林省省属重点大学,吉林省特色高水平应用研究型大学(A类),吉林省人民政府与农业农村部合作共建大学,吉林省人民政府与中国工程院共建的"中国工程科技发展战略吉林研究院"建设依托单位,中西部高校基础能力建设工程高校,首批教育部、国家外专局"高等学校学科创新引智计划"("111"计划)省属高校,全国就业典型经验高校,首批50所"全国创新创业典型经验高校"和首批99所国家深化创新创业教育改革示范高校之一,教育部首批高等学校科技成果转化和技术转移基地,国家和区域农业、农村发展不可替代的、重要的人才培养、科技创新和推广服务基地。学校以农业和生命科学为优势和特色,农、理、工、医、文、管、法、教、经、艺多学科协调发展,硕士学位授权学科涵盖农、理、工、医、管、法、教育等七大门类,20个硕士学位授权一级学科,11个硕士专业学位授权类别和18个硕士专业学位授权领域,2015年被国务院学位委员会确定为首批教育硕士(职业技术教育领域)专业学位研究生教育试点单位。学校是吉林省省属院校中最早获得博士学位授权的高校,博士学位授权学科涵盖农、理、工、医、管等五大门类,拥有9个博士后科研流动站和9个博士学位授权一级学科,均居省属高校首位。

(二)专业方向数量与分布

1. 专业方向数量与分布的总体情况

2021年,东北地区四所培养院校共设置11个全日制教育硕士(职业技术教育领域)专业学位研究生专业方向(目前已停招1个方向),其中吉林省的全日制教育硕士(职业技术教育领域)专业学位研究生专业方向最多,共 8 个,辽宁省和吉林省均设置了旅游服务、财经商贸方向。

2. 院校专业方向数量与分布情况

沈阳师范大学于 2016 年开始招收全日制教育硕士(职业技术教育领域)专业学位研究生,设置财经商贸、旅游服务和食品生物工艺(已停招)三个方向。

长春师范大学于 2016 年开始招收全日制教育硕士(职业技术教育领域)专业学位研究生,设置加工制造、信息技术、财经商贸和旅游服务四个方向。

吉林外国语大学于 2015 年开始招收全日制教育硕士(职业技术教育领域)专业学位研究生,设置商务日语、商务英语、电子商务三个方向。

吉林农业大学于 2015 年开始招收全日制教育硕士(职业技术教育领域)专业学位研究生,设置职业技术教育领域一个方向。

(三)年度招生数量

1. 东北地区年度招生数量

2021 年,东北地区教育硕士(职业技术教育领域)专业学位研究生共计招录 60 人,其中沈阳师范大学的旅游服务方向招生 5 人,财经商贸方向招生 3 人。长春师范大学的加工制造方向招生 9 人,信息技术方向招生 6 人,财经商贸方向招生 9 人,旅游服务方向招生 5 人。吉林外国语大学的商务英语方向招生 6 人,电子商务方向招生 5 人,商务日语方向未招生。吉林农业大学职业技术教育领域方向招生 12 人。东北地区教育硕士(职业技术教育领域)专业学位研究生年度招生数量最多的方向是财经商贸,吉林省的招生总人数最多,详见表 2-15。

表 2-15 2021 年东北地区教育硕士(职业技术教育领域)试点院校研究生招录情况

省份	教育硕士(职业技术教育领域)试点院校名称	专业方向	招生数量(人)
辽宁	沈阳师范大学	旅游服务	5
		财经商贸	3
吉林	长春师范大学	加工制造	9

(续表)

省份	教育硕士(职业技术教育领域)试点院校名称	专业方向	招生数量(人)
		信息技术	6
		财经商贸	9
		旅游服务	5
	吉林外国语大学	商务日语	0
		商务英语	6
		电子商务	5
	吉林农业大学	职业技术教育领域	12

资料来源:根据东北地区三个省份各有关院校上报的数据统计。

2. 东北三省年度招生数量

各培养单位通过招生宣传,提高生源质量。如表2-16所示,2021年东北地区教育硕士(职业技术教育领域)试点院校研究生报名人数明显高于录取人数。

表2-16　2021年东北地区教育硕士(职业技术教育领域)试点院校研究生报名情况

省份	教育硕士(职业技术教育领域)院校名称	报名数(人)	录取数(人)
辽宁	沈阳师范大学	18	8
吉林	长春师范大学	120	29
	吉林外国语大学	4	11

资料来源:根据东北地区三个省份各有关院校上报的数据统计。

2021年,辽宁省的沈阳师范大学教育硕士(职业技术教育领域)专业学位研究生共计招录8人,其中旅游服务方向5人、财经商贸方向3人。

吉林省的长春师范大学教育硕士(职业技术教育领域)专业学位研究生共计招录29人,其中加工制造方向9人、信息技术方向6人、财经商贸方向9人、旅游服务方向5人。吉林外国语大学教育硕士(职业技术教育领域)专业学位研究生共计招录11人,其中商务英语方向6人、电子商务方向5人、商务日语方向未招生。吉林农业大学教育硕士(职业技术教育领域)专业学位研究生共计招录12人。

(四) 在校生数量

1. 2021年东北地区的在校生数量

2021年,东北地区教育硕士(职业技术教育领域)专业学位研究生中的在校生共计125人,各方向的总人数按照由多到少的顺序排列,依次为财经商贸方向29人、加工制造方向27人、电子商务方向20人、旅游服务方向19人、信息技术方向12人、职业技术教育方向12人、商务英语方向6人。东北地区教育硕士(职业技术教育领域)专业学位研究生的在校生数量,财经商贸方向的最多,东北三省在校生数量,吉林省的最多。

2. 2021年东北三省的在校生数量

辽宁省的沈阳师范大学教育硕士(职业技术教育领域)专业学位研究生设置旅游服务、财经商贸两个方向,在校生为12人,其中旅游服务方向为7人,财经商贸方向为5人。

吉林省的长春师范大学教育硕士(职业技术教育领域)专业学位研究生设置四个方向,在校生为75人,其中加工制造方向为27人,信息技术方向为12人,财经商贸方向为24人,旅游服务方向为12人。吉林外国语大学教育硕士(职业技术教育领域)专业学位研究生设置三个方向,在校生为26人,其中商务日语方向未招生、商务英语方向为6人、电子商务方向为20人。吉林农业大学教育硕士(职业技术教育领域)专业学位研究生职业技术教育领域方向在校生数为12人。

(五) 培养目标

东北三省教育硕士(职业技术教育领域)专业学位研究生的培养目标注重坚持以立德树人为根本任务,着力于培养德智体美劳全面发展的高素质中等职业技术学校专任教师和管理人员。按照教育硕士(职业技术教育领域)专业学位研究生培养目标的总体规范要求,各个方向有针对性地设计了人才培养目标,如财经商贸方向和旅游服务方向的人才培养目标。

1. 财经商贸方向的人才培养目标

坚持以立德树人为根本任务,着力于培养德智体美劳全面发展的高素质中等职业技术学校专任教师和管理人员。具体要求为：

（1）热爱祖国，拥护中国共产党领导，热爱教育事业，教书育人，为人师表，积极进取，勇于创新；

（2）掌握现代教育理论，具有现代职业教育理念和全面文化素养，具有较强的财经商贸类职业教育教学实践能力和研究能力；

（3）具有良好的财经商贸领域的学识修养和扎实的专业基础，了解财经商贸行业及相关企业经营与服务的发展趋势；

（4）具有较强的财经商贸领域的职业技术教育实践能力，胜任财经商贸类专业相关学科教学和管理工作，在现代教育理论指导下，运用所学理论、方法和技术，创造性地开展财经商贸类专业教学工作，解决财经商贸类专业教学中的实际问题；

（5）熟悉财经商贸类专业课程改革，掌握财经商贸类专业课程改革的新理念、新内容和新方法，具有发现和解决问题、终身学习与发展的意识与能力；

（6）能较为熟练地阅读财经商贸类专业的外文文献，并用来研究和探讨财经商贸类专业教学中的理论与实践问题。

2. 旅游服务方向的人才培养目标

坚持以立德树人为根本任务，着力于培养德智体美劳全面发展的高素质中等职业技术学校专任教师和管理人员。具体要求为：

（1）热爱祖国，拥护中国共产党领导，热爱教育事业，教书育人，为人师表，积极进取，勇于创新；

（2）掌握现代教育理论，具有现代职业教育理念和全面文化素养，具有较强的旅游服务类职业教育教学实践能力和研究能力；

（3）具有良好的旅游服务领域的学识修养和扎实的专业基础，了解旅游服务行业及相关企业经营与服务的发展趋势；

（4）具有较强的旅游服务领域的职业技术教育实践能力，胜任旅游服务类专业相关学科教学和管理工作，在现代教育理论指导下，运用所学理论、方法和技术，创造性地开展旅游服务类专业教学工作，解决旅游服务类专业教学中的实际问题；

（5）熟悉旅游服务类专业课程改革，掌握旅游服务类专业课程改革的新理念、新内容和新方法，具有发现和解决问题、终身学习与发展的意识与能力；

（6）能较为熟练地阅读旅游服务类专业的外文文献，并用来研究和探讨旅游服务类专业教学中的理论与实践问题。

（六）培养模式

由于培养单位、学科方向不同，东北地区教育硕士（职业技术教育领域）专业学位研究生培养单位的人才培养模式既有共性，也有差异性。其共性主要体现在以下几个方面。一是多主体协同育人。育人主体包括高校、中等职业学校和企业等单位。二是多导师队伍。导师队伍人员构成多元化，主要由职业技术教育专业、学科方向、中等职业学校、企业的导师构成，职业学校导师一般为"双师型"教师。三是理实并重的模块化课程体系。按照国家要求，教育硕士（职业技术教育领域）专业学位研究生的课程模块主要分为学位基础课程、学位通识课程、专业必修课程、专业选修课程。一般学位通识课程开设思想政治课程及英语与计算机课程，职业教育专业课程开设职业教育评价、职业教育改革与实践等课程，专业课开设教学设计与案例分析、课程开发及专业方向课程等课程，课程教学过程中包含多种形式的教育实习，通过工学交替教学，提高学生理论联系实际解决问题的能力。四是以成果为导向的内外互动质量保障机制。各培养单位结合实际构建了多元评价机制，注重以成果为导向进行过程性评价和结果性评价，尤其注重教育硕士专业学位研究生毕业论文的质量。全国教育硕士专业学位教育指导委员会发布了《关于教育硕士专业学位论文标准的规定》等规范毕业论文写作的指导性文件，以规范毕业论文的写作。近年来，每年均组织一次大型的研讨会，总结评价指导各培养单位的毕业论文工作，部校协同保障研究生培养质量。

（七）培养质量

1. 东北地区教育硕士（职业技术教育领域）专业学位研究生就业质量

2021年，东北地区教育硕士（职业技术教育领域）专业学位研究生中的毕业生共计55人，就业率为75%，就业对口率为50%，本地就业率为75%，获得职业资格证书46人,其中信息技术、旅游服务方向的就业率和本地就业率最高,为100%,加工制造方向对口就业率最高,为88%,详见表2-17。

表2-17 东北地区教育硕士(职业技术教育领域)试点院校培养质量情况

省份	院校名称	专业方向	毕业生人数(人)	就业率	就业对口率	本地就业率	获得职业资格证书人数(人)
辽宁	沈阳师范大学	旅游服务、财经商贸	4	100%	50%	100%	4
吉林	长春师范大学	加工制造	13	62%	88%	88%	6
		信息技术	3	100%	67%	100%	3
		财经商贸	13	46%	17%	50%	8
		旅游服务	2	100%	50%	100%	2
	吉林外国语大学	商务日语	6	83%	20%	20%	6
		商务英语	9	100%	22%	11%	9
		电子商务	5	100%	60%	0%	5
	吉林农业大学	职业技术教育领域	无	无	无	无	3

资料来源:根据东北地区三个省份各有关院校上报的数据统计。

2. 东北三省教育硕士(职业技术教育领域)专业学位研究生就业质量

2021年,辽宁省的沈阳师范大学教育硕士(职业技术教育领域)专业学位研究生共分旅游服务、财经商贸两个方向,毕业生共计4人,就业率为100%,就业对口率为50%,本地就业率为100%,共有4人获得职业资格证书,占比100%,财经商贸方向就业质量较高。

2021年,吉林省的长春师范大学教育硕士(职业技术教育领域)专业学位研究生中的毕业生共计31人,其中加工制造方向毕业生13人,就业率为62%,就业对口率为88%,本地就业率为88%,共有6人获得职业资格证书,占比46.2%。信息技术方向毕业生3人,就业率为100%,就业对口率为67%,本地就业率为100%,共有3人获得职业资格证书,占比100%。财经商贸方向的毕业生13人,就业率为46%,就业对口率为17%,本地就业率为50%,共有8人获得职业资格证书,占比61.5%。旅游服务方向的毕业生2人,就业率为100%,就业对口率为50%,本地就业率为100%,共有2人获得职业资格证书,占比100％。诸多方向中,信息技术和旅游服务方向就业率较高。

2021年,吉林省的吉林外国语大学教育硕士(职业技术教育领域)专业学位研究生中的毕业生共计20人,其中商务日语方向毕业生为6人,就业率为83％,就业对口率为20％,本地就业率为20％,共有6人获得职业资格证书,占比100％。商务英语方向的毕业生9人,就业率为100％,就业对口率为22％,本地就业率为11％,共有9人获得职业资格证书,占比100％。电子商务方向的毕业生5人,就业率为100％,就业对口率为60％,本地就业率为0％,共有5人获得职业资格证书,占比100％,其中商务英语和电子商务方向毕业生的就业率较高。

2021年,吉林省的吉林农业大学教育硕士(职业技术教育领域)职业技术教育领域无毕业生。

三、职业教育教师培训情况

(一) 职教教师年度培训总体分析

根据《教育部财政部关于实施职业院校教师素质提高计划(2021—2025年)的通知》教师函〔2021〕6号等文件精神,东北地区大力推动职教教师培训,2021年职教教师培训总体情况如下。

1. 培训基地

东北地区共有培训基地48个,主要分布在普通高等学校和高等职业院校。其中辽宁省最多,为27个;其次是黑龙江省,为16个;吉林省最少,为5个。

2. 培养对象

东北地区职业教育教师培训对象主要包括职业院校校长、副校长、专业带头人、专业骨干教师、专业课教师、公共课教师等。

3. 培训内容

东北地区职业教育教师培训内容主要包括通识教育和专业教育两个种类。其中通识教育部分主要开设的培训课程有：思想政治教育、职业教育政策学习、计算机能力等。专业教育部分主要开设的培训课程有：高等职业院校校长综合管理能力提升、教务处处长教育教学管理能力提升、专业带头人专业建设能力提升、专业教师教学能力提升、专业课骨干教师及教师素质提升培训等。

4. 培训方式

按照不同类型职业教育教师专业发展阶段及其培训需求，东北三省采取线下混合研修、在线培训、结对学习、跟岗研修、顶岗研修、访学研修、返岗实践等灵活多样的培训方式，提高培训质量。

5. 培训机制

为提高教师到企业实践能力，促进教师深入行业企业实践，东北三省建立了校企人员双向流动、相互兼职常态化运行机制，完善政府、行业企业、学校、社会等多方参与的教师培养培训机制。

6. 培训经费

2021年，东北地区职业教育教师培训，省级及以上培训基地数量共48个，其中辽宁省为27个，吉林省为5个，黑龙江省为16个。东北三省职业教育教师培训，省级及以上培训经费共5133万元，其中辽宁省培训投入为2233万元，吉林省为1400万元，黑龙江省为1500万元。东北三省职业教育教师培训共7997人次，其中黑龙江省最多，为3351人次，辽宁省和吉林省，分别为2831人次、1815人次。

(二) 各省职业教育教师培训情况

1. 辽宁省

(1) 培训目标

通过培训，使学员更加全面地了解职业教育改革与发展的最新动态，促进中职、高职教师树立职业教育教学及管理理念,更新教育教学手段,提高专业技能,提高教育教学、科研与社会服务等能力。

(2) 培训对象

培训对象主要侧重于全省的中职、高职校长与副校长、专业带头人、专业骨干教师等职业教育教师。

(3) 培训内容

培训内容主要包括通识教育和专业教育。通识教育内容主要包括:思想政治教育、职业教育政策、计算机能力等课程。专业教育内容主要包括:高等职业院校校长综合管理能力提升、教务处处长教育教学管理能力提升、专业带头人专业建设能力提升、专业教师教学能力提升、专业课骨干教师及教师素质提升等各类职业教育师资培训。

(4) 培训时间

职业教育教师培训从培训时间来看,分为长期培训、中短期培训,其中长期培训一般为 500 学时,中短期的线下培训一般为 126 学时,每学时 45 分钟。

(5) 培训模式

培训单位的培训目标、人员和内容不同,培训模式也不同,一般采用讲授+案例分析模式为主,体验式学习为辅的培训模式。主要包括以下培训方式。

一是集中面授。围绕国家职业教育最新政策,邀请省内外知名高校教授、职教专家学者、职业院校主要领导及教学名师,开展专题讲座,并针对重点难点进行交流探讨,答疑解惑。二是专题讲座。邀请职教专家和国内知名学者解读职业教育前沿政策和专业技术,对职业教育和产业热点问题开展专题讲座。三是在线教学。为进一步完善课程体系,充实教学内容,提高培训效率,设置在线学习模块,组建学习班,精准推送高质量学习资源,精心设计热点难点讨论议题,并进行要点测试。学员在培训过程中随时随地自主学习,参与讨论互动,碰撞思想火花,完成测试,入脑入心,全面提升学习效率和效果。四是任务驱动。培训过程中根据学习阶段设置不同的任务要求,为学员量身定制阶梯递进的多层次任务目标,按照由理论到实践,再由实践到理论的培训组织方式,使学员深入认识职业教育理论与实践问题,深刻理解任务,制定相应的适宜行动学习计划。任务驱动能够更好地激发学员学习动机,调动学员学习的积极性,确保学习成果落地，真正实现学有所用。五是企业（基地）实践。优选行业技术领先企业，组织学员到产教融合基地开展实践训练，增强实践技能。考核通过的教师颁发相关领域的职业技能等级证书，并由企业出具相关岗位的现场实践鉴定意见。

（6）培训评价

通过制定培训管理评价制度、基地培训评价指标体系等方式，规范化培训评价管理，以评价检验培训质量，促进提高培训质量。

2. 吉林省

（1）培训目标

职业教育教师培训始终以"加强职业院校'双师型'教师队伍建设，推动职业教育发展实现新跨越"为目标，围绕"职业院校教师示范培训、中高职教师素质协同提升、校企人员双向交流合作"三大任务，结合职教师资发展现状，遵循职业教育规律与教师成长规律，高质量高标准实施国家职业院校教师素质提高计划项目等职教师资培训项目。各个培训基地立足当地职业教育改革基础情况、培训基地的自身定位以及培训目标的基础和定位，确定恰当的培训目标。

（2）培训内容

职业教育教师培训项目主要包括"1+X证书制度教师培训示范项目""双师型教师专业技能培训""教师企业实践项目""信息技术应用能力提升工程2.0"等，培训时间根据相应培训项目要求执行，从3天到60天不等。

（3）主要培训对象

培训对象广泛，主要包括职业院校专业课教师、教育教学管理人员等职业教育教师。

（4）培训方式方法

职业教育教师培训主要采取网络研修、专题讲座、模拟教学、交流研讨、现场考察、技能训练等形式，突出学员在培训过程中的主体作用，强化学员的技能训练。企业实践环节突出体现新工艺和新方法训练，引导学员利用现代信息技术和平台提高从师任教能力。职业教育教师培训项目的实施主要分为训前了解需求网上自修、训中搭建平台脱产集训、训后评价反思跟踪改进三个阶段。

训前进行学员专业基础调研、测评,了解受训教师实际需求,根据调研结果制定训前培训大纲,确定培训主题,制定培训目标;训中采取脱产集训形式,主要采取模块化教学、交流研讨、现场观摩、技能训练等形式;训后要求学员将训中培训的内容和解决的问题带回工作岗位开展验证性实践,学员要将学习心得与成果上传至网络平台,进行分享。

（5）培训基地

职业教育教师培训共有5个省级及以上培训基地。其中吉林工程技术师范学院是教育部确定的全国重点建设职业教育师资培训基地、职教教师创新团队培训基地、职业院校校长培训建设基地,吉林省政府确定的全省职教师资保障体系建设牵头单位。该基地建设、运行情况良好,近五年(2018—2022年)培训规模5 328人次,受新冠疫情影响,2021年培训规模减小,为238人次。培训对象以吉林省内中职、高职教师为主体,中职教师占比高,覆盖职业教育专业40余个。

（6）培训评价

规范化培训考核评价是吉林省职业教育教师培训工作中的重要组成部分,是保障培训质量、增强培训效果的核心环节。吉林省职业教育教师培训积极探索培训考核评价模式,通过理论测试、实操演练、网络说课等多种考核方式,以点到面、由浅入深抓住考核的真实性、准确性,进而发挥基地培训的特色和优势,有效保证职业院校教师培训水平与质量,促进培训后的成果转化。

3. 黑龙江省

（1）培训目标

职业教育教师培训以深化产教融合校企合作为着力点,加强培训基地建设,完善功能,规范管理,建设职教教师培养培训能力强、教学质量高、具有职业教育类型特质的职教师资培养培训基地。

（2）主要培训对象

聚焦"服务第三产业相关行业",立足黑龙江,面向全国进行职教师资培训,其对象主要包括河南、河北、山东、黑龙江等省份的职业院校校长、专业带头人、专业骨干教师等职教教师。

（3）培训的主要内容

培训的主要内容概括为四大模块,一是集中理论培训模块,主要包括立德树人等师德专题、新标准更新、教育教学能力提升等内容;二是教科研模块,主要包括教科研创新团队科研能力提升、科研课题、论文撰写等内容;三是企业顶岗、跟岗"师带徒"模块,主要结合相关专业与教研方向,有针对性地提升教师的企业实践能力;四是包括教学演练与考核,如备课、说课及教学演练等活动。

(4) 培训形式

职教教师培训主要采取线上线下相结合的混合式培训模式,线上培训通过腾讯会议等载体实施教学,线下培训多在多媒体教室、实训室和智能化教室等培训场所。

(5) 培训方式方法

职教教师培训主要采用专家讲座、经验分享、交流讨论、企业实践等培训方式,具体包括以下几种。一是专家讲座,邀请职教专家、学者讲授理论前沿、思政课发展等焦点问题,探讨师风师德、工匠精神和创新精神,关注教师综合素养的提升。二是经验分享,邀请相关领域内有经验的名师结合自身经历,介绍教学成果,分享教学经验。三是交流讨论,学员结合自己的具体工作及心得体会,与专家及同行交流,专家就相关热点、难点答疑,在对比中碰撞,在交流中提升,在反思中前行。四是企业实践,学员到企业相应岗位进行实操训练、与师傅交流互动,在做中学、学中做、做学中学会教等。

(6) 培训评价

职业教育教师培训通过制定培训考核管理制度、基地培训考核指标体系和考评标准等方式,在以评促学、以评促优、评考结合的培训理念指导下,明确评价标准,学员培训过程考核与结业考核相结合,通过培训促进学员"教学""技能""科研"融合发展,整体提升职教教师的专业发展能力。

第三节 东北地区职教教师培养培训的主要举措

加强职业教育教师培养培训,制度建设是关键。21世纪以来,我国通过《教育部关于进一步完善职业教育教师培养培训制度的意见》等政策文件推动职业教育教师培养培训制度建设,规范职业教育教师培养培训管理,加强职业教育

"双师型"教师队伍建设。国家系列政策措施推动区域性、地方职业教育师资培养培训提质增效,2011年,国家发展改革委、教育部、财政部、人力资源社会保障部联合发布的《关于印发促进东北地区职业教育改革创新指导意见》提出,"鼓励国家示范性中高职和国家骨干高职学校以大型跨国集团和企业的海外机构为依托开展海外培养试点和境外办学试点。支持职业学校校长、专业带头人和骨干教师海外研修培训……加强职业教育教师队伍建设,以'双师型'教师建设为重点,建立健全技能型人才到职业学校从教的制度"。在国家、区域性整体推进职教教师培养培训政策推动下,东北三省根据省情和职业教育类型特质,出台系列职业教育教师培养培训政策,推动本地区构建职业教育教师培养培训新格局,赋能职业教育师资队伍建设。

一、省级政府出台的职教师资培养培训政策分析

1. 确立分析工具

政策分析根据分析工具的性质不同,可分为定性的分析、定量的分析和综合的分析。一般来说,定性的政策分析,主要用归纳推理和演绎推理的方法分析政策,而定量的政策分析主要以概率与统计推理和模糊数学分析政策;综合的分析则是定性的分析和定量的分析兼而有之。[①] 本书以东北地区职教师资培养培训政策为对象,对政策内容进行分析,揭示三个省职教师资培养培训的共性及差异性举措。从分析内容来说,包括教育政策的内容分析、过程分析、环境分析和价值分析;从分析的方法来说,主要运用归纳推理和演绎推理的方法;从分析步骤来说,第一步是建构分析内容的标准即框架结构,第二步是系统收集与分析内容有关的教育政策,第三步是明确分析政策的范围,并用建构的标准对这些范围内的政策进行分析。[②] 本书先对教育政策的内容进行分析,确定分析工具后,再按照上述三个步骤,对东北地区三个省份的省级政府发布的职教师资培养培训政策的内容开展分析。

[①] 林德金,等.政策研究方法论[M].延吉:延边大学出版社,1989:30—154,160—250.
[②] 孙绵涛.专业化教育政策分析探讨[J].教育研究,2017(12):22—28.

2. 构建分析框架

一般来说，职教师资培养培训首先要有职教师资培养培训的目标，目标确定之后，要选择职教师资培养培训的路径，接下来要考虑开展职教师资培养培训的条件。按照职教师资培养培训的实践逻辑，职教师资培养培训政策应该从目标、实现目标的路径和保障路径正常运行的必要条件的逻辑进行分析。可以说"目标—路径—保障"是职教师资培养培训政策的三个要素，并且构成了关于职教师资培养培训政策的分析框架。

3. 梳理政策文件

东北地区职教师资培养培训政策分析，先要明确分析哪些政策。本书主要分析 2022 年东北地区三个省级政府及相关部门发布的关于职教师资培养培训的政策。通过政策梳理发现，各个省发布的政策中，关于职教师资培养培训的目标、任务等规定，在时间范围上涵盖了 2022 年，为了体现政策制定的连贯性和系统性，也会涉及 2021 年发布的政策。经过梳理，东北地区三个省发布的职教师资培养培训政策主要有 8 个（表 2-18）。

表 2-18　东北地区 2021—2022 年三个省份发布的职教师资培养培训政策

项目	年份	政策文件名称	政策发布部门
1	2022	《辽宁省推动现代职业教育高质量发展若干措施》	中共辽宁省委办公厅 辽宁省人民政府
2	2021	《关于整省推进职业教育实用高效发展提升服务辽宁振兴能力的意见》	教育部 辽宁省人民政府
3	2021	《辽宁省"十四五"教育发展规划》	辽宁省人民政府
4	2022	《吉林省"十四五"教育发展规划》	吉林省人民政府
5	2021	《关于加快推动现代职业教育高质量发展的若干措施》	中共吉林省委办公厅 吉林省人民政府
6	2021	《教育部吉林省人民政府关于加快现代职业教育高质量发展推进技能社会建设的意见》	教育部 吉林省人民政府
7	2022	《黑龙江省"十四五"教育事业发展规划》	黑龙江省人民政府
8	2021	《关于实施黑龙江省职业院校教师素质提高计划（2021—2025 年）的通知》	黑龙江省教育厅 黑龙江省财政厅

4. 明确分析范围

其一,本书要分析东北地区省级政府及其部门发布的关于职教师资培养培训的政策。通过政策梳理可以看出,只有黑龙江省的《关于实施黑龙江省职业院校教师素质提高计划(2021—2025年)的通知》是专门针对职教师资的政策,其他政策都是省级政府发布的本省的教育发展规划或关于职业教育高质量发展、推进职业教育省域发展的政策,关于职教师资培养培训的措施仅作为这些政策的一部分出现。

其二,本书要分析的政策包含了三个省发布的教师培养培训政策中的职教师资培养培训政策内容。职教师资培养培训与教师培养培训有着密切的关系,在梳理相关政策时发现,有些职教师资培养培训的措施蕴含在教师培养培训措施中,为了确保分析的全面性,这些措施也在本书分析范围内。

二、职教师资培养举措分析

1. 辽宁省职教师资培养举措分析

通过梳理分析地方职教师资培养的规范性政策性文件发现,辽宁省在《辽宁省推动现代职业教育高质量发展若干措施》《关于整省推进职业教育实用高效发展提升服务辽宁振兴能力的意见》《辽宁省"十四五"教育发展规划》等政策性文件中,提出职教师资培养的举措,详见表2-19。

表2-19　2021—2022年辽宁省职教师资培养相关政策

年份	政策文件名称	政 策 内 容
2021	《关于整省推进职业教育实用高效发展提升服务辽宁振兴能力的意见》	支持一批高校与具有教育硕士学位授予权的师范院校合作举办本科职业技术师范教育,并通过师资互聘、实训基地共享等多种途径联合培养职业技术与教育领域教育硕士,支持1所院校转型为职业技术师范大学,为职业院校输送高素质师资力量
2022	《辽宁省推动现代职业教育高质量发展若干措施》	建设1所职业技术师范学校,探索组织高水平本科高校与高水平高等职业学校联合培养专业学位硕士

(续表)

年份	政策文件名称	政策内容
2021	《辽宁省"十四五"教育发展规划》	分类推进中小学、幼儿园、特殊教育、中职教师培养模式改革；支持高校与师范院校合作举办本科职业技术师范教育

按照"目标—路径—保障"分析框架来看，三个政策性文件都包含了职教师资培养具体目标的描述，即"建设1所职业技术师范学校""支持1所院校转型为职业技术师范大学"；路径是"探索组织高水平本科高校与高水平高等职业学校联合培养专业学位硕士""支持一批高校与具有教育硕士学位授予权的师范院校合作举办本科职业技术师范教育，并通过师资互聘、实训基地共享等多种途径联合培养职业技术与教育领域教育硕士""支持高校与师范院校合作举办本科职业技术师范教育"；从保障来看，三个政策没有单独针对职教师资培养的目标提出保障条件，但是均从加强党的领导、健全经费投入机制、建立政策激励机制等方面提出了具体的保障措施。

2. 吉林省职教师资培养举措分析

通过梳理地方职教师资培养的规范性政策性文件发现，吉林省在《关于加快推动现代职业教育高质量发展的若干措施》《教育部吉林省人民政府关于加快现代职业教育高质量发展推进技能社会建设的意见》《吉林省"十四五"教育发展规划》等政策中，对职教师资培养提出了举措，详见表2-20。

表2-20 2021—2022年吉林省职教师资培养相关政策

年份	政策文件名称	政策内容
2021	《关于加快推动现代职业教育高质量发展的若干措施》	支持职业技术师范大学建设
2021	《教育部吉林省人民政府关于加快现代职业教育高质量发展推进技能社会建设的意见》	支持吉林省建设职业技术师范类院校，强化职教师资培养
2022	《吉林省"十四五"教育发展规划》	支持建设职业技术师范大学，推动校企共建"双师型"教师培养培训基地和教师企业实践基地

按照"目标—路径—保障"分析框架来看，三个政策性文件都包含了职教师

资培养的具体目标的描述,即"支持职业技术师范大学建设""支持吉林省建设职业技术师范类院校,强化职教师资培养""支持建设职业技术师范大学,推动校企共建'双师型'教师培养培训基地和教师企业实践基地";从政策文本内容可以看出,实现目标的"路径"并没有在政策中体现;从保障来看,三个政策没有单独针对职教师资培养的目标提出保障条件,但是均从加强党的领导、完善经费投入与管理机制、建立规划落实机制等方面提出了具体的保障措施。

3. 黑龙江省职教师资培养举措分析

通过梳理地方职教师资培养的规范性政策性文件发现,黑龙江省在《黑龙江省"十四五"教育事业发展规划》中,对职教师资培养提出了举措,具体见表2-21。

表2-21 2021—2022年黑龙江省职教师资培养相关政策

年份	政策文件名称	政 策 内 容
2022	《黑龙江省"十四五"教育事业发展规划》	鼓励有条件的工科本科院校设立职业技术师范专业,培养职业教育师资

按照"目标—路径—保障"分析框架来看,该政策性文件虽然提出了对本省职教师资培养的具体路径,即"鼓励有条件的工科本科院校设立职业技术师范专业,培养职业教育师资",但没有单独针对职教师资培养提出具体目标和保障条件。

三、东北地区职教师资培养培训举措

通过对东北地区三个省份职教师资培养培训政策性文件文本内容进行分析,发现各个省份依据省情和职业教育教师培养培训需求,注重以教师专业发展职前职后一体化理念为指导推动职教教师培养培训。

1. 明确了具体的职教教师培养培训目标

三个省职教师资培养培训政策中,均有明确的培养培训目标。具体来看,一方面，支持职教师资培养。推动职教师资培养模式改革，支持职业技术师范院校建设，支持现有职业技术师范院校的改革发展，支持院校转型为职业技术师范大学和有条件的工科本科院校设立职业技术师范专业，支持职教师资培养基地建设等。另一方面，支持职教师资培训基地建设。校企共建"双师型"教师培养培训基地和教师企业实践基地，支持高水平高等学校和大中型企业共建双师型教师培训基地。

2. 提供了较为充足的保障条件

三个省职教师资培养培训举措多是省级政府发布的关于教育事业发展、职业教育事业发展的政策。这些政策中虽然没有单独呈现职教师资培养培训的保障条件，但是从政策整体来看，均从加强党的领导、完善经费投入与管理机制、建立规划落实机制等方面提出了具体的保障措施。

三个省尽管通过政策推动职教师资培养培训，确立了目标、提供了保障条件，但完成目标的路径表达缺失，导致政策在执行中缺乏可操作性。比如在支持职业技术师范大学的建设上，只提出了目标"支持职业技术师范大学的建设"，缺乏实现这个目标的路径，即支持职业技术师范大学建设具体的措施、制度等规定。

四、职教师资培养培训院校实践分析

(一) 职教师资培养院校实践分析

1. 职业技术师范院校职教师资培养举措

吉林工程技术师范学院从 2014 年开始在人才培养基础好的专业试点进行了职教师资培养综合改革，在探索我国职教师资培养新模式、提高职教师资培养质量方面发挥了重要作用。学校目前形成了两个较为成熟的职业技术教育师范生培养模式，分别是自动化专业卓越职教师资培养实验班和机械设计制造及自动化专业技师素质培养实验班。伴随人才培养模式的探索，学校还采取系列举措提高职教师资培养质量。

（1）强化职教教师教育特色，加快以教育学专业为基础的职业技术师范专业建设

教育学专业是职业技术师范院校开展职业技术师范教育的核心专业和重点建设专业，强化职教教师教育特色，必然要加强教育学专业建设。为规范教育学专业建设，促进职教教师教育走向专业化、职业化、职前职后一体化，学校以"新师范""新文科"建设的理念为指导，2018年，教育科学学院教育学专业启动职业技术师范专业认证准备工作，以职业技术师范教育专业认证标准统领专业建设，学校规范化推动专业认证，提高专业建设水平，首先，明确了人才培养目标定位。通过完善教育学专业人才培养方案，确立了"明师德、爱教育、懂职教、敢创新、善教学、会研究、能协调、有发展"的人才培养目标，"并分解为11项毕业要求指标点和相应的37个分解指标点"①。其次，以培养目标为导向优化培养方式。学校在教学活动中建立健全"教科校企"协同育人机制，形成职业院校、科研机构、行业企业等多元主体共建共育职教师资的平台和机制。第三，强化实践教学。学校将"学、研、训"贯穿专业教育全过程，遵循"以情定教、以学定教、以课定教"的全学程指导原则，通过体验教育、考察、研修、专题调研等职教教师实践教学方式方法的改革，提高实践教学质量。第四，建立专业建设质量保障机制。学校主动提升自我评估的主动性和自觉性，按照专业认证要求，构建"学校统筹、学院组织、专业主体、全员参与"的质量保障体系，重点按照"研修制""研训制""馆修制""三导师制""青师活动育人制""学分制"等人才培养改革创新需求②，开展专业建设质量评价与监控，持续推进提高教师教育质量。

（2）支持师范类专业开展"多导师制"育人模式探索，促进师范类专业学生师能与技能、理论与实践、培养与培训一体化协调发展

职业技术师范教育的职业性、师范性和技术性决定师范类专业学生的培养需要多导师协作，实施"多导师制"育人模式。为加强多导师协同育人，一是不断完善"双师型"教师管理制度体系，完善多导师制。面向吉林省产业需求和个体终身职业发展需求，针对学校校情，以新修订的学校章程为核心，按照学校办

---

① 李孝更,王哲,王伟,龚志慧.专业认证背景下职业师范院校教育学专业建设的探索与实践:以吉林工程技术师范学院为例[J].职业技术教育,2022(5):29—35.
② 李孝更,王哲,王伟,龚志慧.专业认证背景下职业师范院校教育学专业建设的探索与实践:以吉林工程技术师范学院为例[J].职业技术教育.2022(5):29—35.

学类型定位和转型发展战略,制定并实施《关于加强应用型教师队伍建设的指导意见》《教师企业实践管理办法(试行)》等制度,完善"双师型"教师认证制度、兼职教师聘任和管理、高层次人才引进制度、百名博士引进计划、联系师生制度、科研业绩考核评价制度、职称评审制度等教师管理制度。二是通过引进和聘用等方式提高导师水平。学校聘请工程师、高级技师担任实验实习指导教师,聘请职业院校专业骨干、技能名师担任师范专业兼职指导教师,提高兼职教师比例。通过引进博士、聘请"长白山学者""长白山技能名师""双白"人才等加强高层次人才建设。[①] 三是提高导师的"双师"素质。鼓励教师参加专业职业资格考试,取得相关的从业资格培训合格证等职业资格证书。为促进教师专业化多元化,开启高校与企业之间的"旋转门",在加强兼职教师队伍建设的同时,鼓励学校教师到企业兼职、挂职锻炼,开展实践、调研、实习等企业实践活动,提高教师的实践能力。[②] 以研究院、重点实验室等科技服务平台为载体,鼓励以地方产业企业应用技术研发需求为主的科研与服务研究,促进多导师合作交流,提高教师科研和社会服务水平,反哺教育教学,提高育人质量。

(3)建立修德修身修行常态化机制,切实提高师范类专业学生核心素养

学生是学校一切工作的出发点和落脚点,学校坚持以学生为中心,加强育人机制建设,全面提高应用型人才培养质量。一是不断优化师范类专业人才培养模式。对接产业需求,不断完善以学生自主学习为主、理论与实践并重的校企合作培养模式。二是以课程和教学为主渠道不断提升师范生的专业能力与综合素质。有针对性地调整课程设置,构建了"一二三课堂"立体设计和"活动平台+课程模块"课程体系,加强国家级精品资源共享课、省级在线开放课等优质课程建设,以行动导向教学理念为指导,推动实施理实一体教学模式,项目教学法等教学方法。三是加强文化育人、活动育人,全面提高师范类学生的职业教育教师专业水平和素养。根据《教师教育振兴行动计划(2018—2022年)》要求,建立常态化"工匠之师师能展示月"和师范专业学生教师基本功训练活动,学校定期聘请大国工匠、职业院校名师、优秀校友等知名的专业人士进行专题

[①] 杨晓东,甄国红,姚丽亚.地方高校整体转型综合改革制度体系构建与实践:以吉林工程技术师范学院为例[J].职业技术教育,2019(20):6—9.
[②] 王欢."政校企"多元协同育人视角下融合型传媒人才的培养路径——以吉林工程技术师范学院为例[J].传媒,2021(21):88—90.

讲座,以文化人。统筹建立"师范专业学生职业技能综合创新训练中心",加强师范专业学生班级指导和综合育人能力建设,确保学生毕业要求的达成。

(4) 高度重视、持续深化产学研合作,提高多主体协同育人水平

产学研合作是提升应用型人才培养质量的重要路径,为促进校企资源互补共享、多元主体协同育人,一方面,加强产学研合作组织建设,提高治理水平。各个专业建立了董事会、理事会和专业建设指导委员会等校企合作领导组织,健全了学术委员会制度,完善了院系两级管理制度,扩大了二级院系自主权,通过试点引领方式,深入推动产教融合校企合作。另一方面,加强科研平台、实习实训基地建设,促进科学研究由基础性、学术性研究为主,向应用性、技术性研发为主转变,提高实习实训基地建设水平。鼓励各专业与省内大型企业、行业龙头企业合作,校企共建现代产业学院 11 个、稳定的校外实践教学基地 340 余个,其中国家级大学生校外实践教育基地 1 个、省级大学生校外实践教育基地 3 个。鼓励各专业及其教师以地方产业企业应用技术研发需求为主进行科研与服务,提高横向科研课题研究、发明专利等技术服务的质量。

2. 教育硕士(职业技术教育领域)专业学位研究生培养单位职教师资培养举措

(1) 辽宁省的举措

沈阳师范大学是辽宁省唯一一所教育硕士(职业技术教育领域)专业学位研究生培养单位,自 2016 年开始招收全日制教育硕士(职业技术教育领域)研究生,专业方向为财经商贸、旅游服务、食品工程(已停招)。学校在教育硕士(职业技术教育领域)专业学位研究生培养方面有如下举措。

第一,创设全日制教育硕士专业学位研究生培养"五以"模式。

一是以特色化教育目标体系为导向。创设"三维三级"教育目标体系、精修人才培养方案和实施"九个一"工程。"三维"是观念意识、情感态度、知识技能。"九个一"是深入一所学校、熟悉一堂好课、完成一个优秀教案、完成一次高质量的课堂教学、收集整理一个具有典型意义的教育教学案例、制定一个班主任专项工作计划、设计一个具有特色的主题班会活动方案、提交一份合格的职业教育实践调研报告、撰写一篇特色毕业论文。

二是以专业理论和专业实践能力培养为重心。采取调整课程结构,拓展技

能课程；研制课程标准，加强课程建设；改革教学方式，激发课堂活力；改革考核方式，提升实践能力等措施，保障主要工作的方向性、规范性和有效性。

三是以网络教育和案例教育为两翼。一方面通过设立教育硕士网站、增设网络课程、整合与联通学校教师教育网络资源等手段，为全日制教育硕士专业学位研究生全面拓展视野、提高专业能力提供有力的支持。另一方面依托案例教育，逐步提升教育硕士的反思与研究能力。

四是以教育见习、研习和实习为牵引。"三习"包括见习、研习和实习。遵循学生的知、情、意、行发展规律，促使教育硕士贴近教育实际，有针对性地设计"三习"内容，规范"三习"活动，目标是拓展学生的视野，促进自身观念、学习策略的改进和专业素养的全面提升。实践验证，每届学生通过参加教育"三习"的动员、实地锻炼、总结交流等活动，其专业知识与实践能力均得到全面提升。

五是以教师教育文化熏陶为保障。文化熏陶主要包括净化环境、电子屏幕和橱窗以及宣传栏的正面宣传、张贴名家名句、摆放高雅艺术作品、举办党团及学生社团活动、举办教师文化节以及开学和毕业典礼、举办教育教学技能系列大赛、开设教师教育讲堂等途径。学校通过教师教育文化熏陶的养成教育，引导学生知晓并逐渐确立职业教育教师文化养成意识，潜移默化提升职业教育教师的核心素养。

第二，构建教育硕士（职业技术教育领域）专业学位研究生实践教学模式。

实践教学是指使学生加深对专业理论的理解，获得包括职业技能、技巧和职业道德的职业从业能力，并且有自我发展的能力，从而全面完成教学任务，实现培养目标的一种实践活动①，是教育硕士（职业技术教育领域）专业学位研究生实践能力培养的重要途径。学校构建了"三习"和"教师教育讲堂"实践教学模式，其中"三习"为校外实践教学模式，"教师教育讲堂"为校内实践教学模式，通过校内外实践教学，从认知实践、教育教学实践和研究实践三个方面多角度全面提高学生的实践能力、应用能力和创新能力。"三习"虽然都是不同形式的实习，但其内容和作用不同。教育见习是为了让全日制教育硕士研究生走进中等职业教育现场进行身临其境的学习，了解、熟识日后职业教育教师职业工作

---

① 郑祥丽.教育硕士学科教学英语专业学位研究生实践教学研究：以吉林外国语大学为例[J].长春教育学院学报.2019(12)：52—55.

世界的基本特征,培植必要的职业观念、态度与情感。教育研习是为了让全日制教育硕士研究生在学校教育和中等职业学校及其相关合作企业,通过毕业论文的写作、调研等方式,不断熟识职业教育研究的场域,增强研究意识,提升研究能力,在多导师指导下,深入现场进行观察、交流和研究,通过筛选研究问题,确立研究方案,开展实际研究,掌握研究方法,提升研究素养。教育实习是通过一定时间工学交替式教学,使学生深入中等职业学校实践,使之在教育实践的学与做中缩短职业适应期,全面了解、熟悉乃至胜任未来职场工作。"教师教育讲堂"针对全日制教育硕士研究生在入学的第一年里主要接受理论学习这一特性,开设教师教育讲堂,定期聘请中等职业技术学校的一线专家和优秀管理者来校讲学,实现了全日制教育硕士研究生培养始终与职业实践零距离、不间断对接。

第三,加强全日制教育硕士培养制度建设。

为进一步推动教学改革,深化实践育人,切实提高教育硕士的专业实践智慧和实践能力,不断健全和完善全日制教育硕士人才培养的长效保障机制和内在激励机制,提高研究生培养质量。学校制定了《沈阳师范大学全日制教育硕士校内实训方案》,规范实训工作。为了确保"三习"的实效性,学校编制了"三习"《手册》,有效指导、推动和反馈教育实践,增强规范性和全面性。

第四,建立教育硕士联系培养工作站。

为了提高"三习"的科学性和实效性,学校按照专业性质与人才培养要求,遴选了几所优质中等职业技术学校、企业,在该单位建立教育硕士联合培养工作站,并明晰双方的权责关系和规范要求。同时,一方面通过遴选高素质、经验丰富的一线教师、企业专业人士作为教育硕士实践导师,切实提高学生的实践智慧与技能;另一方面,通过实施实践导师逐月发放工作津贴制度,建立了三方联合培养的长效机制。

(2)吉林省的举措

吉林省教育硕士(职业技术教育领域)专业学位研究生培养单位有吉林农业大学、吉林外国语大学、长春师范大学。在教育硕士(职业技术教育领域)专业学位研究生人才培养方面有如下举措。

① 借鉴他校经验,优化职业教育教师培养模式

学校通过深入学习国家教育指导委员会相关文件,向南京师范大学、苏州大学、北京联合大学、云南师范大学等多所开设职业技术教育专业的硕士研究

生培养院校学习,通过组织专家教师论证,完成人才培养方案的制定工作。课程设置与教学安排重视行动导向,课程注重理论与实践相结合,与中等职业学校实际接轨,加强学生专业技能训练。职业技术教育专业课程与教育类课程有机结合,相辅相成。专业教育课程结合中等职业学校课程,尤其是对课程改革过程中产生的新变化进行探讨和实践训练,在深入理解和具体分析的基础上,进行解读、设计、演练、反思、提高。规范化人才培养评价,搭建平台,提高学生职业技能等级获取率。以吉林农业大学为例,职业技术教育领域教育硕士专业学位的家政教育和老年教育,建立吉林省重点平台"家庭服务研究中心",依托国家级职业教育培训基地,具备"1+X"职业资格考试资质,为学生获得相关职业技能等级创造了条件。

② 健全管理机制,规范化管理

人才培养模式的构建和良性运行需要健全的管理机制,为多元主体协同人才培养提供资源、人力和制度支持。学校强化教育硕士(职业技术教育领域)专业学位研究生管理机制建设,一是扎实落实"三导师制"。遵循专业学位研究生培养规律,结合职业技术教育领域人才培养特点和要求,扎实落实"三导师制",即:校内导师、行业导师(中职学校教师)、企业导师(专业相关的企业人)联合组成导师组,联合指导研究生课程学习、专业实践、学位论文、就业创业等相关工作。二是建立跨学院联合培养和管理机制。以吉林外国语大学为例,教育硕士(职业技术教育领域)专业学位生源存在跨专业学习情况,这些专业的生源主要来自财经商贸大类的本科毕业生,在硕士研究生阶段跨专业学习教育教学技能,这对学校的师资和教学管理提出了挑战。学校创新管理机制,形成以匹配生源前置专业的学院为主要培养单位,教育学院(教育硕士学位授权点牵头单位)为辅助单位,实施跨学院联合培养的协同培养机制。学校成立教育硕士教育中心,统筹多个领域的人才培养工作。三是强化制度保障。培养单位通过制度建设,多举措规范硕士研究生培养,提升育人质量。如,吉林外国语大学制定了《吉林外国语大学硕士研究生导师遴选办法》《吉林外国语大学行(企)业导师聘任及管理办法》《吉林外国语大学硕士研究生导师考核办法》《吉林外国语大学研究生教学、指导事故认定及处理办法》《吉林外国语大学硕士研究生学位论文过程管理办法》《吉林外国语大学专业学位研究生专业实践管理规定》等制度,从人才培养的各个方面、各个环节规范人才培养工作,补充缺乏行业企业导师参与的短板。

③ 加强学位论文过程管理,确保质量

学校多措并举提升教育硕士专业学位研究生学位论文的质量。具体来看,一是实施学位论文选题预审机制。根据全国教育专业学位研究生教育指导委员会的工作指导,规范化职教领域专业学位研究生毕业论文的选题,确保研究生学位论文选题匹配中等职业教育专任教师岗位需要。设置学位论文选题预审程序,持续对照国家的专业学位论文选题规范的要求,以及2019年颁布的《教育硕士学位论文基本要求》等文件要求,对每一届职教领域教育硕士专业学位研究生的学位论文选题进行预审。研究生院组织专业领域导师、领域负责人、教育硕士学位点专家对学位论文选题进行研究判断,坚决杜绝"跨类型""跨边界""跨领域"等问题出现。二是实施三方专家答辩制度。为了确保人才培养工作质量,学校要求研究生学位论文答辩环节必须由职教领域组建三方专家答辩小组,三方专家分别为:领域导师、教育专家、行业专家。

④ 注重校内外实践教学,提升学生实践能力

一是注重校内实践教学。通过多种模式开展校内实践教学,如,"职业技术教育专题""职业教育课程改革"等课程,以微格教室为场域,以中等职业学校示范课为载体,按"观摩案例—自主设计—模拟评价—反思重构"四个步骤,开展案例教学。根据教育硕士专业学位研究生人才培养规律,解决研究生跨专业和对实践一线不熟悉的问题,促进研究生尽快形成实践创新能力和岗位适应能力,大力建设实务课程和案例课程。二是注重校外实践教学。通过制定严谨科学的专业实践计划、制定匹配能力目标的专业实践手册、实施专业实践汇报制度等途径,严格进行行业企业实践管理。加强实践基地建设,实行学校与实践基地联合培养制,确保实践环节有效进行。

(二)职教师资培训实践分析

1. 辽宁省的举措

(1)制定培训方案,精心设计培训内容

培训单位在开展职教师资培训前,通过需求调研,并根据学员对培训方案的意见、建议和需求,科学制定培训方案,精心设计通识教育和专项培训模块的内容。培训采取理论教学与实践教学相结合的形式,方式多样化,如集中培训、

专题研讨、企业实践、交流研讨等。

（2）组建以专家、骨干教师为主的职教师资培训团队

培训单位根据培训目标要求，在准确分析教师胜任能力的基础上，组建培训师资团队。培训师资团队由专业骨干教师、职业教育领域专家、企业行业专家等组成，加强师资团队建设，有效保障培训师资的专业性。

（3）跟踪培训全过程，打造学员管理新模式

为加强培训学员的管理，使之树立"自我管理、自我教育、自我服务"的意识，设置培训工作组。通过完善培训组织机构建设，为培训提供全程跟踪服务，制定培训管理制度，实行"双班主任制"。加强过程性管理，由两名班主任全程跟踪服务，通过微信工作群、日常出勤考核等渠道和方式，完善师生沟通机制和教学评估日报机制等管理机制，实施全过程实时管理。

（4）持续跟进学习成果，推进培训成果转化应用

经过一定时间的培训后，为促进学员学以致用，培训单位持续跟进学员学习之后的转化过程。明确规划培训后的培训成果转化活动，学员自主制定学习转化计划，将学习成果转化为实践智慧，将培训所学运用到实际工作中，发挥示范引领作用。

（5）丰富培训条件建设，全面保障培训开展

培训活动有序、规范的实施，条件保障是基础，培训单位应注重提供培训条件保障。一是教育资源保障，坚持"科学规划、共享资源、突出重点、提高效益、持续发展"的指导思想，结合培训目标，充分发挥企业生产实践资源优势，采用引进或自制的方式，打造适应现代教育新发展的教学平台，发挥实训室资产、设备维护、课程体系管理、实训室日常管理等信息化管理平台作用，完善职教师资培训信息化体系建设，推动线上线下培训相结合。二是管理服务保障，成立师资培训工作领导小组等培训管理机构，对培训工作提供专业化、规范化、精细化的培训组织管理。

2. 吉林省的举措

（1）以标准为引领，打牢培训基础

遵循职业教育教师成长发展规律，构建了"双师型"职教师资培训标准体系，以标准为依据，不断完善职教师资培训体系，规范职教师资培训。

(2) 以项目为驱动,创新培训方法

根据办学特色、优势,开发了多元职教教师培养培训项目,基于职业院校、参与培训教师的需求调研和反馈信息,开发"示范校、双高校"内涵建设定制项目,推动开展定制化职教教师培训项目。积极发挥与企业的校企合作优势,打造企业实践研学等特色职业院校教师培训项目,引导教师以企业现实问题研究为焦点,重点利用企业现场、校内实训室模拟等方式,引导专业教师更新知识体系,主动探究学习产业新知识、新技术、新方法。

(3) 以平台为支撑,强化培训载体建设

围绕中职教师"知识—素养—师能—技能"发展需求,建设了国家、省、校三级培养培训平台(基地),以之为载体有效支撑培训。

(4) 以协同机制为关键,突破培训难点

以打造"共建共管、共赢共生"的合作"共同体"为目标,以目标为导向不断深化校—企、校—校、政—校—企协同培训机制,破除多元主体合作职教教师培训的障碍,建立了职业技术师范院校、政府部门、职业院校、企业"四位一体"多元协同培训机制。

(5) 明确需求目标,增强项目实用性

面向教师进行问卷、访谈等形式的直接需求调研,针对目标教师所在学校、地区开展电话访问等方式的间接需求调研,如:课程需求、课程内容等调研活动。通过多种方式的调研及时了解教师专业技能掌握情况、教师所在学校教学设备及教师日常教学执行等情况。以调研结果为主要依据,培训单位围绕培训目标,确定培训实施方案,增强教学内容的实用性、实效性、真实性。

(6) 规范培训考核评价,巩固培训实施成果

规范化培训考核评价是职教教师培训工作中的重要组成部分,也是保障培训质量,增强培训效果的核心环节。通过理论测试、实操演练、网络说课等多种考核方式,以点到面、由浅入深体现考核的真实性、准确性,进而发挥基地培训特色和优势,有效保证职教教师培训的水平与质量,促进培训实施成果转化。

(7) 加强训后指导,跟踪学员发展

训后跟踪指导是职教教师培训项目实施的重要环节之一,不仅是对培训成效的跟踪检验,更是对学员不断提升培训效果的促进。培训单位通常采取网络座谈、返岗研修、实地回访等形式,重点调研和了解学员在训后返岗期间的培训

成果应用情况和辐射带动作用的发挥情况,并积极探索解决学员在返岗期间的困惑。

3. 黑龙江省的举措
(1) 科学设计模块化培训模式
通过对培训需求系统分析,科学合理设计职教师资培训基地的五大培训模块,即集中培训提升阶段模块、教科研模块、企业实践活动模块、职业技能等级证书培训考证模块、教学演练与考核模块。

(2) 严格管理与充分沟通相协调
培训单位重视建立职教教师培训管理制度,强化培训过程管理,注重实效,关注每一个培训工作细节。在充分调研学员培训需求的基础上,通过掌握学员的需求点和关注点,以课程设置为引导,充分调动学员主动学习意识,提升培训的效果质量。

(3) 完善培训考核管理制度
培训单位注重完善培训考核管理制度,检验学员培训质量。培训单位建立了培训考核指标体系和考评标准,在以评促学、以评促优、评考结合培训理念指导下,注重学员培训过程考核与结业考核相结合,要求学员通过培训具有过"教学""技能""科研"三关的能力和教学水平。

(4) 强化专业技能实践培训
校内和校外实训资源相结合,通过体验式培训等方式进行专业技能项目训练,开展岗位核心技能体验式实践,有针对性地提升学员专业核心实践能力。

第四节 东北地区职业教育教师培养培训的经验与问题

教师培养培训是职业教育教师专业化发展的重要内容,也是职业教育师资队伍建设的重要路径。为促进培养培训一体化,提升职业教育教师队伍建设水平,东北地区按照国家职业教育教师培养培训计划等政策要求,以"双师型"教师建设为重点,探索职业教育教师培养培训的模式,提高教师培养和培训质量,在教师培养和培训实践中积累了丰富的经验,但也存在一些问题。

一、职业教育教师培养的经验与问题

东北地区职业教育教师培养的主体主要包括职业技术师范学院和高等学校教育硕士(职业技术教育领域)试点,其培养目标都是培养中等职业学校教师。两类培养主体通过教育实践,在中等职业教育教师培养模式、培养体系等方面进行了初步探索,形成了一些经验。

(一) 取得的经验

1. 职业技术师范学院取得的经验

目前我国职教师资培养最突出的问题是职业教育对优质、新型教师的需求与教师培养培训滞后、断裂之间的矛盾。吉林工程技术师范学院是东北地区唯一一所职教师资培养院校、国家重点建设职业教育教师培训基地、全省卓越职教师资保障体系建设牵头学校、吉林省高职骨干教师省级培训项目实施单位。学校结合自身实践,积极探索解决职教师资培养瓶颈问题,构建了"校企校互融、教工学结合"卓越职教师资培养培训模式[①],"校—企—校"协同育人机制,并立体设计"一二三课堂"卓越职教师资人才培养培训模式[②]等,形成以"融通"为理念,以"标准引领、项目驱动、平台支撑、机制协同"为特色的中职教师培养培训一体化实践模式。

(1) 理念先行:构建"融通"理念下的中职教师培养培训一体化实践模式

首先,该模式以"融通"为基本理念。"融通"理念避免了传统中职教师培养与培训断裂的弊端,解决了长期困扰中职教师培养培训的高校人才培养标准与企业用人标准、师德与师能、技术与价值、国家规定与学员需求等诸多二元对立问题,促进了人的全面发展和职业教育从工具理性向价值理性转变、从技术本位向

---

① 许建平,方健."校企校互融、教工学结合"职教师资培养模式探索:以吉林工程技术师范学院自动化专业为例[J].职业技术教育,2013(5):67—70.
② 张鹏,方健,董鹏中.卓越职教师资人才培养培训体系创新与实践:以吉林工程技术师范学院为例[J].职业技术教育,2017(8):72—76.

以人为本位的回归。其次,该模式实现了中职教师培养培训的相互融通。破除了传统中职教师培养培训实践过程中,学员学习时间、地点、身份、内容、资源等的限制,使教师们时时、处处、人人皆可学习,促进了职教师资的终身职业发展。

(2)标准引领:构建中职教师"双师型"培养培训相关标准

针对中职教师培养培训具体操作标准缺失、培训规范性不足的问题,吉林工程技术师范学院承担教育部、财政部本科职教师资培养资源开发重大项目,制定自动化、艺术设计等5个大类的本科职教师资培养标准,并根据《职业技术师范教育专业认证标准》,编制了1 216门职业技术师范专业核心课程标准,出版了中职教师培养系列教材。同时,为了实现职教师资培养和培训标准一体化,遵循中职教师专业能力成长规律,构建了包含入职教师、骨干教师、专家教师三大类别,涵盖专业性、实践性、师范性、职业性、研究性5个一级指标,下辖22个二级指标、105个要素的"双师型"职教师资培训标准体系。[1]

(3)项目驱动:设计一体化中职教师培养培训方法

依据中职教师培养培训具体操作标准,立足学校办学优势和特色,充分考虑教师个性化需求,设计一体化中职教师培养培训方法。在中职教师培养上,吉林工程技术师范学院设计了以职业教育教学实践需求为导向、以师德素养和教学素养提升为重点、以"学校导师—职业学校导师—企业导师"三导师联合培养为特色、以"体验—提升—实践—反思"教育实践为支撑的面向职业教育的省属公费师范生培养模式。在中职教师培训上,围绕中职教师课程开发能力、教学实施能力、教学评价能力、教学研究能力以及实践动手能力等,开发了针对性较强的教育教学能力和企业实践项目,并基于职业院校、参训教师培训需求和反馈信息,设计柔性培训项目,开发了重点解决培训教师"工学矛盾"和本科师范生"教育实习"的"置换培训"项目等。[2]

(4)平台支撑:建设中职教师培养培训载体

平台建设有利于整合优质资源,聚集优势力量,拓宽培养培育渠道。围绕中职教师"知识—素养—师能—技能"发展需求,吉林工程技术师范学院建设了

---

[1] 张存贵,张浩瑜.新时代中职教师培养培训模式构建与实践:以吉林工程技术师范学院为例[J].职业技术教育,2022(11):58—61.

[2] 张存贵,张浩瑜.新时代中职教师培养培训模式构建与实践:以吉林工程技术师范学院为例[J].职业技术教育,2022(11):58—61.

国家、省、校三级培养培训平台(基地)。依托中国职业教育博物馆,建设中职教师素养提升基地、国家重点建设职教师资培养培训基地;依托吉林省职教教师教育联盟、吉林省职业教育研究中心、职业教育研究院,建设中职教师科学研究能力培养基地;依托与中国科学院、吉林省人工智能学会、吉林省通用机械集团等行业企业共建的11个特色产业学院,建设中职教师技能培养培训和实践基地;发挥职业教育母机功能,与全省30余所国家级、省级示范校共建师资培训教学实践基地。①

(5)机制协同:加快打造"政—企—院—校"合作共同体

吉林工程技术师范学院以打造"共建共管、共赢共生"的合作共同体为目标,通过与政府合作开展中职教师培养培训政策制定,通过与企业合作开展人才联合培养,通过与科研机构合作开展中职教师培养培训标准开发,通过与中职学校合作开展中职教师培养培训基地建设,通过建立职业院校导师、企业导师、学校导师构成的"三导师制"、职教师资教育协同创新实验区建设等机制,找到了合作各方利益契合点,持续深化"校—企""校—校""政—校—企"协同,打通教育内外系统之间存在的各种障碍,破除多元主体联合培养培训过程中的"行政边界""人员边界"和"职责边界",初步形成了基于行业企业人才标准需求,由政府引导搭台、由人才供给方(高校和职业院校)精准培养培训的"政—企—院—校"人才培养培训机制。②

2. 高等学校教育硕士(职业技术教育领域)试点取得的经验

东北地区目前共有四个教育硕士(职业技术教育领域)试点单位,辽宁省1个、吉林省3个。自2015年获批建设以来,试点单位在专业建设、人才培养、论文指导等方面积累了一定的经验,尤其是沈阳师范大学基于原有比较成熟的教育硕士人才培养定位及模式基础,结合学校相关优质本科教育专业资源以及职业技术教育学科的扎实理论学术研究力量,经过多年的建设,积累了一些教育硕士(职业技术教育领域)职教师资的培养经验。

---

① 张存贵,张浩瑜.新时代中职教师培养培训模式构建与实践:以吉林工程技术师范学院为例[J].职业技术教育,2022(11):58—61.
② 张存贵,张浩瑜.新时代中职教师培养培训模式构建与实践:以吉林工程技术师范学院为例[J].职业技术教育,2022(11):58—61.

(1) 基于实践能力的人才培养定位

人才培养首先要明确人才培养定位。沈阳师范大学参照我国中等职业学校教师专业标准和我国全日制教育硕士研究生培养的目标定位要求,结合区域中等职业学校师资需求,确立培养具有全面的文化素养和具有现代教育理念、扎实的专业知识和突出的教学或管理实践能力、学习发展能力和实践探究能力,能够从事优质学科教学或学校管理工作的复合型、应用型高层次人才。准确定位人才培养目标,有利于以目标为导向深化人才培养改革,推进人才供给侧与需求侧的紧密对接。

(2) 依托"九个一"工程,保障实践能力切实提升

为有效落实人才培养方案,切实提升全日制教育硕士实践能力培养质量,在总结教育硕士实践一般经验的基础上,沈阳师范大学建立并实行"九个一"工程(详见表2-22)。为促进其落实,学校将"九个一"工程贯穿于整个全日制教育硕士研究生培养过程中,实践知识和理论有机融合,实现了任务的具体化与要求的系统化。

表2-22 沈阳师范大学教育硕士"九个一"工程

序号	内容	目的
1	深入一所学校	熟悉一线教学与管理的实际
2	熟悉一堂好课的标准	掌握评课的要领与技能
3	完成一个优秀教案的设计	掌握备课的要领与技能
4	完成一次高质量课堂教学	全面提升课堂教学能力
5	收集整理一个具有典型意义的教育(教学)案例	提升对现实问题把握和反思的能力
6	制定一个班主任专项工作计划	促进学生对班主任工作规律的掌握
7	设计一个具有特色的主题班会活动方案	提升学生的组织能力和职业情感
8	提交一份合格的职业教育实践调研报告	引导学生关注职业教育的改革与发展
9	撰写一篇特色化的毕业论文	培养学生运用相关知识和方法完成对教育教学实践问题进行综合分析、研究的能力

资料来源:沈阳师范大学教育硕士(职业技术教育领域)研究生手册。

(3) 建立健全管理体制和协同管理机制,促进多方主体形成学位论文指导合力

提高人才培养质量,必须加强过程性质量管理,尤其是毕业论文的写作。国家教指委高度重视职教专业硕士毕业论文的撰写工作,通过会议研讨、深入试点学校调研、经验交流等多种方式推动各高等学校加强对学生学位论文的指导工作,提高学位论文质量。沈阳师范大学按照教指委对毕业论文的规范要求,通过改革职教专业硕士人才培养的体制与机制,破解毕业论文撰写的瓶颈问题。一是建立健全教育硕士管理体制,促进学位论文管理工作中各部门的横向和纵向沟通合作,以便多部门、多导师发挥协同管理效应。学校建立了职教专硕二级管理体制,单独设置教育硕士研究生院,统筹管理教育硕士研究生培养的各项事务,委托辽宁省职业教育研究院负责协调各院系做好职教专业硕士的培养工作。二是着眼于职教专业硕士管理内容的复杂性和人才培养工作的工学交替性,建立"多导师制",提高教师的指导合力。"多导师"包括职业技术教育学科导师、专业方向学科导师、中等职业学校导师及其合作企业导师。伴随着学校教育教学和教育实践的开展,导师们在学位论文写作中分工合作进行学位论文指导。职业技术教育学科导师在学位论文指导中发挥主体作用,重点负责把好选题关,对学生职业技术教育学科基本理论的应用,论文撰写的规范、形式和内容,学位论文的预开题、开题、预答辩和正式答辩活动环节进行全方位指导;职业教育专业方向学科导师主要负责指导专业学科基本理论的应用、案例选取、论文撰写等环节;中等职业学校导师主要负责在实践活动中,引导学生做好选题、案例的采集、调查研究和实验研究及合作企业导师等实证研究活动的指导。

(二) 存在的问题

1. 职业技术师范学院存在的问题

(1) 社会对职业技术师范教育存在认知偏差影响招生

目前,职业技术师范专业的数量不足以覆盖中等职业教育专业,职业技术师范院校形成了职技高师教育、高等工程教育、高等技术教育"三位一体"的办学格局,考生很难从招生专业和校名准确判断学校属性。多数考生不会将机械设计制造及其自动化这类传统工科专业与师范类院校联系在一起,但在校名中

同时包含了"工程""技术""师范""学院"会让不少考生在报考时产生困惑,误把学校当成高职院校,对学校和专业的误读会对招生造成影响。

(2) "职教师资"的就业出口对考生缺乏指向性和吸引力

与发达省份相比,东北地区的职业教育规模和质量尚有差距,加之经济发展的影响,职教师资的社会地位不高,职业技术师范教育专业缺乏吸引力。虽然职业技术师范院校毕业生有着"既可以从事职业教育师资岗位,也可以从事专业领域工程师岗位"的优势,但考生并没有认识到这一优势,一般认为如果从事教师行业,就报考普通师范院校,如果当工程师,就报考普通工科院校,"职业"+"师范"的双向就业选择的优势目前还未获得社会普遍认同。

因此考生在职业技术师范院校与普通师范教育比较中,会优先选择普通师范教育,考生即使报考职业技术师范院校,其着眼点也多落在"师范"而非"职业"和"技术"上。在师范类还是非师范类专业的比较中,会优先选择师范类,因为师范类专业多为学校的优势学科专业,社会关注度高,受考生青睐;反之非师范专业相对弱势,社会关注度低,考生不爱报考。在普通师范类专业和职业技术师范类专业比较中,会优先选择普通师范类专业,如汉语言文学、数学与应用数学、英语、美术学、学前教育、教育学等,而职业技术师范类专业,如计算机类、电子信息类、食品科学与工程类、机械类、工商管理类等,则为次选项。

(3) 培养单位"双师型"教师的编制不足及高层次人才招聘难

在吉林省人社厅事业处指导下,按照吉林省事业单位公开招聘工作规范要求,吉林工程技术师范学院规范化教师招聘录用的标准、条件、程序等工作。近年来随着办学自主权的落实,学校可以按照省人社厅基本政策规定开始实施自主设定招聘条件、自行确定考核方式的招聘模式,灵活开展了多类别、多形式的教师招聘活动。近三年,学校年均招录新教师25人左右,来源以高校硕博毕业生和企业人员为主,2020、2021和2022年招录人数分别为19、30和28人,企业引进教师占比分别为47.4%、60.0%、53.6%。虽然招聘了一些教师,补充了学校专任教师数量,但受编制限制,学校不能招聘引进编制内教师。

另外,吉林工程技术师范学院教师招聘专业课教师要求硕士研究生及以上学历、以博士为主,急需紧缺专业可以招聘硕士学历学位教师,工科类专业课教师,具有企业实践经验者优先,同时放宽年龄、学历要求。学校虽然放宽人才招聘的一些条件,但在人才引进的待遇等方面仍缺少足够的吸引力,部分专业,如马克思主义原理、教育学专业对口博士难招,自动化等紧缺专业博士难招,大国工匠、技术能手类人才引进困难。

2. 高等学校教育硕士(职业技术教育领域)试点存在的问题
(1) 学位点分布较少,专业覆盖范围有限

东北地区只有两个省有教育硕士(职业技术教育领域)试点单位,且一共只有4家单位,覆盖9个专业方向,在校生133人,显然相对于东北地区中等职业教育教师培养需求来讲是不充分的。现有试点单位有的专业方向报考人数有逐年上升趋势,但受试点单位培养规模的限制,开始出现学位点和学位数量供不应求的情况,未来这种情况可能会加剧,尤其是在专业方向上更不能满足中职教师培养的专业匹配需求。

(2) 高水平学位论文较少

由于教育硕士(职业技术教育领域)特殊的人才培养定位及学位论文选题与写作的特殊性,无论是指导教师还是学生都存在对专业发展定位和学位论文选题方向和研究方法选择上的适应和调整问题。一些专业课的课程、教学缺乏针对教育硕士(职业技术教育领域)学位论文的写作训练,因此目前高水平学位论文数量少。多导师之间的合作机制仍需探索改进,不同来源导师如何发挥各自优势,全力提升人才培养质量和论文写作质量尚待探索。

(3) 教育硕士(职业技术教育领域)存在招生就业方面的问题

调研发现,社会缺乏对教育硕士(职业技术教育领域)的充分认识,因此在招生就业中,存在若干问题:一是一志愿报考率不高,调剂生源比例较高;二是大部分学生是应届毕业生,缺乏足够的前期实践经验及对实践问题的把握能力;三是在就业过程中,目前的就业政策明确规定职业院校招聘硕士毕业生作为专业教师时均要求本硕学习阶段的专业一致,教育硕士(职业技术教育领域)授予的学位是教育硕士学位,与本科所学专业并不一致。因此,教育硕士(职业技术教育领域)的毕业生在对口就业求职时面临诸多困难,影响高质量就业。

二、职业教育教师培训的经验与问题

(一) 取得的经验

分析前述东北三省职教师资培训工作的实践,形成了区域性的职教师资培训的共性经验,同时也形成了基于培训基地的特色化职教师资培训经验。

1. 东北地区职教师资培训工作普遍重视培训模式创新

职教师资培训模式是职教师资培训基地工作的核心,集中反映基地所秉持的职教师资培训理念和目标,基地的培训资源条件及组合方式以及基地特色化的师资培训实践路径。东北三省共有省级以上职教师资培训基地48个,调研数据显示,大部分培训基地都重视探索构建有效的培训模式,以支撑基地师资培训的可持续高质量发展,一些基地已形成了较成熟的培训模式。

辽宁城市建设职业技术学院根据全部专业均围绕建筑行业开办的特色,确立了培育建筑行业"筑砼名师"的师资培训理念,建立了"线上和线下相结合,实体观摩与教学实战相结合,教学与实践能力同步提升、职业技能和职业素养并重"的教师培训模式;吉林工程技术师范学院针对中职教师培养培训存在的断裂脱节问题,持续深化改革,构建了以"标准引领、项目驱动、平台支撑、机制协同"为特色的中职教师培养培训新模式;哈尔滨商业大学以后现代理论为指导,构建"一心六式"师资培训模式,即以参训学员发展为中心,包括问题——需求式、实践模式——开放式、培训方式——校企联合式、学习形式——合作式、学员评价——多元式、业余生活——人文式的"一心六式"培训模式。

2. 东北地区职教师资培训工作普遍重视培训体系建设

良好的培训离不开从目标定位到过程实施再到结果评价完整的培训体系建设,东北地区职教师资培训工作普遍重视培训体系建设。通过培训体系的不断建设与完善,针对培训工作中发现的问题及时调整培训方案,培训经验得到不断积累,培训特色得到不断凝练,培训质量得到不断提升。

辽宁轨道交通职业学院开展了培训需求调研与分析,组织专家及教师针对职业院校教师的实际需求精心设计培训内容、制定课程方案,采取线上线下相结合的方式,实施通识教育、专项培训、返岗实践三个环节的培训。学院着力打造"双师型"教师队伍,解决"谁来教"的问题;根据"1+X"证书制度试点的进展,及时将新工艺、新规范充实进入培训内容,开展"1+X"证书融通、职业教育在线精品课程培训,解决"教什么"的问题;设置现代化信息技术培训项目,运用现代信息技术推动教法改革,解决"如何教"的问题。长春汽车工业高等专科学校对职业院校教师专业发展与培训体系进行了优化和完善。首先,科学设计与开发教师课程资源,充分发挥高等学校专家、企业兼职教师协同作用,以企业实际问题为中心、案例为载体,针对不同类别、层次、岗位教师的个性需求,开发丰富的资源,满足广大教师多样化的自主学习需求。其次,不懈推进教师培训方式方法的创新,基地对教育部在有关教师培训与教师队伍建设的相关文件中的意见进行认真研读与落实,不断优化线上线下相结合的混合式研修要求。第三,不断探索学分管理,一方面以教师为本,调动各方参与的积极性和主动性,另一方面加强评价与过程管理,确保培训质量与成效。哈尔滨商业大学根据教育部及相关省份项目办文件精神,开展学员训前调研工作,针对调研统计分析结果,对培训方案进行顶层设计;明确知识、能力和素养的人才培养目标;科学构建"以德为范、理实并重、突出核心、贯穿三能"的"双师型"素质人才培养培训模式;按照国家职业标准和专业教学标准,依据培训目标定位,结合学员培训需求分析,设置四个培训模块,采取分工协作、模块化教学的模式实施培训,精准实施培训方案。

3. 东北地区职教师资培训工作普遍重视培训管理机制建设

职教师资培训涉及复杂的资源调配、时间安排、人员管理、工作协调问题,需要配套科学管理机制才能保障培训工作的有序高效开展。东北地区职教师资培训工作普遍重视管理机制建设,各培训基地结合自身需求制定管理制度、创新管理机制,保障基地培训方案开发与实施的顺利开展。

辽宁轨道交通职业学院专门成立职教师资培训工作领导小组,由学校领导担任负责人,对培训工作提供专业化、规范化、精细化的培训组织管理;基地各省分支机构成立工作组,配备相应的教学管理人员和班主任,实行多级管理;成立学员临时党支部,加强党的建设,发挥支部的战斗堡垒作用。长春汽车工业高等专科学校专门成立了职教师资培训工作专门领导小组和工作小组。领导小组主要负责整体工作部署和重要事件决策,由校长牵头,分管副校长任副组长,各教学分院院长及后勤、财务等相关部门主要负责人任领导小组成员;工作小组负责具体项目的实施工作,由培训学院领导担任组长,各院部主管教学副院长及相关工作人员任工作小组组员;为保障项目高效率管理,基地明确了培训管理体系基础架构和组织流程;培训实行归口管理和分层分级负责制,按照"归口管理、分级负责、分层实施、逐级考核"的原则明确各部门功能定位、职责范围等内容。哈尔滨商业大学专门成立基地建设工作领导小组和哈尔滨商业大学职教培训基地办公室,加强基地统筹与对外工作联系。根据培训项目需要,为增强基地与学员间的沟通与交流,建立基地专项会议制度,搭建沟通桥梁,及时收集整理和协调解决国培项目实施过程中的有关问题。基地专项会议制度主要包括专业介绍会、学员座谈会、教学研讨会、班主任例会等。通过编制《国培项目操作手册》《学员手册》等培训项目文件,进一步规范培训工作。同时基地修订了十项培训管理制度,高度重视培训过程管理工作,注重实效,关注细节,在充分调研学员培训需求的基础上,通过掌握学员的需求点和关注点,以课程设置为引导,充分发挥学员的主观学习意识,提升培训质量。

(二) 存在的问题

1. 培训项目重复、同质化

省级职教师资相同专业的培训项目往往由多个学校完成,这些培训项目内容与设计缺乏统筹规划,存在培训内容重复、同质化问题,容易造成培训资源的重复建设。另外,专业骨干教师存在重复培训的问题,个别院校存在同一位教师两年之内参加两项以上相似专业的省级培训,培训资源不能满足所有职教师资的不同专业发展、能力提升需求,省级职教师资培训监管体系有待完善。

2. 教师日常承担繁重的教学任务阻碍教师全身心参加培训

调查显示,职业教育教师培训所面临困难程度由大到小排序,依次为教学任务繁重,企业缺乏积极性、难以深入企业实践,单位不提供便利的条件,个人承担费用高(见图2-24)。调查数据表明,目前职业院校都较为重视教师培训,重视提供便利的条件,尽量减少个人承担费用,但迫切需要解决的问题是教师教学任务繁重,阻碍教师全身心投入到培训中去。学校应在相应工作安排和评聘指标上给予教师培训的引导与强化,优化教师教学任务和培训任务在时间上和体量上的衔接与安排。

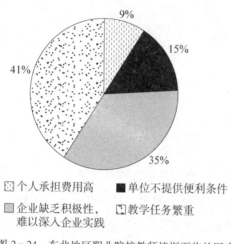

图 2-24　东北地区职业院校教师培训面临的困难

3. 教师亟需专业实践和专业学科知识提升的培训,但是相应的企业实践培训却不充分

调研数据显示,71.3%和65.6%的教师将专业实践和专业学科知识作为其培训的首选内容(见图2-25)。可见,教师对自身在专业实践能力欠缺或需要提升方面是有意识的而且普遍认为是迫切的,这意味着教师有较强的意愿接受相关培训。但是当问及教师培训存在的主要问题时,约65%的教师认为缺乏企业实践培训。实际上,受培训时间和条件限制,行业企业很难充分参与到培训中来,一般主要是以见习和观摩的形式,这就很难开展系统化针对问题的行业企业培训项目,很难使教师的实践经验与能力得到切实提升。培训基地和企业应努力协调各方,积极克服各种问题,围绕教师对行业企业实践经验及能力不足,合作开发教师实践能力系统提升项目,开展切实有效的培训,使教师从培训中真正获益。

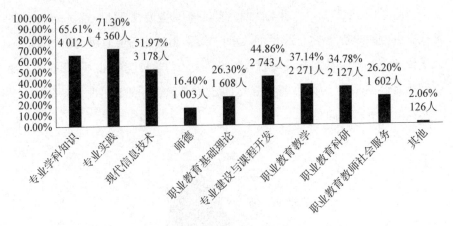

图 2-25 东北地区职业院校教师需要的培训内容

4. 教师数字化培训资源建设有待进一步开发

教育数字化发展,对教师数字化教育教学能力提出挑战,这也是职业教育未来的专业建设与发展的必然趋势。增强教师信息化教学能力和模块化教学实施能力,是保障职业教育高质量发展的基础性工程。教育部或省级管理部门应设置专项资金,按照专业领域,支持开发一批教师数字化能力提升培训项目包,供相关基地在培训中实施和共享。

5. 培训成果实践转化与应用有待加强

目前考察职教师资培训效果的主要方式是培训阶段的终结性考核,对于培训成果在实际教育教学中的应用及转化并没有真正的跟踪指导与评价,难以客观反映职教师资培训是否真正提高了教师教育教学水平,是否切实促进了教师专业发展。职教教师培训缺乏对优秀学员及培训案例的总结与宣传,示范性作用不强。

第五节 东北地区职教教师培养培训的展望

在构建新发展格局与高质量发展的新时代,建设社会主义现代化强国,实现中国式教育现代化对职教教师队伍建设提出了新的更高要求。高质量的教师离不开专业的教师培养培训,职教教师培养培训是促进职业教育教师专业发展,实现中国式教育现代化的内在要求。自2003年"东北振兴"战略正式实施以来,东北地区职教教师培养培训取得长足的发展。东北地区在全面振兴全方位振兴的关键期,正确认识和理解职教教师培养培训对实现中国式教育现代化和区域振兴发展的积极意义,按照国家职教教师培养培训政策要求,建立健全区域合作发展机制,逐步实现职教教师培养培训的制度化、标准化、多元化和国际化。

一、区域合作推动职教教师培养培训现代化

东北地区加强职教教师培养培训是贯彻落实全面振兴全方位振兴战略部署要求的具体体现,也是我国职业教育区域一体化发展战略的必然要求。传统的东北地区职教教师培养培训往往以省域为单位独立自主发展,以新发展理念为指导,面向未来推动职教教师培养培训,打破地域藩篱促进区域协同发展,有利于增强区域发展合力,推动东北三省职教教师培养培训的协调发展。

(一)建立健全合作机制,推进区域职教教师培养培训一体化、协调化

区域协调发展需要建立合作机制,推动区域内相关地方和部门的相互合作。东北地区建立健全战略性合作发展机制,有利于推进区域职教教师培养培训一体化、协调化。

1. 完善战略性统筹推动职教教师培养培训的制度体系,补充区域协同发展政策不足的短板。发挥中央政府的主导作用,加强统筹规划,将职业教育教师培养培训纳入东北地区全面振兴全方位振兴的制度设计中,解决跨区域合作中培养培训主体的多元化、专家智囊团组建、模式创新、基地和平台共建共享、手段多样化先进化、校企人员互聘和职教教师服务于区域发展等瓶颈问题,以便职教教师培养培训与区域全面振兴全方位振兴互动发展。

2. 建立健全东北三省技能型社会建设联动推进工作机制,避免职教师资培养培训碎片化和低效化。职教教师是我国技术技能人才开发的重要力量,也是技能型社会建设的重要主体,职教教师培养培训的目的是促进技术技能人才

开发,加快推进技能型社会建设。将职教教师培养培训纳入技能型社会建设中,建立健全省际政府技能型社会建设工作联席会议制度,完善省际会商机制,通过三省政府主管部门定期交流协商,解决东北地区产业转型升级中区域职教教师培养培训的重大问题,促进不同省份多元培养培训主体之间的互动交流,有利于破解东北地区产业转型升级中的技能短缺问题,推动区域经济社会的高质量发展。

3. 建立发达和欠发达地区区域联动发展机制,推动解决职教教师培养培训地区发展不均衡问题。为促进东北地区不同省份职教教师培养培训相互融通补充,解决职教师资培养培训发展不充分不均衡问题,政府出台支持政策,引导东北三省建立健全对口帮扶发展及成效评估机制,整体提升区域职教教师的培养培训水平。

4. 建立健全需求导向、任务驱动、形式多样、专家跟踪指导培养培训机制,有目的有计划地推进省际合作共赢。结合区域职教教师队伍建设实际和产业发展实际需求,发挥政府主导作用,通过实施区域强师计划、联培联训等项目,以目标为导向、以项目制治理方式推动区域内不同省份职教教师跨区域培养培训合作,引领提升职教师资培养培训的成效。

(二) 基于区域发展战略需求深化产教融合,促进职教教师培养培训高效化

产教融合校企合作是职教教师培养培训类型特质的体现,也是职教教师培养培训赋能区域全面振兴全方位振兴的重要路径。深化职教教师培养培训的产教融合校企合作,必须建立健全互利共赢发展机制,促进多元主体释放活力和动力,支持职教教师的培养培训。

1. 完善政府、行业企业、学校、社会等多方参与的教师培养培训机制,形成产教融合的多元培养培训格局。针对区域职教教师培养主体合作不紧密的实际,一方面,激发长期从事职业技术师范教育的院校改革与创新的积极性,主动与其他省份的高水平大学、企业合作创新人才培养模式,优化培养模式、路径,提高优质教师教育的辐射能力,促进三省职业教育协同发展。同时,有针对性地激励多元主体跨界跨区域协同职教教师培养,完善职教教师培养体系,解决职教教师培养地区不均衡、不充分问题。另一方面,引导多元主体跨界参与职教教师培训,深化校企合作。政府以产业需求、以问题为导向,引导多元主体积

极参与职教教师培训,并发挥主体性作用,解决职教教师培训资源投入不足、质量不高、针对性不强、产教融合不紧密、校企合作不深入等问题。

2. 推动职教教师职前培养供给侧结构改革,促进人才培养供需对接。优化职教教师职前培养结构布局,按照东北地区产业转型升级要求,建立健全职业技术师范教育专业设置动态调整机制,避免专业设置同质化、滞后造成人才培养结构性矛盾。推动职教教师培养层次高移,支持多元主体创新职教教师培养培训的新模式、新路径,推动多元主体跨区域、跨界合作开展大规模、高质量、低成本职教教师培训,提高职教教师培训服务区域战略性新兴产业的针对性。

3. 深化区域性职教教师培养培训中的产教融合校企合作,服务于主导产业链。通过建立区域产教融合联合体(联盟)、校企人员双向流动机制等方式,发挥具有竞争力的区域产业集群或企业集群作用,形成区域职教教师培养培训的专业优势和特色,大幅度提升区域教师培养培训的竞争力。

(三) 建立健全一体化联动发展机制,促进职教教师培养培训信息化、国际化

数字时代,以互联网为代表的数字信息技术给地区经济社会发展带来了全要素、全流程和全方位的变革,对教育带来新机遇新挑战。为促进数字技术与教育深度融合,解决地方数字人才需求结构性短缺问题,东北地区应树立数字发展新理念,加快职业教育数字化转型升级,推动职教教师培养培训的信息化国际化。

1. 丰富区域职教教师培养培训数字化教育内容,有针对性地提升职教教师的数字素养。针对区域数字经济发展战略要求,跨区域组建数字共同体,精准分析东北地区全面振兴全方位振兴数字化发展战略需求。在职教教师培养培训中,按照职教教师数字素养能力框架,在专家指导下,以需求为导向适切增加职教教师数字教育内容,开发优质的网络学习资源。依托数字化新兴技术改革课堂教学和培训模式,优化评价方式,促进不同省份互选、互认培养培训课程学分学时,一体化高效推动职教教师的培养培训。

2. 建立职教教师培养培训互动交流平台,提升教师培养培训的国际化水平。对内合作和对外开放联动,分层次、分专业建立东北地区职业院校教师发展联盟等区域教师专业化发展组织,完善现有的东北三省一区"一带一路"职业教育联盟等高层次职业教育国际化职教师资培养培训平台运行机制,合力推动

东北地区与"一带一路"国家乃至更多国家地区开展职教师资培养培训的互动合作交流,提高职业教育教师培养培训的国际化水平。

二、不同省份自主提升职业教育教师培养培训能力

区域协同职教教师培养培训是区域经济、文化等领域协同发展在职业教育领域的延伸。整体提升东北地区职教教师培养培训质量和效益,既要打破职教行政区隔,促进区域协同发展,形成职教教师培养培训的合力,同时还要按照新修订的《职业教育法》的规定,落实地方为主责任。省级政府应加强对本行政区域内职教教师培养培训工作的统筹管理,结合省情有效推动职教教师的培养培训。

(一)以标准建设为依据,系统建立健全职教教师培养培训标准体系

从职前职后教育一体化角度看,职业教育教师培养培训标准体系中培养标准和培训标准相互衔接、相互补充,共同作用于教师专业发展。"双师型"是职业教育教师的典型特征,"双师型"教师基本标准是职业教育教师培养培训标准的基础,建立健全职教教师培养培训标准,核心和基础是确立"双师型"教师标准。

1. 依据国家基本标准完善"双师型"教师认定制度,为建设具有职教类型特质的教师培养培训标准体系提供依据。新修订的《中华人民共和国职业教育法》《教育部办公厅关于做好职业教育"双师型"教师认定工作的通知》明确规定推进建立健全职业教育教师培养培训体系,确立了"双师型"教师基本标准。按照国家立法和相关政策要求,目前甘肃省等省份已经先行启动地方职业教育"双师型"教师认定标准建设,东北三省也依据省情,以国家基本标准为依据分级认定"双师型"教师,引领职教教师队伍建设规范化、系统化。如 2023 年 12月,吉林省教育厅印发《吉林省职业教育"双师型"教师认定标准》(吉教师〔2023〕22 号),2024 年 2 月,辽宁省教育厅印发《辽宁省职业教育"双师型"教师认定实施办法(试行)》(辽教发〔2024〕2 号)。

2. 通过立法政策系统化建设职业教育教师培养培训标准体系,促进职教教师培养培训专业化。"职教教师标准体系涵盖各个标准的层次、类别、阶段、形式和相互之间的关联,如专业标准(通用标准)与专业特殊要求(主要指各教学

专业的特殊要求和标准)之间的关联;专业标准(合格标准)与发展标准(进阶标准)之间的衔接;针对职教教师资格标准的建立等。"①立足中国式教育现代化,坚持统一性与多样性相结合的原则,从内容上完善职教教师标准体系,主要包括教师入职资格制度、"双师型"教师培养标准、职教教师教育者标准、兼职教师管理办法、职业教育"双师型"培训基地建设标准、学校专业技术职务(职称)评聘办法、绩效考核评价等内容。在完善内容增强标准体系系统性的同时,还要保障标准的协调性、先进性、适用性。随着标准体系的建立,地方主管部门应及时搜集标准实施情况,研究解决实施中的问题,并以此为依据动态修订、不断完善标准体系,使之更为有效地指导规范职教教师培养培训。

(二) 创新职教教师培养模式、路径,高质量培养职教教师

职教教师来源的多元化与教师职前和职后教育的一体化决定职教教师培养模式、路径,既要体现一般教师教育的特点,又要体现职业教育类型特征。

1. 从传统的以职业技术师范院校为主的供给模式转向多元主体协同参与职教教师培养的模式。"高等教育大众化背景与教师来源途径多元化政策,已经完全解构了过去基于供给模式建立的以师范教育为核心的教师培养体系。"②新时代,国家发布《深化新时代职业教育"双师型"教师队伍建设改革实施方案》《国务院关于印发国家职业教育改革实施方案的通知》《关于推动现代职业教育高质量发展的意见》《关于深化现代职业教育体系建设改革的意见》等系列政策性文件,均明确提出完善职教教师培养制度,建立高水平工科大学等高水平高等学校、职业学校与行业企业联合培养"双师型"教师机制的战略。东北地区有效落实国家战略要求,职教教师培养培训呈现重构职教教师培养体系、创新职教教师培养模式和实施路径的必然趋势。

2. 基于多元主体协同职教教师培养现状与问题,系统推动区域职教教师培养模式、路径创新。东北三省完善职教教师培养政策性措施,释放政策红利,激励多元主体协同职教教师培养模式与路径创新。一方面,要进行充分的调查研究。组织力量调查了解现有的职业技术师范院校、大学作为培养主体,

---

① 谢莉花. 对我国职业教育教师标准开发的思考[J]. 职业技术教育,2015(25):53—57.
② 徐国庆,王浩. 我国职业教育教师培养体系重建的核心逻辑[J]. 现代教育管理,2022(12):71—77.

培养中等职业教育教师的情况，同时对高水平大学、企业参与职教教师培养意愿进行调查研究，全面深入的调查研究，为完善多元主体协同职教教师培养制度建设提供了现实基础。另一方面，建立支持多元主体跨界协同创新职教教师培养模式、路径的机制，提高人才培养质量。服务于东北地区经济社会发展、技术变革和产业优化升级需要，在调查研究基础上，通过建立区域职业教育教师需求信息服务体系，完善培养院校招生办法，落实职业技术师范生专业实践和教育实践制度，促进职业技术师范生就业机制，健全高层次教师系统培养制度，企业参与职教师资培养激励政策等机制建设，帮助职业技术师范院校解决招生、就业和教育教学等职教教师培养的瓶颈问题，引导多元主体积极参与职教教师培养，开展定制化、个性化职教教师培养，改变教师教育与职业资格证书获取的"两张皮"现象，补充职教教师的数量，培养高层次高素质的"双师型"教师。

（三）系统、规范推动职教教师培训，强化校本研修

制度是加强省级统筹实施的手段，提升职教教师培训质量和效益，首先要补齐制度不完善的短板，提高职教教师培训治理能力，规范化职教教师培训。

1. 系统完善职教教师培训制度，规范化开展培训。《教育部财政部关于实施职业院校教师素质提高计划（2021—2025年）的通知》提出，"坚持和完善国家示范引领、省级统筹实施、市县联动保障、校本特色研修的四级培训体系"①。从立法和政策两个方面完善地方职教教师培训制度体系，至少要从职教教师培训目标、路径和保障条件三个方面，增强职教教师培养政策的系统性、连贯性和可操作性，同时，还要基于省情系统规划地方职业教育教师培训，以便提高职教师培训治理效能。按照地方经济社会振兴发展战略要求和职教教师来源途径多元化的实际，按照职教师资队伍建设中国式现代化要求，分阶段明确地方职教教师培训的目标，以目标和问题为导向创新职教教师培养体系。按照"双师型"教师标准系统科学设计职教教师的培养内容，与国家职教教师培训基地互补，有的放矢建立优质职教教师培养基地和企业实践基地等职教教师培训资源，并逐

---

① 中华人民共和国教育部.财政部关于实施职业院校教师素质提高计划（2021—2025年）的通知[EB/OL].(2021-08-04)[2022-12-01]. http://www.moe.gov.cn/srcsite/A10/s7034/202108/t20210817_551814.html.

渐提高其开放性。

2. 锻造高素质专业化培训者团队,引领提升职教师资队伍质量。提高职教教师培训质量,培训者是关键。教师、教师教育者、课程与教学是教师教育活动的基本要素,其水平高低直接影响教师教育的质量。① 目前,我国尚未明确职教教师培训者的标准,后续应探索建立职教教师培训者遴选标准,引导各校以标准为依据遴选培训者,提高省级培训质量,推动校本教研的规范化和个性化。

3. 体系化推动职教教师培训,重点关注新入职教师培训、青年教师培训,促进校企合作。按照职教教师层次、来源及类型以及区域和地方产业发展实际需求,分层分类有针对性地系统推动地方职教教师培训。补齐新教师、青年教师培训弱化的短板,健全中高职新进教师培训体系,有针对性地开发培训课程,系统化开展新入职教师培训、青年教师培训,提升新入职、青年教师核心素养和关键能力,助力新教师、青年教师踏上专业化发展的快车道。健全企业参与的激励与约束机制,通过对行业企业参与职教教师培训的激励与规范化管理,促进培训资源平台、培训基地、企业实践基地等优质培训平台与资源共建共享。健全培训全过程管理制度,对职教师资培训进行全面质量管理,专家指导、质量监测、视导调研和跟踪问效相结合,完善政府、行业、企业、职业院校等共同参与的质量评价机制,推动职教教师培训产生更好的效益。

---

① 戴伟芬,梁慧芳,颜贝贝. 面向教育现代化2030的教师教育发展趋势与政策选择[J]. 河北师范大学学报(教育科学版),2017(5):31—35.

第三章
长三角地区职业技术教育教师培养培训发展报告

教师是直接影响职业教育发展的关键因素。截至 2021 年,长三角(含江苏、浙江、安徽、上海)有中职教师约 10 万人、高职教师逾 10 万人。现有的权威数据来源对这支庞大的教师队伍的专业分布、学历分布、知识结构、能力结构、培养培训现状等情况缺乏精准描述。从已知情况看,长三角地区职业技术教育教师(简称"职教教师")的培养培训存在"绝大多数职教教师毕业自非技术师范类高校,没有接受过系统的职业技术师范教育,部分来自企业的职业技术教师还存在学历偏低的情况;各地教师培训中存在教育能力与专业能力失衡、不同地区培训机会不均"等诸多问题。

本章采用权威数据与调研数据相结合的方式,以长三角为研究区域,以职教教师培养培训为研究对象,内容涉及长三角经济发展及职业教育发展概述、职教教师培养培训政策、职教教师培养培训现状、职教教师培养培训举措及典型案例、职教教师培养培训主要成绩、职教教师培养培训存在问题及对策建议等六大核心板块。基于此,按照标准的政策分析流程与方法,本书对职教教师的来源政策、培训政策等政策进行分析;获取长三角地区职教教师培养培训数据,全面描述长三角三省一市职教教师培养培训现状;汇总各地在职教教师培养培训方面的关键举措,分析职教教师职业发展及培养培训成绩;剖析三省一市职教教师培养培训中存在的关键问题,对今后的改革方向提出了建议与展望。

第一节　长三角经济发展及职业教育发展概述

近年来,长三角作为中国发展较好的城市群,其内部经济一体化程度不断提高。2021年,《长三角经济蓝皮书:长三角地区经济发展报告(2021—2022)》数据显示,长三角三省一市生产总值占全国比重的24.1%,社会消费品零售总额增长率达13.8%,进出口总额占全国比重的36.1%。总体来说,长三角地区在我国区域经济发展中处于领先地位,在产业规模与结构、经济发展与收益、人民消费与生活等方面具有显著优势。"十四五"规划提出,要"优化区域经济布局,促进区域协同发展",旨在充分发挥地方区域优势。

一、长三角地区经济发展概况

(一) 产业布局情况

从产业结构来看,如图3-1所示,2017—2021年以来,长三角地区已然形成了具有一定规模和特色的产业群。2021年,《长三角都市圈经济发展报告(2022)》显示:长三角都市圈共实现第一产业增加值5 892亿元,第二产业增加值89 582亿元,第三产业增加值125 623亿元,分别占比2.7%、40.5%和56.8%。第一,依据产业优化升级的规律,长三角地区第一产业比重逐步下降,第二、第三产业比重逐年上升。第二,产业门类齐全,但三省一市间存在一定差异。上海主要以服务业经济为主,苏浙皖第二产业占据主导地位,支撑区域经济发展。总体而言,一方面,大型国有企业为城市群提供了金融、钢铁、制造等多个关键领域的公共服务,为国家提供安全保障;另一方面,战略性高新产业发展迅速,民营经济为新产业、新业态、新商业模式的发展提供经济动能。调查显示,区域特色经济百花齐放,基本形成了全方位、多层次、宽领域的经济发展格局。

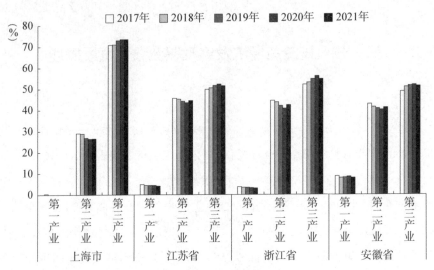

图 3-1 2017—2021年长三角地区三省一市的产业结构情况
数据来源:《长三角经济蓝皮书:长三角地区经济发展报告(2021—2022)》。

(二) 地区经济总量情况

从总量上分析,长三角占据全国土地面积的 1.1%,人口占全国的 5.8%。然而,2021 年,长三角地区生产总值达 27.6 万亿元,占全国比重约为 24.1%,相比于 2020 年,增加了 3.1 万亿元,对全国经济总量的贡献度基本保持稳定,呈现出了波动上升的趋势。但地区之间仍存在一定的差异。从国内生产总值来看,《长三角地区投资发展报告(2022)》显示,江苏省 GDP 达 116 364.2 亿元,增速达 8.6%,其经济增长总量与增速都名列前茅。如图 3-2 所示,调查发现,安徽省近年经济体量增幅较大,目前三省一市的经济总量差距正在不断缩小。

(三) 经济发展动能情况

从投资外贸发展来看,如表 3-1 所示,长三角地区进出口从 1.71 万亿美元增长到 2.18 万亿美元,同比增长 27.4%,其中,安徽的进出口增速最高,达 36.6%,上海和江苏的增速分别达 25.1%、25.5%,均超过 25%。

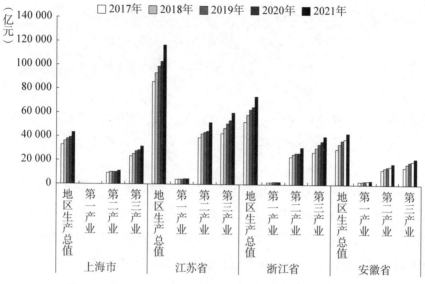

图 3-2 2017—2021 年长三角地区三省一市的经济总量情况

表 3-1 2017—2021 年长三角地区三省一市进出口统计(单位:亿美元)

年份	上海	江苏	安徽	浙江
2017	4 761.23	5 911.39	550.00	3 778.00
2018	5 256.49	6 640.43	627.80	4 324.00
2019	4 938.03	6 294.70	687.00	4 472.00
2020	5 031.89	6 427.75	784.60	4 879.00
2021	6 294.00	8 068.70	1 072.00	6 410.00

从外商投资来看,如表 3-2 所示,2021 年我国的外商投资总额快速增加,长三角地区外商投资总额从 3.32 万亿美元增长到 3.64 万亿美元,同比增长 9.8%。其中,上海外商投资总额达 1.22 万亿美元,增速为 17.6%;江苏达 1.43 万亿美元,增速为 4.5%;浙江为 0.67 万亿美元,增速为 13.2%;安徽为 0.32 万亿美元,增速为 0.6%。可以发现,在 2021 年度,上海的外商投资总额增长速度最快。

表 3-2 2017—2021 年长三角地区三省一市外商投资总额统计(单位:亿美元)

年份	上海	江苏	浙江	安徽
2017	7 982.39	9 658.19	3 734.15	866.41
2018	8 849.11	10 560.42	4 457.88	1 129.84
2019	9 552.29	11 735.15	5 006.93	1 656.43
2020	10 333.95	13 697.29	5 892.64	3 227.04
2021	12 155.00	14 308.59	6 673.22	3 247.65

从外商注册数来看,长三角地区外商投资企业注册数从 20.8 万家增长到了 21.6 万家。总体而言,长三角地区作为外贸出口的战略高地,一方面,严格贯彻"引进来、走出去"的贸易发展。另一方面,产业的转型与升级促进了外贸出口的高质量增长,当前企业正在成为新经济增长的领航者。

(四) 政策赋能情况

从长三角地区一体化发展的政策来看,国家发改委会同相关部门发布了《长江三角洲区域一体化发展规划纲要》《长三角一体化发展规划"十四五"实施方案》等纲领性文件,在形成区域协调发展新格局、加强系统创新产业体系建设、提升基础设施互联互通水平、强化生态环境共保联治、加快公共服务便利共享、推进更高水平协同开放等六个方面采取了相应的创新举措。

首先,坚持党中央集中统一领导,对长江经济带的区域发展给予指导性支持,强调全面从严治党,明确相关规章制度的完善。其次,从单一到整体性推进,在长三角地区的经济发展领域,如数字化赋能、乡村振兴等多个方面形成一体化的发展机制,齐头并进。再有,从项目合作到制度合作发展,长三角地区共同参与发起制定规范性政策,助力该地区的法治建设,有效促进了政策互认与协同。最后,加强深度合作,制定沪苏浙皖互派干部人才挂职交流工作方案,推动长三角地区干部挂职、跟班学习和实践锻炼制度常态化,在人才培养、教育教学、思想引领等多个方面建立一体化机制,进一步开展深度融合。

综上所述,长三角地区的经济发展走出了一条创新型的发展道路,虽然在区域发展上,长三角地区的三省一市呈现出了发展的梯度差异,但目前正以点带面,进一步推动协同创新,打造长三角一体化战略发展态势,立足新的时代征程,长三角一体化发展战略开辟了新的赛道,也为长三角地区的职业教育发展提供了源源不断的新动能。

二、长三角地区职业教育发展概况

党的二十大报告指出,要办好人民满意的教育,优化区域教育资源配置。从全国发展现状来看,长三角地区是国家实施区域发展战略的核心地带,一方面,它是我国经济发展最活跃、创新能力最强、产业关联度最紧密、开放程度最高的地区之一;另一方面,它是职业教育体系最完善、教育资源最集中、教育水平最发达的地区之一。① 区域化既是全球教育发展的主要趋势,也是我国现阶段职业教育改革的关键。长三角地区职业教育一体化也是全国区域职业教育发展的缩影,当前正从政策、资源、平台三个维度持续赋能,凝聚创新动能,助力教育链、产业链、人才链的衔接。

1. 政策支撑

近年来,长三角地区以科学性、可行性为基本原则,制定了多项发展规划、行动意见、战略指南等,为长三角地区的职业教育发展构建了顶层设计,明确了行动计划,也提供了基础保障。2018年,上海、江苏、浙江、安徽三省一市在沪共同签署了《长三角一体化发展战略协作框架协议》,为长三角教育一体化发展提供了纲领性指导,是职业教育一体化发展的标志;2019年,安徽成为长三角的有机组成部分;2020年,《长三角生态绿色一体化发展示范区职业教育一体化发展平台建设方案》中提出,要能够在人才培养、教育教学、实验实训、科研攻关、项目孵化等多个方面实现一体化发展;2023年2月,《上海市教育委员会职业教育工作要点》中指出,要深化长三角示范区的职业教育合作交流,举办长三角职业教育论坛,建立长三角科教联盟,鼓励学生、教师跨区学习;三省一市的政府、企业行业、职业院校协同发力,长三角的职业教育也焕发出了前所未有的生机。

---

① 庞波,阮成武,谢宇.高等职业教育赋能长三角一体化发展战略:现状、挑战与对策[J].高校教育管理,2023(2):62—73.

2. 资源供给

当前,职业教育资源呈现聚集化,长三角地区通过对优质的教育资源进行整合、优化,形成了区域共享的职业教育新生态。2021年,根据《中国职业教育发展白皮书》,全国中职学校(不含技工学校)共有7 294所,高等职业学校1 518所(含32所职业本科学校)。《2021年教育统计数据》显示,长三角地区拥有中等职业学校805所,占全国的11.0%;高等职业学校241所,占全国的15.9%。长三角地区的"双高计划"建设学校数量为41所,占比20.8%,无论是从中职、高职学校整体数量,还是从优质的高等职业教育资源来看,长三角地区都处于不可撼动的领先地位。

表3-3 2021年长三角及全国中高职院校数量统计(单位:所)

地区	中等职业学校	高等职业学校	"双高计划"建设学校
全国	7 294	1 518	197
上海	87	25	1
江苏	198	90	20
浙江	249	51	15
安徽	271	75	5

数据来源:《中国职业教育发展白皮书》《2021年教育统计数据》。

3. 平台构建

长三角的职业教育具有主体多元化的特色,各参与主体能够借助多方力量,提升区域职业教育发展的效能,赋能该地区的一体化发展。2019年,国务院印发的《长江三角洲区域一体化发展规划纲要》指出,要大力发展职业教育,共同搭建职业教育一体化协同发展平台。我国经济社会迈入新发展阶段,为深入贯彻新发展理念,推进长三角一体化高质量发展,着力发展高新技术产业,长三角教育一体化发展研究院、长三角产教融合与职业教育发展研究院、长三角职业教育一体化协同发展平台等组织应运而生。

三、多域共振助力长三角"三链"衔接

教育链、产业链、人才链的有机融合对于提升长三角地区的产业基础能力、人力资本力量、资源配置效率等多个方面的协同发展具有内生动力,能够基本形成各区域职业教育发展的适应性格局。

1. 教育链

根据区域经济发展要求和产业结构,职业教育对办学层次进行科学定位,贯通了中高职的人才培养体系,将职业教育的培养内容与真实工作岗位对接,真正着力培养职业教育人才。长三角地区具有丰富、充沛的职业教育资源,在职业教育的质量、数量、体系等方面领跑全国,是我国职业教育发展的先行示范区。近年来,长三角地区面向示范区开启了中高职衔接教育跨省招生改革。区域内不同地区间形成了各具特色的育人方式,通过校企合作、政企合作形成了以现代产业学院为代表的特色办学模式。一些院校采用统一招生、跨校选课、学分互认的教学模式,通过一体化的管理体系,实现优质教育资源的共享与流通,突出了职业教育与产业需求的深度融合,打破了原有的资源固化、学用分离、产教断层的培养局面,在积极展开合作办学的过程中,学校学生、企业员工均实现了在生产中学习、在学习中生产的培养目标。

2. 产业链

职业教育是服务于地方产业发展的,是与产业发展最密切、直接的教育类型。产业链是产业经济学中的重要概念,基本内涵是指同一产业或不同产业的企业,以产品为对象,以专业化分工为基础,以投入产出为纽带,以价值增值为导向,以满足用户需求为目标,依据特定的协作关系和时空布局形成上下关联的动态的链式组织。[①] 长三角地区已经形成了较为完善的产业链格局,目前拥

---

① 秦虹.职业教育专业链、人才链与产业链对接的探索——以天津职业院校与产业发展为例[J].教育科学,2013(5):76—81.

有电子信息、汽车制造、现代金融等14个重点产业集群,对高素质、高技能人才的需求十分迫切。一方面,职业教育为产业的发展提供了科技创新和人才,能够满足产业发展对专业知识、技能的需求及其相关的人才需要;另一方面,产业的发展与教育的发展密不可分,通过职业教育,将为产业产出更多新技术、新方法,从根本上促进产业的转型与升级。因此,在长三角的现代化职业教育体系建设中,需要增强产业链的适应动能,让产业链肩负重任。

3. 人才链

依据人力资本理论,经济的发展与教育存在密切联系,即人才与经济关系紧密。人才链指的是职业教育所培养的毕业生在数量与质量上都能满足区域经济发展的需求,能够契合经济发展的特点与走势。根据《中国教育统计年鉴2021》,2021年长三角高职专科毕业生占全国的14.8%,中职毕业生占全国的17.0%,职业院校毕业生数量能够有效满足产业发展的人力资本需求,推动区域性产业的发展。在人才质量培养方面,长三角地区不断优化人才培养计划,进行相应的适应性调整,将重点由数量转向质量,加强中国式职业教育人才的多渠道、多手段、多层次培养。

第二节 长三角职业技术教师培养培训工作现状

一、研究设计

2021年,中共中央办公厅、国务院办公厅发布的《关于推动现代职业教育高质量发展的意见》中提出"推动不同层次职业教育纵向贯通"。截至2021年,全国共有本科层次职业教育学校32所,比上年增加11所;高职(专科)学校1 486所,比上年增加18所;中等职业学校7 294所,同口径比上年减少179所。本章是基于全国范围的数据以比较分析江苏省、浙江省、安徽省、上海市职业教育发展情况,以便为各区域职业教育补缺补差、特色发展确定方向。为获得具备较高信效度的科研数据,本章以政府公布的数据作为主要依据。数据来源主要包括:《中国统计年鉴》《江苏统计年鉴》《安徽统计年鉴》《浙江统计年鉴》《上海统计年鉴》;教育部官网、江苏省教育厅、浙江职成教网、安徽省教育厅、上海市教育局;各学校、学院官方网站、研招网,并辅以调查问卷。

二、长三角职业技术教师队伍基本现状

(一) 分省市的生师比

生师比是指学校专任教师数与折合在校学生数的比例,它能够从侧面体现办学质量,是衡量办学条件和办学水平是否合格的重要指标之一,也是学校教学工作中的重要数据。从 2019—2021 年江苏省、浙江省、安徽省和上海市的中等职业教育生师比来看:首先,安徽省的中等职业教育生师比近三年分别为 26.92、27.44、24.11,尚未达到教育部要求,皆处于 20 以上的状态。相较而言,江苏省、浙江省、上海市生师比均达到了教育部 20 以下的要求。2021 年安徽省、浙江省和江苏省的生师比皆优于其前两年,其中,安徽省生师比由 2019 年

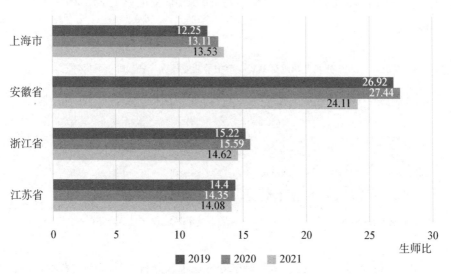

图 3-3 2019—2021 年长三角地区三省一市中等职业教育生师比
数据来源:《中国统计年鉴》。

的 26.92 降到了 2021 年的 24.11。而上海市近三年的生师比由 12.25 到 13.11 再到 13.53,生师比呈上升的趋势。最后,综合来看,江苏省、浙江省、安徽省、上海市近三年的生师比有所改善。

(二) 分省市的专任教师

中等职业教育"专任教师"是指在普通中等专业学校、职业高中、成人中等专业学校和其他学校附设中职班中承担中职教育的专任教师。中等职业教育"双师型"教师比例是指"双师型"专任教师占专业(技能)课程专任教师总数的百分比。2021 年,江苏省有中等职业学校 198 所,专任教师 45 535 人。其中,正副高级 15 874 人,中级 17 199 人;硕士研究生以上学历 6 468 人,本科及以上 44 834 人。浙江省有中等职业教育学校 249 所,教职工 4.15 万人,其中专任教师 3.8 万人,正副高级 10 979 人,专任教师学历合格率为 97.8%;硕士研究生以上学历 3 248 人,本科及以上学历 37 199 人。双师型教师占专任教师和专业课教师的比例分别为 44.9%、86.4%。安徽省有中等职业学校 271 所,专任教师数 31 196 人。其中,正副高级 8 550 人;专任教师中本科及以上学历 29 980 人,占专任教师总数比重 96.1%。上海市有中等职业学校 87 所,专任教师 8 051 人。其中,正副高级 1 792 人,中级 3 998 人;硕士研究生以上学历 2 010 人,本科及以上学历 7 920 人。

表 3-4　2021 年长三角地区三省一市中等职业教育专任教师情况(单位:人)

省份	专任教师	正副高级	本科及以上学历	硕士研究生以上学历
江苏省	45 535	15 874	44 834	6 468
浙江省	38 022	10 979	37 199	3 248
安徽省	31 196	8 550	29 980	2 569
上海市	8 051	1 792	7 920	2 010

数据来源:教育部《中等职业学校(机构)专任教师专业技术职务、学历(位)情况》。

以安徽省和上海市为例,从普通中等专业学校分科专任教师数来看,首先,"教育与体育大类"专任教师人数最多,安徽省为 9 602 人,上海市 2 851 人。相较而言,安徽省的"公安与司法大类"和"水利大类"专任教师数仅有 44 人和 45

人,上海市的"公共管理与服务"和"土木建筑"仅有153人和189人。其次,安徽省"教育与体育大类"专任教师有9 602人,远远高于排名第二、第三的"电子与信息大类""文化艺术大类"的人数。最后,上海市"文化艺术"专任教师数和"财经商贸"专任教师数分别以1 172人和816人位列第二、第三。

表3-5 安徽省普通中等专业学校分科专任教师数(2021年)(单位:人)

项目	合计	正高级	副高级	中级	初级	未定职级
总计	31 196	112	8 438	9 924	6 719	6 003
实习指导课	2 672	9	552	875	549	687
农林牧渔大类	1 654	9	490	516	332	307
资源环境与安全大类	257	0	66	102	67	22
能源动力与材料大类	213	0	60	56	46	51
土木建筑大类	589	2	180	190	129	88
水利大类	45	0	10	13	14	8
装备制造大类	2 747	13	808	917	624	385
生物与化工大类	205	2	89	61	36	17
轻工纺织大类	227	1	52	68	63	43
食品药品与粮食大类	124	0	26	33	60	5
交通运输大类	1 428	6	254	400	371	397
电子与信息大类	3 836	10	900	1 223	773	930
医药卫生大类	1 411	12	373	460	354	212
财经商贸大类	2 360	15	568	743	542	492
旅游大类	1 316	3	320	379	327	287
文化艺术大类	3 807	14	863	1 081	791	1 058
新闻传播大类	177	0	27	61	46	43
教育与体育大类	9 602	22	3 060	3 246	1 887	1 387
公安与司法大类	44	0	11	12	15	6
公共管理与服务大类	1 154	3	281	363	242	265

数据来源:《安徽统计年鉴》。

表3-6 上海市中等专业学校基本情况(2021年)(单位:人)

类别	毕业生数	招生数	在校学生	专任教师	其中 正副高级	其中 中级
总计	31894	38730	108907	8051	1792	3998
土木建筑	1607	1698	5189	189	58	88
装备制造	6444	5953	19102	808	189	351
交通运输	3554	3433	10155	420	64	232
电子与信息	3243	4411	12879	701	162	350
医药卫生	1333	2825	5231	283	75	150
财经商贸	4471	5073	14623	816	195	421
旅游服务	2370	2303	6977	250	57	118
文化艺术	1749	2238	7316	1172	255	529
教育与体育	2341	2734	7957	2851	589	1485
公共管理与服务	1801	4489	8035	153	28	79

数据来源:《2022年上海统计年鉴》。

(三) 分省市的双师型教师数量及占比

"双师型"教师是职业院校教师的特殊类型,在职业教育的发展中具有重要的作用。2021年长三角地区各省市(江苏、浙江、安徽、上海)的中职、高职双师型教师数据如下。

1. 中职双师型教师数据

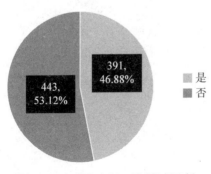

图3-4 江苏省中职双师型教师比例

江苏省的中职双师型教师数据主要是通过对江苏省中职教师进行新职师职业能力及培训现状的问卷调查来获取的。本次江苏省的中职教师的新职师职业能力及培训现状问卷总共收集了834份。其中双师型教师391人,占比46.88%,非双师型教师443人,占比53.12%。

2021年浙江省中职双师型教师有16 877人,双师型教师占专业课教师的86.4%,占专任教师的44.9%。2021年安徽省双师型教师有21 391人,双师型教师人数占专任教师的46.76%。2021年上海市中职的双师型教师有3 105人,双师比为71.5%。

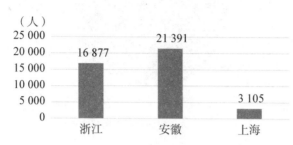

图3-5 浙江、安徽和上海中职双师型教师数量

2. 高职双师型教师数据

2021年江苏省高职教师的双师比为80.23%。2021年浙江省高职双师型教师有15 480人,双师比为84.36%。2021年上海市高职教师的双师比为63.73%。

(四) 分省市的职业技术教师学历结构

长三角地区各省市(江苏、浙江、安徽、上海)的中职教师学历结构相关数据的收集主要是通过各省市新职师职业能力及培训现状的问卷调查来获取。

1. 江苏省

江苏省中职教师的新职师职业能力及培训现状的问卷调查总共收集了834份,其中学历为本科以下的有15人,占总人数的1.8%;学历为本科的有680人,占总人数的81.5%;学历为硕士研究生的有137人,占总人数的16.4%;学历为博士研究生的有2人,占总人数的0.2%。

2. 浙江省

浙江省中职教师大多数为本科学历。浙江省的中职教师新职师职业能力

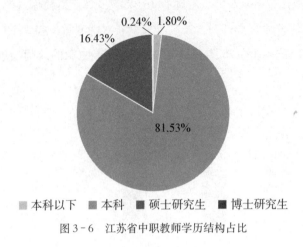

图3-6 江苏省中职教师学历结构占比

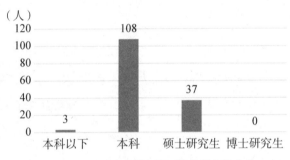

图3-7 浙江省中职教师学历结构的人数分布

及培训现状的问卷一共收集了148份,3人为本科以下的学历,108人为本科学历,37人为硕士研究生学历,没有人是博士研究生学历。本科以下学历、本科学历和硕士研究生学历分别占总人数的2.0%、73.0%和25.0%。

3. 安徽省

安徽省中职教师的新职师职业能力及培训现状的问卷收集了609份,本科学历的人数最多,为511人,占总人数的83.9%;其次是硕士研究生学历,有64人,占总人数的10.5%;本科以下学历的有34人,占总人数的5.6%,没有人是博士研究生学历。

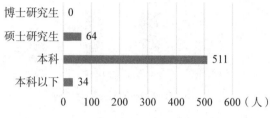

图 3-8 安徽省中职教师学历结构的人数分布

4. 上海市

上海市中职教师的新职师职业能力及培训现状的问卷共收集了 76 份，上海市中职教师的学历主要集中在本科和硕士研究生。本科学历的中职教师有 39 人，占总人数的 51.3%；硕士研究生学历的中职教师有 37 人，占总人数的 48.7%。没有中职教师是本科以下学历和博士研究生学历。

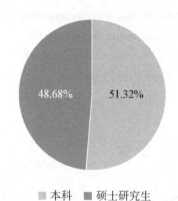

图 3-9 上海市中职教师学历结构占比

(五) 分省市的职业技术教师职称结构

1. 江苏省

江苏省中职教师的职称主要为中级和副高级职称。在江苏省新职师职业能力及培训现状的 834 份问卷中，12 人为正高级职称，占总人数的 1.4%；330 人为副高级职称，占总人数的 39.6%；349 人为中级职称，占总人数的 41.8%；143 人为初级职称，占总人数的 17.2%。

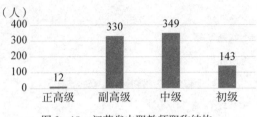

图 3-10 江苏省中职教师职称结构

2. 浙江省

浙江省中职教师的新职师职业能力及培训现状的 148 份问卷中,具有正高级职称的 1 人,占总人数的 0.7%;具有副高级职称的 44 人,占总人数的 29.7%;具有中级职称 63 人,占总人数的 42.6%;具有初级职称的 40 人,占总人数的 27.0%。

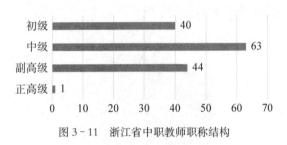

图 3-11 浙江省中职教师职称结构

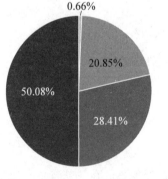

图 3-12 安徽省中职教师职称结构占比

3. 安徽省

安徽省中职教师的新职师职业能力及培训现状的问卷一共收集了 609 份,其中具有正高级职称的 4 人,占总人数的 0.7%;具有副高级职称的 127 人,占总人数的 20.9%;具有中级职称的 173 人,占总人数的 28.4%;具有初级职称的 305 人,占总人数的 50.1%。

4. 上海市

上海市中职教师职称结构中以副高级和中级职称为主。在上海市中职教师的新职师职业能力及培训现状的 76 份问卷中,正高级职称的有 2 人,占总人数的 2.6%;副高级职称的有 29 人,占总人数的 38.2%;中级职称的有 26 人,占总人数的 34.2%;初级职称的有 19 人,占总人数的 25.0%。

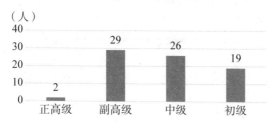

图 3-13　上海市中职教师职称结构

(六) 分省市的职业技术师范院校来源教师占比

1. 江苏省

江苏省的中职教师大多数不是来自职业技术师范院校,而是来自综合类大学和普通师范学校。在搜集的 834 份问卷中,有 355 人毕业于综合类大学,占总人数的 42.6%;有 333 人毕业于普通师范学校,占总人数的 39.9%;只有 146 人毕业于职业技术师范学院,占总人数的 17.5%。

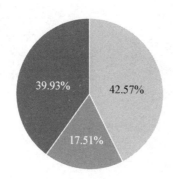

图 3-14　江苏省职业技术师范院校来源的中职教师占比

2. 浙江省

浙江省的中职教师主要毕业于综合类大学。在收集的 148 份问卷中,有 85 人毕业于综合类大学,占总人数的 57.4%;有 49 人毕业于普通师范学校,占总人数的 33.1%;有 14 人毕业于职业技术师范学院,占总人数的 9.5%。

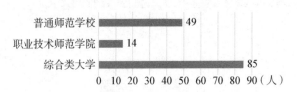

图 3-15 浙江省职业技术师范院校来源的中职教师人数

3. 安徽省

安徽省的中职教师主要毕业于综合类大学。在收集的 609 份问卷中,综合类大学毕业的中职教师有 320 人,占总人数的 52.6%;普通师范学校毕业的中职教师有 204 人,占总人数的 33.5%;职业技术师范学院毕业的中职教师有 85 人,占总人数的 14.0%。

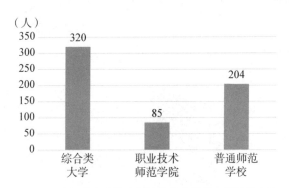

图 3-16 浙江省职业技术师范院校来源的中职教师人数

4. 上海市

上海市的中职教师主要毕业于综合类大学。在收集的 76 份问卷中,毕业于综合类大学的中职教师有 56 人,占总人数的 71.1%;毕业于普通师范学校的中职教师有 20 人,占总人数的 26.3%;毕业于职业技术师范学院的中职教师有

2 人,占总人数的 2.6%。

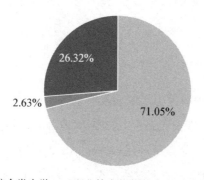

■ 综合类大学　■ 职业技术师范学院　■ 普通师范学校

图 3-17　上海市职业技术师范院校来源的中职教师占比

(七) 分省市的企业来源教师占比

1. 江苏省

江苏省大多数的中职教师没有企业的工作经历。在江苏省收集的 834 份问卷中,有 666 名中职教师没有企业的工作经历,占总人数的 79.9%;有 82 名中职教师有 1 年及以下的企业工作经历,占总人数的 9.8%;有 34 名中职教师有 1 年以上到 2 年的企业工作经历,占总人数的 4.1%;有 13 名中职教师有 2 年以上到 3 年的企业工作经历,占总人数的 1.6%;有 5 名中职教师有 3 年以上

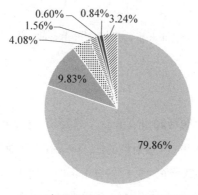

■ 无　　　　　　■ 1年及以下　　　■ 1年以上到2年　■ 2年以上到3年
■ 3年以上到4年　■ 4年以上到5年　■ 5年以上

图 3-18　江苏省企业来源中职教师占比

到4年的企业工作经历,占总人数的0.6%;有7名中职教师有4年以上到5年的企业工作经历,占总人数的0.8%;有27名中职教师有5年以上企业工作经历,占总人数的3.2%。

2. 浙江省

浙江省一半以上的中职教师入职前没有企业工作经历。在浙江省收集的148份问卷中,有88人入职前无企业工作经历,占总人数的59.5%;有27人入职前有1年以下的企业工作经历,占总人数的18.2%;有8人入职前有1年以上到2年的企业工作经历,占总人数的5.4%;有4人入职前有2年以上到3年的企业工作经历,占总人数的2.7%;有3人入职前有3年以上到4年的企业工作经历,占总人数的2.0%;有1人入职前有4年以上到5年的企业工作经历,占总人数的0.7%;有17人入职前有5年以上的企业工作经历,占总人数的11.5%。

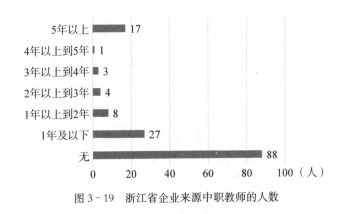

图3-19 浙江省企业来源中职教师的人数

3. 安徽省

安徽省有一半以上中职教师没有企业工作经历,在收集的609份问卷中,有311人没有企业工作经历,占总人数的51.1%;有1年及以下企业工作经历的中职教师有92人,占总人数的15.1%;有1年以上到2年企业工作经历的中职教师有65人,占总人数的10.7%;有2年以上到3年企业工作经历的中职教师有42人,占总人数的6.9%;有3年以上到4年企业工作经历的中职教师有19人,占总人数的3.1%;有4年以上到5年企业工作经历的中职教师有12人,占总人数的2.0%;有5年以上企业工作经历的中职教师有68人,占总人数的11.2%。

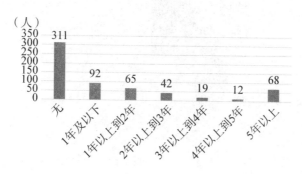

图3-20 安徽省企业来源中职教师人数

4. 上海市

上海市的中职教师没有企业工作经历的有一半以上。在收集的76份问卷中,有49人入职前没有企业工作经历,占总人数的64.5%;有9人入职前有1年及以下企业工作经历,占总人数的11.8%;有3人入职前有1年以上到2年的企业工作经历,占总人数的3.9%;有5人入职前有2年以上到3年的企业工作经历,占总人数的6.6%;有3人入职前有3年以上到4年的企业工作经历,占总人数的3.9%;有1人入职前有4年以上到5年的企业工作经历,占总人数的1.3%;有6人入职前有5年以上的企业工作经历,占总人数的7.9%(见图3-21)。

三、长三角职业技术教师培养工作现状

(一)分省市的本科职教师范生培养情况

在原来"老八所"职业技术师范院校,即天津职业技术师范大学、河南科技学院、江西科技师范大学、河北科技师范学院、广东技术师范大学、安徽科技学院、江苏理工学院及吉林工程技术师范学院的基础上,2015年以来新增了4所独立设置的职业技术师范学院:广西科技师范学院、滇西科技师范学院、广西职

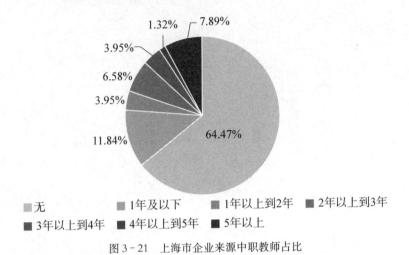

图3-21　上海市企业来源中职教师占比

业师范学院、福建技术师范学院。目前,一共有12所独立设置的职业技术师范院校。地方综合院校中有25所,浙江工业大学等院校也逐步加入了培养培训职业技术教师的行列。

1. 江苏省

江苏理工学院本科有普通师范专业8个,职教师范专业16个。本科职教师范专业分别是:广告学、应用化学、机械设计制造及其自动化、材料成型及控制工程、机械电子工程、汽车服务工程、机电技术教育、测控技术与仪器、电气工程及其自动化、电子信息工程、计算机科学与技术、软件工程、市场营销、会计学、旅游管理与服务教育、服装与服饰设计。

2021年,江苏理工学院本科职教师范专业共招收473人,其中机械设计制造及其自动化43人,机械电子工程(单招师范)93人,汽车服务工程73人,电子信息工程39人,计算机科学与技术83人,市场营销92人,服装与服饰设计50人。

表3-7　江苏省(江苏理工学院)职教师范专业学生招生情况

学院	专业/年级	2019年(人)	2020年(人)	2021年(人)
资源与环境工程学院	资源循环科学与工程(师范)	0	42	0
机械工程学院	机械设计制造及其自动化(师范)	75	36	43
机械工程学院	机械电子工程(单招师范)	90	94	93
材料工程学院	材料成型及控制工程(师范)	34	42	0
汽车与交通工程学院	汽车服务工程(师范)	116	116	73
电气信息工程学院	电子信息工程(师范)	73	43	39
计算机工程学院	计算机科学与技术(师范)	85	87	83
管理学院	市场营销(师范)	140	129	92
管理学院	会计学(师范)	69	42	0
艺术设计学院	服装与服饰设计(师范)	46	48	50

2020届职业技术师范教育毕业生人数为120人,省内基础教育就业总人数为11人,其中小学4人,初中7人。2021届职业技术师范教育毕业生人数为88人,省内基础教育就业总人数为2人,其中小学1人,初中1人。2022届职业技术师范教育毕业生人数为115人,省内基础教育就业总人数为5人,其中小学4人,高中1人。

2. 浙江省

浙江工业大学教育科学与技术学院(职业技术教育学院)是我国第一批在普通工科院校中创办职业技术师范教育的院系,学院现有教育学、心理学2个一级学科。设有教育技术学(师范)、计算机科学与技术(师范)、电气工程及其自动化(师范)、机械工程(师范)等4个本科专业。现有全日制本科生686名。本科毕业生就业率保持在95%以上,出国升学率达28%左右。

表 3-8 浙江省（浙江工业大学）师资队伍建设情况

类别	总数（人）	正高（人）	副高（人）	中级及以下（人）	其中博士（人）
职教所（教师教育系）	10	5	2	3	8
高教所（教师教育系）	7	2	2	3	6
课程所（技术师范系）	12	3	5	4	5
教技所（教育信息系）	12	3	1	8	9
心理所（心理系）	15	2	6	7	11
专任教师合计	56	15	16	25	39
学校中层干部	2	0	1	1	0
党务及辅导员	3	0	0	3	0
其他专技岗位	7	0	2	5	1
管理岗位	7	0	2	5	0
教职工总数	75	15	21	39	40

电气工程及其自动化（师范）专业的学生主要学习电气类科学与教师技能综合知识，通过电子科学技术、电机运行及拖动、智能控制、机器人应用等与教育学、心理学的知识交叉与融合，在获取扎实的理论基础和过硬的技术的同时获得必要的教师技能，有较强的工程实践和教学能力，能胜任中高等职业技术院校的电力电子技术、电气自动化、机器人应用等方面的专业教师。核心课程有：程序设计基础C、电路原理、模拟电子技术、数字电路与数字逻辑、心理学、教育学、专业课程与教学论等。

机械工程（师范）专业培养能适应社会经济发展需要，具有宽厚的机械工程领域以及教育学理论基础，具备较强的机械工程实践应用能力和教学能力的高级复合型专门人才，能胜任中小学、职业技术院校等单位的专任教师，企事业单位教育管理工作以及其他领域。专业核心课程主要是：工程图学、材料力学、机械原理、机械设计、电工电子技术基础、机械制造基础、教育学、心理学、专业课程与教学论、工程材料、数控技术、教师技能训练等。

计算机科学与技术（师范）专业以培养中等职业学校卓越教师为首要目标，培养具备计算机科学与技术的扎实理论和基本技能、掌握师范教育的基本素质和教师技能的高层次复合型人才,能够胜任职业学校信息技术类专业教师及教学管理等工作,并具有不断开拓创新的能力与素质。专业核心课程有:程序设计语言C、面向对象Java编程、计算机组成原理、数据库原理与应用、操作系统原理、计算机网络原理、网络设备配置与管理、软件工程、Java Web开发技术、职业教育心理学、职业教育学、现代教育技术、教学系统设计、信息技术教学法和多媒体课程资源开发等。

教育技术学(师范)专业学生主要学习教育技术学方面的基本理论和基本知识,以教学系统设计的理论学习为基础,重点学习教育软件和数字化教学媒体开发两个专业模块的基本理论和专业知识,接受相应专业模块的技能训练,掌握新技术教育应用方面的基本能力。专业核心课程有:专业导论、职业教育心理学、职业教育学、教学系统设计、教育技术研究方法、学习科学与技术(双语)、程序设计基础C、数据结构(C语言)、数据库原理与应用等。此外,职业教育实践涵盖教育见习、教育实习和教育研习三部分,总时间不少于18周。

3. 安徽省

安徽科技学院的烹饪与营养教育专业为职业技能师范专业,生源来自对口职业学校。专任教师共有7人,其中,博士1人,硕士6人。2019、2020、2021年三年的招生数分别为50、60、58人,共有在校生228人。其中,2019年毕业生56人,就业率95%;2021年毕业生58人,就业率93%(学校教育对口就业率7.9%)。专业的主要课程有:烹调工艺学、面点工艺学、烹饪营养学、烹饪微生物学、烹饪化学、中国饮食文化概论、课堂教学技能、职业教育学、教学基本功训练、班主任技能训练等。本科师范生在第6学期,统一安排一次微格教学技能训练和教育实习。训练工作要求做到"三定""三有",三定:定指导教师、定训练时间和定训练内容;三有:训练前有教师辅导、训练中有教师听课与指导和训练后有教师评教。学校将对学生的微格教学技能训练效果与成绩进行随机抽查,不合格者,暂缓参加教育实习,重新进行微格教学技能训练,直至合格。教育实习每人必须有十分钟录像,教育实习安排在中职学校及酒店,教育实习时长为16周。

(二) 分省市的职教专硕培养情况

2015年7月,国务院学位委员会下发《关于公布教育硕士(职业技术教育)专业学位研究生教育试点单位确认结果的通知》(以下简称《通知》),批准了北京理工大学等45所院校首批开展职业技术教育领域教育硕士专业学位研究生招生和培养工作。《通知》中明确:为保证培养质量,试点院校开展试点工作时,每校每年招收教育硕士(职业技术教育领域)方向不超过5个。自此,我国的职业教育师资培养从本科层次提升至研究生学历层次。

1. 江苏省

江苏师范大学职业技术教育专硕共有财经商贸和加工制造两个方向,前者属于商学院,后者属于机电工程学院。2021年拟招生职业技术教育专硕6人,2人为全日制教育,4人为非全日制教育,学制皆为3年。另招收全日制职业技术教育学2人,属于教育科学学院(教师教育学院)。

南京师范大学教育硕士(职业技术教育领域)专业学位点以现有职业技术教育专业为基础,通过整合校内公共管理与服务相关专业和校外相关职业学校教师及相关行业企业人员的力量,建成一支教授(含研究员)12人,副教授(含职校特级教师、中专高级讲师)8人,讲师(具有博士学位)4人的校内指导教师和校外指导教师相结合的"双师型"导师团队。2021年职业技术教育专硕共设置4个方向(全日制):加工制造(机电技术应用及相近方向)、旅游服务、文化艺术(工艺美术与民族工艺制作品制作及非遗保护方向)、信息技术。主要课程:课程与教学论、心理发展与教育、教育原理、教育研究方法(质化)、教育研究方法(量化)、职业技术原理专题研究、中职教育热点和前沿问题研究、旅游规划理论与实践案例等。研究生不少于一个学期(6个月)的教育实践和企业实践训练(包括教育实习、教育见习、企业实践、微格教学、教育调查、行业企业调查、课例分析、班级与课堂管理实务、顶岗实习等实践形式),并注重专业实践与学位论文研究的有机结合,做到在实践中研究,在研究中实践,加强对实践的反思。举办与职业技术教育领域公共管理与服务专业方向相关的行业发展前沿讲座、学术沙龙和参观考察活动,让研究生了解全省乃至全国的公共管理与服务等专业教学改革的最新动态、科研成果和发展趋势,积极探索教育教学工作规律。

2021级职教专硕论文选题如表3-9所示。

表3-9 2021级职教专硕论文选题(南京师范大学)

序号	题 目
1	中职机械类专业学生工业产品设计思维的现状调查及提升策略研究——以J省N市部分中职学校为例
2	中职机械类专业学生工程系统思维的现状及其提升策略
3	"非遗传承"视域下中职生人文素养教育路径探析——以南京市M中职文化艺术类专业学生为例
4	中职校本课程"南京高淳老街古民居建筑"的开发与应用
5	中职旅游类专业学生职业核心能力现状研究——以南京市X中职为例
6	中职计算机类专业学生数字素养的现状调查研究
7	中职机械类专业学生体悟学习现状及提升策略研究——以J省N市部分中职学校为例
8	翻转课堂在中职《导游讲解》教学中的设计与实施
9	JITT云教学模式在中职旅游类课程教学中的应用研究——以《导游业务》为例
10	基于课证融通的中职旅游专业主题式教学模式研究——以《旅游概论》课程为例
11	文旅融合背景下中职学校酒店管理专业课程设置优化研究——以南京市M校为例
12	职业技能导向的中等职业学校《导游业务》教学设计优化研究
13	基于iFIAS的中职旅游专业实训课课堂师生互动的实证研究
14	文旅融合背景下中职生导游技能教学策略研究——以N市中职旅游类专业为例
15	基于"教学评一体化"的中职《地方景点导游》课程教学设计及应用研究
16	基于ARCS动机模型的中职旅游英语教学设计及应用研究
17	劳动教育融入中职《餐饮服务与管理》的教学设计研究
18	角色扮演法在中职《导游业务》课程教学中的应用研究
19	基于智慧课堂的任务驱动教学模式设计与实践研究——以中职《导游业务》为例
20	基于能力本位的抛锚式教学法在中职旅游专业中的应用研究——以《导游业务》为例
21	1+X证书制度背景下中职学生职业认同的现象以及影响因素分析
22	基于工作任务的课堂学习共同体在《导游基础知识》课程教学中的应用研究
23	同伴教学法在中职旅游专业教学中的应用研究——以《导游基础知识》课程为例

(续表)

序号	题目
24	南京市中职学校研学旅行人才培养研究——以X学校为例
25	新媒体时代下中职酒店专业《酒店市场营销》课程教学设计研究
26	文旅融合视角下中职旅游专业课程教学设计研究——以《中国旅游地理》为例
27	中职旅游专业课教学融入生态文明教育的策略研究——以《中国旅游地理》为例
28	中职旅游专业学生在线持续学习意愿影响因素研究
29	基于深度教学理念的中职生课堂参与问题及对策研究——以旅游专业课程为例
30	基于深度教学理念的中职生旅游专业课学习投入实证研究
31	"1+X证书"制度下中职《旅行社经营管理》校内实践教学现状调查及优化策略研究
32	知识可视化的5E教学模式在中职《中国旅游地理》课的应用研究
33	ARCS-V动机模型在中职旅游专业课程教学中的应用研究——以《中国旅游地理》为例
34	基于UbD理论的中职《导游实务》教学设计研究
35	基于BOPPPS教学模式的线上中职旅游专业课教学设计研究——以《导游业务》为例

2. 浙江省

浙江工业大学教育科学与技术学院(职业技术教育学院)有教育学一级学科硕士点,教育硕士、应用心理硕士专业学位授予权。现有全日制硕士研究生157名,非全日制硕士研究生96名。其中,职业技术教育(专业学位)是浙江省"一流学科",拥有全国重点建设职业教育师资培养培训基地,是教育部卓越教师培养项目依托学位点。师资力量雄厚,拥有教授5人,副教授15人,具有博士学位19人,外聘企事业单位实践导师10名,其中:5人入选浙江省151人才工程,10人入选校级学术带头人,10人入选校级青年学术骨干。本学位点分为加工制造类职教课程与教学、信息技术类职教课程与教学两个研究方向。

3. 安徽省

安徽师范大学生态与环境学院成立于2020年4月,由生态学专业、环境科学与工程专业和职业技术教育专业整合而成。学院现有在职教职工101人,其中专任教师74人,实验技术人员11人;拥有博士学位教师71人,其中教授20人,副教授28人,高级实验师(高级工程师)7人;拥有博士生导师14人,硕士生导师46人。职业技术教育专业学制为3年,全日制培养,2021年职业技术教育专业(资源环境方向),拟招生人数(统考)8人,拟招生人数(推免)2人,实际招生8人。

  课程设置体现理论与实践相结合的原则,分为学位基础课程、专业必修课程、专业选修课程、实践教学四个模块。总学分不少于36学分。专业选修课程分为"专业理论知识类课程"模块、"教学专业技能类课程"模块、"教育教学管理类课程"模块,每个模块开设2门选修课程,每门课程2学分。在每个模块中,学生需至少选修一门课程。实践教学包括校内实践和校外实践。实践教学可采取教育实习、教育见习、企业实践、微课、教学观摩、教育调查、行业企业调查、课例分析等实践形式。学生应以"职业学校课程开发、专业建设、教学设计的实践与应用"或"企业生产过程与岗位能力专题调研"为主题,提交1份研究报告。实践教学时间原则上不少于1年,其中到中等职业学校和企业进行实践活动的时间分别不少于三个月(尽可能采取顶岗实习的方式),包括校内实践(教学技能训练、微课、教学观摩和课例分析)(2学分)、教育见习(1学分)、企业教育研习(包括顶岗操作、行业企业调查)(1学分)、中等职业学校教育实习或企业实习(教学实习、班主任工作、学校管理、课程开发、企业调研等)(4学分)。实践教学时间不少于1学年,其中校外集中实践不少于1学期。校内实训在第一学年内完成,教育见习在第一学期完成,教育实习、教育研习应在第二学年完成。在行业企业、中高职院校设立稳定的校外实践教学基地,加强实践教学条件建设和制度建设,切实保障实践教学活动有效开展。2021级研究生选题如表3-10所示。

表3-10 2021级研究生选题(安徽师范大学)

序号	论 文 题 目
1	基于PBL模式的中职《环境学基础》课程教学设计研究
2	中职学校环境教育基地实践教学活动设计——以芜湖市环境教育基地为例
3	基于生态博物馆中职学校生态环境教育教学设计——以《环境生态基础》为例
4	基于"5E"教学模式的中职《环境保护》教学设计研究

(续表)

序号	论 文 题 目
5	中职《固体废物处理与处置》课程混合式教学设计研究
6	基于 OBE 理念的中职《环境微生物》教学设计研究
7	翻转课堂教学模式在中职《环境学基础》课程中的教学设计研究
8	基于情境教学的中职《环境微生物》课程教学设计研究

四、长三角职业技术教师培训工作现状

(一) 分省市的国培项目开展情况

1. 江苏省

江苏省中职教师的国培项目开展情况有待加强。从江苏省中职教师的新职师职业能力及培训现状的问卷调查收集的数据可以体现。在收集的 834 份问卷中,有 706 人最近三年没有参加过国培项目,占总人数 84.7%;有 128 人最近三年参加过国培项目,占总人数的 15.3%。

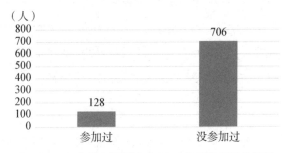

图 3-22 江苏省中职教师近三年参加国培项目的情况

2. 浙江省

浙江省中职教师近三年国培项目开展情况不容乐观。在收集的 148 份问卷中,144 人近三年都没有参加过国培项目,占总人数的 97.3%;4 人近三年参

加过国培项目,占总人数的 2.7%。

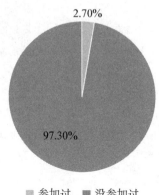

图 3-23 浙江省中职教师近三年参加国培项目的比例

3. 安徽省

安徽省中职教师近三年国培项目的开展仍需要加强。在收集的 609 份问卷中,有 225 人近三年参加过国培项目,占总人数的 36.9%;有 384 人近三年没有参加过国培项目,占总人数的 63.1%。

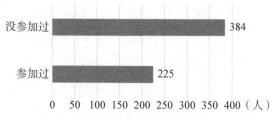

图 3-24 安徽省中职教师近三年参加国培项目的情况

4. 上海市

在上海市中职教师的国培情况调查中,一共收集了 76 份问卷,其中近三年参加过国培项目的有 29 人,占总人数的 38.2%;近三年没有参加过国培项目的有 47 人,占总人数的 61.8%。

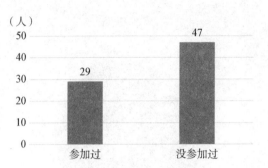

图3-25 上海市中职教师近三年参加国培项目的情况

(二) 分省市的省培项目开展情况

1. 江苏省

江苏省中职教师近三年的省培项目开展情况一般。在收集的834份问卷中,近三年参加过省培项目的有382人,占总人数的45.8%;近三年没有参加过省培项目的有452人,占总人数的54.2%。

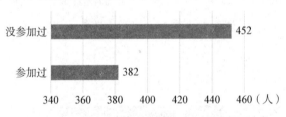

图3-26 江苏省中职教师近三年参加省培项目情况

2. 浙江省

在浙江省中职教师新职师职业能力及培训现状问卷调查收集的148份问卷中,有61人近三年参加过省培项目,占总人数的41.2%;有87人近三年没有参加过省培项目,占总人数的58.8%。

3. 安徽省

在安徽省中职教师近三年是否参加省培项目的问卷调查中,一共收集了609份问卷,近三年参加过省培项目的有237人,占总人数的38.9%;近三年没有参加过省培项目的有372人,占总人数的61.1%。

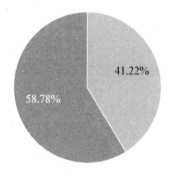

图 3-27 浙江省中职教师近三年参加省培项目的比例

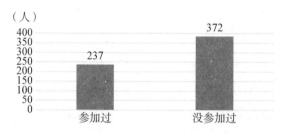

图 3-28 安徽省中职教师近三年参加省培项目的情况

4. 上海市

上海市中职教师省培项目的开展情况相对较好。在收集的 76 份问卷中，有 39 人近三年参加过省培项目，占总人数的 51.3%；有 37 人近三年没有参加过省培项目，占总人数的 48.7%。

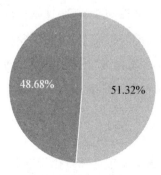

图 3-29 上海市中职教师近三年参加省培项目的比例

第三节 长三角职业技术教师培养培训政策分析

一、研究设计

(一) 数据来源

长三角地区的职业技术教育教师培养培训政策是对区域性职业教育的整体规划,为打造师德高尚、技艺精湛、专兼结合、充满活力的高素质"双师型"教师队伍提供了行动指南,为建设具备深厚理论基础知识和精湛专业技能的个体与群体教师队伍明确了发展方向。一方面,本部分聚焦于国家层面的政策文本;另一方面,本部分搜集了长三角地区的职业技术教师相关政策和文件,时间跨度为2019—2021年,综合采用了定性与定量相结合的方法,对所选取的23份政策文本进行了研究,所获得的研究成果包含了量化和质性两个维度,全面呈现了该阶段长三角地区职业技术教育教师教育的发展概况。

(二) 筛选方法

按照"资料检索—政策筛选—政策分析"的操作步骤对政策文本进行研究。首先,课题组以"职业教育""教师"作为内容主题,检索自2019年以来的所有中央、国家、地方所颁布的公开文件和政策,通过仔细阅读与对比,排除不相关的文本,获取了25份作为最初的分析样本。其次,编者以"双师型教师""职业技术教师""职业院校教师"为关键词进行手动检索,经过课题组的集体研讨,筛选了23份政策文本作为研究的最终样本。

(三) 分析方法

本部分所采用的分析方法是质性和量化相结合的方法。主要分为政策文本分析和政策内涵分析两部分,在政策文本分析中,聚焦"政策选择、机构、工具、频度、文种"等五个维度展开分析,采用Nvivo11软件,以政策工具为维度进行质性分析,绘制词云图,进行相关编码;在政策内涵分析上,主要通过对政策文本中特征内容的提取进行研究,以系统梳理与职业技术教师培养培训相关的政策文本之间的内在逻辑与关联度。

二、长三角职业技术教师培养培训政策文本分析

(一) 文本选择:政策文本主题与原则

本书以 2019 年以来国家权威部门发布的与职业技术教师培养培训相关的政策文本为研究对象,以"教师""职教教师"等关键词在中央人民政府网站、上海、江苏、浙江、安徽的省教育厅网站、教育局网站、中国教育部网站等渠道进行政策检索。政策文本的选择基于以下四个原则[①]:权威性原则,即选择以国家、地方层面为发文主体且公开发布的政策文本;关联性原则,即所选择的政策文本需要与职业技术教育教师培养培训关联紧密,若只谈到职业教育但未涉及职业技术教师培养培训的内容不纳入选择范围;规范性原则,即选择立法政策或行政政策,包括党和国家文件、工作文件、规范性文件等;有效性原则,即所选择政策文本必须是现行的政策文本。基于以上四点,共筛选出与职业技术教师培养培训相关的有效政策文本 23 份,时间跨度为 2019—2021 年,政策文本汇总表如表 3-11 所示。

表 3-11 2019—2021 年职业技术教师培养培训政策的汇总

政策名称	发布时间	发布主体	政策类型
《国家职业教育改革实施方案》	2019.1.24	国务院	国务院规范性文件
《建设产教融合型企业实施办法(试行)》	2019.3.28	国家发展改革委	部门规范性文件
《中国特色高水平高职学校和专业建设计划》	2019.3.29	教育部、财政部	部门规范性文件

---

① 何依恒,卢德生.21 世纪以来我国社区教育政策研究——基于 NVivo 的政策文本分析[J].成人教育,2022(10):34—40.

(续表)

政策名称	发布时间	发布主体	政策类型
《深化新时代职业教育"双师型"教师队伍建设改革实施方案》	2019.8.30	教育部、国家发展改革委、财政部、人力资源社会保障部	部门工作文件
《职业院校全面开展职业培训促进就业创业行动计划》	2019.10.16	教育部、人力资源社会保障部办公厅、国家发展改革委办公厅、工业和信息化部办公厅、财政部办公厅、住房城乡建设部办公厅等十四个部门	部门工作文件
《职业教育提质培优行动计划（2020—2023年）》	2020.9.16	教育部、国家发展改革委、工业和信息化部、财政部、人力资源社会保障部等九部门	部门规范性文件
《关于推动现代职业教育高质量发展的意见》	2021.10.12	中共中央办公厅、国务院	国务院规范性文件
《安徽省中等职业学校教师专业技术资格条件》的通知	2021.1.18	安徽省教育厅、安徽省人力资源和社会保障厅	部门规范性文件
《关于做好2021年中小学、中职学校教师正高级专业技术资格评审工作的通知》	2021.10.14	安徽省教育厅、安徽省人力资源和社会保障厅	部门规范性文件
《关于促进职业教育高质量发展的若干政策》	2021.5.11	常州市教育局	部门规范性文件
《关于推进中高职结对融合发展的实施意见》	2021.6.17	常州市教育局	部门工作文件
《深化新时代江苏职业教育"双师型"教师队伍建设改革实施办法》的通知	2020.9.22	江苏省教育厅、江苏省财政厅、江苏省发展和改革委员会、江苏省人力资源和社会保障厅	部门工作文件
《关于实施无锡市职业教育质量提升攀登计划（2021—2025)加快建设国家职业教育高地城市的意见》	2020.10.22	无锡市教育局、无锡市发展和改革委员会、无锡市工业和信息化局、无锡市财政局、无锡市人力资源和社会保障局、无锡市农业农村局、无锡市工商业联合会	部门工作文件
《2021年上海市职业教育工作要点》的通知	2021.3.23	上海市教育委员会	部门工作文件

(续表)

政策名称	发布时间	发布主体	政策类型
《关于举办2021年上海市职业院校教师素质提高计划国家级培训1+X制度试点建设中高职师资培训班》的通知	2021.10.9	上海市教育委员会、上海市师资培训中心	部门工作文件
《关于举办上海市中高职院校现代学徒制教师培训》的通知	2021.9.9	上海市教育委员会教学研究室	部门工作文件
《上海市教育委员会〈关于成立上海市职业教育教师培训工作领导小组〉的通知》	2021.5.31	上海市教育委员会	部门规范性文件
《上海市深化产教融合协同育人行动计划(2021—2025年)》	2021.12.3	上海市教育委员会、上海市发展和改革委员会、上海市经济和信息化委员会、上海市人力资源和社会保障局、上海市国有资产监督管理委员会	部门工作文件
《职业院校教师素质提高计划指导方案》	2021.8.4	教育部、财政部	部门工作文件
《浙江省深化产教融合推进职业教育高质量发展实施方案》	2020.11.16	浙江省办公厅	部门规范性文件
《浙江省职业教育教师教学创新团队建设方案浙江省职业教育提质培优行动计划(2021—2023年)》	2021.11.8	浙江省教育厅、浙江省发展改革委、浙江省经信厅、浙江省财政厅、浙江省人力资源和社会保障厅、浙江省农业农村厅	部门工作文件
《浙江省中等职业学校非师范类专业新教师入职培训实施方案》	2020.7.20	浙江省教育厅	部门工作文件
《浙江省中小学教师专业发展培训工作绩效考核指标》	2021.11.26	浙江省教育厅	部门规范性文件

(二) 机构分析:政策发文主体分析

根据政策统计表,政策的颁布主体主要有两类:一类是单独颁布,另一类是联合颁布。在以单独主体形式颁布的政策文本中,主要有国务院(1份),国家发展改革委(1份),地方教育主管部门(8份);以联合主体形式颁布的政策文本中,涵盖了国家教育部、地方教育主管部门、省教育厅、财政部等多方力量。从2019—2021年我国职业技术教师培养培训政策汇总表中可以发现,教育部在政策文本发布中占据主导地位,人力资源社会保障部门也发布了一定数量的政策,这是由于职业教育的就业导向性,社会多个部门联系较为紧密,联合发布了多项关于职教教师的培养培训相关政策。通过对2019—2021年的政策文本研究发现,该时期的职业技术教育教师发展政策数量较多。

第一,2019年和2020年,出台相关政策数量均为5份,占总数的22.7%。2019年,在《国家职业教育改革实施方案》(简称"职教20条")颁布以后,开启了国家对职业教育的重视关键年,使得职业教育方面的政策文本开始起步。"双师型教师""职业技术师范院校""教师队伍建设"等成为政策和研究的高频词;2020年,教育部、国家发展改革委、工业和信息化部、财政部、人力资源社会保障部等九部门联合印发了《职业教育提质培优行动计划(2020—2023年)》,从全局上提出了要提升教师的"双师"素质,并提出:到2023年,专业教师中"双师型"教师的占比要超过50%,从根本上提高职业院校教师的能力与素质。同年,江苏、无锡、浙江围绕职业教育建设,分别发布了《深化新时代江苏职业教育"双师型"教师队伍建设改革实施办法》《关于实施无锡市职业教育质量提升攀登计划(2021—2025)加快建设国家职业教育高地城市的意见》《浙江省深化产教融合推进职业教育高质量发展实施方案》《浙江省中等职业学校非师范类专业新教师入职培训实施方案》,这些政策体现出了长三角地区不同地域在职业技术教育教师培养培训方面的针对性与独特性。第二,2021年出台政策数量最多(13份),约占总数的56.5%。由此可见,国家和地方在职业教育师资培训方面已经给予了一定程度的重视。

(三)频度分析:政策数量与词频分析

通过对职业技术教师培养培训的政策研究发现,随着职业教育的蓬勃发展,国家对职业技术教师的培养培训重视程度越来越高,该方面所涉及的有关部门也越来越多,近年来,所设置的政策文本数量也越来越多。

本书采用Nvivo11软件,结合文献计量和内容分析方法"对话"23份职业技术教师培养培训的政策文本。文献计量是对公共政策文本的数量、发布时间等非内容要素进行分析的方法;内容分析则是通过对文献的内部结构、关注要点、社会影响等多个维度进行再分析的方法。通过两种方法由表及里,首先通过对政策文本中的词汇频数进行统计,设置检索条件为显示前50个频率最高的词语,如图3-30所示,对23份职业技术教师培养培训政策文本进行"词频统计",导出"词汇云"。"词汇云"中字号越大代表其出现频率越高。由图3-30可知,职业技术教师培养培训政策中出现频次最多的词汇有:职业、教育、教师、培训、学校、建设等。对高频词汇分类,剔除建设、协同、实施等动词,发现教师、教育、培训与教学等是国家在制定职业技术教师培养培训政策时关注的重点。但这一词云图并不能完全说明政策制定的重点关注内容,在此基础上需要进一步进行编码分析。

图3-30　23份职业技术教师培养培训政策文本的词汇云

(四) 工具分析:政策工具类型分析

本书主要从政策工具视角进行职业技术教师培养培训政策分析。有关政策工具的划分方法很多,本书根据职业技术教师培养培训政策的特点,采纳施耐德和英格拉姆、麦克唐纳和埃尔莫尔的分析方法,基于政策目标的不同,将政策工具分为权威工具、激励工具、能力工具、象征与劝诫工具和系统变革工具。权威工具即政府以强制性的方式发布政策,希望达到服从的效果,在职业技教师培养培训中体现为量化标准、命令规定、制度约束；激励工具即政府通过给予财政补贴鼓励人们执行政策，在职业技术教师培养培训政策文本中表现为财政补贴、津贴保障、教师奖励等；能力工具即以信息、资源的方式呈现，在政策文本中表现为改善培训、强化技能、提质培优；象征与劝诫工具认为，目标群体是基于自身的信念开展活动，多以传递价值信念的方式激励人们按照政策的方式行动，在政策文本中表现为政策鼓励、宣传引导、荣誉表彰等；系统变革工具是指通过系统变革、重组或权力、责任的重新分配来实现政策目标，在政策文本中表现为资源配置、体系建立。①

表3-12 政策工具类型文本节点和参考点统计

维度	父节点	子节点	材料来源	参考点
政策工具类型	权威工具	量化标准、命令规定、制度约束	12	83
	激励工具	财政补贴、津贴保障、教师奖励	6	6
	能力工具	改善培训、强化技能、提质培优	7	18
	象征与劝诫工具	政策鼓励、宣传引导、荣誉表彰	7	13
	系统变革工具	资源配置、体系建立	14	38

以政策工具类型为维度对政策文本进行编码统计，形成职业技术教师培养培训政策工具类型的节点和参考点，统计结果显示，系统变革工具编码数量最多，参考点共计38个，涉及14份政策文本。在二级编码中，命令规定、体系建立出现的频率较高，这说明在该类政策文本中，政府注重使用体系建立、资源配置等政策对职业技术教师的培养培训进行规划，而激励奖励采用的表彰鼓励措施并不多。其次是权威工具，参考点共计83个，涉及12份文本。在二级编码中，命令规定、制度约束出现频率较高，说明在政府所颁布的政策中对命令、规定的统筹性规划要求多一些。再次是能力工具、象征与劝诫工具，参考点为18、13个，均涉及了7份文本；最后是激励工具，其参考点总计为6个，涉

---

① 谯欣怡，张玲玲. 21世纪以来我国职业教育政策研究——基于Nvivo的政策文本分析[J]. 职业教育研究，2021(2)：11—16.

及6份文本,可以看出在职业技术教师的培养培训中对于激励手段的使用并不多。

(五) 文种分析:政策文本分类

本书选取2019—2021年之间长三角地区的职业技术教师培养培训相关政策涵盖了多种文体,对职教师资的培养培训、资格认定、教师队伍管理与建设等方面均具有宏观的指导意义,按照文体对23份政策文本进行分类:第一类是条例、指标;第二类是方案、计划、意见;第三类是通知公告。

经过统计发现,首先,方案类政策文本最多,有15项,占到所选取的职业技术教师培养培训政策的65%;其次是通知公告类,共计7份,占比30%;最后是指标类,仅有1项。从政策的文本种类来看,方案类的政策文本较多,其中的纲领性文件是《国家职业教育改革实施方案》,可以看出,相关政策的法律属性和级别不高,更多地倾向于指导职教教师的培养与培训,为职教教师的培养培训指明方向、规划路径,这意味着在职教师资培养方面的硬性条例缺失,缺乏较高的约束力,这在一定程度上影响了职业技术教师培养培训的发展性与持续性。

表3-13 长三角职业技术教师培养培训政策文种

政策文种	条例、指标	方案、计划	通知公告
政策数量(个)	1	15	7
占比	4%	65%	30%

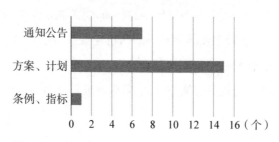

图3-31 长三角地区职业技术教师培养培训政策文种

三、长三角职业技术教师培养培训政策内涵分析

(一) 政策目标

"建设一支什么样的职教师资队伍"是政策制定者的首要关切[①],经过多年探索,我国的职业教育教师队伍建设逐步聚焦于"双师型"教师,"双师"素质成为职业技术教师培养培训的首要目标。近年来,国家、地方多方协同采取多项措施共同推进"双师型"教师队伍建设。2019年,国务院颁布的《国家职业教育改革实施方案》中明确了"双师型"教师的内涵(同时具备理论教学和实践教学能力的教师),同时强调"双师型"教师要占专业课教师总数的一半;同年,《深化新时代职业教育"双师型"教师队伍建设改革实施方案》对职业院校教师资格准入又进行了补充,增加了职业技术师范院校培养的"双师型"教师一项。至此,职业院校的教师准入条件调整为职业技术师范院校培养的"双师型"教师,形成了统一标准的职业教育教师准入制度。

为了提高职业教育质量,培养高素质的技术技能型人才,国家重点强调了职教教师的培养目标。2019年,教育部、财政部联合发布《中国特色高水平高职学校和专业建设计划》,提出要以"四有"标准打造数量充足、专兼结合、结构合理的高水平双师队伍;同年,在《深化新时代职业教育"双师型"教师队伍建设改革实施方案》中,强调要兼顾"双师型"教师的个体成长和教学团队建设,提升队伍建设的整体水平;2021年,中共中央办公厅、国务院发布了《关于推动现代职业教育高质量发展的意见》,从制度标准的层面,要求制定招聘、职称评定、绩效考核相关标准,再一次对职业技术教师的队伍建设进行了规划。此外,自2020年以来,长三角地区围绕《国家职业教育改革实施方案》以及各项政策文件,发布了多项教师队伍质量提升方案或办法,着力促进长三角地区职业技术教师队伍的高质量发展。

---

① 丁力.中国职业技术教育教师发展报告 2012—2022[M].上海:华东师范大学出版社,2023.

表 3-14 政策目标(相关重要文件)

年份	文件	目标
2019	《中国特色高水平高职学校和专业建设计划》	以"四有"标准打造数量充足、专兼结合、结构合理的高水平双师队伍
2021	《关于推动现代职业教育高质量发展的意见》	加强师德师风建设,全面提升教师素养。制定双师型教师标准,完善教师招聘、专业技术职务评聘和绩效考核标准
2019	《深化新时代职业教育"双师型"教师队伍建设改革实施方案》	加强师德师风建设,突出"双师型"教师个体成长和"双师型"教学团队建设相结合,提高教师教育教学能力和专业实践能力,优化专兼职教师队伍结构,大力提升职业院校"双师型"教师队伍建设水平
2019	《职业院校全面开展职业培训促进就业创业行动计划》	培养一大批能够同时承担学历教育和培训任务的教师,适应"双岗"需要的教师占专业课教师总数60%。对专业课教师进行针对性培训,培养一大批适应"双岗"需要的教师,使教师能驾驭学校、企业"两个讲台"

(二) 政策理念

职业技术教师的培养工作主要由职业技术师范院校负责。一方面,国家层面,在职业技术教师资格认定中,《关于推动现代职业教育高质量发展的意见》中明确指出,要完善职业教育教师资格认定制度,在国家教师资格考试中强化专业教学和实践要求,加强职业技术师范学校的建设,《深化新时代职业教育"双师型"教师队伍建设改革实施方案》提出,需要全面落实教师 5 年一周期的全员轮训制度,对接"1+X"证书制度试点和职业教育教学改革需求,认定 300 个"双师型"教师培养培训示范单位。由此可以看出,国家对职业技术教师的认定标准建设的重视。另一方面,地方层面,安徽省教育厅联合人力资源和社会保障厅发布了《安徽省中等职业学校教师专业技术资格条件》认定的条例;江苏省提出"新入职的专业课教师均须接受至少连续 6 个月的企业实践和 6 个月教育教学能力提升培训";浙江省出台了《浙江省中等职业学校非师范类专业新教师入职培训方案》,对课程模块、培训实施、培训组织等方面进行多方规定;上海市成立了职业教育教师培训工作的领导小组统筹工作,同时举办了"1+X"制度试点建设中高职师资培训班、现代学徒制教师培训等师资培训项目。多类培训项目的协同开展,多维度的认定标准,都为打造职业技术教师骨干队伍提供了有力保障,这使职业技术教育专业及非专业的教师都能够具备专业的理论与实践能力,学会教学,学会学习,真正提高职业教育专业学生的能力与水平。

(三) 政策举措

职业教育的跨界属性决定了职业院校教师需要满足在职业院校教学和工作场景中授课两方面的实际需求,基于这一逻辑,职业教育教师的培养并非单纯是教育领域的工作。经过统计发现,在所选择的 23 份政策文本中,有 13 份政策是由多主体联合发布的,这体现了职业教育的"职业性",职业教育与普通教育是不同类型的教育,为确保职业技术教师队伍的吸引力,国家教育部、财政部、国家发展改革委、人力资源社会保障部等多方主体联合保障职业技术教师的培养标准,将其作为国家的重点工作任务,从理论上来说,"双师型"教师并非是一种身份认定,而是对教师的关键能力的综合权衡。因此,需要将制度需求与教师的发展需求相结合。在实践层面,多项政策文本提出了要求教师开展企业实践,通过实际的工作经历来提升自己的现场经验与专业技能,确保职业技术教师队伍的专业性,并建立协同培养机制,保障师资队伍培养的协同性。

第四节 长三角职业技术教师培养培训工作的举措

本节主要阐述 2021 年度长三角职业技术教师培养培训工作的主要举措及典型案例。长三角地区职业技术教育教师培养的数据主要来自江苏省、安徽省、浙江省和上海市培养职业技术教师的院校层面,包括职教师范生(本科)和职教专硕(硕士)培养的相关数据和经验归纳。职业技术教师培训的数据主要来源于江苏省、安徽省、浙江省和上海市各省级、市级和校级层面的 2021 年度高等职业教育及中等职业教育质量报告。

目前,长三角地区的职业技术教师培养主要由职业技术师范院校和普通高等院校的二级学院承担,涉及本科教育和研究生教育,致力于解决中等职业教育发展和职业教育师资供需之间的矛盾。在职业技术教师培训方面,长三角地区在实践中探索出有效举措,形成了多种成熟的培训模式。

一、江苏省职业技术教师培养培训工作的主要举措

(一) 职教师范生培养

江苏省的职教师范生培养工作主要由江苏理工学院承担,该校作为职业技术师范教育的"老八所"之一,始终坚守"立足职教、服务职教、引领职教"的初心使命,将为中等职业教育培养专业师资作为学校的根本任务,持续推进职教师范生培养的探索与改革。

2021年,江苏理工学院开设应用化学(师范)、电子信息工程(师范)、汽车服务工程(师范)、市场营销(师范)等13个职业技术教育师范专业,招收近500名职教师范生。在不断探索中,江苏理工学院构建了卓越职教师资"六·三"培养体系,为国家中等职业教育发展输送了大批优秀师资。①

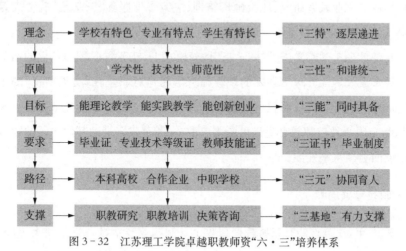

图3-32 江苏理工学院卓越职教师资"六·三"培养体系

(1)"三特"逐层递进的办学理念。学校逐步创立了"学校有特色、专业有特

---

① 葛宏伟,王志华.卓越职教师资"六·三"培养体系构建与实施——以江苏理工学院为例[J].职业技术教育,2021(2):48—52.

点、学生有特长"的"三特"逐层递进办学理念。学校的使命与特色是为职业教育培养卓越师资，专业的设置要紧密结合社会经济和中等职业教育发展实际需求而进行的，学生的培养目标是成为中等职业学校教师，这类学生需要专业知识、职业技能、教师德行与教育教学能力的综合训练。

（2）"三性"和谐统一的培养原则。学校确立了学术性、技术性和师范性"三性"和谐统一的培养原则。学术性是高等教育的首要特点，技术性是职业技术师范教育人才培养的根基与本源，师范性强调既要进行专业技术教育，又要进行教育教学理论学习和教师教学技能训练。

（3）"三能"兼具的卓越职教师资。学校确立了既能从事理论教学，又能从事实践教学，还能开展创新创业的"三能"卓越职教师资培养目标。

（4）"三证书"缺一不可的毕业制度。学校创立了毕业证书、专业技术等级证书、教师职业基本技能证书"三证书"缺一不可的毕业制度。

（5）校企校"三元"协同育人的培养路径。学校与企业、中等职业学校建立深度合作关系，明确各自职责，实现多主体协同育人。

（6）"三基地"有力支撑的环境条件。在卓越职教师资培养支撑条件方面，学校形成了职业教育研究、职教师资培训、决策咨询服务"三基地"有力支撑的环境条件，有效促进和保障了职教师资人才培养质量。

在江苏理工学院实施的"六·三"培养模式下，江苏省职教师范生的培养取得了许多成效。江苏理工学院的职教师资培养是对职业教育"类型观"的主动回应，是探索中国特色、职教特点的教师教育目标、理念、方法与路径的一次尝试[1]，为全国职教教师教育提供可资借鉴的"江苏范式"，带动其他地区的职教师资培养向更高水平发展。

（二）职教专硕培养

2021年，江苏省共有三所院校招收全日制职业技术教育专业硕士，分别是苏州大学、南京师范大学、江苏师范大学，具体招生信息如表3-15所示。

---

[1] 朱林生."新职师"带领职教师资建设走入新阶段[N].中国教育报，2019-10-22(9).

表 3-15 江苏省职教专硕具体招生信息

招生院校	院系所	研究方向	拟招生人数
苏州大学	教育学院、教育科学研究院	(01)加工制造;(02)信息技术;(03)交通运输;(04)财经商贸;(05)文化艺术	12
南京师范大学	教育科学学院	(01)加工制造;(02)旅游服务;(03)文化艺术;(04)信息技术	29
江苏师范大学	机电工程学院	加工制造	5

从培养目标来看,职教专硕是要培养具有现代教育观念、较高理论素养、研究能力和教育实践能力的应用型中等职业学校专业课教师,能够胜任中等职业学校教育教学和管理工作,并能进行创造性的研究与教育教学等工作。从专业实践来看,职教专硕需要进行教育实践和企业实践,包括教育实习、教育见习、企业实践、微格教学、教育调查、行业企业调查、课例分析、班级与课堂管理实务等实践形式。从课程设置来看,职教专硕课程由专业必修课程(公共学位课程、基础学位课程、专业必修课程等)、专业选修课程、专业实践课程三部分组成,涵盖教育学原理、课程与教学论、专业教学设计与案例分析、专业课程开发与教材分析、职业教育国际比较等专业教育类课程,以及不同研究方向的专业学科课程。

(三)职业技术教师培训的主要举措

1. 实施分级分层分类的培训项目体系

基于高职教师培训项目建设规划,江苏省2021年度组织实施国家级培训项目74项,培训学员4216人;组织省级培训项目76项,培训学员4030人,形成了分层分类的培训项目体系。培训层次分别是新入职教师、青年教师、骨干教师、专业带头人与团队,培训类别分别是职业院校教师示范培训项目、卓越校长专题研修、中高职教师素质协同提升研修、骨干培训专家团队建设、创新项目、"三教"改革研修项目、名师名校长育训项目、校企双向交流项目、骨干教师教学能力提升培训、网络研修专题培训、管理者专项培训、专项服务类培训。培训项目课程开发聚焦双高建设和教师发展需要,开展全省高职教师需求调研,确保任务指标与需求调研基本吻合。培训内容的设定与各高职院校制定的校本培训相结合,形成了国家、省和学校各有定位、相互错位的培训体系。

在中等职业教育培训方面,江苏省积极开展中职学校教师培训项目,培训主题涵盖骨干教师教育教学能力提升、专业负责人专业建设、初任教师专业能力提升以及兼职教师培训等。根据中等职业学校不同专业大类,分别开设旅游服务类、现代制造类、交通运输类等多种类别的专题培训项目。培训形式多样,诸如"专题报告+交流研讨+分组实务操作"的工作坊教学模式、网络研修、企业实践锻炼等,以提升职业学校教师教育教学水平和专业综合实践能力。

2. 以教学大赛促进教师教学能力提升

江苏省以教师教学能力提升为目标,以教学大赛为抓手,职业院校坚持"以赛促教、以赛促研、以赛促建、以赛促改"的总体思路,通过各级教学大赛推进高水平、结构化教师教学团队建设,提高教师的师德践行能力、专业教学能力、综合育人能力和自主发展能力,推动示范性教学,促进"能说会做"的"双师型"教师成长。①

2021年,江苏省共有118所中等职业院校、1 403名选手、679件作品参加了中职组的比赛,共有80所高等职业院校、2 747名教师、777件作品参加了高职组教学大赛,参加院校和教师数均比往年有一定提高。最终,共确定一等奖149个(其中中职组70个,高职组79个)、二等奖293个(其中中职组137个,高职组156个)、三等奖431个(其中中职组203个,高职组228个)。② 部分获奖单位及作品如表3-16所示。

---

① 本书编委会. 江苏省高等职业教育质量年度报告(2022)[EB/OL]. (2021-12-06)[2022-11-15]. https://www.tech.net.cn/column_rcpy/art.aspx?sf=%E6%B1%9F%E8%8B%8F%E7%9C%81&nd=2022&type=1.
② 江苏省职业院校教学大赛组委会. 2021年江苏省职业院校教学大赛拟获奖名单公示[EB/OL]. (2021-07-16)[2022-11-15]. http://doe.jiangsu.gov.cn/art/2021/7/16/art_58320_9889759.html.

表 3-16　江苏省教师教学大赛部分获奖情况

组别	序号	单位	作品	类别	等级
中职组	1	江苏省扬州旅游商贸学校	匠心逐梦——裱花装饰蛋糕的制作	旅游大类	一等奖
	2	江苏省溧阳中等专业学校	城市综合体电梯梯群预警维护	装备制造大类自动化类	一等奖
	3	南京市莫愁中等专业学校	"非遗+科技"让书画文物活起来——明清书画文物修复综合实践	文化艺术大类	一等奖
	4	江苏省江都中等专业学校	"绿"色喷涂，"漆"彩人生——汽车水性素色漆施工工艺	交通运输大类	一等奖
	5	常州市高级职业技术学校	农村污水处理云计算控制	电子与信息大类	一等奖
高职组	1	常州信息职业技术学院	智能视觉识别	电子与信息大类	一等奖
	2	南京信息职业技术学院	基于 Arduino 的智能导览小车	电子与信息大类	一等奖
	3	江苏城市职业学院	学健身瑜伽，立文化自信	教育与体育大类	一等奖
	4	南京信息职业技术学院	"智慧大脑"——智能网联汽车自动驾驶控制系统装调与检测	交通运输大类	一等奖
	5	江苏农林职业技术学院	精酿啤酒生产技术	轻工纺织大类	一等奖

3. 以教学创新团队推动教师共同发展

江苏省把教师教学创新团队建设作为学校、专业建设的核心要素，有 13 个团队入选首批国家教学创新团队，并取得了一批高水平成果。2021 年，江苏省高等职业院校又有 19 个团队入选第二批国家级职业教育教师教学创新团队[①]（表 3-17），入选数量均居全国第一。

---

① 中华人民共和国教育部. 第二批国家级职业教育教师教学创新团队立项建设单位名单[EB/OL]. (2021-09-08)[2022-12-01]. http://www.moe.gov.cn/fbh/live/2021/53730/sfcl/202109/t20210908_560516.html.

表 3-17 江苏省高等职业院校入选第二批国家级职业教育教师教学创新团队名单

序号	学校名称	团队专业
1	南京工业职业技术大学	机械电子工程技术
2	常州工程职业技术学院	智能焊接技术
3	常州机电职业技术学院	数字化设计与制造技术
4	常州信息职业技术学院	信息安全技术应用
5	江苏工程职业技术学院	新能源装备技术
6	江苏海事职业技术学院	电气自动化技术
7	江苏航运职业技术学院	船舶动力工程技术
8	江苏经贸职业技术学院	智慧健康养老服务与管理
9	江苏农林职业技术学院	现代农业技术
10	江苏农牧科技职业学院	宠物养护与驯导
11	江苏食品药品职业技术学院	食品检验检测技术
12	南京科技职业学院	绿色生物制造技术
13	南京铁道职业技术学院	现代物流管理
14	苏州工艺美术职业技术学院	文化创意与策划
15	苏州经贸职业技术学院	跨境电子商务
16	苏州农业职业技术学院	现代农业技术
17	无锡商业职业技术学院	旅游管理
18	无锡职业技术学院	电气自动化技术
19	徐州工业职业技术学院	高分子材料智能制造技术

在中等职业教育师资培训方面,江苏省遴选了多个中等职业教育教师教学创新团队培育对象,各团队深入开展校企合作,为推动职业教育教学改革创新,加强高素质"双师型"教师队伍建设提供了强有力的师资支撑。

表3-18 江苏省中等职业学校教师教学创新团队培育对象名单①

序号	学校名称	专业方向	团队负责人
1	无锡机电高等职业技术学校	电子与信息技术	成洁
2	常州刘国钧高等职业技术学校	机电一体化技术	王猛
3	江苏省宜兴中等专业学校	机电技术应用	缪朝东
4	江苏省沭阳中等专业学校	机电技术应用	孙兆化
5	江苏省靖江中等专业学校	机械制造技术	徐刚
6	江苏省通州中等专业学校	机电技术应用	姜汉荣
7	江苏省灌南中等专业学校	机电技术应用	周如俊
8	江苏省徐州经贸高等职业学校	物流服务与管理	张广敬
9	江苏省海门中等专业学校	计算机应用	崔志钰
10	江苏省南京金陵中等专业学校	汽车运用与维修	周乐山
11	扬州高等职业技术学校	电子信息工程技术	赵杰
12	连云港中医药高等职业技术学校	护理	陈敏
13	江苏省徐州市张集中等专业学校	现代农艺技术	刘召华
14	江苏省靖江中等专业学校	机电技术应用	朱照红
15	江苏省溧阳中等专业学校	机电设备安装与维修	王云清
16	苏州旅游与财经高等职业技术学校	旅游管理	臧其林
17	江苏省宿迁中等专业学校	电子商务	张举
18	无锡卫生高等职业技术学校	护理	邵阿末
19	江苏省句容中等专业学校	现代农艺技术	程林
20	江苏省徐州财经高等职业学校	会计	李辉
21	盐城机电高等职业技术学校	数控技术	高晓东
22	南京高等职业技术学校	工程造价	杨正民
23	苏州建设交通高等职业技术学校	汽车检测与维修技术	谢永东

① 来源：省教育厅办公室关于公布2020年省中等职业教育教师教学创新团队培育对象名单的通知[EB/OL].（2020-12-18）[2022-12-07]. https://www.szjsjt.com/_upload/article/files/47/3d/baf78ef24a02aa77a583dd5d7e92/e6fbbe5e-9724-4c6a-b6b5-b1184cc907aa.pdf.

(续表)

序号	学校名称	专业方向	团队负责人
24	江苏省张家港中等专业学校	机电一体化	朱劲松
25	江苏省淮安中等专业学校	数控技术应用	韩玉娟
26	镇江高等职业技术学校	旅游管理	潘俊
27	江苏省淮阴商业学校	建筑工程施工	刘凤
28	江苏省南京工程高等职业学校	应急管理与减灾技术	许曙青
29	江苏省扬州旅游商贸学校	旅游服务与管理	濮德锁
30	盐城生物工程高等职业技术学校	园艺技术	束秀玉

4. 以职教名师引领教师专业发展

江苏省职业教育"双师型"名师工作室和技艺技能传承创新平台建设单位在专业建设、学生专业技能培养、校企合作育人等方面发挥示范引领作用,全面推进人才培养的高质量发展。

常州市各职业学校以名师工作室为核心,成立学习共同体,共同开展专业建设、课程建设、教学改革、课题研究等,全面提升学校办学水平。截至 2021 年,常州市共有省级及以上名师工作室 22 个,团队成员 241 人,开展活动 203 次。① 盐城市积极开展检查评比,进一步深化全市中等职业学校名师工作室建设,推动名师共同体建设,发挥名师工作室的引领作用,并配合做好"江苏省职业教育名师工作室"建设管理和考核组织工作。② 南京市职业教育积极组织教师培训,成立名师工作室骨干成员高级研修班,围绕职业教育核心素养的理解与教学实践,形成线上线下融合的教师专业发展共同体。截至 2021 年,南京市已建成 60 个"双师结构+双师素质"的职业教育优秀教学团队,每年有几十位教师获得"江苏省技术能手""江苏省青年岗位能手"等荣誉称号;建立了 61 个市名师工作室,20 个省名师工作室,培养市"优青"300 名和市"学科带头人"

---

① 常州市教育局. 2021 年常州市中等职业教育质量年度报告[EB/OL]. (2022-01-19)[2022-11-15]. http://www.changzhou.gov.cn/ns_news/693164256428582.

② 盐城市教育局. 盐城市中等职业教育质量年度报告(2021)[EB/OL]. (2021-12-20)[2022-11-15]. http://www.yancheng.gov.cn/art/2021/12/20/art_13201_3778256.html.

292名。①

二、浙江省职业技术教师培养培训工作的主要举措

(一) 职业技术教师培养的主要举措

1. 职教师范生培养

浙江工业大学作为浙江省培养职教师范生的院校,深入实施"卓越职教师资培养2.0计划",强化"学术性、技术性、师范性"融合的职教师资培养特色,着力培养高素质专业化创新型卓越职教师资。

浙江工业大学在实践中总结归纳出"一体两翼双跨"育人模式,以教育科学与技术学院(职业技术教育学院)为主体,整合职业技术教育学科和工程教育、技术教育优势,贯彻"学术性、技术性、师范性"融合的职教师资培养理念,同步开展职业技术师范教育和职业教育本硕一体办学,跨学科跨专业协同培养高层次应用型人才,发挥学校在浙江省教育综合改革中的主体作用,全力支撑浙江

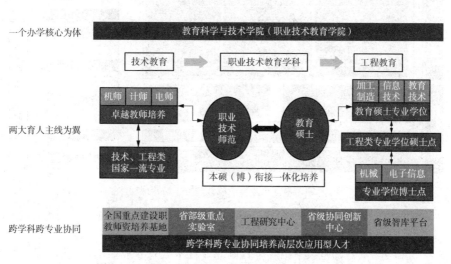

图3-33 浙江工业大学"一体两翼双跨"育人模式改革

---

① 南京市教育局. 南京市中等职业教育年度质量报告(2022)[EB/OL]. (2021-11-18)[2022-11-15]. https://www.njzj.net/zlbg2022/cms/post-517663.

省职业教育改革发展。①

2021年,浙江工业大学共开设教育技术学(师范)、计算机科学与技术(师范)、电气工程及其自动化(师范)、机械工程(师范)四个职业技术教育师范专业,为浙江省培养大批复合型、高素质的"双师型"职教师资。在职教师范生的课程体系方面,浙江工业大学推进工程学科和教育学学科跨学科课程体系改革,建立专业教育与教师教育相融合的跨学科跨专业教学团队,依据目标、整体结构、内容之相互关系,构建了通识课程、学科专业课程以及教师教育课程协同的课程体系;新建或改造了信息技术教学法、工程技术教学法、教师教学技能训练等专业特色课程及理实一体化课程,加强跨学科课程融合,适当减少生均课程门数,增加课程含金量。②

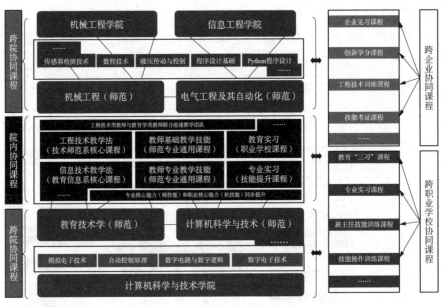

图3-34 浙江工业大学职教师范生培养课程体系

2. 职教专硕培养

2021年,浙江师范大学招收全日制职业技术教育专业硕士,共开设五个方向,分别为财经商贸、旅游服务、加工制造、信息技术和交通运输。财经商贸和

---

① 资料来源于浙江工业大学教师处调研报告。
② 资料来源于浙江工业大学教育科学与技术学院专业建设工作报告。

旅游服务方向开设在经济与管理学院,各自拟招收 27 人和 24 人,加工制造、信息技术和交通运输方向开设在工学院,各自拟招收 14、12 人和 15 人。

浙江师范大学在职教专硕培养上注重与中职学校进行联合培养,创新研究生培养体制。充分发挥校外实践基地作用,共同合作开展人才培养、课题研究、师资培训等,着力培养大批理论水平高、专业技能强并具有创新能力的职教硕士,并主动投入社会发展。

(二) 职业技术教育教师培训的主要举措

1. 构建高效多元的培训体系

浙江省依托浙江工业大学平台开展职教师资培训工作,构建了"一个中心、两个机构、三个维度、四级体系、五种模式"的职教师资培训体系。"一个中心"是指浙江省职教师资培训中心,"两个机构"是指基地建设协调工作委员会和师资培养培训专家咨询委员会,"三个维度"是指专业理念与师德、专业知识、专业能力,"四级体系"是指省级、市级、县区级和校本,"五种模式"是指集中培训、网络研修、访工访学、国家培训和海外研修模式。浙江省在职教师资培训体系的支撑下,依托各类发展资源平台,开展了层次清晰、阶梯递进的职教教师培训项目,满足教师业务水平、教学能力和专业化发展的需要。具体培训项目信息如表 3-19 所示。[①]

表 3-19 浙江省职业院校教师系列培训项目

项目类别	高职	中职
名校长培养工程		√
名师培养工程		√
专业带头人领军能力研修	√	√
"双师型"教师专业技能培训		√
优秀青年教师跟岗访学	√	√
中高职衔接专业教师协同研修		√
骨干培训专家团队建设	√	√
紧缺领域教师技术技能传承创新		√

---

① 资料来源于浙江工业大学教师处调研报告。

(续表)

项目类别	高职	中职
海外培训	√	√
1+X证书培训	√	√
新教师培训	√	√

2021年,全省约3.5万名中职学校专任教师参加国家级、省级等各级各类培训,培训人次累计为12.7万人次,完成培训共计279.6万学分;举办"双高"职业学校建设专题师资及中高职一体化提升班共计18个批次,来自全省200多所中职学校1450多名校长、教师和教研员参加了培训提升行动。①

2. 以企业实践助推"双师"能力提升

浙江省探索多元培养举措,开展分层分类教师下企业社会实践,规范访问工程师项目考核管理,推动"双师"教师培养培训基地建设,培育专兼结合教师团队等。浙江机电职业技术学院与浙江中控集团、海康威视等行业企业合作共建100余个"双师培训基地",开展专业教师"五年一轮训"下企业锻炼。②

在湖州市,中等职业学校全面落实五年一周期的教师全员培训制度,通过国内外培训、进企业锻炼、技能比赛、校本研训等方式提升教师素养;实施新教师上岗前培训和企业实践制度,对非师范类毕业的新任教师实行"师范教育+企业实践"见习培训制度,不断提升教师队伍素养。③

3. 以领军人才带动师资队伍结构优化

2021年,浙江省高职院校入选第二批国家级职业教育教师教学创新团队20个,立项全国职业院校教师教学创新团队建设体系化课题研究项目3项,均位居全国第二。实施人才培养支持项目,优化师资队伍结构,进一步推动教师

---

① 浙江省教育厅. 2021年浙江省中等职业教育质量年度报告[EB/OL]. (2022-05-09)[2022-11-15]. http://www.zjzcj.com/news/55114.
② 浙江省教育厅. 浙江省高等职业教育质量年度报告(2022)[EB/OL]. (2021-12-15)[2022-12-15]. https://ddzx.tjtc.edu.cn/zj-zlnb-2022.pdf.
③ 湖州市教育局. 2021年湖州市中职教育质量年度报告[EB/OL]. (2022-03-18)[2022-11-15]. http://www.zjzcj.com/news/54426.

队伍提效增能。浙江工业职业技术学院推动领军人才培养工程、专业带头人培养工程、名师名匠以及名团队培养工程,实施"4523"人才高地计划,重点引培一批专业学科带头人、教学名师、高职称高学历人才、技术人才和技能大师、管理人才、国际化人才等"六个一批"人才。①

中等职业学校有序开展教师教学创新团队建设工作,推进人才培养质量持续提升,分级打造师德高尚、技艺精湛、育人水平高超的青年骨干教师、专业带头人、教学名师等高层次人才队伍;研制《浙江省职业院校教学创新团队建设方案》,聚焦打造50个满足职业教育教学和培训实际需要的高水平、结构化的省级教学创新团队的目标,切实提高中职教师的教学科研水平。②

三、安徽省职业技术教师培养培训工作的主要举措

(一) 职业技术教育教师培养的主要举措

1. 职教师范生培养

安徽科技学院是全国首批成立的八所职业教育高等院校之一,代表着安徽职教师资培养的水平。2021年,安徽科技学院开设烹饪与营养教育(师范)专业,面向安徽省中等职业学校的三年及三年以上学制应历届毕业生进行对口招生,共招收58人。

在烹饪与营养教育师范生培养过程中,注重加强师范学科和课程的建设,积极开发利用职业教育资源。强化实践教育教学环节,开展微格教学技能训练,在中职学校和餐饮星级酒店安排教育实习。重视学历证书+技能证书培养,联合滁州市技能鉴定中心安排中式烹调师、西式面点师等资格考试。创立创新创业竞赛实验班,学校、院部建立了食品和茶文化竞赛实验班,学生的专业知识得到转化提高,达到了以赛促教、以赛促学的目的。

---

① 浙江省教育厅. 浙江省高等职业教育质量年度报告(2022)[EB/OL]. (2021-12-15)[2022-12-15]. https://ddzx.tjtc.edu.cn/zj-zlnb-2022.pdf.
② 浙江省教育厅. 2021年浙江省中等职业教育质量年度报告[EB/OL]. (2022-05-09)[2022-11-15]. http://www.zjzcj.com/news/55114.

2. 职教专硕培养

2021年,安徽师范大学生态与环境学院招收10名农林牧渔方向的职业技术教育硕士研究生,其培养目标是掌握现代教育理论、具有较强职业技术教育教学实践和研究能力的高素质中等职业学校专业教师。职业技术教育硕士研究生应掌握现代教育理论,具有良好的知识结构和扎实的专业基础,了解学科前沿和发展趋势,具有较强的实践能力,能胜任并创造性地开展教育教学和管理工作。

(二) 职业技术教育教师培训的主要举措

1. 实施名师工程,打造结构化教学团队

安徽省持续大力实施"强师工程",培养专业领军人才,创新师资培养模式,建设高水平的职教师资队伍。2021年,安徽省高职院校大力实施"名师工程",打造一批高水平职业院校教师教学创新团队,深化职业院校教师、教材、教法"三教"改革。据《2021年安徽省高等职业教育质量年度报告》显示,安徽省高职院校省级以上教学名师共计420人,省级以上创新团队369个,4个团队成功获批教育部第二批国家级职业教育教师教学创新团队。

表3-20 安徽省高等职业院校入选第二批国家级职业教育教师教学创新团队名单

序号	学校名称	专业领域	专业名称
1	安徽财贸职业学院	财经商贸	现代物流管理
2	安徽商贸职业技术学院	财经商贸	电子商务
3	安徽机电职业技术学院	现代交通运输	汽车制造与试验技术
4	安徽医学高等专科学校	卫生健康服务	护理

安徽省积极搭建中等职业学校长三角名师工作坊、名校长工作室平台,创建教师教学创新团队,通过研、学、教等活动,推进相关优质资源共享,提升教师队伍的素质,并带动本校本专业教育教学教研及管理工作的开展。

2. 加强实践,推进"双师型"队伍建设

安徽省努力打造示范引领高素质的"双师型"教师队伍,出台了《高等职业院校"双师型"教师认定办法》和《高等职业院校"双师型"教师认定标准》。2021年度,948名教师分别被认定为高级、中级和初级"双师型"教师,"双师型"师资队伍不断扩大,有效推动了教师职业教育能力提升。[①]

在中等职业教育方面,安徽省建设省级高水平"双师型"教师培养培训基地、教师企业实践基地或流动站,获批国家级职业教育"双师型"教师培训基地4个,落实教师5年一周期不少于450学时的全员轮训制度。2021年,启动实施新一周期"全国职业院校教师素质提高计划",构建"引导—培训—认定—转化"的"双师型"教师培育体系。依托省级培训基地以及国家级培训基地,采取"基地培训+企业实践"的模式,组织教师到企业参与生产服务、产品与课程研发和技术创新等多种形式的实践,到企业考察调研、从事与专业相关的挂职锻炼、技术扶贫等工作,参加以企业实践为主的各类培训等,提升中职学校专业教师的教学能力与实践能力。

四、上海市职业技术教师培养培训工作的主要举措

(一) 职业技术教育教师培养的主要举措

2021年,上海市并无院校开设职教师范生(本科)和职教专硕(硕士)相关专业,在职教师资培养方面暂无主要举措。

(二) 职业技术教育教师培训的主要举措

1. 以名师引领职教教师发展

2021年,上海市有5个团队获批第二批国家级职教教师教学创新团队(表3-21),在此基础上,上海共有国家级职业教育教师教学创新团队7个、上海市职业教育技能大师工作室30个。上海每年开展新进教师规范化培训,中职学校校长领航班,骨干教师培训,信息化素养、班主任、教师下企业实践等专业(项

---

① 安徽省教育厅. 2021年安徽省高等职业教育质量年度报告[EB/OL].(2021 - 12 - 15)[2022 - 11 - 15]. https://www.tech.net.cn/column_rcpy/art.aspx?sf=%E5%AE%89%E5%BE%BD%E7%9C%81&nd=2022&type=1.

目)培训,开展劳动教育、课程思政、创新创业等专题培训。①

表3-21　上海市职业学校入选第二批国家级职教师教学创新团队名单

序号	学校名称	专业领域	专业名称
1	上海工艺美术职业学院	新一代信息技术	数字媒体技术
2	上海农林职业技术学院	生物化工	药品生物技术
3	上海信息技术学校	高端装备	工业机器人技术应用
4	上海市医药学校	生物化工	生物制药工艺
5	上海市贸易学校	卫生健康服务	食品安全与检测技术

2021年,杨浦区中等职业学校引入行业、企业专家能手,拥有2个上海职业教育技能大师工作室——车身修理技能大师工作室、学前教育技能大师工作室;拥有1个上海市中职名师培育工作室——中式面点上海市中职名师培育工作室;拥有2个校级大师工作室——烹饪大师工作室、车身修理大师工作室。各工作室传授技艺技法,拓展专业内涵建设,引领学校的师资队伍建设。②

2. 以教学大赛促进教师能力提升

2021年,上海市开展了高职高专院校专业教学指导委员会管理人员培训、第十期高职院校专业负责人培训、中德合作上海职业院校骨干教师专业发展能力提升培训等;开展了"2021年全国职业院校技能大赛教学能力比赛上海市选拔赛暨上海市高职高专院校教师教学能力大赛",评出特等奖4名,一等奖8名,二等奖13名,三等奖17名。③

---

① 上海市教育委员会. 2022年上海市中等职业教育年度质量报告[EB/OL]. (2021-12-15)[2022-11-15]. https://edu.sh.gov.cn/zyjy/imgs/2022%E4%B8%8A%E6%B5%B7%E4%B8%AD%E7%AD%89%E8%81%8C%E4%B8%9A%E6%95%99%E8%82%B2%E8%A8%E9%87%8F%E5%B9%B4%E5%BA%A6%E6%8A%A5%E5%91%8A.pdf.

② 上海市杨浦区人民政府. 2022年上海市杨浦区中等职业教育质量年度报告[EB/OL]. (2022-01-05)[2022-11-15]. https://www.shyp.gov.cn/shypq/zdgz-zyzsjy-zyjy/20211215/398763.html.

③ 上海市教育委员会. 2022年上海市高等职业教育质量年度报告[EB/OL]. (2021-12-15)[2022-12-15]. https://edu.sh.gov.cn/zyjy/imgs/2022%E4%B8%8A%E6%B5%B7%E9%AB%98%E7%AD%89%E8%81%8C%E4%B8%9A%E6%95%99%E8%82%B2%E8%A8%E9%87%8F%E5%B9%B4%E5%BA%A6%E6%8A%A5%E5%91%8A.pdf.

在中等职业教育方面,上海市每年举办中职教师教学能力大赛、班主任基本功大赛。每年组织开展特聘兼职教师推荐活动。2021年度资助836位特聘兼职教师(团队),其中个人452位、团队101个共384位。①

第五节 长三角职业技术教师培养培训工作的主要成绩

一、研究设计

(一) 设计依据

长三角职业技术教师培养培训工作的主要成绩数据来源于两个层面:首先,宏观调研数据来源主要包括《中国教育统计年鉴》(2019—2022年)等文献;其次,中微观数据来自课题组的实地调研。编写组充分借鉴相关文献的指标体系,结合教育部办公厅印发的《中等职业教育专业师范生教师职业能力标准(试行)》等政策文本,得出调研指标,编制出"新职师职业能力及培训现状调查问卷(职业技术教师版)"和"新职师职业能力及培养现状调查问卷(职教学生版)"两份问卷。采用随机抽样的办法,在长三角区域实施问卷调查。

(二) 信度检验

问卷的信度是指一个问卷经过多次测试所得结果的一致性程度。柯隆巴哈(Cronbach, 1951)提出计算一个测量系统(问卷或测验)的信度称为Cronbach α系数(简称α系数),是目前社会科学研究最常使用的信度。

本书采用Cronbach α系数检验各分量表与总问卷的内部一致性。α系数越高,表示各维度之内部一致性也越高。经数据分析得知,本书职业技术教师

---

① 上海市教育委员会. 2022年上海市中等职业教育年度质量报告[EB/OL]. (2021-12-15) [2022-11-15]. https://edu.sh.gov.cn/zyjy/imgs/2022%E4%B8%8A%E6%B5%B7%E4%B8%AD%E7%AD%89%E8%81%8C%E4%B8%9A%E6%95%99%E8%82%B2%E5%B4%A8%E9%87%8F%E5%B9%B4%E5%BA%A6%E6%8A%A5%E5%91%8A.pdf

版总问卷的Cronbach α系数为0.993,其中师德践行能力的Cronbach α系数为0.987,专业教学能力的Cronbach α系数为0.984,综合育人能力的Cronbach α系数为0.983,自主发展能力的Cronbach α系数为0.974。职教学生版总问卷的Cronbach α系数为0.993,其中师德践行能力的Cronbach α系数为0.979,专业教学能力的Cronbach α系数为0.986,综合育人能力的Cronbach α系数为0.979,自主发展能力的Cronbach α系数为0.971。因此,经由问卷数据所进行的信度检验,两份问卷的信度均良好,内部一致性高,说明问卷的信度符合要求。关于新职师职业能力及培训现状调查问卷(职业技术教师版)的信度分析摘要如表3-22所示,关于新职师职业能力及培养现状调查问卷(职教学生版)的信度分析摘要如表3-23所示。

表3-22 新职师职业能力及培训现状调查问卷(职业技术教师版)信度分析摘要表

维度	题数	α系数
师德践行能力	8	0.987
专业教学能力	15	0.984
综合育人能力	9	0.983
自主发展能力	5	0.974

表3-23 新职师职业能力及培养现状调查问卷(职教学生版)信度分析摘要表

维度	题数	α系数
师德践行能力	8	0.979
专业教学能力	15	0.986
综合育人能力	9	0.979
自主发展能力	5	0.971

根据上述分析,两份问卷均通过信度和效度检验。

(三) 研究对象

问卷调查实施的母群体为职业技术教师和职教学生,通过"问卷星"平台向长三角地区的职业技术教师和职教学生推送,经过严格筛选,共回收职业技术教师版有效调查问卷 1 667 份,职教学生版有效调查问卷 855 份。使用 SPSS20.0 软件,对调查问卷数据进行统计描述性与差异性分析,问卷调查职业技术教师和职教学生的基本资料的数据分析如表 3–24 和表 3–25 所示。

表 3–24 问卷调查职业技术教师基本资料的数据

条件		频率	百分比
性别	(1) 男	659	39.5
	(2) 女	1 008	60.5
	合计	1 667	100.0
年龄	(1) 20 周岁及以下	1	0.1
	(2) 21—29 周岁	274	16.4
	(3) 30—39 周岁	413	24.8
	(4) 40—49 周岁	558	33.5
	(5) 50—59 周岁	404	24.2
	(6) 60 周岁及以上	17	1.0
	合计	1 667	100.0
工作年限	(1) 3 年及以下	227	13.6
	(2) 4—6 年	126	7.6
	(3) 7—9 年	89	5.3
	(4) 10—20 年	519	31.1
	(5) 20 年以上	706	42.4
	合计	1 667	100.0
入职前毕业院校	(1) 综合类大学	814	48.8
	(2) 职业技术师范学院	247	14.8
	(3) 普通师范学校	606	36.4
	合计	1 667	100.0
入职前毕业专业	(1) 师范类	959	57.5
	(2) 非师范类	708	42.5
	合计	1 667	100.0
入职前企业工作经历	(1) 无	1 114	66.8
	(2) 1 年及以下	210	12.6

(续表)

条件		频率	百分比
	(3) 1年以上到2年	110	6.6
	(4) 2年以上到3年	64	3.8
	(5) 3年以上到4年	30	1.8
	(6) 4年以上到5年	21	1.3
	(7) 5年以上	118	7.1
	合计	1667	100.0
职称	(1) 正高级	19	1.1
	(2) 副高级	530	31.8
	(3) 中级	611	36.7
	(4) 初级	507	30.4
	合计	1667	100.0
学历层次	(1) 本科以下	52	3.1
	(2) 本科	1338	80.3
	(3) 硕士研究生	275	16.5
	(4) 博士研究生	2	0.1
	合计	1667	100.0
近五年去企业参与实践锻炼的次数	(1) 0次	696	41.8
	(2) 1次	260	15.6
	(3) 2次	146	8.8
	(4) 3次	145	8.7
	(5) 4次	48	2.9
	(6) 5次及以上	372	22.3
	合计	1667	100.0
近三年是否参加过国培项目	(1) 是	386	23.2
	(2) 否	1281	76.8
	合计	1667	100.0
近三年是否参加过省培项目	(1) 是	719	43.1
	(2) 否	948	56.9
	合计	1667	100.0

表3-25　问卷调查职教学生基本资料的数据

条件		频率	百分比
性别	(1) 男	350	40.9
	(2) 女	505	59.1
	合计	855	100.0
目前所在的阶段	(1) 大一	213	24.9
	(2) 大二	201	23.5
	(3) 大三	194	22.7
	(4) 大四	172	20.1
	(5) 研一	43	5.0
	(6) 研二	30	3.5
	(7) 研三	2	0.2
	合计	855	100.0
本科阶段学校类型	(1) 综合类大学	632	73.9
	(2) 职业技术师范学院	140	16.4
	(3) 普通师范学校	83	9.7
	合计	855	100.0
专业方向	(1) 旅游服务类	70	8.2
	(2) 文化艺术类	92	10.8
	(3) 信息技术类	122	14.3
	(4) 加工制造类	123	14.4
	(5) 公共管理与服务类	15	1.8
	(6) 财经商贸类	125	14.6
	(7) 交通运输类	56	6.5
	(8) 资源环境类	20	2.3
	(9) 教育与体育类	119	13.9
	(10) 司法服务类	113	13.2
	合计	855	100.0
去职业院校见习实习的次数	(1) 0次	416	48.7
	(2) 1次	185	21.6
	(3) 2次	148	17.3
	(4) 3次及以上	106	12.4
	合计	855	100.0

条件		频率	百分比
去企业参加与自身专业相关实习的次数	(1) 0次	611	71.5
	(2) 1次	151	17.7
	(3) 2次	62	7.3
	(4) 3次及以上	31	3.6
	合计	855	100.0

(续表)

根据问卷所回收的资料，以 SPSS20.0 统计软件，对问卷的统计分析过程进行数据处理，使用的统计方法有"次数、均值、标准差分析、独立样本 t 检验与单因子变异数分析（ANOVA）"。

二、长三角职业技术教师队伍职业发展成绩

本书采用的李克特五级量表，取值范围为 1—5，对应的职业认知水平、职业认同水平、职业匹配水平及培训质量水平为"非常不符合"到"非常符合"，其中，中间值 3 代表中等水平。

（一）长三角职业技术教师职业认知水平得以提高

新职师职业能力培训使得职业技术教师的"职业认知"得以提高。一是职业技术教师对教师角色有较为清晰的认知，对职业技术教师的工作内容、工作压力、应该具备的专业知识与能力、学生管理内容与难度等能够明晰。二是职业技术教师对学生的基本特点、行为表现、学习态度和能力等认知明确。

通过分析职业技术教师和职教学生的问卷可以发现，长三角地区职业技术教育教师职业认知总水平的均值超过 4 分，达到"比较符合"的水平，职教师范生和职教专硕的职业认知总水平的均值也高于 3.5 分，超出中等水平。其中，江苏省的职教教师、职教师范生与职教专硕的职业认知水平均为最高，均值高达 4.47 分、3.70 分与 3.80 分，安徽省职教教师、职教师范生与职教专硕的职业

认知水平相对较低,低于长三角地区总体平均水平(见表3-26)。

表3-26 职业认知要素分析

职业认知要素	职教教师			职教师范生			职教专硕		
	样本数	均值	标准差	样本数	均值	标准差	样本数	均值	标准差
江苏省	834	4.47	0.68	631	3.70	0.84	54	3.80	0.82
浙江省	148	4.37	0.78	65	3.70	0.72	15	3.36	0.84
安徽省	609	4.26	0.82	84	3.48	1.05	1	3.13	0.60
上海市	76	4.43	0.65	0	0	0	5	3.60	0.80
长三角地区	1667	4.38	0.75	780	3.68	0.86	75	3.69	0.84

(二)长三角职业技术教师职业认同水平较高

教师职业认同是指教师个体对其教师职业的一种积极感知和体验,具体是指学生对未来将要从事的教师职业有合理的认识、端正的态度和积极的情感体验,即从内心深处认可、接纳教师职业,有乐于从教的积极意愿和良好的情感体验。[1] 长三角地区职教教师的职业认同总体水平较高,主要体现为职教教师的自我职业认同感较高,认为职业教师具有较高的社会地位,较广阔的发展前景,较崇高的职业信念等。除此之外,职教教师的家人、同事、朋友对职业教师职业的认同感较高。

通过分析职业技术教师和职教学生的问卷可以发现,长三角地区职教教师职业认同总水平的均值接近4分,其中江苏省职教教师职业认同水平最高,其次是安徽省、浙江省和上海市。但是,长三角地区职教教师职业认同总体标准差较大,这说明大多数值与其平均值之间存在较大差异,也就是说不同教师之间职业认同的差别较大。

---

[1] 陈红彩,蓝欣,张莉.职技高师学生职业认同实证研究——以某职技高师院校为例[J].职教通讯,2014(10):9—15.

表 3-27 职业认同要素分析

职业认同要素	职教教师			职教师范生			职教专硕		
	样本数	均值	标准差	样本数	均值	标准差	样本数	均值	标准差
江苏省	834	3.96	1.04	631	3.38	0.99	54	3.57	1.02
浙江省	148	3.79	1.02	65	3.24	0.98	15	3.11	1.04
安徽省	609	3.84	1.06	84	3.42	0.98	1	2.6	0.49
上海市	76	3.59	1.08	0	0	0	5	2.96	0.99
长三角地区	1667	3.89	1.05	780	3.37	0.99	75	3.42	1.04

(三) 长三角职业技术教师职业匹配水平稳步提升

新职师职业能力培训使得职业技术教师的"职业匹配"水平稳步提升。一是职业技术教师认为自己非常适合职业教师工作,其个性特征、兴趣爱好与中职教师的工作相匹配,其所具备的知识结构、技能水平及教学经验与职业教师工作要求相符。

通过分析职业技术教师和职教学生的问卷可以发现,长三角地区职教师范生的职业匹配均值为 2.28 分,低于中等水平,职教专硕的职业匹配均值为 3.50 分,比职教师范生的职业匹配水平有所提升,职业技术教师的职业匹配均值达到 4.20 分,高于"比较符合"水平,这说明随着职业技术教师培养与培训的不断进展,长三角地区职业技术教育教师的职业匹配水平得到了稳步的提升。

表 3-28 职业匹配要素分析

职业匹配要素	职教教师			职教师范生			职教专硕		
	样本数	均值	标准差	样本数	均值	标准差	样本数	均值	标准差
江苏省	834	4.27	0.78	631	3.37	0.98	54	3.62	0.83
浙江省	148	4.09	0.86	65	3.37	0.87	15	3.32	0.85
安徽省	609	4.15	0.84	84	3.43	0.95	1	2.67	0.47
上海市	76	4.05	0.85	0	0	0	5	2.83	0.86
长三角地区	1667	4.20	0.81	780	2.28	0.97	75	3.50	0.86

(四) 长三角职业技术教师对培训质量比较满意

合理设置的课程结构、有效实施的课程教学和科学的评价体系是培养职业技术教师教育教学能力,进一步提升教研能力的重要基础。长三角地区职业技术教育教师培训的课程结构设置和教师授课水平都较为良好,主要表现在培训内容、培训时间、实践环节安排较为合理,在培训课程中的实操机会较多,授课教师专业技能较强、教学方法较合适、亲和力较强、对学生有较强的引导力、有较强的组织和调控力等,能够满足职教教师对培训的需求。

通过分析职业技术教师的自评问卷可以发现,长三角地区职教教师对培训质量满意度的均值达到 4.05 分,其中江苏省最高,为 4.14 分,上海市最低,为 3.82 分,不过三省一市职教教师对培训质量满意度都达到或接近"比较满意"程度。长三角地区职教师范生对培训质量满意度的均值为 3.59,职教专硕对培训质量满意度的均值为 3.52,均能达到中等以上的水平。

表 3-29 培训质量要素分析

培训质量要素	职教教师			职教师范生			职教专硕		
	样本数	均值	标准差	样本数	均值	标准差	样本数	均值	标准差
江苏省	834	4.14	0.79	631	3.59	0.89	54	3.60	1.05
浙江省	148	3.94	0.90	65	3.68	0.79	15	3.38	1.01
安徽省	609	3.99	0.90	84	3.55	0.95	1	2.55	0.50
上海市	76	3.82	0.91	0	0	0	5	3.31	0.97
长三角地区	1667	4.05	0.86	780	3.59	0.89	75	3.52	1.01

(五) 长三角职业技术教师队伍的职业能力较强

职业能力是职业教育人才培养的核心内容,也是职业教育区别于其他各类教育的本质特征,职业教育要培养具备综合职业能力和全面素质的应用型人才。长三角地区职教教师队伍的职业能力整体表现较好,包括师德践行能力(遵守师德规范、涵养教育情怀、弘扬工匠精神)、专业教学能力(掌握专业知识、开展专业实践、学会教学设计、实施课程教学)、综合育人能力(开展班级指导、实施专业育人、组织活动育人)和自主发展能力(注重专业成长、主动交流合作)。

通过分析职业技术教师和职教学生的问卷可以发现,长三角地区职教教师对自我专业能力的评分均值高达 4.43 分,职教师范生对自我专业能力的评分均值为 3.77 分,职教专硕对自我专业能力的评分均值为 3.95 分,无论是职教教师、职教师范生还是职教专硕,都对"师德践行能力"维度的评分最高,分别为 4.52 分、3.86 分和 4.15 分。

表 3-30　长三角职业技术教师队伍的职业能力分析

职业能力	职教教师			职教师范生			职教专硕		
	样本数	均值	标准差	样本数	均值	标准差	样本数	均值	标准差
师德践行能力	1667	4.52	0.63	780	3.86	0.75	75	4.15	0.60
专业教学能力	1667	4.40	0.63	780	3.74	0.76	75	3.90	0.55
综合育人能力	1667	4.40	0.64	780	3.75	0.75	75	3.89	0.59
自主发展能力	1667	4.41	0.64	780	3.76	0.78	75	3.89	0.63
整体表现	1667	4.43	0.61	780	3.77	0.73	75	3.95	0.53

(六) 长三角职业技术教师队伍职业能力发展影响因素

1. 长三角职业技术教师队伍的职业能力之差异分析

(1) 不同性别的职业技术教师职业能力之差异情形分析

根据表 3-31 可知,就不同性别变项的职业技术教师职业能力而言,整体情况未到达显著差异水平($t=0.74, p>0.05$)。因此,可以推论性别变项并非影响职业技术教师职业能力的重要因素。

表 3-31　不同性别的职业技术教师职业能力之 t 检验分析摘要表

维度/题项		样本数	均值	标准差	t 值	显著性
职业能力	(1) 男	659	4.44	0.61	0.74	0.46
	(2) 女	1008	4.42	0.61		

(2) 不同年龄的职业技术教师职业能力之差异情形分析

本问卷区分该变项受试者之年龄为 20 周岁及以下、21—29 周岁、30—39 周岁、40—49 周岁、50—59 周岁、60 周岁及以上等 6 类。根据表 3-32 可知,就不同年龄的职业技术教师职业能力而言,其 F 值(F=11.75,$p<0.01$)达到极其显著的水准。由此可知,不同年龄的职业技术教师职业能力有非常大的差距,在 49 周岁之前,随着年龄的增长,职业能力呈现不断提高的态势,49 周岁以后,虽然职业能力有所降低,但是标准差变小,说明职业技术教师间职业能力的差距变小。

表 3-32 不同年龄的职业技术教师职业能力之单因子变异数分析摘要表

	样本数	均值	标准差	差异来源	平方和	df	均方	F	显著性
(1) 20 周岁及以下	1	2.14	0	组间	21.31	5	4.26	11.75	0.00
(2) 21—29 周岁	274	4.24	0.66	组内	602.28	1661	0.36		
(3) 30—39 周岁	413	4.39	0.71	总数	623.59	1666			
(4) 40—49 周岁	558	4.51	0.56						
(5) 50—59 周岁	404	4.49	0.50						
(6) 60 周岁及以上	17	4.42	0.39						
总数	1667	4.43	0.61						

(3) 不同工作年限的职业技术教师职业能力之差异情形分析

本问卷区分该变项受试者之工作年限为 3 年及以下、4—6 年、7—9 年、10—20 年、20 年以上等 5 类。根据表 3-33 可知,就不同工作年限的职业技术教师职业能力而言,其 F 值(F=12.84,$p<0.01$)达到极其显著的水准。由此可知,工作年限不同的职业技术教师职业能力有非常大的差距,随着工作年限的积累,职业能力越来越高,工作 10 年及以上的职业技术教师间职业能力的差距变小。

表3-33 不同工作年限的职业技术教师职业能力之单因子变异数分析摘要表

	样本数	均值	标准差	差异来源	平方和	df	均方	F	显著性
(1) 3年及以下	227	4.22	0.68	组间	18.69	4	4.67	12.84	0.00
(2) 4—6年	126	4.28	0.67	组内	604.90	1662	0.36		
(3) 7—9年	89	4.33	0.79	总数	623.59	1666			
(4) 10—20年	519	4.47	0.65						
(5) 20年以上	706	4.51	0.49						
总数	1667	4.43	0.61						

（4）入职前毕业院校类型不同的职业技术教师职业能力之差异情形分析

本问卷区分该变项受试者之毕业院校类型为综合类大学、职业技术师范学院、普通师范学校三类。根据表3-34可知，就入职前毕业院校类型不同的职业技术教师职业能力而言，其F值（F=0.14，$p>0.05$）未达显著水准。由此可知，不管毕业于综合类大学、普通师范学校，还是毕业于职业技术师范学院，职业技术教师的职业能力并无明显差异。

表3-34 入职前毕业院校类型不同的职业技术教师职业能力之单因子变异数分析摘要表

	样本数	均值	标准差	差异来源	平方和	df	均方	F	显著性
(1) 综合类大学	814	4.43	0.60	组间	0.102	2	0.05	0.14	0.87
(2) 职业技术师范学院	247	4.41	0.66	组内	623.49	1664	0.38		
(3) 普通师范学校	606	4.43	0.60	总数	623.59	1666			
总数	1667	4.43	0.61						

（5）入职前毕业专业类型不同的职业技术教师职业能力之差异情形分析

本问卷区分该变项受试者之毕业专业类型为师范类和非师范类两类。根据表 3-35 可知,就入职前毕业专业类型不同的职业技术教师职业能力而言,其 F 值(F=2.12,$p>0.05$)未达显著水准。由此可知,师范类专业毕业和非师范类专业毕业的职业技术教师职业能力没有明显差异。

表 3-35 入职前毕业专业类型不同的职业技术教师职业能力之单因子变异数分析摘要表

	样本数	均值	标准差	差异来源	平方和	df	均方	F	显著性
(1) 师范类	959	4.45	0.61	组间	0.79	1	0.79	2.12	0.15
(2) 非师范类	708	4.40	0.62	组内	622.79	1665	0.37		
总数	1667	4.43	0.61	总数	623.59	1666			

(6) 入职前企业工作经历年限不同的职业技术教师职业能力之差异情形分析

本问卷区分该变项受试者之入职前企业工作经历年限为无、1 年及以下、1年以上到 2 年、2 年以上到 3 年、3 年以上到 4 年、4 年以上到 5 年、5 年以上等 7类。根据表 3-36 可知,就入职前企业工作经历年限不同的职业技术教师职业能力而言,其 F 值(F=1.32,$p>0.05$)未达显著水准。由此可见,企业经历对职业技术教师的职业能力无明显影响。

表 3-36 入职前企业工作经历年限不同的职业技术教师职业能力之单因子变异数分析摘要表

	样本数	均值	标准差	差异来源	平方和	df	均方	F	显著性
(1) 无	1114	4.45	0.57	组间	2.955	6	0.49	1.32	0.25
(2) 1 年及以下	210	4.37	0.73	组内	620.632	1660	0.37		
(3) 1 年以上到 2 年	110	4.32	0.72	总数	623.587	1666			
(4) 2 年以上到 3 年	64	4.41	0.52						
(5) 3 年以上到 4 年	30	4.38	0.80						
(6) 4 年以上到 5 年	21	4.53	0.82						

(续表)

	样本数	均值	标准差	差异来源	平方和	df	均方	F	显著性
(7) 5年以上	118	4.44	0.62						
总数	1667	4.43	0.61						

(7) 不同职称的职业技术教师职业能力之差异情形分析

本问卷区分该变项受试者之职称为正高级、副高级、中级、初级共4类。根据表3-37可知,就不同职称的职业技术教师职业能力而言,其F值(F=7.03,$p<0.01$)达到极其显著的水准。由此可知,不同职称的职业技术教师职业能力有非常大的差距,职称越高,均值越大,标准差越小,这说明随着职称的提高,职业技术教师的职业能力越强,教师间的差距越小。

表3-37 不同职称的职业技术教师职业能力之单因子变异数分析摘要表

	样本数	均值	标准差	差异来源	平方和	df	均方	F	显著性
(1) 正高级	19	4.71	0.36	组间	7.81	3	2.60	7.03	0.00
(2) 副高级	530	4.47	0.52	组内	615.78	1663	0.37		
(3) 中级	611	4.47	0.63	总数	623.59	1666			
(4) 初级	507	4.33	0.67						
总数	1667	4.43	0.61						

(8) 不同学历层次的职业技术教师职业能力之差异情形分析

本问卷区分该变项受试者之学历层次为本科以下、本科、硕士研究生、博士研究生共4类。根据表3-38可知,就不同学历层次的职业技术教师职业能力而言,其F值(F=1.78,$p>0.05$)未达显著水准。由此可知,不同学历的职业技术教师职业能力并无明显差距。进一步分析可以发现,本科以下的职业技术教师虽然职业能力自评良好,但是教师间的职业能力差别较大,呈现两极分化状态。

表 3-38 不同学历的职业技术教师职业能力之单因子变异数分析摘要表

	样本数	均值	标准差	差异来源	平方和	df	均方	F	显著性
(1) 本科以下	52	4.26	0.91	组间	2.00	3	0.67	1.78	0.15
(2) 本科	1338	4.44	0.60	组内	621.59	1663	0.37		
(3) 硕士研究生	275	4.40	0.60	总数	623.59	1666			
(4) 博士研究生	2	4.50	0.71						
总数	1667	4.43	0.61						

(9) 近五年去企业参与实践锻炼次数不同的职业技术教师职业能力之差异情形分析

本问卷区分该变项受试者之近五年去企业参与实践锻炼次数为 0、1、2、3、4、5 次及以上等 6 类。根据表 3-39 可知,就近五年去企业参与实践锻炼次数不同的职业技术教师职业能力而言,其 F 值($F=3.93$,$p<0.01$)达到极其显著的水准。在企业参与过实践锻炼的职业技术教师比没有在企业参与过实践锻炼的教师的职业能力高。

表 3-39 近五年去企业参与实践锻炼次数不同的职业技术教师职业能力之单因子变异数分析摘要表

	样本数	均值	标准差	差异来源	平方和	df	均方	F	显著性
(1) 0 次	696	4.38	0.59	组间	7.29	5	1.46	3.93	0.00
(2) 1 次	260	4.36	0.65	组内	616.30	1661	0.37		
(3) 2 次	146	4.45	0.47	总数	623.59	1666			
(4) 3 次	145	4.47	0.61						
(5) 4 次	48	4.60	0.52						
(6) 5 次及以上	372	4.51	0.66						
总数	1667	4.43	0.61						

(10) 国培项目对职业技术教师职业能力之差异情形分析

根据表3-40,就近三年参加过或未参加过国培项目的职业技术教师职业能力而言,整体情况未到达显著差异水平（$t=-1.58, p>0.05$）。因此,可以推论国培项目并非影响职业技术教师职业能力的重要因素。

表3-40 国培项目对职业技术教师职业能力之t检验分析摘要表

维度/题项		样本数	均值	标准差	t值	显著性
职业能力	(1)是	386	4.38	0.76	−1.58	0.11
	(2)否	1281	4.45	0.56		

（11）省培项目对职业技术教师职业能力之差异情形分析

根据表3-41,就近三年参加过或未参加过省培项目的职业技术教师职业能力而言,其F值（$F=2.15, p<0.05$）达到显著差异的水准。近三年参加过省培项目的职业教育教师职业能力比未参加过的教师高。

表3-41 省培项目对职业技术教师职业能力之t检验分析摘要表

维度/题项		样本数	均值	标准差	t值	显著性
职业能力	(1)是	719	4.47	0.62	2.15	0.03
	(2)否	948	4.40	0.61		

2. 长三角职教学生的职业能力之差异分析

(1)不同性别的职教学生职业能力之差异情形分析

根据表3-42可知,就不同性别变项的职教学生职业能力而言,整体情况未到达显著差异水平（$t=-8.53, p>0.05$）。因此,可以推论性别变项并非影响职教学生职业能力的重要因素。

表3-42 不同性别的职教学生职业能力之t检验分析摘要表

维度/题项		样本数	均值	标准差	t值	显著性
职业能力	(1)男	350	3.76	0.78	−8.53	0.39
	(2)女	505	3.81	0.66		

(2)不同年级的职教学生职业能力之差异情形分析

本问卷区分该变项受试者之年级为大一到研三共7类。根据表3-43可知，就不同年级的职教学生职业能力而言，其F值(F=1.77，$p>0.05$)未达显著水准。但通过进一步分析可以发现，研二的均值(4.07)＞研三(3.99)＞研一(3.87)＞大四(3.85)＞大二(3.80)＞大三(3.75)＞大一(3.70)，这说明职教专硕的职业能力均高于职教师范生的职业能力，随着职教学生年级的增长，其接受越来越多职业教育相关的培养，职业能力不断增强。

表3-43　不同年级的职教学生职业能力之单因子变异数分析摘要表

	样本数	均值	标准差	差异来源	平方和	df	均方	F	显著性
(1) 大一	213	3.70	0.76	组间	5.41	6	0.90	1.77	0.10
(2) 大二	201	3.80	0.74	组内	430.84	848	0.51		
(3) 大三	194	3.75	0.78	总数	436.25	854			
(4) 大四	172	3.85	0.59						
(5) 研一	43	3.87	0.54						
(6) 研二	30	4.07	0.45						
(7) 研三	2	3.99	1.40						
总数	855	3.79	0.71						

（3）本科阶段学校类型不同的职教学生职业能力之差异情形分析

本问卷区分该变项受试者之本科阶段学校类型为综合类大学、职业技术师范学院、普通师范学校共3类。根据表3-44可知，就本科阶段学校类型不同的职教学生职业能力而言，其F值(F=2.28，$p>0.05$)未达显著水准。但职业技术师范学院培养的职教学生比综合类大学或普通师范学校培养的学生职业能力略高。

表3-44　本科阶段学校类型不同的职教学生职业能力之单因子变异数分析摘要表

	样本数	均值	标准差	差异来源	平方和	df	均方	F	显著性
(1) 综合类大学	632	3.77	0.73	组间	2.33	2	1.16	2.28	0.10
(2) 职业技术师范学院	140	3.90	0.56	组内	433.93	852	0.51		

(续表)

	样本数	均值	标准差	差异来源	平方和	df	均方	F	显著性
(3) 普通师范学校	83	3.73	0.81	总数	436.25	854			
总数	855	3.79	0.71						

（4）专业方向不同的职教学生职业能力之差异情形分析

本问卷区分该变项受试者之专业方向为旅游服务类、文化艺术类、信息技术类、加工制造类、公共管理与服务类、财经商贸类、交通运输类、资源环境类、教育与体育类以及司法服务类共10类。根据表3-45可知，就专业方向不同的职教学生职业能力而言，其F值（F=1.42，$p>0.05$）未达显著水准。这说明长三角地区在进行职教学生培养过程中，对不同专业方向的职教学生职业能力培养较为均衡。

表3-45 专业方向不同的职教学生职业能力之单因子变异数分析摘要表

	样本数	均值	标准差	差异来源	平方和	df	均方	F	显著性
(1) 旅游服务类	70	3.89	0.78	组间	6.50	9	0.72	1.42	0.18
(2) 文化艺术类	92	3.64	0.71	组内	429.76	845	0.51		
(3) 信息技术类	122	3.89	0.61	总数	436.25	854			
(4) 加工制造类	123	3.77	0.79						
(5) 公共管理与服务类	15	3.74	0.61						
(6) 财经商贸类	125	3.83	0.67						
(7) 交通运输类	56	3.74	0.72						
(8) 资源环境类	20	3.53	0.72						

(续表)

	样本数	均值	标准差	差异来源	平方和	df	均方	F	显著性
(9) 教育与体育类	119	3.85	0.69						
(10) 司法服务类	113	3.72	0.77						
总数	855	3.79	0.71						

(5) 去职业院校见习实习次数不同的职教学生职业能力之差异情形分析

本问卷区分该变项受试者之去职业院校见习实习次数为0、1、2次、3次及以上共4类。根据表3-46可知,就去职业院校见习实习次数不同的职教学生职业能力而言,其F值($F=2.34$,$p>0.05$)未达显著水准。但是,进一步深入分析可以发现,去职业院校见习实习次数为0次的职教学生,其职业能力最低(3.73),而去职业院校见习实习次数为3次及以上的学生职业能力最高(3.89),这说明去职业院校见习实习对培养职教学生的职业能力有一定帮助。

表3-46 去职业院校见习实习次数不同的职教学生职业能力之单因子变异数分析摘要表

	样本数	均值	标准差	差异来源	平方和	df	均方	F	显著性
(1) 0次	416	3.73	0.74	组间	3.57	3	1.19	2.34	0.07
(2) 1次	185	3.87	0.72	组内	432.69	851	0.51		
(3) 2次	148	3.77	0.71	总数	436.25	854			
(4) 3次及以上	106	3.89	0.59						
总数	855	3.79	0.71						

(6) 去企业参加与自身专业相关实习次数不同的职教学生职业能力之差异情形分析

本问卷区分该变项受试者之去企业参加与自身专业相关实习次数为0、1、2、3次及以上共4类。根据表3-47可知,就去企业参加与自身专业相关实习次数不同的职教学生职业能力而言,其F值($F=1.77$,$p>0.05$)未达显著水准。但深入分析可知,随着职教学生去企业参加与自身专业相关实习的次数增加,其职业能力会不断提高。此外,长三角地区在培养职教学生的过程中,注重给职教学生提供去企业参加实习的机会,有接近30%的职教学生能够在就读期间去企业参加实习,这相比以往职教学生培养过程中难以给学生提供去企业实习的机会而言,已经得到了很大的进步。

表3-47 去企业参加与自身专业相关实习次数不同的职教学生职业
能力之单因子变异数分析摘要表

	样本数	均值	标准差	差异来源	平方和	df	均方	F	显著性
(1) 0次	611	3.76	0.72	组间	2.70	3	0.90	1.77	0.15
(2) 1次	151	3.83	0.72	组内	433.55	851	0.51		
(3) 2次	62	3.87	0.59	总数	436.25	854			
(4) 3次及以上	31	4.01	0.73						
总数	855	3.79	0.71						

三、长三角职业技术教师队伍整体优化情况

(一) 分省市的职业技术教师学历提升情况

长三角地区新入职的职业技术教师学历层次在不断改善。如表3-48所示,长三角地区职业技术教育教师学历层次为本科及以上的比例高达96.9%,有16.5%的职业技术教师为研究生学历。其中,江苏省、浙江省、安徽省和上海市的职业技术教师学历层次为本科及以上的比例依次为98.2%、98.0%、94.4%和100%。深入分析可以发现,3年及以下教龄的新教师学历层次中研究生的占比虽低于本科占比,但总体相对较高,但20年以上教龄的教师学历层次中研究生的占比远远低于本科占比,差距极大(图3-36),这说明随着长三角职业教师队伍的不断优化,新入职教师学历层次在不断提高。

表3-48 长三角职业技术教师学历情况

			江苏	浙江	安徽	上海	合计
学历层次	本科以下	计数	15	3	34	0	52
		各省的占比	1.8%	2.0%	5.6%	0.0%	3.1%
	本科	计数	680	108	511	39	1 338
		各省的占比	81.5%	73.0%	83.9%	51.3%	80.3%
	硕士研究生	计数	137	37	64	37	275
		各省的占比	16.4%	25.0%	10.5%	48.7%	16.5%
	博士研究生	计数	2	0	0	0	2
		各省的占比	0.2%	0.0%	0.0%	0.0%	0.1%
合计		计数	834	148	609	76	1 667
		各省的占比	100.0%	100.0%	100.0%	100.0%	100.0%

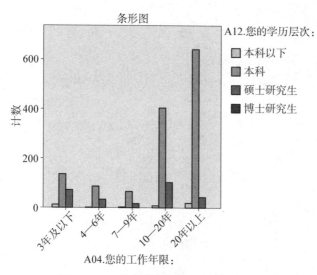

图3-35 工作年限与教师学历层次交叉分析

(二) 分省市的职业技术教师双师比例提升情况

"双师型"教师作为职业教育的核心力量,影响着职业学校学生的培养质量,影响职业教育未来发展导向,国家一直十分重视"双师型"教师队伍建设,不断细化教师队伍建设目标,完善各项标准,加大培训力度,提高双师型教师队伍的数量和质量。

长三角地区职业技术教育教师双师比例在不断提高。如表3-49所示,长三角地区职业技术教育教师为双师型教师的比例高达48.9%,随着工作年限的累积,职业技术教师成为双师型教师的可能性不断提高(图3-36)。各省市间,浙江省职业技术教师为双师型教师的比例最高,达到56.1%,其次是上海市(51.3%)、安徽省(49.6%)和江苏省(46.9%)。这与《中国中等职业教育质量年度报告2018》和13个省份中等职业教育质量年报的统计——全国中职学校"双师型"教师比例约为32.72%相比[①],表明长三角地区职业技术教育教师的双师比例有了显著的提高。

表3-49 长三角职业技术教师双师比例情况

双师型教师			江苏	浙江	安徽	上海	合计
双师型教师	是	计数	391	83	302	39	815
		各省的占比	46.9%	56.1%	49.6%	51.3%	48.9%
	否	计数	443	65	307	37	852
		各省的占比	53.1%	43.9%	50.4%	48.7%	51.1%
合计		计数	834	148	609	76	1667
		各省的占比	100.0%	100.0%	100.0%	100.0%	100.0%

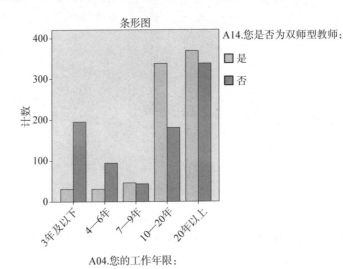

图3-36 工作年限与双师型教师比例交叉分析图

---

① 黄瀚玉,曾绍伦.高素质"双师型"教师队伍建设路径与策略——基于政策文本及内容分析[J].教育与职业,2019(11):73—79.

(三) 分省市的国家级职业教育创新教学团队建设情况

长三角地区职业技术教育教师职业教育创新团队建设不断优化。如表3-50所示,长三角地区有1.9%的职业技术教师是国家级职业教育创新教学团队负责人或成员,有4.9%的职业技术教师是省级职业教育创新教学团队负责人或成员(表3-51)。各省市间,上海市职业技术教师职业教育创新教学团队建设较好,有6.6%的职业技术教师是国家级职业教育创新教学团队负责人或成员(表3-50),有高达18.4%的职业技术教师是省级职业教育创新教学团队负责人或成员(表3-51)。

表3-50 长三角职业技术教师职业教育创新教学团队建设情况

			江苏	浙江	安徽	上海	合计
国家级职业教育创新教学团队负责人或成员	是	计数	13	1	12	5	31
		各省的占比	1.6%	0.7%	2.0%	6.6%	1.9%
	否	计数	821	147	597	71	1636
		各省的占比	98.4%	99.3%	98.0%	93.4%	98.1%
合计		计数	834	148	609	76	1667
		各省的占比	100.0%	100.0%	100.0%	100.0%	100.0%

表3-51 长三角职业技术教师职业教育创新教学团队建设情况

			江苏	浙江	安徽	上海	合计
省级职业教育创新教学团队负责人或成员	是	计数	43	8	17	14	82
		各省的占比	5.2%	5.4%	2.8%	18.4%	4.9%
	否	计数	791	140	592	62	1585
		各省的占比	94.8%	94.6%	97.2%	81.6%	95.1%
合计		计数	834	148	609	76	1667
		各省的占比	100.0%	100.0%	100.0%	100.0%	100.0%

(四) 分省市的名师队伍建设情况

长三角地区职业技术教育教师名师队伍建设不断改进。如表3-52所示,长三角地区有 6.3% 的职业技术教师是省级名师工作室的领衔人或成员,有 11.0% 的职业技术教师是市级名师工作室的领衔人或成员(表 3-53)。各省市间,浙江省名师队伍建设最为突出,有 14.2% 的职业技术教师是省级名师工作室的领衔人或成员,有高达 21.6% 的职业技术教师是市级名师工作室的领衔人或成员(表 3-53)。安徽省名师队伍建设还有待改善,省级名师队伍建设(2.6%)和市级名师队伍建设(3.8%)都有待提高。

表 3-52 长三角职业技术教师省级名师队伍建设情况

			江苏	浙江	安徽	上海	合计
省级名师工作室的领衔人或成员	是	计数	62	21	16	6	105
		各省的占比	7.4%	14.2%	2.6%	7.9%	6.3%
	否	计数	772	127	593	70	1562
		各省的占比	92.6%	85.8%	97.4%	92.1%	93.7%
合计		计数	834	148	609	76	1667
		各省的占比	100.0%	100.0%	100.0%	100.0%	100.0%

表 3-53 长三角职业技术教师市级名师队伍建设情况

			江苏	浙江	安徽	上海	合计
市级名师工作室的领衔人或成员	是	计数	123	32	23	5	183
		各省的占比	14.7%	21.6%	3.8%	6.6%	11.0%
	否	计数	711	116	586	71	1484
		各省的占比	85.3%	78.4%	96.2%	93.4%	89.0%
合计		计数	834	148	609	76	1667
		各省的占比	100.0%	100.0%	100.0%	100.0%	100.0%

(五) 分省市的技能大师工作室建设情况

长三角地区职业技术教育教师技能大师工作室建设不断改良。如表 3-54 所示,长三角地区有 6.1% 的职业技术教师是技能大师工作室负责人或成员。其中,浙江省有 9.5% 的职业技术教师是技能大师工作室负责人或成员,江苏省有 6.8% 的职业技术教师是技能大师工作室负责人或成员,安徽省和上海市各有 4.6% 和 3.9% 的职业技术教师是技能大师工作室负责人或成员。

表 3-54 长三角职业技术教师技能大师工作室建设情况

			江苏	浙江	安徽	上海	合计
技能大师工作室负责人或成员	是	计数	57	14	28	3	102
		各省的占比	6.8%	9.5%	4.6%	3.9%	6.1%
	否	计数	777	134	581	73	1 565
		各省的占比	93.2%	90.5%	95.4%	96.1%	93.9%
合计		计数	834	148	609	76	1 667
		各省的占比	100.0%	100.0%	100.0%	100.0%	100.0%

第六节 长三角职业技术教师培养培训存在的问题及发展建议

一、长三角职业技术教师培养培训存在的问题

(一) 多维政策层面：颁布主体呈多元化特征，政策工具使用仍显不足

1. 政策颁布多元利益主体合作性有待加强

过去的职教师资政策主要以独立发文为主，联合发文为辅。通过本次研究发现，政策颁布的主体逐渐呈现了多元化的趋势，涉及人力资源、工业、信息、财政等多个部门主体，这表明职业教育的师资培养与社会的各个方面都有着广泛联系，其政策制定的主体也越来越多元化。政策文本分析的结果显示，其政策发布主要以教育部为核心，财政部、国家发展改革委、人力资源和社会保障部为协作对象，形成了多元互动的良好局面，但整体上相关利益者的合作性还有待加强。

2. "能力、象征与劝诫"政策工具使用不足

基于政策工具的维度，可以发现系统变革工具与权威工具被更广泛地采

用,权威工具的比例达54%,这说明政府对职业技术教师培养更偏向于采用具有行政化色彩的强制性手段加以约束,以此促进教师培养工作的开展。系统变革工具的使用占据主导地位,占比64%,主要作用于职业教育教师培养体系的架构、培训工作的组织等方面。能力、象征与劝诫工具的使用频率较少,这表明其在实际运行机制中发挥的作用十分有限,这对当前职业技术教师培养培训工作所面临的挑战来说,其应用范围远远不够,亟须提高相应的使用频率。

3. 政策财政投入及激励措施工具略显不足

职业教育教师的培养离不开相关的支持与保障,然而,目前的财政投入与奖励性措施仍然不明显,在政策文本分析中,激励工具并未起到十分重要的作用,该方面的投入不够势必会引起"双师型"教师的队伍建设缓慢。因此,需要增加投入,健全相应的教师发展政策,增强成为"双师型"教师的吸引力。

(二) 培养培训层面:培养主体缺乏类型特征,各类实践资源仍显不足

1. 职业技术师范学院的发展定位与顶层建设有待提高

职业技术师范学院作为承担职业教育教师培养的专属系统化渠道,在教师来源通过院校化正规培养方面应当发挥十分重要的作用。但目前职业技术师范学院在培养职教教师过程中还存在诸多问题,包括职业技术师范学院职教师资培养规模、就业意愿及竞争力不足,职业技术师范学院职教师资培养缺乏鲜明类型特征等。

首先,职业技术师范学院职教师资培养规模及就业竞争力不足。从职业技术教师版问卷回收情况来看,在长三角地区1667位职业技术教师中,仅有14.82%的教师毕业院校为职业技术师范学院,48.83%的教师毕业院校为综合类大学,36.35%的教师毕业院校为综合师范学校。从职教学生版问卷回收情况来看,在长三角地区855位职教学生中,仅有16.37%的职教学生本科毕业于职业技术师范学院,有高达73.92%的职教学生本科毕业于综合类大学,有9.71%的职教学生本科毕业于综合师范学校。

其次,职业技术师范学院职教师资培养缺乏较为鲜明的类型特征。通过对调研数据进行差异性检验可知,就入职前毕业院校类型不同的职业技术教师职业能力而言,其F值未达显著水准,就本科阶段学校类型不同的职教学生职业

能力而言，其 F 值亦未达显著水准。这就说明，不管毕业于综合类大学、普通师范学校，还是毕业于职业技术师范学院，职业技术教师和职教学生的职业能力并无明显差别。因此，显而易见，职业技术师范学院在培养职教师资过程中特色不突出，在发展规划、专业建设、课程设置、教学实习、就业方式等方面，可能还沿用普通教师的培养模式，培养出的职教师资缺乏职教特色的职业能力。

2. 职前实践教学资源较缺乏，去职校见习实习机会不足

职教学生的专业技能和教学技能需要在实践实习中不断磨炼才能形成和提高，目前实践教学还面临两方面困境。

其一，在职教师资培养过程中，实践类课程占比较小，课时安排不足，实践课程框架尚未系统搭建起来。大部分院校培养职教师范生和职教专硕的课程体系主要被分为公共基础课程、学科专业课程和教育类课程，很少涉及微格教学、教育统计与测量、三笔字训练、多媒体课件开发等这类偏实践性的课程，即便是涉及实践环节的课程，在实施过程中也会将重点放在理论讲解上。[1] 另外，现有的办学经费拨款制度下，校内往往存在实验实训设备不足的问题。

其二，长三角地区在职教师资培养过程中，缺乏给学生去职业院校见习与实习的机会。课题组调研发现，从职教学生版问卷回收情况来看，在长三角地区 855 位职教学生中，有高达 48.65% 的学生在就读期间没有去职业院校见习实习过，有高达 71.46% 的学生在就读期间没有去企业参加过与自身专业相关的实习。此外，就去职业院校见习实习次数不同的职教学生职业能力而言，其 F 值未达显著水准，这说明去职业院校见习实习对培养职教学生的职业能力帮助甚微，也能体现出职业院校与培养院校之间缺乏合作培养的机制，职业院校实践基地的实习生管理还有待进一步完善。

3. 职后教师企业实践机会欠缺，各级培训质量有待提升

企业应该是提升职教教师专业技能的有力培养主体，然而在培养职教师资过程中发挥的力量还远远没有到位，没有做好校企合作双元办学，没有与培养

---

[1] 覃兰燕. 高校师范生教师专业化培养的不足与应对措施[J]. 黑龙江教师发展学院学报，2021(8)：24—26.

学校形成文化共融的、持续稳定的合作关系。

课题组调研发现，企业来源的职教教师的比例很少，而职业学校需要培养技术技能人才，让学生们熟悉工作岗位的实际知识能力需求。在长三角地区1667位职业技术教师中，有高达66.83%的教师在入职前没有过企业工作经历，仅有10.2%的教师在入职前有3年以上的企业工作经历。对于职后教师而言，近五年去企业参与实践锻炼次数为0的占比高达41.80%，企业实践机会相对欠缺。

长三角地区对职业技术教师的入职后培训项目不足。在职业技术教师职后培训过程中，有76.8%的职教教师近三年没有参加过国培项目，有56.9%的职教教师近三年没有参加过省培项目，显而易见，有超过半数的职教教师没有机会参加国培或省培项目。并且，就近三年参加过或未参加过国培项目的职业技术教师职业能力而言，整体情况未到达显著差异水平。因此，可以说明国培项目还有较多需要提升与完善的地方。

二、长三角职业技术教师培养培训的建议

(一) 职教师资政策发展层面

通过政策工具视角对2019年以来我国中央、地方出台的典型职教师资政策文本进行研究后发现，尽管近年来政府逐步强化了职业教育的地位价值，并给予较大的投入，但仍存在政策颁布主体间失衡、政策工具使用不足、政策缺乏可操作性等问题。探究其本质，主要是由于职教师资政策制定的相关路径与产业结构无法良好匹配等原因造成的。

1. 加强政策颁布主体协作化

虽然长三角地区的"双师型"教师队伍建设政策文本多样化，但具有较强法律约束性的规章条例类政策文本较为罕见，这在一定程度上弱化了职业技术教育师资队伍的法律效力，导致政策存在短视、内容重复的特点，缺乏法律的明确性、责任化与稳定性。因此，作为职业教育事业发展的重要组成部分，长三角地

区及国家应加强该方面的立法工作,提供法律制度的相关保障。

2. 巩固政策文本的法制性

作为一项涉及多部门、多主体利益的政策,需着力于多维度的全方位协同。鉴于职业技术教育教师队伍的建设各部门协作有待提升的现实状况,接下来的政策制定应注重多主体协同合作,建立多主体协同治理的模式以及稳定的长效合作机制,最终形成推进高职院校"双师型"教师队伍建设的合力。①

3. 优化政策工具使用类型

有效地实现政策目标有赖于政策工具的正确使用,每一种政策工具都有其内容、使用条件、成本和缺陷,因此,政策工具并非单独地起作用。要使政策有效,需要对政策工具进行科学的选择与运用。当前,长三角地区的职业技术教师培养培训偏重于权威、系统变革工具的使用。尽管这为职业技术教师的教育提供了队伍建设的依据,但是权威工具的过多使用会使政策丧失其服务功能,难以发挥其针对性和适用性;在激励工具的使用方面,政策工具明显存在不足之处,激励工具可以充分调动政策目标对象的积极性和能动性,同时消解权威工具所产生的消极与抵触心理。因此,在政策工具的使用方面,应以适应区域职业院校"双师型"教师队伍建设为根本,进行适当调整,推进实际问题的解决。

4. 创新教师资格认证标准

创新教师资格认证标准,兼具教师资格认证标准的独立化与特色化,即开发职业教育教师资格认证标准与"双师型"教师认证标准建设。② 教师资格认证标准的独立化在于建立起一个有别于普通教师资格条件,从教育与专业出发,对教师的学历经历、专业知识、技术技能水平等方面进行统一规定,整体推进职业教育师资队伍的建设水平。而"双师型"教师认证标准则充分体现了职教师资队伍的特色,其建设已经过了一段时期的地方探索与试验,迫切需要建立起国家层面的认证标准。

---

① 聂伟进.高职院校"双师型"教师队伍建设政策检视与反思——基于2010—2020年发布的36份政策文本的分析[J].江苏高教,2022(3):119—124.
② 孙琳.职业教育师资队伍建设改革的成就、问题与发展趋势[J].职教论坛,2020(5):87—96.

（二）职教师资培养培训层面

1. 发挥职业技术师范院校等办学主体优势

职业技术师范院校需要从办学方向、人才培养模式、专业课程建设方面进行全方位的改革。加强职业技术师范院校建设，构建起多形式、多渠道、开放包容的"混合型"的职业技术师范教育体系，逐步形成具有中国特色的职教教师教育人才培养模式。加强对职业技术师范教育机构的学科建设与质量监控。鼓励有条件的独立设置的职业技术师范本科院校大力开展硕士、博士层次的职业技术师范教育，推动教学型职业技术师范院校与高层次的师范院校或工科院校合作培养硕士、博士研究生，引导一批高水平工科学校举办职业技术师范教育，探索国家示范性高等职业院校举办专科层次的职业技术师范教育等。

2. 探索本硕一体化人才培养贯通路径

强化以职业教育为特色的教育学一级学科建设，重点规划建成教育学一级学科博士学位点（教育博士点）；加快推进职业技术领域专硕人才培养，推动本、硕贯通培养，争取支持探索开展六年一贯制硕士层次复合型中职教师培养试点改革，从高考生中招录、本科硕士完整培养，或从大四学生中选拔、推免为教育硕士。建设高水平学科科研平台，以职业教育现代化研究中心、长三角产教融合与职业教育发展研究院为主要载体，协同全国职业教育研究机构、教育主管部门及院校资源，以培育大平台、大项目、大团队和大成果为主线，发挥职业技术教育学科方向的传统优势，形成特色，打造品牌，为引领提升学校职教师资人才培养提供有力保障。以教育学一流学科建设为龙头，构建职业教育"本—硕—博"一体化人才培养体系，提升学院人才培养的能力和层次，培养教学能力、实践能力、研究能力并重的多能型职教师资。

3. 打造多元性的个性化职后培训体系

一是构建多元化培训项目群。为满足不同类型层次教师的培训需求，职业教育教师培训应改变以往"单一化"的培训内容，聚合多方力量构建分段（新手、熟手、骨干、专家等）、分类（文化课、专业课以及实习指导课）以及分级（国家、省市以及校级）的个性化培训项目群，并在形式上从"基地实践"走向"合作研修"，在培训时间上从"全员出动"到"分批进行",从而促进教师职后培训"落实"与"落地"。① 二是搭建信息化培训交流平台。由于生产一线的新技术、新工艺、新技能的不断更新升级,校企双方可建立一种动态的培训交流机制,如建立信息化交流平台,通过"云课堂""微课程"等多样化的远程培训,让双方"足不出户"即可了解最新动态和进展,缓解学校专业教师或者企业教师由于时间空间限制而难以胜任教学的窘境。三是进行培训实施监测评估。当前,教师培训积极性不高、培训过程"形式化"等成为"双师型"教师建设的重要阻碍。因此,各院校可建立培训管理与评估机制,在教师实践培训后可对教师进行问卷调查或者访谈,或者建立培训动态评价系统,了解教师参与培训的效果以及需求,助力企业培训改进完善的同时也引起教师对参与实践培训的重视。

4. 发挥企业优势,加强校企双向交流

校企"双元"育人是当前我国职业教育的基本教学制度,《国家职业教育改革实施方案》对校企合作进行了全面规划,包括人才培养、技术创新、就业创业、社会服务、文化传承等方面的合作。② 企业作为职教教师职后人才培训的主要力量之一,应积极为职教教师提供职后技能提升途径,组织职教教师进行相关职业技能证书的培训与考核,帮助高技能职教教师实现自身职业能力水平的更新与提升。

具体而言,一是建立校企人员双向交流的机制,各地政府进一步完善职业院校教师"固定岗+流动岗"人事管理制度,建立健全职业院校自主聘任兼职教师的办法等。二是通过跟岗访学、顶岗实践等方式培养数以万计的骨干教师,建设国家的"工匠之师"。三是进一步完善教师到企业实践制度,把教师到企业实践制度作为教师职务晋升的必要条件,使教师到企业实践常态化、制度化。四是完善职业院校人事管理制度和分配制度,允许教师到企业兼职,职业学校开展技术开发、技术转让、技术咨询、技术服务取得的收入结余可以用于教师劳务报酬等。五是加快推动产教融合企业的建设,推动产教深度融合,为校企合

---

① 张丹,朱德全. 从单一到多元:新时代职业教育师资队伍建设的改革设想[J]. 职教论坛,2020(10):80—89.
② 国务院. 国务院关于印发国家职业教育改革实施方案的通知[EB/OL]. (2019-02-20)[2023-05-31]. http://www.moe.gov.cn/jyb_xxgk/moe_1777/moe_1778/201904/t20190404_376701.html.

作创造良好的制度环境。

5. 创新课程内容,增加工作场所学习机会

其一,在职前培养过程中,应重视对实践课程的安排,防止学术型课程对实践课程的挤压,避免实践课程的简单重复。可以巧借社团平台开展实践活动,实施技能拓展训练,比如利用微格教学系统指导学生以小组合作的形式进行备课、同课异构、观摩讨论等训练。邀请当地职教名师到校内召开座谈会或进行心得分享,带给学生最真实的一线教师教育案例,提供"拜师学艺"的机会。

其二,通过优化教育见习、实习来强化职教学生从教能力。合理利用教育见习的机会加强职教学生与职业院校的在职教师以及学生之间的联系,需要重置时间,一年级以见习为主,即进入课堂听课和观察;二年级以调查实习为主,了解学生的需求和特点;三年级以教学实习为主,通过实践检验自己的专业能力。只有在理论结合实践的基础上强化教师专业技能练习,才能让职教学生在今后的职业生涯中更快地适应教学环境。

其三,创新数字化职教师资培训方式。大力开展教育数字化专题培训,增强职业教育教师的大局观、科技素养和战略意识,拓宽视野提升数字素养和智慧教育能力。共享一批优质职业教育数字化课程资源,打通线上与线下学习通道,探索现代化、个性化培训模式;建设职业教育教师发展一体化信息平台,提升培训教学和服务质量。构建政府、企业和学校多元参与的人才共育共享平台,发挥行业企业在培养"双师型"教师中的重要作用,探索适应职业技能培训要求的教师分级培训模式,切实提升职业教育教师的"双师"素养。

第四章
川渝地区职业技术教育教师培养培训发展报告

第一节　川渝地区职教师资队伍建设基本情况

职教师资队伍是职业教育高质量发展的基础。近年来,国家和地方出台了系列政策以加强职业院校教师队伍建设,全面提升职业院校教师质量。在国家、四川省和重庆市职业教育相关政策的支持下,川渝地区大力发展职业教育,努力开展职教师资的培养培训工作,取得了积极成效。本书通过查阅统计年鉴、高等职业教育质量年度报告等文献,对相关数据进行统计分析,展现川渝地区职教师资队伍建设的基本情况。

一、川渝地区职业院校教师结构与素质分析

川渝地区职业院校包括高等职业院校和中等职业学校,教师结构和素质分析主要包括专任教师生师比、教师数量、教师学历与职称结构等要素。

(一)高等职业院校教师结构与素质分析

1. 专任教师生师比略有涨幅

2021年,四川省共有82所高等职业院校(含1所职业本科),其中公办院校47所、民办院校35所。2017—2021年,四川省高职院校教师规模随着在校学生数的增长而逐年扩大,专任教师生师比略有上涨。2020年,四川省在校学生数71.16万人,专任教师生师比达到25.78∶1,较2017年增加了2.66。2021年,四川省高职院校专任教师的生师比较前一年减少1.36(表4-1)。

表 4-1 四川省高职院校专任教师的生师比(2017—2021 年)

年份	在校学生数/万人	教职工数/万人	专任教师数/万人	专任教师生师比
2017	51.33	3.28	2.22	23.12∶1
2018	51.62	3.28	2.28	22.64∶1
2019	61.06	3.53	2.45	24.92∶1
2020	71.16	3.88	2.76	25.78∶1
2021	78.14	4.41	3.20	24.42∶1

数据来源:现代高等职业技术教育网历年发布的《四川省高等职业教育质量年度报告》。

2021 年,重庆市有 43 所高职专科院校,1 所职业本科层次职业学校,其中公办院校 23 所,民办院校 20 所。在 2017—2021 年期间,重庆市高职院校教师数量随着在校学生数的增加而增加,专任教师生师比涨幅较为明显。其中,2021 年,重庆市高职院校在校学生 488 557 人,较 2017 年增加 195 527 人,增幅 66.73%;专任教师数为 19 277 人,较 2017 年增加 5 589 人,增幅 40.83%;专任教师生师比 2021 年达到 25.34∶1,较 2017 年增加 3.93(表 4-2)。

表 4-2 重庆市高职院校专任教师的生师比(2017—2021 年)

年份	在校学生数/人	教职工数/人	专任教师数/人	专任教师生师比
2017	293 030	18 439	13 688	21.41∶1
2018	300 252	18 839	14 014	21.43∶1
2019	364 562	19 350	14 669	24.85∶1
2020	427 279	22 831	17 579	24.31∶1
2021	488 557	25 790	19 277	25.34∶1

数据来源:重庆市统计局历年发布的《重庆统计年鉴》。

2. 教师规模逐年扩大,专任教师不断增加

四川省坚持以师资队伍建设为抓手,高职院校师资水平不断提升。2021 年,四川省高职院校共有在岗教职工 4.41 万人,教师规模逐渐扩大,同比去年增加 5 308 人,增幅 13.69%。专任教师数由 2017 年的 2.22 万人增至 2021 年的 3.2 万人,增加 0.98 万人(图 4-1)。此外,专任教师占在岗教职工的比例也

图 4-1 四川省高职院校教师数量变化趋势(2017—2021 年)
数据来源:现代高等职业技术教育网历年发布的《四川省高等职业教育质量年度报告》。

不断扩大,从 2017 年的 67.67%增至 2021 年的 72.56%,增幅 4.89%。

近年来,重庆市以建设高素质教师队伍为重点,强化专任教师专业技能和实践教学能力培训,不断提升高职院校师资力量。2021 年,重庆市高职院校共有教职工 25 790 人,较前一年增加 2 959 人,增幅 12.96%。专任教师数量不断增长,从 2017 年的 13 688 人增至 2021 年的 19 277 人(图 4-2),年均增长率达 8.17%。此外,专任教师占教职工总数的比例也不断提升,从 2017 年的 74.23%增至 2021 年的 74.74%,增幅为 0.51%。

图 4-2 重庆市高职院校教师数量变化趋势(2017—2021 年)
数据来源:重庆市统计局历年发布的《重庆统计年鉴》;现代高等职业技术教育网历年发布的《重庆市高等职业教育质量年度报告》。

3. 教师学历职称结构逐渐完善

在学历水平方面,2021 年,四川省高职院校硕士及以上学历的专任教师人数为 12 519 人,占专任教师总数的 38%;本科及以上学历的专任教师占专任教师总数的99%。

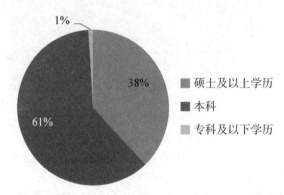

图4-3 四川省2021年高等职业院校专任教师学历情况①

在职称结构方面,四川省高职院校高级职称(包括正高级和副高级)教师占专任教师的比例不断提升,从2018年的26.29%上升到2020年的27.87%(图4-4)。2021年,四川省高职院校高级职称教师达1.01万人,较2020年增加0.24万人,但高级职称教师的占比较2020年下降了2.22个百分点。

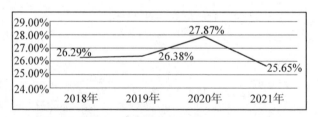

图4-4 四川省高职院校高级职称教师占专任教师的比例②

在学历水平方面,随着重庆市不断推进师资队伍建设,高职院校教师的学历结构逐渐完善。2017年,重庆市高职院校硕士及以上学历的专任教师6 062

---

① 数据来源:中华人民共和国教育部.高等教育专任教师学历、专业技术职务情况(专科层次职业高校)[EB/OL][2022-12-15]. http://www.moe.gov.cn/jyb_sjzl/moe_560/2021/gedi/202212/t20221230_1037342.html.

② 因《四川省高等职业教育质量年度报告2018》未发布2017年高职院校高级职称教师占比,故缺失2017年的高级职称教师占比。
数据来源:现代高等职业技术教育网历年发布的《四川省高等职业教育质量年度报告》https://www.tech.net.cn/column_rcpy/index.aspx.

人,占专任教师总数的44.28%;2021年,重庆市高职院校硕士及以上学历的专任教师人数9 108人,占专任教师总数的47.24%,较2017年提升近3个百分点;专科及以下学历的教师占比不断缩小,从2017年的2.48%下降至2021年的1.33%,降低1.15个百分点(表4-3)。

表4-3 2017年和2021年重庆市高职院校专任教师各学历水平所占比例

职称 年份	博士	硕士	本科	专科及以下
2017	2.57%	41.71%	53.24%	2.48%
2021	3.16%	44.08%	51.42%	1.33%

数据来源:教育部发布的《2021年教育统计数据》;现代高等职业技术教育网发布的《重庆市高等职业教育质量年度报告2018》《重庆市高等职业教育质量年度报告2022》。

在职称结构方面,2017年,重庆市高职院校高级职称(包括正高级和副高级)教师有3 951人,占专任教师比例28.87%;2021年,高级职称教师人数不断增加,达5 360人,较2017年增加1 409人;未定职称的专任教师比例增长显著,从2017年的11.01%增至2021年的16.59%,增加5.58个百分点(表4-4)。

表4-4 2017年和2021年重庆市高职院校专任教师各级职称所占比例

职称 年份	正高级	副高级	中级	初级	未定职称
2017	5.32%	23.55%	42.07%	18.05%	11.01%
2021	5.33%	22.47%	38.55%	17.05%	16.59%

数据来源:教育部发布的《2021年教育统计数据》;现代高等职业技术教育网发布的《重庆市高等职业教育质量年度报告2018》《重庆市高等职业教育质量年度报告2022》。

(二) 中等职业学校教师结构与素质分析

1. 专任教师生师比略有下降

2017—2019年,四川省中等职业学校在校学生数逐渐下降,从86万人减少至2019年的79.6万人,降幅达7.44%。随后,在校学生数又呈增长趋势,从2020年的81.7万人增加至2021年的87.2万人,涨幅6.73%。在2017—2019年,虽然中等职业学校专任教师数逐年减少,但缩减幅度远低于学生规模下降的速度,下降率为 2.29%。由于学校数量和在校学生数不断减少,四川省中等职业学校专任教师生师比也呈逐年下降的趋势。2017 年,专业教师生师比为 22.43∶1,2019 年为 21.25∶1。此后,即使学校数量不断减少,在校学生数增加,但专任教师数不断增加,生师比仍然呈下降趋势,从 2020 年的 21.55∶1 下降至 2021 年的 21.26∶1(表 4-5)。

表 4-5　四川省中等职业学校专任教师生师比(2017—2021 年)

年份	学校数	在校学生数	教职工数	专任教师数	专任教师生师比
2017	436	860 013	48 804	38 340	22.43∶1
2018	419	820 060	48 342	37 892	21.64∶1
2019	408	796 091	47 098	37 463	21.25∶1
2020	397	817 131	47 261	37 902	21.55∶1
2021	338	872 310	49 987	41 016	21.26∶1

数据来源:教育部历年发布的《教育统计数据》,不含技工学校。

重庆市中等职业学校在校学生数在 2017 年至 2018 年间有所减少,教职工数和专任教师数也随着在校学生数的减少而减少,专任教师生师比下降 0.41。自 2018 年以来,在校学生数逐年增长,2021 年达到 36.42 万人,较 2018 年增加 6.43 万人,增幅 21.44%;教职工数和专任教师数也随之增长,专任教师数从 2018 年的 1.48 万人增加至 2021 年的 1.78 万人,增幅为 20.27%。2021 年,重庆市中等职业学校专任教师生师比较 2017 年下降了 0.16(表 4-6)。

表 4-6　重庆市中等职业学校专任教师生师比(2017—2021 年)

年份	学校数	在校学生数	教职工数	专任教师数	专任教师生师比
2017	132	308 252	18 156	14 932	20.64∶1
2018	132	299 909	17 979	14 820	20.23∶1
2019	129	317 203	18 190	15 114	20.98∶1
2020	129	342 379	18 573	15 417	22.20∶1
2021	129	364 201	19 738	17 779	20.48∶1

数据来源:教育部历年发布的《教育统计数据》,不含技工学校。

2. 教职工数有变化波动,但专任教师占比逐年增长

四川省中等职业学校教师人数在2017—2021年间有所变化,从2017年的48 804人减少到2019年的47 098人;但在2019—2021年间,中等职业学校教师人数又有所增加,2021年达49 987人,较2019年增加2 889人。专任教师人数也有一定变化,2018年的专任教师数较2017年减少448人,但自2019年以来,专任教师数逐年增长,从2019年的37 463人增加到2021年的41 016人,增长率为9.48%。此外,在2017—2021年间,专任教师占比逐年提升,从2017年的78.56%上升到2021年的82.05%,涨幅为3.49%(表4-7)。

表4-7 四川省中等职业学校教师人数(2017—2021年)

年份	教职工数/人	专任教师数/人	专任教师占比/%
2017	48 804	38 340	78.56
2018	48 342	37 892	78.38
2019	47 098	37 463	79.54
2020	47 261	37 902	80.20
2021	49 987	41 016	82.05

数据来源:教育部历年发布的《教育统计数据》,不含技工学校。

重庆市中等职业学校教师人数在2017—2021年间不断增长,有个别年份教师人数略有减少。教师人数从2017年的18 156人增加到2021年的19 738人,增长率为8.71%;专任教师人数也在不断增长,从2017年的14 932人增加到2021年的17 779人,增长率达19.07%;专任教师占比也呈稳步增长的趋势,从2017年的82.24%上升到2021年的90.07%(表4-8),涨幅为7.83%。

表4-8 重庆市中等职业学校教师人数(2017—2021年)

年份	教职工数/人	专任教师数/人	专任教师占比/%
2017	18 156	14 932	82.24
2018	17 979	14 820	82.43
2019	18 190	15 114	83.09
2020	18 573	15 417	83.01
2021	19 738	17 779	90.07

数据来源:教育部历年发布的《教育统计数据》,不含技工学校。

3. 研究生学历和高级职称专任教师占比逐年提升

四川省中等职业学校研究生及以上学历专任教师比例在2017—2021年间逐年上升,2021年研究生及以上学历为5.29%,较2017年增加1.40%;本科及以上学历教师比例也不断提升,从2017年86.65%上升到2021年的90.94%,增加4.29%。从整体上看,高级职称(包括正高级和副高级)专任教师比例在逐年上升,2020年达25.30%,较2017年增加1.38%,已达到教育部的规定,即高级职称教师占专任教师总数的20%以上。

表4-9 四川省中等职业学校专任教师学历与职称结构情况

年份	专任教师人数	研究生及以上学历		本科及以上学历		高级职称	
		人数	占比(%)	人数	占比(%)	人数	占比(%)
2017	38 340	1 488	3.89	33 220	86.65	9 170	23.92
2018	37 892	1 676	4.42	33 337	87.98	9 179	24.22
2019	37 463	1 687	4.50	33 463	89.32	9 408	25.11
2020	37 902	1 784	4.70	34 142	90.08	9 591	25.30
2021	41 016	2 168	5.29	37 301	90.94	10 116	24.66

数据来源:教育部历年发布的《教育统计数据》,不含技工学校。

重庆市中等职业学校研究生及以上学历专任教师比例在2017—2021年间略有波动,2018年研究生及以上学历达8.48%,较2017年增加0.12%;2021年研究生及以上学历专任教师比例较2020年略有下降,为8.30%;本科及以上学历专任教师比例也不断提升,从2017年92.67%上升到2020年的93.40%,增加0.73%;2021年本科及以上学历专任教师比例较2020年略有下降,为92.79%。从整体上看,高级职称(包括正高级和副高级)专任教师比例逐年上升,2020年达27.46%,较2017年增加1.82%,已达到教育部的规定,即高级职称教师占专任教师总数的20%以上。

表4-10 重庆市中等职业学校专任教师学历与职称结构情况

年份	专任教师人数	研究生及以上学历		本科及以上学历		高级职称	
		人数	占比（%）	人数	占比（%）	人数	占比（%）
2017	14 932	1 249	8.36	13 838	92.67	3 829	25.64
2018	14 820	1 257	8.48	13 812	93.20	3 864	26.07
2019	15 114	1 239	8.20	14 092	93.24	4 009	26.53
2020	15 417	1 295	8.40	14 400	93.40	4 233	27.46
2021	17 779	1 476	8.30	16 497	92.79	4 604	25.90

数据来源：教育部历年发布的《教育统计数据》，不含技工学校。

二、川渝地区职业技术教育教师培养培训情况

（一）职业技术教师培训情况

2017年，四川省高职院校专任教师赴国（境）外指导和开展培训量为17 642人日，随后专任教师培训量有所降低，2019年为12 201人日，2021年减少至3 357人日，较2017年减少14 285人日（图4-5）。

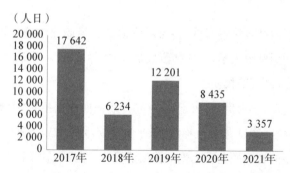

图4-5 四川省高职院校专任教师赴国（境）外指导和开展培训量（2017—2021年）
数据来源：现代高等职业技术教育网历年发布的《四川省高等职业教育质量年度报告》。

在2017—2019年间，重庆市高职院校专任教师赴国（境）外指导和开展培训量逐年提升，从2017年的4 968人日增至2019年的19 640人日。2020年，专任教师培训量有所降低（为9 125人日），较2019年减少10 515人日。2021年，

专任教师培训量增加,达12 439人日(图4-6)。

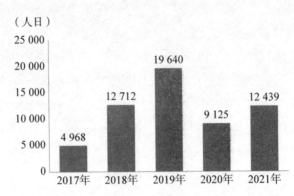

图4-6　重庆市高职院校专任教师赴国(境)外指导和开展培训量(2017—2021年)
数据来源:现代高等职业技术教育网历年发布的《重庆市高等职业教育质量年度报告》。

在中等职业学校教师培训方面,2021年,重庆市全面构建并实施国家级培训、市级培训、区县培训、校本级培训"四级"教师培训体系,推进中职学校教师培养行动计划,开展覆盖国家级培训870人、市级培训1 240人,区县和校本级培训实现教师培训全员化。部分高水平学校建设项目学校通过线上线下方式,组织教师参加了德国、澳大利亚、日本等职业教育发达国家的培训学习,通过鲁班工坊等走出去服务"一带一路"建设。

(二) 职业技术教师培养情况

目前,从职教师资培养来看,参与川渝地区中等职业学校师资培养的院校有西南大学、四川师范大学、重庆师范大学、西华师范大学、重庆文理学院、重庆第二师范学校等高等院校。

以重庆师范大学为例,该校于2009年开始面向全国招收"中等职业学校在职攻读硕士学位"(2011年后改称为"职业学校教师在职攻读硕士学位",以下简称"职教硕士")的在职硕士研究生。在旅游管理、课程与教学论、管理科学与工程、区域经济学、数量经济学、计算机软件与理论、美术学(美术设计方向)、思想政治教育、金融学、文艺学等专业方向招收"职教硕士",截至2014年,重庆师范大学累计招收职教硕士796名。从2011年起"职教硕士"招生专业数和招生规模均居于全国第一,"职教硕士"生源遍及27个省市自治区。2014年"职教硕士"招生与培养方式转型,按专业硕士培养。在压缩招生计划的大背景下,学校仍然获得10个专业方向、230人名额的招生计划,实际招生专业和人数位居全国第二,仅次于天津职业技术师范大学。2015年报名人数创历史新高,达到800余人。

图4-7 重庆师范大学"职教硕士"招生情况(2010—2014年)

2015年,重庆师范大学获批教育硕士职业技术教育领域专业学位研究生培养试点单位,成为全国首批试点单位之一,专门培养硕士层次(包括全日制和非全日制)的职教师资,主要在财经商贸、旅游服务、信息技术、学科教学物理、文化艺术等5个方向开展招生培养。截至2021年,重庆师范大学共计招收职业技术教育研究生179名(表4-11)。

表4-11 重庆师范大学"教育硕士职业技术教育领域"研究生招生情况(2016—2021年)

年份	职业技术教育财经商贸	职业技术教育旅游服务	职业技术教育信息技术	职业技术教育学科教学物理	职业技术教育文化艺术	合计
2016	0	4	3	2	2	11
2017	1	4	2	2	0	9
2018	8	5	0	3	0	16
2019	13	24	5	1	0	43
2020	17	24	4	2	1	48
2021	10	42	0	0	0	52
合计						179

数据来源:重庆市师范大学硕士研究生招生拟录取情况。

三、川渝地区职业技术教育教师队伍建设存在的主要问题

(一) 高等职业教育教师队伍主要问题

1. 专任教师生师比偏高

根据 2021 年四川省高职院校与江苏、山东和陕西等省份高职院校的比较，四川省高职院校专任教师生师比为 24.42∶1，明显高于陕西、山东和江苏等省份，与江苏省高职院校专任教师生师比的差值为 2.84。同样，重庆市高职院校专任教师生师比也显著高于陕西、山东和江苏等省份，与江苏省高职院校专任教师生师比的差值为 3.76。

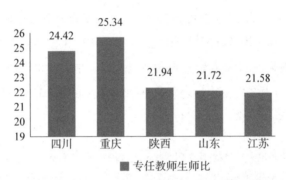

图 4-8 2021 年川渝地区高职院校专任教师生师比与其他省份的比较情况
数据来源：根据现代高等职业技术教育网 2022 年发布的各省份《高等职业教育质量年度报告》相关统计数据计算而成。

2. "双师型"教师和兼职教师比例有待提高

尽管川渝地区高职院校的教师教育不断完善，教师队伍不断壮大，师资力量增强，但教师学历结构和职称结构还有待进一步优化，"双师型"教师和兼职教师占比仍需逐步提高。2021 年，四川省高职院校"双师型"教师比例为 37.68%，低于浙江、江苏、山东和陕西等省份，且与浙江省的差值最大，达到 46.68%（表 4-12）。四川省高职院校"双师型"教师有待进一步增加，并不断提升教师水平和质量。此外，从企业兼职教师年课时总量和课酬的比较上看，四

川省与江苏、山东和浙江省相比,还有一定差距,四川省高职院校可继续完善校企合作制度,招收更多优秀的企业兼职教师参与到高职学生的培养过程中,壮大师资队伍,以提高高职院校的人才培养质量。

2021年,重庆市高职院校"双师型"教师比例虽已达到教育部的规定,即"职业院校'双师型'教师占专业课教师的比例超过一半",但比例明显低于浙江、江苏和山东省(表4-12),与浙江省的差值为27.23%。为进一步提升高职教育质量,重庆市高职院校需完善教师企业实践与校企合作制度,进一步增加"双师型"教师的比例,提高教师综合素质。从企业兼职教师年课时总量和课酬的比较上看,重庆市与江苏、浙江和山东省相比,还有一定差距。因此,重庆市高职院校需进一步增加高素质的企业兼职教师人数,提升师资水平。

表4-12 2021年川渝地区高职院校教师相关指标与其他省市的比较情况

省份/市	教职工数	专任教师数	双师型教师占比	研究生及以上学历占比	高级职称占比	企业兼职教师年课时总量(万课时)	年支付企业兼职教师课酬(万元)
陕西	23 077	16 879	53.47%	54.95%	30.43%	67.05	4 021.66
山东	55 807	44 375	68.97%	43.48%	32.34%	263.29	12 776.28
浙江	28 727	20 429	84.36%	77.57%	33.90%	176.60	14 567.35
江苏	47 812	35 368	80.23%	72.38%	38.59%	313.96	18 264.05
重庆	25 790	19 277	57.13%	47.23%	26.20%	80.93	5 060.21
四川	45 436	34 259	37.68%	37.99%	25.65%	130.58	9 078.54

3. 专任教师学历和职称结构不够优化

高职院校专任教师学历和职称结构是否完善及其完善程度是学校办学水平的重要标志。虽然川渝地区高职院校研究生及以上学历和获得高级职称的专任教师人数逐年增加,但与浙江、江苏等省份相比还有较大差距。由表4-12可知,2021年,四川省高职院校研究生及以上学历专任教师比例为37.99%,而浙江省为77.57%,差值达39.58%。在职称结构方面,四川省高职院校拥有高级职称的专任教师占比为25.65%,江苏省的这一比例为38.59%,差值为12.94%;重庆市高职院校拥有高级职称的专任教师占比为26.20%,与江苏省的差值为12.39%。因此,川渝地区高职院校需不断优化专任教师的学历,进一步增加研究生学历的教师人数,尤其是增加获得博士学位的教师人数,完善专任教师职称结构,增加中高级职称专任教师比例。

(二) 中等职业学校教师队伍主要问题

1. 专任教师生师比有所降低,但仍未达到中等职业学校设置标准

与学生数量相适应的专任教师队伍是确保中等职业学校教育教学质量的基本前提,直接反映着学校的师资水平。教育部2010年发布的《中等职业学校设置标准》明确提出,中等职业学校的专任教师生师比应达到20:1。从表4-13可以看出,四川省中等职业学校专任教师生师比由2017年的22.43:1降低至2021年的21.26:1,与全国中等职业学校平均生师比的差距逐渐缩小,从2017年的2.84降低到2021年的2.40。虽然这五年来四川省中等职业学校专任教师生师比日趋改善,但仍未达到中等职业学校设置标准的最低要求。

表4-13 四川省与全国中等职业学校专任教师生师比对比情况(2017—2021年)

年份	专任教师生师比		
	四川	全国	差值
2017	22.43:1	19.59:1	2.84
2018	21.64:1	19.10:1	2.54
2019	21.25:1	18.94:1	2.31
2020	21.55:1	19.54:1	2.01
2021	21.26:1	18.86:1	2.40

数据来源:教育部历年发布的《教育统计数据》(http://www.moe.gov.cn/jyb_sjzl/moe_560/),不含技工学校。

从表4-14中可知,近五年来,重庆市中等职业学校专任教师生师比有所降低,从2017年的20.64:1降低至2021年的20.48:1,2018年的生师比达到最低(20.23:1),但与全国中等职业学校平均生师比的差距有进一步扩大的趋势,从2017年的1.05上升至2020年的2.66,增加了1.61,2021年的生师比与全国平均生师比的差距有所缩小(为1.62)。值得注意的是,重庆市中等职业学

校专任教师生师比仍未达到中等职业学校设置标准的最低要求。

表4-14 重庆市与全国中等职业学校专任教师生师比对比情况(2017—2021年)

年份	专任教师生师比		
	重庆	全国	差值
2017	20.64∶1	19.59∶1	1.05
2018	20.23∶1	19.10∶1	1.13
2019	20.98∶1	18.94∶1	2.04
2020	22.20∶1	19.54∶1	2.66
2021	20.48∶1	18.86∶1	1.62

数据来源:教育部历年发布的《教育统计数据》,不含技工学校。

2. 研究生及以上学历专任教师占比有待提高

专任教师学历水平的高低是评价中等职业学校办学质量的重要指标之一。从表4-15可看出,2017—2021年,四川省中等职业学校研究生及以上学历专任教师占比逐年提升,从2017年的3.89%上升至2021年的5.29%。虽然四川省中等职业学校研究生及以上学历专任教师占比一直低于全国平均水平,但两者之间的差距有缩小趋势,从2017年3.75%减少至2021年的3.19%,缩小了0.56%。然而,美中不足的是,研究生及以上学历专任教师的占比只在3%～6%之间,且增长幅度较小,高学历专任教师仍然短缺。

同期,重庆市中等职业学校研究生及以上学历专任教师占比有增减变化波动。在2017—2019年间,重庆市中等职业学校研究生及以上学历专任教师占比高于全国平均水平,或与全国评估水平持平,但2020年之后,重庆市中等职业学校研究生及以上学历专任教师占比低于全国平均水平,与全国平均水平的差距有扩大趋势(表4-15)。

表4-15 川渝地区与全国中等职业学校研究生及以上学历专任教师占比对比情况(2017—2021年)

年份	四川(%)	重庆(%)	全国(%)	四川与全国差值(%)	重庆与全国差值(%)
2017	3.89	8.36	7.64	-3.75	0.72
2018	4.42	8.48	7.93	-3.51	0.55

(续表)

年份	四川(%)	重庆(%)	全国(%)	四川与全国差值(%)	重庆与全国差值(%)
2019	4.50	8.20	8.20	-3.70	0.00
2020	4.70	8.40	8.52	-3.82	-0.12
2021	5.29	8.30	8.48	-3.19	-0.18

数据来源:教育部历年发布的《教育统计数据》,不含技工学校。

3. 专任教师职称结构不健全

中等职业学校教师职称结构是否优化是评价师资队伍综合素质水平高低的重要体现。在职称结构方面,自2017—2020年,四川省中等职业学校具有高级职称(包括正高级和副高级)专任教师所占的比例逐年增加,且与全国平均水平的差距在逐年缩小,高级职称专任教师结构得以进一步优化。同时,具有中级职称和初级职称专任教师占比在逐年降低,但未定职称的专任教师比例却在逐年增加,从2017年的13.15%上升到2021年的21.76%,增加了8.61个百分点。此外,近五年来,四川省中等职业学校中级职称专任教师占比一直远低于全国平均水平,相反,初级职称与未评定职称专任教师的占比却一直高于全国平均水平,2021年,未评定职称专任教师占比与全国平均水平的差距达到4.65个百分点。从表4-16可知,四川省中等职业学校专任教师的职称结构呈"金字塔"型,与发达国家的"钻石"型差距较大,这从一定角度说明四川省中等职业学校专业骨干教师和学科带头人的数量较少,专任教师职称结构还不够优化。

表4-16 四川省与全国中等职业学校专任教师职称结构对比情况(2017—2021年)

职称 年份	高级职称占比(%)			中级职称占比(%)			初级职称占比(%)			未定职称占比(%)		
	四川	全国	差值	四川	全国	差值	四川	全国	差值	四川	全国	差值
2017	23.92	25.36	-1.44	34.13	39.39	-5.26	28.81	24.92	3.89	13.15	10.34	2.81
2018	24.22	24.94	-0.72	33.61	39.47	-5.86	28.70	24.56	4.14	13.47	11.03	2.44
2019	25.11	25.14	-0.03	32.86	38.56	-5.70	27.11	23.9	3.21	14.92	12.4	2.52
2020	25.30	25.14	0.16	32.64	37.71	-5.07	26.33	23.34	2.99	15.72	13.82	1.90
2021	24.66	24.72	-0.06	30.40	35.95	-5.55	23.18	22.22	0.96	21.76	17.11	4.65

数据来源:教育部历年发布的《教育统计数据》,不含技工学校。

在2017—2020年，重庆市中等职业学校具有高级职称（包括正高级和副高级）专任教师所占的比例逐年增加，且高于全国平均水平，差值从2017年的0.28扩大到2020年的2.32。具有初级职称专任教师的占比逐年降低，但未定职称的专任教师比例却在逐年增加，从2017年的9.2%上升到2021年的15.2%，增加了6个百分点。近五年来，重庆市中等职业学校中级职称和未定职称专任教师占比一直低于全国平均水平，且中级职称专任教师的占比与全国平均水平的差距逐年缩小。相反，初级职称专任教师的占比一直高于全国平均水平。由表4-17可知，重庆市中等职业学校专任教师主要以中级和初级职称为主，未定职称专任教师占比逐渐增加，高级职称专任教师占比约占四分之一。这表明重庆市中等职业学校专任教师的职称结构还需进一步完善和优化。

表4-17 重庆市与全国中等职业学校专任教师职称结构对比情况（2017—2021年）

职称 年份	高级职称占比(%)			中级职称占比(%)			初级职称占比(%)			未定职称占比(%)		
	重庆	全国	差值	重庆	全国	差值	重庆	全国	差值	重庆	全国	差值
2017	25.64	25.36	0.28	34.25	39.39	-5.14	30.81	24.92	5.89	9.20	10.34	-1.14
2018	26.07	24.94	1.13	36.73	39.47	-2.74	29.33	24.56	4.77	9.48	11.03	-1.55
2019	26.53	25.14	1.39	35.47	38.56	-3.09	27.48	23.9	3.58	10.52	12.4	-1.88
2020	27.46	25.14	2.32	35.12	37.71	-2.59	26.53	23.34	3.19	9.28	13.82	-4.54
2021	25.90	24.72	1.18	34.34	35.95	-1.61	24.65	22.22	2.43	15.20	17.11	-1.91

数据来源：教育部历年发布的《教育统计数据》，不含技工学校。

4."双师型"教师比例偏低，兼职教师数量不足

2020年，四川省中等职业学校专业课教师中"双师型"教师占比为55.55%，低于广东省的63.64%，更低于浙江省的85.8%。外聘兼职教师是提升中等职业教育质量的有效方式。来自企业和行业的专业技术人员拥有丰富的实践经验和知识，可以弥补教师队伍在行业经验上的不足，能够为学生提供专业的实践指导。2020年，四川省中等职业学校兼职教师为3650人，在专业课教师中占比为17.89%，低于浙江省的24.64%。

同期，重庆市中等职业学校"双师型"教师为7664人，在专业课教师中占比为63.63%，低于浙江省。兼职教师数为2516人，在专业课教师中占比为20.89%，同样低于浙江省。

四、对策建议

近年来,川渝地区职业教育发展迅速,在校学生数和教职工数逐年增长,但仍存在专任教师学历结构、职称结构不完善等问题。改善结构性的问题,我们的建议如下。

(一) 增加"双师型"教师比例,优化职业院校教师结构

1. 完善校企合作机制,提升"双师型"教师占比

高职院校"双师型"教师的培养需要校企合作机制的大力支持。校企合作能够带来"双赢"的效果。一方面,企业为职业院校师生提供实践机会,增加教师的实践经验,提高学生的社会实践能力和问题解决能力;另一方面,职业院校为企业提供其所需的技术技能人才。为深化产教融合、校企合作,培养社会经济发展所需的高素质技术技能型人才,促进职业教育高质量发展,四川省教育厅等六部门和重庆市教育委员会等六部门分别制定了《四川省职业学校校企合作促进办法》《重庆市职业学校校企合作促进办法》。各项政策要真正落实落地,需要政府、职业院校和企业三方共同努力,发挥合力作用。首先,政府应出台相关的具体政策,为参与校企合作的企业给予适当补贴、税收优惠或减免,授予参与企业一定的社会名誉,调动企业的积极性,让校企合作成为企业的责任与义务,从而使企业成为职业教育的重要主体。其次,职业院校可与企业建立利益共享机制,根据企业需求开展针对性的应用研究,为企业发展提供知识和技术支持,帮助企业攻克技术难题;基于行业发展趋势和企业对人才的需求,与企业进行沟通,及时调整学校学科专业与人才培养方案,培养企业所需的技术人才,进而增强企业参与合作的兴趣;学校为企业提供所需的图书、课程和师资等资源;给予专任教师更多进入企业开展实践的机会,丰富教师的实践经验,提升教师的专业水平和素质。最后,企业为职业院校提供实验设备等资源,供师生使用,增加学生的实验实践机会,实现学校与企业的资源共享共通;企业可充分发挥其市场优势,向职业院校共享其发展趋势和人才需求信息,尤其是专业技术人员的需求,促进职业院校根据行业企业需求及时调整学科和专业结构,

开设行业企业急需的专业;企业积极参与职业院校的课程设置、人才培养方案制定、课堂教学,充分发挥其作为职业教育治理主体的作用。

2. 加大职业院校"双师型"教师培训力度

"双师型"教师队伍是职业院校高质量发展的关键,也是衡量职业院校办学水平的重要指标。2018年,中共中央、国务院《关于全面深化新时代教师队伍建设改革的意见》提出,要"加强职业技术师范院校建设,支持高水平学校和大中型企业共建双师型教师培养培训基地,建立高等学校、行业企业联合培养双师型教师的机制。切实推进职业院校教师定期到企业实践,不断提升实践教学能力"。"双师型"教师的培养需要一定的经费和制度保障。一是政府增加"双师型"教师培训经费投入,设置专项资金以补贴参加"双师"培训教师的食宿交通费、培训费等相关费用,并对参加培训的教师给予适当的经济补贴,提高教师的培训积极性;制定相关的具体政策,一方面,对参与职业院校师资培训的企业给予补贴和税收减免的优惠;另一方面,对参与校企共建"双师型"教师培养培训基地的企业和学校进行考核,提高"双师型"教师培养培训的有效性,对培养培训效果良好的企业和学校给予奖励,增加学校和企业对教师培训的重视程度。二是职业院校对接地方优势产业,与优质骨干企业合作建立"双师型"教师培养培训基地,充分利用现代学徒制试点班等教学实践及寒暑假时间,集中安排教师进合作企业实践,学校层面对运行良好的培养培训基地提供资金支持,向参与培训的教师发放交通补贴和餐补;通过制定目标、任务驱动和中期考核等方式,强化教师企业实践管理,并将企业实践经历作为评奖评优、职称晋升的依据之一。三是企业与职业院校真诚合作,建立企业教师工作站,共同开展项目研究,从教学能力、科学研究与技术研发能力、社会服务能力三个方面开发系统的培养培训课程,提升"双师型"教师培养培训的针对性;针对不同职业发展阶段的职业院校教师开展不同的培训,例如针对新入职的青年教师,更多开展提升教学技能水平的培训;对于青年骨干教师,更多开展科研能力和社会服务能力提升的培训,使培训有的放矢。

3. 改革兼职教师聘任制,壮大师资队伍

兼职教师在扩充职业院校师资队伍、提升职教学生技术技能水平方面发挥着举足轻重的作用。中共中央、国务院《关于全面深化新时代教师队伍建设改革的意见》明确提出:"继续实施职业院校教师素质提高计划,引领带动各地建立一支技艺精湛、专兼结合的双师型教师队伍。"与浙江、江苏等省相比,川渝地区职业院校兼职教师数量存在一些差距。对此,川渝地区职业院校可从以下几个方面着手扩大师资队伍。首先,学校创设良好的制度环境,提供与专职教师相似的工作环境和发展空间;增加经费投入,改善学校的教学科研环境,尤其是设备精良的实验仪器,为兼职教师参与科研项目、提高研发能力提供物质基础;制定兼职教师参与科研项目的管理办法和激励措施,使其与专职教师一样拥有平等地申请科研项目的机会,鼓励其参与技术攻关、技术服务等。其次,学校建立兼职教师流通机制。各职业院校可根据本校实际制定《兼职教师聘用与工作制度》,积极争取给予人事编制,若无人事编制则给予兼职教师更高的工资待遇,从而保障兼职教师工作的稳定性;实行多样化的奖励机制,职业院校对工作表现优秀的兼职教师给予适当的奖励,如授予"优秀教师"荣誉称号,并给予一定的物质奖励;对符合条件的兼职教师允许参加教师职称评定,激励他们充分发挥其在人才培养、产教融合等方面的作用。再次,加强兼职教师队伍培训。来自企业的兼职教师大部分没有教育教学相关知识和经验,因此,为促进兼职教师的专业发展,职业院校可制定相应的培训进修管理制度,对兼职教师开展教育学、心理学等方面的理论与实践培训,提升教师的教学能力。最后,对兼职教师给予人文关怀,为兼职教师营造良好的工作环境,适时开展一些活动,使其感受到学校的重视,调动他们工作的积极性。

4. 完善职称评审体系

教师职称评审制度是促进教师专业成长的驱动力,也是职业院校教师队伍建设的重要抓手。合理有效的职称评审体系能够激发教师的工作热情与潜力。由于目前很多高职院校的教师职称评定标准和内容源于普通本科院校,在课题、论文发表、专著、专利和获奖等方面有较高的要求,使得高职院校教师为实现其专业发展,不得不按照本科高校教师的发展方向努力,花费大量时间和精力做自己不擅长的工作,用于教学工作和指导学生的时间有限,在一定程度上影响了教育质量的提升。因此,为进一步完善职业院校教师的职称结构,提高职业教育质量,职业院校可从以下几个方面着手。一是优化职称评审分类分层。职业院校根据自身发展实际划分教师类别,目前从教学、科研和行政管理等三种性质对教师进行分类是较为普遍的划分方法,也便于操作执行;此外,不同学科类别的科研成果和教学效果差别较大,不宜采用统一的评价标准,还需从人文社科类和理工科类对教师进行分类;根据教师的发展阶段划分层级,处于不同层级的教师需要达到的要求不同,各职业院校可遵循维果茨基的"最近发展区"理论对不同层级的教师职称评审指标进行划分,不仅使教师能够达到基本的专业技术要求,还能真正促进教师专业发展,获得"一举两得"的效果。二是制定"多元分类"的评价标准。职业院校的性质决定了学校的人才培养目标和工作重心,以教学为主,再加上职业院校学科类别和岗位类别的较大差异性,这就意味着教师职称评审标准和内容的多样性。对此,职业院校教师职称评审首先考察教师的教学能力,重点考核教师的课堂教学设计、教学实施、教学效果、课程开发等多个方面,将学生对教师的评价和教学评价作为重要指标之一;针对不同类型的教师制定不同的评价标准,如以教学为主的教师,课时量、学生评价、教学效果等应成为重要的评审指标;而以科研为主的教师,则将论文发表、课题、专利发明作为评审指标。三是打破常规的职称评审办法,对于在教学、科研或行政管理上成绩特别突出的教师,可采用教师职称评审破格方法,需要注意的是,各院校须制定公平、细致且具有可操作性的教师职称评审破格条件,从而完善职业院校教师的职称结构。

(二)扩大研究生层次职教师资的规模,增量提质优化教师队伍

1. 扩大职教硕士师资的规模

教师队伍是职业教育健康可持续发展的第一资源,也是支撑国家职业教育改革的中坚力量。目前,川渝地区中等职业学校生师比尚未达到中等职业学校设置标准,教师数量不足,尤其缺乏研究生学历水平的教师。教育部等五部门于2018年发布的《教师教育振兴行动计划(2018—2022年)》指出,"按照有关程序办法,增加一批教育硕士专业学位授权点。引导鼓励有关高校扩大教育硕士招生规模,对教师教育院校研究生推免指标予以统筹支持"。此外,2019年8月,教育部等四部门印发的《深化新时代职业教育"双师型"教师队伍建设改革实施方案》提出,"支持高校扩大职业技术教育领域教育硕士专业学位研究生招生规模"。因此,为优化职业院校教师的学历结构,增加中等职业学校研究生及

以上学历专任教师的比例，职业院校可从三个方面着手。首先，支持川渝地区高校扩大教育硕士招生规模，在教育硕士职业技术教育领域专业学位研究生招生指标上给予一定倾斜，划拨职教硕士招生专项指标，增加职教硕士招生人数；扩大对拥有职业教育背景和技术型人才的招生比例；同时强调前置专业的吻合度，院校在招生过程中应严格筛选，保证专业方向的一致性，在数量上满足中等职业学校对教师的需求，以提升中等职业学校的师资水平。其次，具有职教硕士招生培养资格的高校需进一步加强硕士点的质量建设，包括打造职业教育学科教学论的师资队伍，制定科学合理的培养方案，设置职业教育理论与实践相结合的课程，特别是根据不同的专业方向，开设不同的"专业课程开发与教材分析"和"专业教学设计与案例分析"课程，凸显职教硕士的专业性与特殊性，夯实职教硕士的专业基础与技能，进而在质量上满足中等职业学校的发展需求。最后，广泛宣传，提高职教硕士的社会认可度。面向中等职业学校专任教师进行广泛宣传，使专任教师能够了解职教硕士的专业定位、学习方式及其对自身专业发展的促进作用，激发中等职业学校专任教师在职攻读职教硕士的积极性；面向用人单位（即中等职业学校）进行广泛宣传，使之充分了解国家设立职教硕士专业学位的目的，将职教硕士毕业生作为其招聘专任教师的主要来源。

2. 探索职教本硕衔接的培养模式

教师学历层次的提升是提高职教教师层次和水平的有效途径。探索职教教师本硕衔接的培养模式，有助于促进职教师资培养从本科—硕士的顺利过渡，完善职教教师人才培养体系。《教师教育振兴行动计划（2018—2022年）》提出要提升教师培养层次，"支持探索中等职业学校教师本科和教育硕士研究生阶段整体设计、分段考核、有机衔接的培养模式"。《深化新时代职业教育"双师型"教师队伍建设改革实施方案》指出要"探索本科与硕士教育阶段整体设计、分段考核、有机衔接的人才培养模式"。由于职教教师需要兼具"学术性、专业性和师范性"，而当前的职业技术师范院校和普通高校二级职教学院的四年制本科不足以支持培养职教教师的"三性"。对此，各培养院校可尝试推行"4+2"本硕连读的培养模式。该模式的第一阶段为本科四年的专业教育阶段，可按照应用型本科的培养模式，学习专业基础知识，重点培养职教师范本科生的基本专业素养、学术素养和实践能力，可以有充足的学习时间来保证职教师范本科生的培养质量。第二阶段为两年的教育硕士，可按照师范教育的要求，着重培训职教师范生的教育理论素养、研究素养和教育教学能力，再加上"4+2"本硕连读的培养模式减少了硕士研究生入学考试环节，有助于吸引有志于从事中职教育事业的优秀生源报考，以解决当前职业技术师范院校师范生生源不佳的问题。

3. 注重职教博士研究生的培养

职教师资质量是决定职业教育办学水平和人才培养质量的内核。近年来，职业院校的用人标准逐年提高，复合型、高层次的"双师型"教师队伍逐渐成为现代职教师资培养的目标。职教师资培养层次逐步提升，从本科到硕士研究生再到博士研究生层次。《教师教育振兴行动计划（2018—2022年）》在"教师培养层次提升行动"中明确提出，"适当增加教育博士专业学位授权点，引导鼓励有关高校扩大教育博士招生规模，面向基础教育、职业教育教师校长，完善教育博士选拔培养方案"。《深化新时代职业教育"双师型"教师队伍建设改革实施方案》指出要"推进职业技术教育领域博士研究生培养"。因此，川渝地区的各省、市政府根据国家政策要求，在拥有职教硕士学位点高校中推进职教领域教育博士专业学位培养试点，以进一步提升职教师资培养层次与水平，为川渝地区职业教育的可持续发展提供人才支撑。此外，具有职教领域教育博士专业学位培养资格的高校可从课程、科研、实践等方面构建职教博士研究生培养体系。在课程方面，构建"工学+教育学"交叉融合的课程体系，职教博士生不仅要学习职业教育课程，掌握较为系统的职业教育理论、教学实践、职教科研方法，还要学习工学课程，掌握本学科方向的专业理论与实践技能，能够进行学科专业课程的教授。在科研方面，采用导师组联合培养机制，导师组成员由教育学导师、工学导师、职业院校和企业专家作为校外导师组成，各位导师分工协作，为职教博士生提供极具针对性的指导，例如教育学导师负责学生的教育理论和水平的培养，开展学术训练；职业院校导师负责学生教育教学能力的提升；企业导师则负责企业实践，提升学生的实践、问题解决能力。在实践方面，主要包括企业实践和职业院校教育实践两个方面，企业实践是提升职教博士生技术技能水平的有效路径，在企业实践中运用所学理论知识解决实际生产问题，有助于提升学生的创新能力;职教博士生去职业院校参加教育实践,能够将所学的教育理论知识和研究方法用于教学实践中,进行教学创新,切实提高自身的教育教学能力。

第二节　川渝地区职教师资培养培训概况

教师教育是教师队伍建设的内核,是提高教育质量的动力源泉。职教师资的培养培训是促进职业教育健康可持续发展的基本保障。为加强职教师资的队伍建设,川渝地区通过教育硕士(职业技术教育领域)专业学位研究生的培养、职教师资培训等举措提高职业教育教师质量,在职教师资培养培训方面取得了积极进展。

一、职教师资职前培养情况

(一) 教育硕士(职业技术教育领域)试点院校简介

川渝地区共有五所教育硕士(职业技术教育领域)试点院校,四川省开设职业技术教育领域相关专业硕士试点的院校有四川师范大学、四川轻化工大学、西华师范大学三所。其中,四川师范大学的职业技术教育为学术型硕士,开设在学校二级学院教育科学学院,未具体细分专业方向;四川轻化工大学的职业技术教育为专业硕士,开设在学校二级学院教育与心理科学学院,包括加工制造、土木水利两个方向;西华师范大学的职业技术教育为专业硕士,开设在学校二级学院商学院,包括会计、金融事务、市场营销三个方向。重庆市开设职业技术教育领域相关专业硕士试点的院校有西南大学和重庆师范大学两所。其中,西南大学职业技术教育学为学术型硕士,开设在二级学院教育学部,未具体细分专业方向;重庆师范大学的职业技术教育学为学术型硕士,开设在二级学院教育科学学院;重庆师范大学还设有职业技术教育专业硕士,开设在学校二级学院地理与旅游学院和经济与管理学院,包括旅游服务与管理、财经商贸两个专业方向。

1. 西华师范大学教育硕士(职业技术教育领域)简介

西华师范大学创建于1946年,是四川省属重点综合性大学,入选国家卓越人才教育培养计划和四川省双一流建设计划、卓越教师培养计划、首批公费师范生培养计划,是四川省确定的博士学位授予单位立项建设高校、四川省重要的基础教育教师培养基地、在职教师培训基地、教师专业发展研修基地、高等教育和基础教育研究基地。目前学校建设有82个本科专业,10个学科门类;19个硕士学位授权一级学科,13个硕士专业学位授权类别;6个学科联合培养博士研究生。全校共有全日制本专科学生、硕士研究生、留学生共35 000余人。其师资力量雄厚,现有教职员工2 700余人,具有高级专业技术职称教师1 000余人,具有博士、硕士学历教师1 900余人。学校大力实施学校第二次党代会提出的"1359"战略,为加快建成教师教育特色更加鲜明的高水平综合性大学、办好人民满意的教育和全面建设社会主义现代化国家贡献力量。2015年被国务院学位委员会确定为首批教育硕士(职业技术教育领域)专业学位研究生教育试点单位。

2. 四川轻化工大学教育硕士(职业技术教育领域)简介

四川轻化工大学是由四川省人民政府、国家国防科技工业局共建,涵盖工学、理学、管理学、教育学、文学、历史学、艺术学、法学、经济学九大学科协调发展的一所全日制普通高等学校,是国家卓越工程师教育培养计划高校、数据中国"百校工程"建设院校、首批四川省博士后创新实践基地、四川省首批创新改革试点高校。四川轻化工大学共有3个四川省重点学科;8个一级学科硕士学位授权点,涵盖36个二级学科;11个专业学位类别,涵盖35个专业学位领域;有24个学院,77个本科专业;有9个国家级一流本科专业,17个省级一流专业,4个国家级特色专业,9个省级特色专业。全校有教职工2 400余人。其中,专任教师1 958人;教授、副教授占比近40%;具有博士、硕士学位教师占比超80%。在长期办学过程中,学校以建设"创新大学、开放大学、智慧大学、和谐大学"为目标任务,以"研学结合、产教融合、特色发展"为发展战略,以"解放思想、勇于创新、敢于担当、追求卓越、跨越发展"为发展理念,以"胸怀天下之家国情怀,舍我其谁之使命担当,自强不息之开拓奋进"为发展精神,形成了基础宽厚、文理交融、突出应用与创新的特色办学思想体系。

3. 西南大学教育硕士(职业技术教育领域)简介

西南大学溯源于1906年建立的川东师范学堂,是教育部直属,教育部、农业农村部、重庆市共建的重点综合大学,是国家首批"双一流"建设高校,"211工程"和"985工程优势学科创新平台"建设高校。学校学科门类齐全,综合性强、特色鲜明,涵盖了哲、经、法、教、文、史、理、工、农、医、管、艺12个学科门类,其中有3个国家重点学科、2个国家重点(培育)学科,29个一级学科博士学位授权点、54个一级学科硕士学位授权点,有2种专业博士学位、27种专业硕士学位,有博士后科研流动站(工作站)27个。2015年被国务院学位委员会确定为首批教育硕士(职业技术教育领域)专业学位研究生教育试点单位。

4. 重庆师范大学教育硕士(职业技术教育领域)简介

重庆师范大学创办于1954年,是重庆市政府创立的全日制普通高等学校,是新中国最早创办的高等师范院校之一,其办学历史可追溯至1906年创办的官立川东师范学堂。学校是西部教育师资和各类专门人才培养的重要基地之一,1986年获批硕士学位授予单位,2017年获批硕士研究生推免单位,2018年获批博士学位授予单位。学校学科建设体系完备,一级学科覆盖哲学、法学、经济学、教育学、文学、理学等11个学科门类,拥有博士学位授权一级学科3个,硕士学位授权一级学科25个、二级学科1个,硕士专业学位授权点14个,本科专业74个。2015年被国务院学位委员会确定为首批教育硕士(职业技术教育领域)专业学位研究生教育试点单位。在研究生的培养过程中,学校注重学生能力素质提升,除课堂教学、学术报告等教学活动外,还开展了多种学术活动,以多途径、多形式培养和提升学生的综合能力与素质。

(二)专业结构与分布

1. 专业结构与分布的总体情况

2021年,川渝地区有三所培养院校设置了两个全日制教育硕士(职业技术教育领域)专业学位研究生专业方向。重庆市的全日制教育硕士(职业技术教育领域)专业学位研究生专业方向有财经商贸和旅游服务两个,四川省只设置了财经商贸方向。

2. 院校专业结构与分布情况

西华师范大学于 2016 年开始招收全日制教育硕士(职业技术教育领域)专业学位研究生,设置了信息技术类、文化艺术类、公共管理与服务类、财经商贸类、农林牧渔类五个方向。2021 年,西华师范大学设置财经商贸(包括全日制和非全日制)一个专业方向。

重庆师范大学于 2016 年开始招收全日制教育硕士(职业技术教育领域)专业学位研究生,在财经商贸、旅游服务、信息技术、学科教学物理、文化艺术等五个方向开展招生培养。2021 年,重庆师范大学主要在旅游服务与管理、财经商贸两个专业方向招收教育硕士(职业技术教育领域)专业学位研究生。

(三) 年度招生数量

2021 年,川渝地区教育硕士(职业技术教育领域)专业学位研究生共计招录 73 人,其中重庆师范大学的财经商贸方向招生 10 人,旅游服务方向招生 42 人;西华师范大学的财经商贸方向招生 21 人。川渝地区教育硕士(职业技术教育领域)专业学位研究生年度招生数量最多的方向是旅游服务,重庆市的招生总人数最多,达 52 人(表 4-18)。

表 4-18 2021 年川渝地区教育硕士(职业技术教育领域)试点院校招生数

省份/市	试点院校名称	专业方向	招生数量(人)
四川	西华师范大学	财经商贸	21
重庆	重庆师范大学	财经商贸	10
		旅游服务	42

数据来源:西华师范大学、重庆市师范大学 2021 年硕士研究生招生拟录取情况。

川渝地区职教师资人才培养端在数量和规模上有待进一步扩大,尤其是研究生层次的职教师资培养的比例有待进一步提高,职教师资培养的学历层次也需进一步提升。

(四) 培养目标

根据全国教育专业学位研究生教育指导委员会关于下发《教育硕士（职业技术教育领域）专业学位研究生指导性培养方案（试行）》的通知（教指委发〔2015〕07号）要求，为确保全日制教育硕士（职业技术教育领域）专业学位研究生的培养质量，川渝地区各培养院校根据相关领域的学科特点，制定了各个方向的人才培养目标，如旅游服务与管理方向和财经商贸方向的人才培养目标。

1. 旅游服务与管理方向的人才培养目标

坚持以立德树人为根本任务，培养掌握现代教育理论、具有较强职业技术教育教学实践和研究能力的高素质中等职业学校旅游专业教师。人才培养目标的具体要求为：

（1）拥护中国共产党领导，热爱旅游教育事业，具有良好的道德品质，遵纪守法，积极进取，勇于创新；

（2）具有良好的学识修养和扎实的专业基础，了解旅游行业服务与管理、发展趋势；

（3）具有较强的旅游职业技术教育实践能力，胜任旅游职业技术教育教学和管理工作，在现代教育理论指导下运用所学理论、方法和技术，解决教育教学中的实际问题；

（4）能理论联系实际，运用现代信息技术，创造性地开展旅游服务与管理教育教学工作；

（5）具备基本的课程思政能力；

（6）掌握旅游职业技术教育课程的基本方法，熟悉旅游职业技术教育课程改革的新理念、新内容和新方法；

（7）能较为熟练地阅读本专业外文文献。

2. 财经商贸方向的人才培养目标

坚持以立德树人为根本任务，培养掌握现代教育理论、具有较强职业技术教育教学实践和研究能力的高素质中等职业学校会计专业教师。人才培养目标的具体要求为：

（1）拥护中国共产党领导，热爱财经教育事业，具有良好的道德品质，遵纪守法，积极进取，勇于创新；

（2）具有良好的学识修养和扎实的专业基础，了解相关企业生产、经营、管理活动和行业发展趋势；

（3）具有较强的财经职业技术教育实践能力，胜任财经职业技术教育教学和管理工作，在现代教育理论指导下运用所学理论、方法和技术，解决教育教学中的实际问题；

（4）能理论联系实际，运用现代信息技术，创造性地开展会计专业教育教学工作；

（5）掌握财经职业技术教育课程开发的基本方法，熟悉财经职业技术教育课程改革的新理念、新内容和新方法；

（6）能较为熟练地阅读本专业外文文献。

(五) 课程设置

全日制教育硕士（职业技术教育领域）专业学位研究生教育是培养掌握现代教育理论、具有较强职业技术教育教学实践和研究能力的高素质中等职业学校专业教师。课程设置要求须符合人才培养目标，而具体到职业技术教育领域教育硕士课程设置，也须符合培养中等职业学校专业教师的要求，包括学位基础课程、专业必修课程、专业选修课程和实践教学。川渝地区各培养院校根据人才培养目标和专业特征，在课程设置中体现了理论与实践相结合的原则，将课程分为学位基础课、专业必修课、专业选修课和实践教学四个模块，总共36学分。下文以旅游服务和财经商贸两个专业方面的课程设置为例。

1. 旅游服务方向的课程设置

以重庆师范大学地理与旅游学院的全日制职业技术教育（旅游服务）专业硕士的课程设置为例，其课程分为学位课、专业必修课、专业选修课和实践教学四大模块。

（1）学位课（22学分）

学位课包括学位公共课、学位基础课和学位专业课，具体见表4-19。

表 4-19 旅游服务方向学位课

课程类别	课程名称	学分	学时	开课学期	考核方式	开课单位
学位公共课（4学分）	英语	2	36	1	考试	外国语学院
	政治理论	2	36	1	考试	马克思主义学院
学位基础课（8学分）	教育学原理	2	36	1	考试	教育科学学院
	课程与教学论	2	36	1	考试	教育科学学院
	教育研究方法	2	36	2	考试	教育科学学院
	青少年心理发展与教育	2	36	2	考试	教育科学学院
学位专业课（10学分）	旅游专业课程开发与教材分析	2	32	2	考试	地理与旅游学院
	旅游专业教学设计与案例分析	2	32	1	考试	地理与旅游学院+研究生联合培养基地
	职业技术教育测量与评价	2	32	2	考试	地理与旅游学院
	旅游消费行为学	2	32	1	考试	地理与旅游学院
	旅游目的地开发与管理	2	32	1	考试	地理与旅游学院+研究生联合培养基地

（2）非学位课

开设的专业选修课分为"信息技术应用""学生指导与班级管理""职业教育政策""行业技术技能"4个模块，每个模块开设 2—3 门选修课程，每门课程 1—2 学分。在每个模块中，学生需至少选修一门课程（表 4-20）。

表 4-20 旅游服务方向非学位课

课程类别	模块	课程名称	学分	学时	开课学期	考核方式	开课单位	备注
专业选修课（至少6学分）	信息技术应用	现代教育技术与应用	1	16	3	考查	地理与旅游学院	（1）每个模块至少选修一门课程。（2）思政教育与职教学生能力三大板块之一的"态度"对应。（3）专题可因需而变。
		智慧技术与教学应用	1	16	3	考查	地理与旅游学院	
	学生指导与班级管理	专业实践教学与竞赛指导	1	16	3	考查	地理与旅游学院+研究生联合培养基地	

(续表)

课程类别	模块	课程名称	学分	学时	开课学期	考核方式	开课单位	备注
		旅游专业课程思政教育	1	16	3	考查	地理与旅游学院+研究生联合培养基地	
	职业教育政策	职业教育法规分析	1	16	3	考查	地理与旅游学院	
		比较教育学	1	16	3	考查	地理与旅游学院	
		旅游职业教育专题 □职教基本理念与发展 □职教行政管理 □班级文化建设 □课堂管理等	1	16	3	考查	地理与旅游学院+研究生联合培养基地	
	行业技术技能	旅游接待与旅行服务	1	16	3	考查	地理与旅游学院	
		酒店服务与管理	1	16	3	考查	地理与旅游学院	
		餐饮服务与管理	1	16	3	考查	地理与旅游学院	
		会展设计与服务	1	16	3	考查	地理与旅游学院	

(3) 实践教学(8学分)

实践教学包括教育实践和企业实践,具体包括教育实习、教育见习、企业实践、微格教学、教育调查、行业企业调查、课例分析、班级与课堂管理实务等实践形式。学生以"旅游职业学校课程开发、专业建设、教学设计的实践与应用"和"旅游企业生产过程与岗位能力专题调研"为主题,提交2份研究报告(每份报告均不少于4千字)、1份专业教学案例。实践教学时间原则上不少于一年,其中到中等职业学校和企业进行实践活动的时间分别不少于三个月。

表 4-21 旅游服务方向实践教学

课程名称	学分	实践时限	开课学期	考核要求
校内实践	2	4个月	3	提交1份"旅游职业学校课程开发、专业建设、教学设计的实践与应用"主题报告。 (2) 提交1份专业教学案例。
中等职业学校教育实践	2	4个月	3	
企业实践	4	4个月	3	提交1份"旅游企业生产过程与岗位能力专题调研"专题报告。

2. 财经商贸方向的课程设置

以西华师范大学商学院的全日制职业技术教育领域财经商贸的课程设置为例,其课程包括学位基础课、专业必修课、专业选修课和实践教学四个部分。

(1) 学位基础课(12学分)

学位基础课共6门,包括"英语""政治理论""教育学原理""课程与教学论""教育研究方法""青少年心理发展与教育"等基础课程(表4-22)。

表 4-22 财经商贸方向的学位基础课

课程类型	课程名称	学时	学分	学期	考核方式	授课单位	备注
学位基础课 (12学分)	英语	51	2	1	考试	研究生院	必修
	政治理论(含教师职业道德教育)	36	2	1	考试		
	教育学原理	36	2	1	考试		
	课程与教学论	36	2	1	考试		
	教育研究方法	36	2	1	考试		
	青少年心理发展与教育	36	2	1	考试		

(2) 专业必修课(10学分)

专业必修课共4门,各专业方向开设"课程开发与教材分析""教学设计与案例分析""教育测量与评价""专业领域发展前沿"等课程(表4-23)。

表4-23 财经商贸方向专业必修课

课程类型	课程名称	学时	学分	学期	考核方式	授课单位	备注
专业必修课（10学分）	"会计"课程开发与教材分析	36	2	1	考试	商学院	分专业必修1门
	"金融事务"课程开发与教材分析	36	2	1	考试		
	"市场营销"课程开发与教材分析	36	2	1	考试		
	"会计"教学设计与案例分析	54	3	1	考试	商学院	分专业必修1门
	"金融事务"教学设计与案例分析	53	3	1	考试		
	"市场营销"教学设计与案例分析	54	3	1	考试		
	职业技术教育测量与评价	36	2	1	考试	研究生院	必修
	财经商贸类专业热点与前沿问题	54	3	1	考试	商学院	必修

（3）专业选修课（6学分）

专业选修课包括4个模块，即"信息技术应用""班主任与班级管理""职业教育政策""行业技术技能"，每个模块开设若干门选修课程，每门课程1学分。在每个模块中，学生需至少选修1门课程（表4-24）。

表4-24 财经商贸方向专业选修课

课程类型		课程名称	学时	学分	学期	考核方式	授课单位	招生方向	备注
专业选修课（6学分）	信息技术应用	现代教育技术	18	1	2	考查	各学院	各方向	2选1
		教学软件应用	18	1	2	考查			
	班主任与班级管理	职业学校班级管理	18	1	2	考查		各方向	2选1
		职业学校德育教育	18	1	2	考查			
	职业教育政策	我国当前职业教育政策解读	18	1	2	考查		各方向	2选1
		职业教育政策国际比较	18	1	2	考查			

(续表)

课程类型	课程名称	学时	学分	学期	考核方式	授课单位	招生方向	备注
行业技术技能	财务会计与管理实务	18	1	2	考查	商学院	财经商贸	"会计"(4选3)
	财务软件应用	18	1	2	考查			
	互联网财务与金融	18	1	2	考查			
	会计信息系统	18	1	2	考查			
	电子商务与网络营销	18	1	2	考查			"市场营销"(4选3)
	市场开发与营销	18	1	2	考查			
	营销与策划	18	1	2	考查			
	消费者行为学	18	1	2	考查			
	财务会计与管理实务	18	1	2	考查			"金融事务"(4选3)
	互联网财务与金融	18	1	2	考查			
	金融理论与实务	18	1	2	考查			
	市场开发与营销	18	1	2	考查			

(4) 实践教学

实践教学包括教育实践和企业实践,具体包括教育实习、教育见习、企业实践、微格教学、教育调查、行业企业调查、课例分析、班级与课堂管理实务等实践形式。实践教学时间原则上不少于一年,包含校内实践、企业实践和中等职业学校教育实践,其中到中等职业学校和企业进行实践活动的时间分别不少于三个月(尽可能采取顶岗实习的方式)。

① 校内实践(2学分)。学生在校内学习中加强教学技能训练,参加相应的技术技能证书考试,获取专业技能证书。教育见习一般安排在第2学期,进行教育观察和教师职业的实践体验,完成教师职业的心理准备,在校内导师指导下进行课例分析。

② 企业实践(2学分)。实习时间一般安排在第2学期暑假和第3学期寒假(尽可能顶岗实习),包括顶岗操作、行业企业调查等。学生直接深入企业,侧

重培养专业技能,从而获得对企业实践工作的直观体验。

③ 中等职业学校教育实践(4学分)。实习时间一般安排在第3学期(尽可能顶岗实习),开展教学实习和班主任工作实习,关注学校管理及课程开发等。依据《西华师范大学关于全日制硕士专业学位研究生实习工作的实施意见》,要求学生互相听课和参加教学评议,一般每人听课不少于20节,参加教学评议6次,从事课堂教学一般不少于30节,制作多媒体课件不少于6节并运用于实际教学之中;同时从事1个班的班主任工作,一般不少于12周。

④ 在实践结束后,学生需以"职业学校课程开发、专业建设、教学设计的实践与应用"和"企业生产过程与岗位能力专题调研"为主题,提交2份研究报告,每份报告均不少于4千字;填写完成"实习手册"。校内导师和校外实践导师全程指导参与学生的实践活动,并从"教学工作实习""班主任工作实习""调查研究""企业实践""实习综合表现"等方面评定成绩;学校开展"研究生教学创新比赛"以及评选"优秀实习教案、优秀教育调查报告、优秀课题研究成果"等活动。

表4-25 财经商贸方向实践教学

课程类型		课程名称	学时	学分	学期	考核方式	备注
实践教学 (8学分)	校内实践	教学技能训练	12周	2	2	试讲	各方向必修
		专业技能证书				证书	
		教育见习				见习报告	
		课例分析				作业	
	企业实践	顶岗操作	12周	2	2—3	实习手册	
		行业企业调查				研究报告	
	中等职业学校教育实践	教学实习	15周	4	3	实习手册	
		班主任工作				实习手册	
		学校管理				实习手册	
		课程开发				研究报告	

(六) 培养模式

由于培养院校、学科专业方向不同,川渝地区教育硕士(职业技术教育领域)专业学位研究生二级培养单位的人才培养模式既有共性,又有差异性。其共性主要体现在以下几个方面。一是育人主体的多元化。育人主体包括培养院校、职业院校、行业企业等单位。二是建立多导师机制。各培养院校建立了由高校导师、职业院校导师或行业企业导师相结合的"双导师"制,其中职业院校导师为具有副高级及以上专业技术职务的中等和高等职业学校教师,行业企业人员也具有高级专业技术职务,确保校外导师的质量。三是设置了理论与实践相结合的课程体系。川渝地区培养院校根据国家要求,将教育硕士(职业技术教育领域)专业学位研究生的课程模块分为了学位基础课、专业必修课、专业选修课和实践教学四个模块。其中,学位基础课主要由外语、政治理论、教育学原理等课程组成;专业必修课主要包括各专业方向的课程,即课程开发与教材分析、教学设计与案例分析、教育测量与评价等;实践教学包括中等职业学校教育实习、见习、企业实践等,将理论与实践结合,切实提高学生的社会实践能力。四是课堂教学形式多样。各培养院校在教学过程中,采取课堂讲授与案例教学、项目教学、行动学习、模拟教学和实践考察相结合的多元学习方式,注重探索应用型人才培养模式,以提升学生的应用实践能力。

二、职教师资培训情况

(一)职教教师年度培训总体分析

根据中共中央、国务院《关于全面深化新时代教师队伍建设改革的意见》、国务院《国家职业教育改革实施方案》,教育部、财政部《关于实施职业院校教师素质提高计划(2021—2025年)》等文件精神,川渝地区积极推动职教教师培训,2021年的培训情况如下。

1. 培训基地

川渝地区共有培训基地63个,主要分布在普通高等院校和高职院校。

2. 培训经费

重庆市加大职业教育师资队伍建设投入力度,2021年市级投入资金2 185

万元用于"双千双师""职业院校教师素质提高计划""职业学校教师市级培训"等项目。

3. 培训对象

川渝地区职业教育教师培训对象主要包括职业院校校长、副校长、专业带头人、专业骨干教师、专业课教师、公共课教师等职业院校教师。

4. 培训内容

川渝地区职业教育教师培训的内容包括通识教育和专业教育两大类。其中,通识教育主要开设的培训课程有思政能力提升、课程思政、计算机能力等。专业教育主要开设的培训课程有:专业带头人领军能力研修、"双师型"教师专业技能培训、中职"三科"教材教学能力提升、"1+X"证书种子教师研修、名校长名师(名匠)团队培育、青年教师能力提升培训等。

5. 培训方式

按照不同类型职业教育教师专业发展阶段及其培训需求,川渝地区采取线下集中研修、专题研修、德育研学、跟岗研修、跟岗访学、考察交流、在线培训、实地观摩、实操实践、访学研修、返岗实践等灵活多样的培训方式,以提高培训质量。

(二) 川渝地区职教教师培训情况

1. 四川省

(1) 培训概况

四川省教师发展中心参与拟订全省教师和中小学校长培训规划,科学规划年度教师培训实施项目,研制项目设计方案和实施内容,对项目实施过程进行指导和督促,以促进教师培训项目的高质量完成。

根据《四川省教育厅关于开展四川省职业院校教师培养培训基地申报工作的通知》精神,结合教育部教师工作司《关于公布职业院校教师素质提高计划2017年度国家级基地名单的通知》和国家项目办《关于公布职业院校教师素质提高计划2017年度优质省级基地备案信息的通知》,经单位申报、专家组评审,四川省共确定了电子科技大学、四川农业大学、成都工业职业技术学院、四川长虹电子集团有限公司4个国家级职业院校教师培养培训基地,西华师范大学、成都航空职业技术学院等四川省省级职业院校教师培养培训基地36个。各地按照《四川省职业院校教师素质提高计划(2017—2020年)实施办法》的总体要求,结合本地职业院校教师培训实际,优先遴选符合培训项目实施要求和条件的省级职业院校教师培养培训基地开展培训,确保培训的质量和效益。各省级培训基地亦积极申报和承担国家、省、市(州)和县级职教师资培养培训任务,加强与各级教育行政部门和培训项目管理办公室的对接,加强培训师资团队的建设、培训方案的研制、培训课程的开发和培训过程的管理,充分发挥基地优势,带动了四川省职业院校教师校长素质提升。项目办也加强了对基地开展各级各类职业院校教师校长培训的绩效考核,不断完善职教师资培养培训基地体系建设。

(2) 培训内容

四川省2022年职业院校教师培训内容涉及教师课程实施能力、信息技术应用能力、公共基础课教学能力、职业技能等各方面的提升,同时注重对名师名校长的培育、加强校企双向交流以及开展班主任能力提升、职教教师教学能力比赛等创新项目的培训。

(3) 培训方式

四川省职教师资培训注重多元化能力共同培养,采取混合培训、线上培训与线下培训结合等培训模式,主要培训方式有:专题讲座(专家名师面授)、实操实训、跟岗研修、分组互动、参与式研讨、参观交流、项目式教学、体验式教学、情境式教学、网络研修等,注重理论能力和专业实践能力双提升,体现"教—学—做"一体的职教师资人才培养新理念。

(4) 培训项目

四川省对市(州)中职学校教师的培训共有课程实施能力提升、信息技术应用能力提升、"1+X"证书制度种子教师培训、公共基础课教学能力提升、访学研修、名校长(书记)培育、培训者团队建设、教师企业实践、产业导师特聘、职业院校教师教学能力比赛等10余个项目,专业/学科/领域/对象涉及幼儿保育、计算机应用、电子商务、汽车运用与维修、旅游服务与管理、物联网技术应用、幼儿保育等30余个,有清华大学、中国石油大学等30多个承训机构参与,1102个培训名额惠及四川21个市（州）。全省高职院校教师的培训则涉及产业导师特聘、班主任（辅导员）能力提升培训、职业院校教师教学能力比赛等项目，有四川师范大学、浙江机电职业技术学院、成都航空职业技术学院等承训机构参与，992个培训名额惠及四川省82个高职院校。产业导师特聘岗项目分为中职产业导师特聘、高职产业导师特聘两个项目，培训时长均要求不少于80学时/学期，有"三名"工程学校、四川工程职业技术学院、成都航空职业技术学院等承训机构参与，中职、高职合计120个培训名额惠及四川省21个市（州）的中职学校和37个高职院校。卓越校长、名师名匠及创新团队项目则包括四川省卓越校长培养计划、名师（名匠）团队培育、职业教育教师教学创新团队建设三个项目，分12个专业/学科/对象开展，培训时长340学时、集中研修不少于1周（56学时）或2周（80学时）不等，培训人数达1875人。

（5）培训经费

四川省2022年职业教育教师培训不含市（州）统筹实施项目共设置4个类别14个项目，培训职业教育教师、校长3800余人。其中，面向社会公开遴选评审的共有32家承训机构（单位），承训64个子项目，培训经费1679万元，培训教师校长1939人；产业导师特聘岗项目经费120万元，培训教师校长120人；卓越校长培养计划（含工作室）项目经费499万元，培训教师校长360人；名师（名匠）团队培育和职业教育教师教学创新团队建设项目资金655万元，培训教师校长1515人。

（6）培训评价

在四川省教育厅的统筹管理下，省项目办努力做好国家级、省级职教师资培训项目的项目规划、项目评审、组织实施、过程督导、考核评估等工作，确保达成年度项目绩效目标。培训项目的管理，则按照五年一周期教师全员培训的总体目标，通过国、省、市（州）、县（区）、校五级教师培训体系分级管理，逐级推进；以目标明确，突出重点，规范有序，确保质量的培训项目实施原则进行。项目承担单位成立项目指导及监管组织，加强培训过程管理，严格执行培训各项管理制度，对培训过程中发现的问题及时采取弥补措施加以改进。对于承担为期两周以上项目的培训单位，还要求做学员训中测评，充分了解学员接受培训中期提高转化情况，并依据测评情况对后期培训形式及对学员的培训要求作出相应调整。并注重教学设计和质量评估，推进培训工作流程化、标准化、科学化、精准化，切实保证项目教学学时量，以提高培训实效。

2. 重庆市
（1）培训目标

通过职业教育教师培训，学员能够全面了解国内外职业教育先进理念和实践路径、国家职业教育改革发展政策和措施，帮助中、高职院校教师更新教育理念，提升教学能力、研究能力和管理能力，解决教育教学中的实际问题。

（2）培训对象

培训对象主要侧重于全市的中、高等职业院校院（校）长或书记、教学名师、专业带头人、中高等职业院校优秀青年教师、公共课教师和专业课教师等。

（3）培训内容

2021年，重庆市职教教师培训项目覆盖专业带头人领军能力研修、"双师型"教师专业技能培训、中职"三科"教材教学能力提升、"1+X"证书种子教师研修、名校长名师（名匠）团队培育、青年教师跟岗访学、高职教师思政能力提升、教师企业实践、培训者团队建设等中、高职九大类，专业领域涉及交通运输类、信息技术类、加工制造类、土木水利类、财经商贸类、公共管理与服务类、农林牧渔类、装备制造类、电子信息类等。

（4）培训模式

重庆市职教教师培训主要采用专家讲座、经验分享、分组研讨、企业实践等培训方式，具体包括以下培训模式。一是专家讲座。邀请知名的职教专家、学者讲授职业教育前沿理论、职教改革等热点、难点问题，探讨"1+X"证书制度与职业学校教学改革、"双师型"教师标准等主题，提升职教教师综合素养，以促进职业教育高质量发展。二是经验分享。邀请相关领域内经验丰富的教师及教育管理干部结合自身经历，分享其教学与教育管理经验。三是分组研讨。在培训中，按照专业方向将学员进行分组，结合自己的具体工作及心得体会，与专家及同行交流，从课程体系设置、师资队伍建设、组织机构创新、教学资源开发以及教学成果形成等方面开展成果汇报。四是企业实践。学员到企业相应岗位进行实操训练，充分了解企业的生产组织方式、工艺流程、岗位（工种）职责、操作规范、技能要求、用人标准、管理制度、企业文化、应用技术需求等，丰富其实践经验。

(5) 培训评价

培训评价是教师培训的重要一环,是一个反馈—改进的过程,能够帮助政府、培训机构和教师发现培训过程中存在的问题与不足,及时调整培训方案或培训课程,为教师培训的高质量发展提供依据,从而提高培训的实效性。重庆市各培训提供者——培训机构在开展职教师资培训过程中注重评价这一环节,探索了多种培训评价方式,如理论考试、结业论文、成果汇报、实训等,将考核评价分为对培训学员的考核和对承办机构、培训教师的评价两部分。对培训学员的考核评价由过程性评价和总结性评价组成,其中过程性评价包括出勤率、日常作业、讨论及实训等,总结性评价包括结业考试、撰写教学设计与论文、课堂教学、经验分享等,根据不同的评分标准对学员培训成绩进行评定。为提高培训机构的服务效果,增强培训授课教师的责任心,督促授课教师不断提高教学质量,进一步改进教学方法,培训班设置了对培训承办机构和授课教师的评价环节,采取调查问卷和随机抽取学员座谈的方式,由培训学员对培训机构的课程设置、教学安排、食宿条件、服务质量等方面进行综合评价;并对授课教师的授课内容、教学方法、师生互动、作业与讨论等方面进行综合评价,作为培训机构对今后培训进行调整和优化的重要参考依据。

(6) 培训基地

重庆市职业教育教师培训共有3个国家级培训基地。其中重庆师范大学职教基地,是2000年经教育部严格遴选确定的重庆市最早的一所全国重点建设职教师资培养培训基地,2004年被重庆市教委确定为高职高专师资培训基地。2010年6月20日,重庆师范大学职教基地牵头成立"重庆职业教育师资培训集团"。该基地秉承"需求导向、能力本位、校企共育、价值融合"理念,以构建"集团化、实体化、信息化、国际化基地"为发展目标,积极开展职教师资培养与培训、职业教育科研与咨政、职业教育国际合作与交流以及职业教育社会服务等工作,各方面工作都得到了上级部门和同行的高度认可,在国内具有较高的知名度和影响力。受疫情影响,2021年,职教教师培训规模减小,为200人次,培训对象主要为中职学校教师。

第三节　川渝地区职教教师培养培训的主要举措

职教教师培养培训是提升教师专业化水平、提高职业教育质量的有效路径。自"十一五"以来，我国的职教师资培养培训制度建设不断推进。2007年，教育部发布《关于"十一五"期间加强中等职业学校教师队伍建设的意见》，全面部署"中等职业学校教师素质提高计划"，进一步完善职教师资培养培训体系，提升职教师资基地培养培训能力，开发出80个重点专业的师资培养培训方案、课程和教材。随后，国家继续推出了2010—2015年、2017—2020年等两期"职业院校教师素质提高计划"，要求进一步加强职业院校"双师型"教师队伍建设，不断推进职教师资培养培训工作的制度化、规范化。2019年，教育部等九部门发布的《职业教育提质培优行动计划（2020—2023年）》强调提升教师"双师"素质，"要求到2023年，专业教师中'双师型'教师占比超过50%，遴选一批国家'万人计划'教学名师、360个国家级教师教学创新团队"。在国家推进职教师资培养培训政策的支持下，川渝地区因地制宜，制定并出台了多项与职教师资培养培训相关的政策，加强职教师资队伍建设，以提升本地区职教师资的能力和专业素养。

一、川渝地区职教师资培养培训政策分析

（一）职教师资培养培训政策概况

本节以川渝地区的职教师资培养培训政策为对象，对政策内容进行分析，揭示四川和重庆市职教师资培养培训举措的共性和差异性。沈阳师范大学的孙绵涛教授认为，专业化教育政策分析的内容包括教育政策的内容分析、过程分析、环境分析和价值分析。在微观政策内容分析方面，一般对具体的教育政策的目标、政策措施和政策对象进行分析。[①] 在通常情况下，职教师资培养培训

---

① 孙绵涛.专业化教育政策分析探讨[J].教育研究，2017(12)：23.

的实践逻辑为：确定培养培训目标——选择培养培训方式或路径——分析开展培养培训的条件。因此，基于职教教师培养培训的实践逻辑，本节从目标、实现目标的路径以及保障条件三个方面对川渝地区的职教师资培养培训政策展开分析。

在分析川渝地区职教师资培养培训政策之前，首先需要明确四川省和重庆市近两年（2021—2022年）出台了哪些相关政策，以确定分析对象。本节分析的政策，主要是2021—2022年四川省政府和重庆市政府及相关部门发布的关于职教师资培养培训的政策。通过梳理，四川省和重庆市发布的职教师资培训政策主要有6项，其中四川省发布了2项，重庆市发布了4项（表4-26）。

表4-26 川渝地区职教师资培养培训政策一览表（2021—2022年）

序号	年份	政策文件名	发文部门
1	2021	《四川省职业教育提质培优行动计划（2021—2025年）》	四川省教育厅等九部门
2	2022	《四川省"十四五"教育发展规划》	中共四川省委教育工作委员会 四川省教育厅
3	2021	《重庆市教育事业发展"十四五"规划（2021—2025年）》	重庆市政府
4	2021	《教育部重庆市人民政府关于推动重庆职业教育高质量发展促进技能型社会建设的意见》	教育部 重庆市政府
5	2021	《重庆市职业教育发展"十四五"规划》	重庆市教育委员会
6	2022	《重庆市推动现代职业教育高质量发展的若干措施》	重庆市政府

通过政策梳理可以发现，四川省政府和重庆市政府及其相关部门没有专门制定针对职教师资培养培训的政策，表4-26所示的政策主要是四川省政府和重庆市政府发布的本地区的教育发展规划、推进职业教育高质量发展和建设技能型社会的政策，其中涉及了职教师资培养培训的相关内容。由于职教师资培养与培训之间的关系紧密，同时政策内容中有些职教师资培养的措施涵盖在职教师资培训的措施中，因此，在分析过程中，有些政策内容会有重复之处。

(二) 职教师资培养举措分析

1. 四川省职教师资培养举措分析

通过梳理地方职教师资培养的政策文件发现,四川省在《四川省职业教育提质培优行动计划(2021—2025年)》《四川省"十四五"教育发展规划》等政策性文件中,提出了职教师资培养的举措(表4-27)。

表4-27 四川省职教师资培养相关政策(2021—2022年)

年份	政策文件名	政策内容
2021	《四川省职业教育提质培优行动计划(2021—2025年)》	实施职业院校教师素质提高计划,统筹推进职业教育和职业培训师资培养;推动校企共建"双师型"教师培养培训基地和教师企业实践基地;探索有条件的优质高职学校转型为职业技术师范类院校或开办职业技术师范专业。
2022	《四川省"十四五"教育发展规划》	支持综合性大学增设职业技术师范(职业教育)学院,鼓励高水平工科大学举办职业技术师范专业,支持高水平学校和大中型企业共建"双师型"教师培养培训基地。

从目标—路径—保障三个方面来看,四川省两个政策文件都包含了职教师资培养的具体目标,即"探索有条件的优质高职学校转型为职业技术师范类院校或开办职业技术师范专业""支持综合性大学增设职业技术师范(职业教育)学院,鼓励高水平工科大学举办职业技术师范专业""推动校企共建'双师型'教师培养培训基地和教师企业实践基地""支持高水平学校和大中型企业共建'双师型'教师培养培训基地"。然而,在政策文本中并未体现实现目标的"路径",也未明确提出实现目标的具体"保障",主要是从加强党对教育工作的领导、健全教育经费投入和管理机制等方面提出了保障措施。

2. 重庆市职教师资培养举措分析

通过梳理地方职教师资培养的政策文件发现,重庆市在《重庆市教育事业发展"十四五"规划(2021—2025年)》《教育部重庆市人民政府关于推动重庆职业教育高质量发展促进技能型社会建设的意见》《重庆市职业教育发展"十四五"规划》《重庆市推动现代职业教育高质量发展的若干措施》等政策文件中,提出了职教师资培养的举措(表4-28)。

表4-28 重庆市职教师资培养相关政策(2021—2022年)

年份	政策文件名	政策内容
2021	《重庆市教育事业发展"十四五"规划(2021—2025年)》	支持高水平职业技术师范学院建设;实施职业教育高素质"双师型"教师建设计划。
2021	《教育部重庆市人民政府关于推动重庆职业教育高质量发展促进技能型社会建设的意见》	支持有条件的高校组建职业教育师范学院,扩大"双师型"教师队伍规模;研究提出增加职业教育本科及专业硕士、专业博士招生计划的有关方案。
2021	《重庆市职业教育发展"十四五"规划》	强化职教师资引进与培育;推动全市"双师型"教师占比达到专业教师总数的60%以上。
2022	《重庆市推动现代职业教育高质量发展的若干措施》	健全"双师型"教师培养机制;启动校企合作"双师型"教师培养培训基地建设;加强"巴渝工匠型"教师培养;到2025年"双师型"教师占专业教师的比例达到60%以上。

从目标—路径—保障三个方面来看,重庆市的四个政策文件都提出了职教师资培养的目标,如"支持高水平职业技术师范学院建设""支持有条件的高校组建职业教育师范学院""启动校企合作'双师型'教师培养培训基地建设""强化职教师资引进与培育""加强'巴渝工匠型'教师培养"等。然而,在上述政策文本中并未体现实现目标的"路径",也未明确提出实现目标的具体"保障",主要从加强党对教育工作的全面领导、加强规划建设、完善教育经费投入保障机制、充分发挥教育督导作用等方面提出保障措施。这些保障措施针对整个职业教育领域,而不是只是聚焦于职教师资培养这一方面。

如上所述,川渝地区都较为注重教师资培养,政府及相关部门制定的政策文件均提出建设职业技术师范学院,支持有条件的高校增设职业技术师范学院,以加强对职教师资的培养。此外,这些政策文件都强调"双师型"教师培养培训基地建设,增加"双师型"教师比例,以提升职教师资能力和水平。然而,值得注意的是,川渝地区的这些政策文件没有明确体现实现目标的路径,使得政策在执行过程中缺乏可操作性。例如,在支持建设职业技术师范学院、支持有条件的高校增设职业技术师范学院方面,只是提出了目标,但并未涉及实现这些目标的路径,也就是说在如何支持职业技术师范学院建设方面没有具体的举措和方式方法等规定。

(三) 职教师资培训举措分析

1. 四川省职教师资培训举措分析

通过梳理地方职教师资培训的政策文件发现,四川省在《四川省职业教育提质培优行动计划(2021—2025年)》《四川省"十四五"教育发展规划》等政策性文件中,提出了职教师资培训的相关举措(表4-29)。

表4-29 四川省职教师资培训相关政策(2021—2022年)

年份	政策文件名	政策内容
2021	《四川省职业教育提质培优行动计划(2021—2025年)》	推动校企共建"双师型"教师培养培训基地和教师企业实践基地;强化职业学校校长队伍建设,依托职业学校校长培训基地组织开展校长和管理干部培训。
2022	《四川省"十四五"教育发展规划》	支持高水平学校和大中型企业共建"双师型"教师培养培训基地;构建覆盖各级各类学校教师培训体系,建设省级教师培训基地和专业发展数字资源平台,实施系列教师培训项目,强化青年教师培训支持,提升现代教师教育质量。

从目标—路径—保障三个方面来看,四川省两个政策文件都包含了职教师资培训的具体目标,即"推动校企共建'双师型'教师培养培训基地和教师企业实践基地""依托职业学校校长培训基地组织开展校长和管理干部培训""支持高水平学校和大中型企业共建'双师型'教师培养培训基地""构建覆盖各级各类学校教师培训体系"等。同样,在上述政策文本中未体现实现职教师资培训目标的"路径",也未明确提出实现目标的具体"保障",主要是从加强党对教育工作的领导、健全教育经费投入和管理机制等方面提出了保障措施。

2. 重庆市职教师资培训举措分析

通过梳理地方职教师资培训的政策文件发现,重庆市在《重庆市教育事业发展"十四五"规划(2021—2025年)》《教育部重庆市人民政府关于推动重庆职业教育高质量发展促进技能型社会建设的意见》《重庆市职业教育发展"十四五"规划》《重庆市推动现代职业教育高质量发展的若干措施》等政策文件中,提出了职教师资培训的相关举措(表4-30)。

表4-30 重庆市职教师资培训相关政策(2021—2022年)

年份	政策文件名	政策内容
2021	《重庆市教育事业发展"十四五"规划(2021—2025年)》	建设一批"双师型"教师培训基地。
2021	《教育部重庆市人民政府关于推动重庆职业教育高质量发展促进技能型社会建设的意见》	支持校企共建示范性教师企业实践流动站、"双师型"教师培训基地;完善教师在职培训和企业实践制度。
2021	《重庆市职业教育发展"十四五"规划》	支持校企共建示范性教师企业实践流动站、"双师型"教师培训基地。
2022	《重庆市推动现代职业教育高质量发展的若干措施》	统筹安排专项资金,对职业教育教师培训进行保障;启动校企合作"双师型"教师培养训基地建设。

从目标—路径—保障三个方面来看,重庆市的四个政策文件都包含了职教师资培训的具体目标,即"建设一批'双师型'教师培训基地""支持校企共建示范性教师企业实践流动站、'双师型'教师培训基地""完善教师在职培训和企业实践制度"等。同样地,在上述政策文本中未体现实现职教师资培训目标的具体"路径",但《重庆市推动现代职业教育高质量发展的若干措施》这一文件提出了"保障",即"统筹安排专项资金,对职业教育教师培训进行保障",通过专项资金的方式来保障职教师资培训的开展。

如上所述,川渝地区均重视职教师资的培训,政府及相关部门制定的政策文件均提出支持校企共建"双师型"教师培养训基地和教师企业实践基地,从加强党的领导、完善教育经费投入保障机制和建立规划等方面提出了保障措施,以增强职教师资培训,增加职教师资的实践性知识,从而提升职业教育教师的"双师"素质。虽然川渝地区的这些政策文件确定了职教师资培训的目标,也提出了一些保障措施,但缺乏实现这些目标的具体路径,使得部分政策难以落地生根。例如,在支持校企共建"双师型"教师培养训基地方面,在政策文件中并未明确规定支持校企共建"双师型"教师培养训基地的具体措施和方式。

二、职教师资培养培训院校实践分析

(一) 职教师资培养院校实践分析

1. 本科培养举措

西华师范大学本科层次职业技术教育为应用电子技术教育专业，包括工程、师范两个方向，实行 4 年学制和 3—6 年弹性学制，主要培养应用型电子技术职教师资或电子技术工程师。其培养目标、课程设置具体安排如下。

其一，培养目标。一是具有较好的人文社会科学素养、较强的社会责任感和良好的职业道德。二是掌握必要的自然科学基础知识，具有将自然科学基础知识在信息技术领域工程科学中的基本应用能力。三是掌握教育学、心理学基础理论，具有良好的教师职业道德素养，了解电子信息类职业教育改革的现状和发展趋势。四是掌握现代教育技术、熟悉教育法规和教育学规律，能够运用教育理论和现代教育技术，具备从事电子技术教学及研究的基本能力。五是掌握基本理论和专业基础知识，具有较系统的工程实践学习经历，初步具有分析和解决实际工程问题的能力，掌握信息技术应用基本技能，了解本专业的前沿发展现状和趋势；扎实掌握电子电路设计与实现知识，电子与信息系统知识，至少完成一个较复杂工程项目的实践训练，具备较强的设计能力，掌握电子电路设计的基本知识与技能，能进行印制电路板制作，了解电子电路工程原理，并掌握实验结果的处理和分析方法；扎实掌握编程语言和系统程序设计知识，熟练应用 EDA 工具进行数字系统设计与实现，熟练应用微处理器进行嵌入式系统设计与实现，能够进行复杂系统的工程项目分析、功能设计与实现，并达到要求的参数指标；扎实掌握电子信息系统相关理论，能结合理论知识进行工程建模、抽象分析、算法设计，通过算法仿真分析系统性能参数等，具备进一步进行深造的基本理论素养要求。六是掌握电子信息技术领域基本知识，掌握基本的创新方法，具有追求创新的态度和意识。七是具有综合运用理论和技术手段设计系统的能力，能参与和从事电子产品的研发、制造和质量管理工作，进行综合评价和经济指标分析。八是具备基本的质量、环境、职业健康安全和法律意识,了解与本专业相关的职业和行业的生产、设计、研发的法律法规、安全伦理等因素,熟悉环境保护和可持续发展等方面的方针政策。九是掌握一门外语,熟悉文献检索、资料查询、网络学习及运用现代信息技术手段获取相关信息的基本方法。十是具备良好的交流与沟通能力,具有一定的组织管理能力、较强的表达能力和人际交往能力以及团队协作意识。十一是能正确认识终身学习的重要性,具备持续学习和适应社会和技术发展的能力,能正确地选择和规划职业生涯的能力。十二是具有国际视野和跨文化的交流、竞争与合作能力。

其二,课程设置。课程主要包括通识教育课程、专业基础课程、专业核心课程、专业发展课程、教师教育课程(师范)、综合实践课程6个板块,总共160学分。其中,通识教育课程需修48学分,包括思想道德修养与法律基础、中国近现代史纲要、马克思主义基本原理概论、毛泽东思想和中国特色社会主义理论体系概论、形势与政策、军事理论教育等课程;专业基础课程需修25学分,包括A类高等数学、线性代数、概率统计、大学物理(1)、大学物理(2)共5门课程;专业核心课程需修37学分,包括电路分析、模拟电子技术、数字电子技术、单片机原理与应用、EDA技术及其应用、信号与系统、高频电子线路、可编程控制器共8门课程;专业发展课程需修20学分,包括电子工艺、印制电路板制作、数据结构、模拟电路课程设计、程序综合课程设计、数字电路课程设计等8门必修课程和嵌入式综合实训、电子信息系统实训、电子测量、嵌入式操作系统、工程制图与3D打印、计算机网络、传感器技术等16门选修课程;教师教育课程(师范)需修15学分,包括教育学、教育心理学、学科课程与教学论、教师口语、课程设计与评价5门必修课程和教育政策法规、班级管理、教育科学研究方法、中外教育发展简史等14门选修课程;综合实践课程需修15学分,包括专业实践和毕业论文。

2. 教育硕士(职业技术教育领域)培养举措

川渝地区教育硕士(职业技术教育领域)专业学位研究生培养单位有西华师范大学、四川轻化工大学和重庆师范大学。它们在教育硕士(职业技术教育领域)专业学位研究生人才培养方面,采取了以下举措。

一是设置综合全面的课程,拓宽学术视野。课程是教育教学的基本依托,是实现学校教育目标的基本保障，对学生全面发展起着决定性的作用。[1] 川渝地区教育硕士（职业技术教育领域）专业学位研究生培养单位在职教师资培养过程中设置了综合全面的课程，包括学位基础课、专业必修课、专业选修课等，以扩充教育硕士（职业技术教育领域）专业学位研究生的知识面和视野。例如，四川轻化工大学教育硕士（职业技术教育领域）加工制造方向设有公共学位必修课、专业学位必修课、专业必修课、专业选修课、实践教学必修课、非教育类专业毕业学生补修课程。其中，公共学位必修课需修6学分，包括英语、中国特色社会主义理论与实践研究两门课程；专业学位必修课需修6学分，包括教育原理、课程与教学论、教育研究方法、心理发展与教育四门课程；专业必修课需修10学分，包括三维CAD技术及应用课程与教材研究、工程制图教学设计与实施、先进制造技术、新能源汽车及技术、工业机器人技术；专业选修课需修6学分，包括现代设计方法学、数控技术及应用、计算机辅助设计、现代教育技术（必选）、教育管理学；实践教学必修课需修8学分，包括微格教学与学科试讲、听学术报告（不少于6次）、教育见习、教育实习、企业实训、文献研读与报告、课题研究与交流。

  二是探索多样化的培养方式，提高人才培养质量。多样化的培养方式是提高教育质量的基础，也是提高人才培养质量的重要保障。川渝地区各教育硕士（职业技术教育领域）专业学位研究生培养单位在实践中探索了多种培养方式，如实行"三导师制"或"四导师制"、理论与实践相结合的培养方式等。以四川轻化工大学为例，该校在培养研究生层次的职教师资过程中采取了四种培养方式。其一，实行四导师制。实行教育教学导师、学科专业导师、中职院校实践导师、企业实践导师相结合的四导师制。校内导师主要负责专业学位研究生在校期间思想政治、课程学习、科学研究、专业实践、学位论文等方面的指导工作，校外导师主要负责专业学位研究生在实习基地或单位的专业实习、实践能力培养等指导工作。其二，实行"1+1+1"培养模式。第一学年主要在校内学习与实训，第二学年主要在校外完成教育实习、企业实训等校外实践教学，第二学年的第二学期与第三学年主要完成学位论文。其三，实行"四结合"教学模式。课内与课外学习相结合、教师授课与学生自学相结合、理论学习与实践训练相结合、

---

[1] 刘献君.大学课程建设的发展趋势[J].高等教育研究，2014(2):62.

学术研究与教育实习相结合,培养学生主动学习与创新学习能力、科研能力、教学能力。其四,实行多元教学方式。根据培养目标、课程性质和教学内容,选择恰当的教学方式与方法,在教学中注重实践与反思,采取课堂讲授与案例教学、项目教学、行动学习、模拟教学和实践考察、自修课程等方式;充分利用互联网等现代教学技术手段,开展线上学习与线下学习相结合的混合式教学。

三是注重实践教学,提升学生的实践能力。实践教学是全日制教育硕士(职业技术教育领域)专业学位研究生培养环节的重要组成部分,也是提高其实践能力的核心路径。[①] 实践教学包括校内实践、企业实践和中等职业学校教育实践,其中到中等职业学校和企业进行实践活动的时间分别不少于三个月(尽可能采取顶岗实习的方式)。其一,校内实践。学生在校内学习中加强教学技能训练,参加相应的技术技能证书考试,获取专业技能证书。教育见习一般安排在第二学期,进行教育观察和教师职业的实践体验,完成教师职业的心理准备,在校内导师指导下进行课例分析。其二,企业实践。实习时间一般安排在第二学期暑假和第三学期寒假(尽可能顶岗实习),包括顶岗操作、行业企业调查等。学生直接深入企业,侧重培养专业技能,从而获得对企业实践工作的直观体验。其三,中等职业学校教育实践。实习时间一般安排在第三学期(尽可能顶岗实习),开展教学实习和班主任工作实习,关注学校管理及课程开发等。不同的培养单位对此环节提出了不同要求。例如西华师范大学,依据《西华师范大学关于全日制硕士专业学位研究生实习工作的实施意见》,要求互相听课和参加教学评议,一般每人听课不少于 20 节,参加教学评议 6 次,从事课堂教学一般不少于 30 节,制作多媒体课件不少于 6 节并运用于实际教学之中;同时从事 1 个班的班主任工作,一般不少于 12 周。其四,在实践结束后,学生需以"职业学校课程开发、专业建设、教学设计的实践与应用"和"企业生产过程与岗位能力专题调研"为主题,提交 2 份研究报告,每份报告均不少于 4 千字;填写完成"实习手册"。校内导师和校外实践导师全程指导参与学生的实践活动,并从"教学工作实习""班主任工作实习""调查研究""企业实践""实习综合表现"等方面评定成绩;学校开展"研究生教学创新比赛"以及评选"优秀实习教案、优秀教育调查报告、优秀课题研究成果"等活动。另外,非师范类专业考生在入学

---

① 王飞.全日制教育硕士研究生实践教学模式的多元化探索[J].学位与研究生教育,2022(6):39.

后,应至少补修3门教师教育课程(如教育学,心理学和专业教学论),不计学分。跨专业考生在入学后,至少补修2门本专业基础课,不计学分。

(二) 职教师资培训实践分析

1. 强化培养培训主体合作,共研共训共育

川渝地区各培训单位在职教师资培训中采取了以下举措,以加强培养培训主体之间的合作。一是建立稳定的校企合作关系,创新多主体协同运行机制。按照"资源整合—互补共赢"协同理念,培训单位内联校内多个二级学院,外与市内外行业企业、高等院校、中职学校、科研院所、教育培训机构等单位建立密切合作关系。以"构建职教测评与师资培养理论体系、开展区域职业教育评估、建设信息化质量监测平台、创新职教师资协同培养模式、开展职教师资集团化培训"五大任务为抓手,创新多主体协同运行机制,实现职教师资职前职后培养一体化、理实一体化的目标。二是行校企多方共研培训课程与资源,提升培养培训的针对性和实效性。依据职教师资专业能力发展需求,培训单位与协同单位共同研制职教教师能力标准、培养培训课程与教学资源,合作开发培养培训精品课程,使培训更具针对性和实效性。培训期间,培训单位组织学员赴企业参观、调研及参与岗位实践课程,使学员全面了解相关领域产业升级的新技术、新工艺、新规范,锻炼学员的实践操作能力。三是行校企共同实施培养培训,提高培养培训的质量。培训单位与多家单位签订了师资培养培训校外实习实践合作协议,建立起长期稳定的制度化、常态化合作关系。

2. 创新新型职教师资培训模式,提升培训成效

川渝地区各培训单位根据自身优势和特点设计了具有创新性的职教师资培训模式。例如重庆师范大学职教基地按照需求导向、分层培训、能力本位、任务驱动的改革思路,整体设计了以培养卓越职教师资队伍为核心的新型职教师资培训模式(图4-9)。该模式彰显了"需求导向、行业参与、能力本位、学员中心"的职教师资培训理念,采取"理论研修—影子研修—反思研修—实践研修"的四段式培训运行方式,即依托高校学习理论,深入基地跟岗训练,重返高校反思提高,回到岗位实践示范。综合各阶段特点,深化教学改革。一是构建以学员为中心、能力为本位的培训课程体系。基于需求调研,围绕学员面临的问题,

构建以学员需求为中心、能力为本位的培训课程体系。二是采取"听、观、思、研、议、行"方式促进学员学习理实结合。打破重理论灌输轻能力培养的传统,突出能力本位,采取听专题讲座、观案例基地、思教育行为、研小型课题、议成败得失、行实践推进的"听、观、思、研、议、行"六种培训手段,促进理论与实践的结合。三是实施任务驱动式的项目引领学员主动学习,实施以项目申报、方案设计、技术创新、教学改革等为载体的项目活动,安排教师一对一指导,让学员参与到教育教学改革的教研教改课题研究中去,引领学员主动、个性化学习。四是实施多元评价方式提升培训质量。推进培训评价改革,在自有培训质量督导队伍基础上,邀请第三方评价机构实施培训过程评价,形成了"多方参与、全程监控"的评价机制,解决了培训质量监控薄弱的难题。五是开展训后追踪与服务促进培训效果延伸。在培训结束后3个月到1年之内,基地针对每一个培训班进行线上和线下的追踪访问和指导服务,推动学员学以致用,引领学员改革创新。

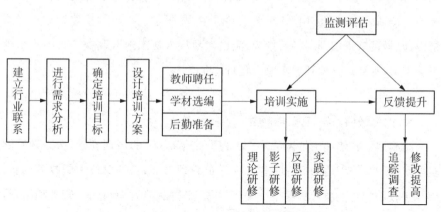

图4-9　重庆师范大学职教基地新型职教师资培训模式

3. 强化数字化资源建设,提升培训智能化水平

一是大力开发与建设系列数字化平台与教学资源。信息技术与课程教学深度融合是基地提高培训品质的有效途径。培训单位依托学校信息技术中心、计算机与信息科学学院等部门的资源基础,着力打造数字化教育平台,开发多个数字化教育资源平台,建设数字化精品课程,以精品课程建设引领培训课程整体质量提升,构建起线上线下混合式一体化课程体系。二是深入探索信息化

培训教学手段的改革创新。在培训中广泛采用信息化培训教学手段并探索实施"生产教学法"情景教学，将企业的生产、作业、操作和服务环境引入到学校的教学环境中，在校内建立起符合企业标准的生产设施，组建一个环境逼真、功能齐全、灵活创新而又富含伸缩性的模拟教学环境，极大提升学员的生产技能，激发学员钻研技能的兴趣，提高学员创新学习的能力。

4. 健全继续教育制度，加强师资进修培训

川渝地区各培训单位制定了"请进来"与"走出去"相结合开展专职培训教师和管理人员的制度，强化师资队伍整体素质的提高。一是邀请知名专家进校讲座拓展教师视野。邀请国内外教育界知名专家来培训单位举办讲座及学术研讨会，扩宽培养单位教师的教育视野。二是采取多种培训进修途径提升教师水平。通过集中培训、远程培训、学历进修、跟岗实践四种主要途径提高教师与培训管理者队伍的专业化水平。三是深入一线调研、实践和服务提高教师实战能力。培训单位每年派出3—5名教师赴中、高职学校参与学校建设与发展顶层设计、师资队伍培训与科研指导；派出教师深入贫困地区调查了解中职学校发展需求，有针对性地开展实地研究与精准帮扶。

5. 优化培训保障措施，提高学员学习效率

川渝地区各培训单位秉承"人文管理、亲情服务"的培训理念，努力做好学员学习管理与培训后勤保障工作。在学员管理方面，培训单位大胆改革创新，将思想政治和党性教育贯穿整个培训过程，坚持从严管理与人文管理相结合，取得了良好的管理成效。一是健全管理制度。培训单位制定并实施《培训管理制度章程》《培训教学管理办法》《培训部班主任工作职责》《教育教学质量监控与评价实施办法》等规章制度，将教学评价结果与教师聘任直接挂钩，建立教学督导机制，委派专人负责，全面落实教学过程管理与质量监控。二是实施全员全程全面管理。培训单位建立了教学管理人员教学轮值制度，深入教学第一线，随时掌握培训师的授课情况，及时处理教学事故；组织任课教师通过考勤、作业等方式掌握课堂教学基本情况，及时反馈信息；通过召开学生座谈会、管理干部听课、个别征求意见、考勤、抽查及课程结业考试等多种方式，广泛收集教学运行过程中的各方面信息，及时进行评价与反馈。三是提供人文关怀和亲情

服务。培训单位教职工为学员倾情提供优质培训服务,细心为学员解决各种学习生活难题,提高学员的学习效率。培训单位与星级宾馆达成长期合作协议,优先保证向学员提供良好的住宿条件,房间内设备齐全,宾馆服务周到,受到学员广泛赞誉。此外,培训单位还购置了篮球、羽毛球等各类文体用品,并组织开展形式多样的文娱活动,丰富学员课余生活。

(6) 拓展社会服务功能,扩大培训单位影响力

川渝地区各职教师资培训单位充分发挥其服务社会的功能,以扩大其影响力。以重庆师范大学职教师资学院为例,该学院采取了两项举措,拓展其社会服务功能:一是积极服务重庆市中高等职业院校改革发展与内涵建设,与重庆市女子职业高级中学、重庆市渝中职教中心、重庆市北碚职教中心、重庆市九龙坡职教中心、重庆南川隆化职业中学校、重庆城市职业学院、重庆工业职业学院、重庆电子工程职业学院等中高等职业院校建立战略合作关系,指导其开展党建、人才培养、科学研究、师资培训、专业建设等工作;二是积极开展职业教育助推脱贫攻坚和乡村振兴工作,充分发展培训单位在职业教育领域的影响力,与重庆市江津区政府及其辖区内的职业院校、重庆城口县政府及其辖区内的职业学校、重庆奉节县政府及其辖区内的职业学校等贫困或边远地区开展对口整体帮扶工作,协同开展职业教育助推脱贫攻坚和乡村振兴工作。

第四节 川渝地区职教教师培养培训的经验与问题

职教师资培养培训是职教师资队伍建设的关键,是促进职业教育高质量发展的基础,也是提高职业教育人才培养质量、提升职业教育吸引力的重要因素。为促进职教师资职前培养、在职培训的一体化建设,提升职教师资力量,川渝地区在国家职教师资培养培训相关政策的支持推动下,加快推进"双师型"教师队伍建设,积极探索行之有效的职教师资培养培训模式,努力提升职教师资培养培训质量。川渝地区在职教师资培养培训过程中积累了较为丰富的经验,但同时也面临着一些问题。

一、川渝地区职教教师培养的经验与问题

川渝地区职教师资培养的主体主要是高等院校教育硕士（职业技术教育领域）试点，以培养中等职业学校教师为目标。高等院校在探索教育硕士（职业技术教育领域）培养模式方面积累了一定经验。

(一) 职教教师培养的经验

在职教教师培养方面，近年来，川渝地区通过一系列探索在以下两方面呈现了一定的特色，取得了一定的经验。

首先，川渝地区积极重视职教教师培养，为努力加大职教师资的培养力度，在本科教育层次开办了首家高等职业技术师范学院即四川省西华师范大学高等职业技术师范学院。该校作为四川省"特色专业"和四川省"双优型职教师资培养模式创新实验区"，开启了四川省职业教育本科生培养探索工作，为四川省培养更多、更专业的职教师资打下了基础，也在本科层面职教师资培养方面积累了一定的经验。

其次，川渝地区为不断提高职教教师培养质量，提升职教教师职前培养的教学水平，积极开展了职教师资团队和基地的建设与发展。在建设和培育国家级职教教师教学创新团队、省级职教教师教学创新团队、紧缺领域教师技艺技能传承创新平台、国家级和省级职教师资培养培训基地、国家级职教教师企业实践基地、职教省级名师工作室、卓越校长工作室等方面积极探索，取得了不小的成绩，也形成了一些可推广的经验。

(二) 职教教师培养存在的问题

虽然川渝地区各培养单位在职教师资培养方面积累了一些经验，但在专业覆盖面、招生规模、社会认知等方面存在一定问题。

1. 专业方向少，覆盖面窄

川渝地区共有五所教育硕士（职业技术教育领域）试点单位，但目前只有三

所院校(西华师范大学、四川轻化工大学和重庆师范大学)在四个方向招收培养教育硕士(职业技术教育领域),即旅游服务、财经商贸、加工制造和土木水利四个方向,2021年的招生数量为73人。虽然现有试点培养单位的招生人数呈逐年上升趋势,但受试点培养单位的招生和培养规模限制,招生专业方向覆盖面窄,仅限于一两个专业方向,难以满足中职学校对各专业方向专任教师的需求。

2. 招生规模与需求不匹配

近年来,川渝地区各培养单位在教育硕士(职业技术教育领域)的招生规模逐年扩大,例如重庆师范大学2018年的教育硕士(职业技术教育领域)招生人数为16人,2019年为43人,2020年为48人,2021年为52人,但招生人数与中职学校对高学历教师的需求是极度不匹配的。2021年,四川省中等职业学校研究生及以上学历专任教师占比为5.29%,重庆市中等职业学校研究生及以上学历专任教师占比为8.30%。《"十三五"期间中小学教师队伍建设工作意见》指出,中等职业学校专任教师取得硕士以上学位的比例应达到10%左右。当前已进入"十四五"期间,中等职业学校获得硕士学位专任教师的比例仍未达到"十三五"期间规划的目标。目前仅有四川师范大学、四川轻化工大学、西华师范大学、西南大学和重庆师范大学五所大学开设有职业技术教育相关专业硕士点,除了四川师范大学、西南大学和重庆师范大学设有学术型硕士专业,开设专业和学术硕士的仅有西华师范大学、四川轻化工大学和重庆师范大学,很难满足川渝地区职业教育高质量发展的需求。很显然,川渝地区中等职业教育教师培养的整体规模与实际需求是不匹配的,师资培养与中职学校对教师的需求没有进行充分对接。

3. 社会认知不足

教育硕士(职业技术教育领域)培养试点的时间不长,试点专业方向较少,宣传力度不够大,使得教育行政部门、用人单位(中等职业学校)以及社会公众对教育硕士(职业技术教育领域)人才的培养标准和定位缺乏了解和认识。在就业方面,当前的就业政策明确规定职业院校在招聘专任教师时,要求应聘者本科所学专业与硕士阶段的专业都与招聘岗位所要求的教育背景或专业一致,而教育硕士(职业技术教育领域)授予的学位是教育硕士学位,与本科所学专业并不一致。同时,招聘简章或招聘文件关于教育背景的专业要求中没有"教育硕士(职业技术教育领域)专业学位"这一选项。这就导致教育硕士(职业技术教育领域)毕业生在求职过程中面临诸多难题,在较大程度上影响着教育硕士(职业技术教育领域)的招生和就业质量。此外,教育硕士(职业技术教育领域)研究生教育也未被中等职业学校的领导所认知。中等职业学校校长在招聘新教师时,更倾向于招聘有具体专业方向的研究生,认为他们的专业知识更扎实,而忽视了教育硕士(职业技术教育领域)的优势。此外,教育硕士(职业技术教育领域)研究生对职业教育的认可度较低,不愿意去中等职业学校就职。部分研究生在整个学习阶段的学习目的并非是成为中职教师,而只是为了获得学历学位证书。

4. 缺乏专门的职业技术师范大学

据调研,四川省中职专任教师来源于专门职教师范院校或职教师资专业占比不到1/3,高职占比不足10%。目前全国已有职业技术师范大学(学院)十余所,四川省作为职教大省,缺乏专门的、规模化培养职教教师的职教师资培养机构,尚无一所独立设置的职业技术师范大学。重庆师范大学于2022年6月成立了重庆职业技术师范学院,但目前尚未开始招生。

二、川渝地区职教教师培训的经验与问题

前文通过分析川渝地区职教师资培训的实践与举措,可总结归纳出区域性的职教师资培训的一些共性经验。

(一)职教教师培训的经验

1. 注重培训需求调查,精心设计培训方案

培训需求调查有助于培训单位及时充分地了解中、高职院校教师的学习需求,发挥自身优势和听取培训专家的建议,使培训活动具有针对性,提高培训的有效性。重庆电子工程职业学院充分调研中、高职学校和教师的需求,利用其专业学科优势和实践教学条件,精心谋划培训项目的实施和授课教师筛选,制定科学详尽的培训方案。针对高职院校专业带头人课程实施能力提升高职大

数据技术,该学院设置了全面系统的培训内容,包括职业教育国家教学标准体系、专业认证与专业课程体系建设、专业教师队伍建设、课程思政实施、人才培养方案和教案编写与实施、新型活页式与工作手册式教材编写与使用、模块化教学模式研究与实施、教法改革与实施、实训实习教学组织与实施、教学诊断与改进的实施、教学质量评价等。重庆师范大学职教基地始终坚持以需求为导向,突出培训项目的计划性、科学性,使培训工作统筹兼顾、有的放矢、规范科学。重庆师范大学分级分类开展培训项目需求调研,了解培训学员最想学的知识、最想知道的情况、最想解决的问题,以及对基地培训工作的意见建议,全面分析学员的培训需求,找准培训与学校实践的结合点,制定培训计划,有效增强了培训工作的统筹性和针对性。

2. 注重模式创新,建构极具特色的培训体系

职教师资培训模式集中反映了培训单位所秉持的职教师资培训理念和目标,及其优势资源和具有特色的教师培训方式和路径。川渝地区共有省级职教师资培训基地60个,其中大部分培训基地都基于自身特色和优势建构了行之有效的培训模式,提高师资培训的质量。重庆师范大学职教基地确立了"需求导向、能力本位、学员中心、专家讲授、人本管理、亲情服务"的培训新理念,变管理为服务,变以知识为主为以能力为主,变以授课教师为中心为以学员为中心,视学员如亲人,全过程做好管理和服务。该培训基地改变了过去"供给驱动"的做法,即培训方案、培训教师和培训材料由培训机构闭门造车和选择,不考虑行业企业和培训学员的要求。基地以"需求驱动"和"能力本位"为培训着眼点,第一,根据培训要求,确定培训任务目标,同时对行业、学员进行培训需求调查分析,根据需求制定培训方案和鉴定计划;第二,根据任务目标、鉴定计划和教学情景、教学内容需要开发和调整教学材料;第三,根据培训方案和目标组成具有鲜明职教特色的双师型培训师资队伍;第四,在培训全过程根据鉴定计划开展能力鉴定;第五,在培训活动结束后进行教学质量评估和跟踪反馈。

重庆电子工程职业学院不断深化培训模式改革,主动融入地方经济社会发展新趋势,大力推进"校政行企"务实合作。经过几年的探索,形成了"一环统领,两线三轨并进,四师五位协同统一"可持续的良好职业培训生态体系。"一环统领"是突出政策首位牵引作用,根据市场需要,健全工作机制,推动生态体系

高效实施。"两线三轨并行"是用好"两条腿"开展职业培训,即线上＋线下相融合、理论＋实践相结合的方式,以最大化利用资源、节约资源,获得好的培训效果。依托实训中心、训练基地、技工院校等平台的信息化建设,数字化培训资源库建设,新职业、新业态及新工种项目化建设,搭建成由平台、课程、项目组成的三轨,相向而行,做好职业培训路径支撑。"四师五位协同统一"是丰富培训教师内涵,形成由专业培训师、技能大师、企业导师(能工巧匠)、企业家等组成的教师团队,充分发挥专业培训师、技能大师、企业导师、企业家等师资的积极作用,营造出具备信任机制的教育生态环境。五位一体,政府、社会、学校、行业、企业多方共同行动,从而保障职业培训最终取得显著成效。①

3. 注重校企协同育人,精心挑选授课专家

校企合作育人不仅有助于促进培训内容与社会和企业需求接轨,将先进的理论知识与社会实践相结合,还有助于增强职教教师对企业生产技术、工艺的了解,提升教师的"双师"素质。川渝地区职教师资培训单位一方面聘请来自行业企业的专业技术人员和专家作为兼职教师为学员进行技术技能培训;另一方面,学员到企业开展实践活动,全面了解企业的运作和先进技术,学习企业先进的管理文化等,丰富学员的实践性知识。为确保建立高水平的教学和管理团队,重庆师范大学职教基地的校企协同育人主要体现在三个方面:一是聘请国内、国外知名职业教育教学专家,保证职业教育教学的科学性和前瞻性;二是聘请职业学院校长、行业专家等担任专业技能培养培训专家,确保专业教学的专业性和适用性;三是从全校师资和管理队伍中遴选出优秀的专兼职教师队伍和管理团队,保证教学和管理的先进性和稳定性。重庆城市管理职业学院为促进校企协同育人,建构了以业务处室领导、专业带头人、骨干教师、双师型教师、行业企业专家等为主体的专业教学团队;整合校外市外资源,挖掘具有丰富理论水平和实践经验的各行各类专家参与授课;加强对内培养激励机制,通过对学校社会服务(培训工作)绩效考核办法的修改,提升学校各二级院系及教师的参与度。

---

① 重庆电子工程职业学院. 高等职业教育质量年度报告 2022[R]. 重庆:重庆电子工程职业学院,2021:70—71.

4. 注重过程管理和制度建设,确保培训工作顺利开展

教师培训过程管理和制度建设是提高培训质量的重要保障。川渝地区各职教师资培训单位注重过程管理,不断规范和完善各项规章制度。重庆城市管理职业学院在教师培训中加强制度落实,强化培训工作管理。根据培训管理办法、培训工作流程等相关要求,坚持培训工作的标准化、规范化、流程化管理,提升工作效率和效果。一是严格按照培训执行规范和检查机制,严格执行培训班主任"24 小时"工作制,责任到人,高质量高标准开展培训工作;二是加强授课教师意识形态管理工作,筑牢思想防线,培训前与每位授课教师签订社会培训专家意识形态责任书,确保培训课堂教学的纪律和意识形态安全;三是严格执行地方及学校疫情防控管理机制,每期培训班必须制定相关的疫情防控工作方案、应急预案、学员健康承诺书,确保培训的安全有序进行。[①]

重庆师范大学职教基地制定了一系列培训过程监督办法,例如培训教学管理办法、培训学员考核与成绩管理办法、培训学员守则、培训管理制度章程、教育教学质量监控与评价办法等,在培训过程中严格要求学员不迟到不早退、按时按质完成培训任务和学习心得,建立班级干部管理、小组管理制度,在每个培训班实施班干部管理,每日执行考勤管理,强化培训过程监督。在外出考察时,班主任做好协调,强调安全问题,推进培训高质量完成。在制度建设方面,重庆师范大学职教基地制定了员工管理制度和师资培训管理制度。例如,该基地制定了《教育部全国重点建设职教师资培训重庆师范大学基地培训管理制度章程》《培训教学管理办法》《培训学员考核与成绩管理办法》《培训学员守则》《制定职教师资培训方案的规范》《财务管理规定》《档案管理制度》《公务用车管理办法》《设施设备管理办法》等加强对师资培训工作的管理,规范基地的培训流程与学员管理,保证培训效果,提高培训质量。

(二) 职教教师培训存在的问题

1. 培训项目同质化

川渝地区不仅建立了四个层级的职业院校教师培训项目体系,即国家级、

---

① 重庆城市管理职业学院. 高等职业教育质量年度报告 2022[R]. 重庆:重庆城市管理职业学院, 2021:116.

省/市级、地市级和校级，各层级项目之间相互关联、相互促进，还开展多种类的职业院校教师培训项目，如"三教改革"研修、名师名校长培育、校企双向交流、创新项目等项目，以促进职教教师能力提升和师资队伍高质量发展。然而，由于省级职业院校相同专业的教师培训往往由多个院校承办，这些培训项目的设计与内容缺乏统筹规划，导致出现培训内容同质化或重复现象。参与培训的教师指出，国培和省培项目之间内容有重复的地方。除此之外，个别院校存在同一位教师在一年之内参加两项相似专业的省级培训，培训资源不能惠及所有专业的职教师资的发展需求，这就容易出现部分教师"食不饱"，部分教师"吃太多"的问题。

2. "雇佣兵"式的培训教师队伍影响培训效果

培训教师水平是影响培训效果的核心因素。目前川渝地区职教师资培训的授课教师大多来源于培训单位、教育行政部门、科研机构和行业企业的专家或技术骨干，虽然他们经验丰富、学有所长，但这是一支针对培训项目而临时组合的"雇佣兵"式的队伍。首先，培训单位的一些培训课程不是根据受训教师的需求设置，而是由授课教师所决定，也就是说，授课教师能讲什么就设置什么样的课程，其所授课程不一定能充分调动参训教师的学习积极性。其次，临时组合的培训教师队伍在培训期间采取集中授课的方式，通常只上几次课，不能完全认识所有参训教师，难以准确了解其专业基础和对培训内容的不同需求，只能按照自己已有的经验开展教学，难以保证培训的针对性。最后，不同培训教师所授课程缺乏系统性和连贯性，出现碎片化的问题，难以达到培训专业化和系统化的要求。在培训过程中，有些培训教师从理论视角讲授职业教育的热点和难点问题，有些培训教师从实践角度讲授企业生产、管理等内容，还有些培训教师从技术角度讲解应用操作实践，难以保证培训内容的统一性。

3. 培训内容和培训方式缺乏个性化

培训内容和培训方式是确保培训质量的重要因素。当前，川渝地区职教师资培训计划和课程设置主要是由培训单位或培训基地单向"供给"，虽然部分培训单位在开展培训前会对职业院校及其参与培训的教师的需求进行调研，但因调研程度不够全面、深入，导致培训单位制定的培训计划和设计的培训内容与参训教师的需求存在较大差异，难以激发教师的学习兴趣。培训课程大多数以职业教育基本理论、专业理论为主，企业实践的课程安排占培训课程的比重较小，对提升职业院校教师教学能力和专业实践能力的效果不佳。同时，教师赴企业实践大多局限于生产参观、座谈交流等，未根据不同专业、不同类型的教师组织不同的培训内容，如专业课教师需要实践操作训练，而实践指导教师需要理论性知识，使得培训内容难以满足参训教师的实际需求。在培训方式上，各培训单位或培训基地主要以讲座、课堂教学等方式为主，案例教学、项目式教学等方式开展较少，缺乏与课程内容相匹配的培训方式。

4. 信息化、智能化培训教学资源有待进一步开发

信息化、智能化培训教学资源是增强培训效果的重要因素之一。从目前来看，川渝地区的信息化、智能化培训教学资源和培训条件有待进一步改善。随着现代信息技术和教育技术的快速发展，职业教育已开始向教育教学现代化方向快速发展，而川渝地区各培训单位目前的信息化、智能化培训课程与教学资源还不能完全满足发展需要，智慧化培训室等培训条件也有待进一步提升。

5. 国培项目的品牌影响力明显减弱

相较于原来由国培办统一安排培训名额，在"十三五"后下放到各省市后，培训项目主要是由一个省的教师组成，与以往不同省市教师组成的班级相比，参训教师的荣誉感、相互之间的学习与交流、培训项目的品牌影响力等方面都明显下降，用学员的话说就是"现在国培基本上跟省培一样了"。

第五节 川渝地区职教师资培养培训的展望

随着职业教育的迅速发展，国家对职教师资队伍建设愈发重视，制定并出台了多项政策文件以加强职教师资的培养培训。教师的素质与水平是优质职业教育的基石，而高质量的教师需要专业化的教师培养培训。因此，职教师资培养培训是促进职业院校教师专业发展、实现职业教育高质量发展的重要渠道。2021年，重庆市与四川省共同印发了《成渝地区双城经济圈教育协调发展

行动计划》,其中明确提出了"推动职业院校提质培优""推动职业教育协调发展"等举措,为川渝地区职业教育协同发展提供了政策支持。为进一步促进职业教育优质发展,优化职业院校教师学历职称结构,提高"双师型"教师数量和质量,川渝地区可根据国家和地区职教师资培养培训政策要求,建立健全区域协同发展机制,实现职教师资培养培训的标准化和规范化;根据四川和重庆市职业教育发展优势,探索各具特色的职教师资培养培训机制,实现职教师资培养培训的特色化。

一、区域协同推进职教师资培养培训一体化

川渝地区是西部发展的重要经济带之一,加强职业教育教师培养培训是实现该区域经济和社会迅速发展的重要因素,也是职业教育服务国家区域发展战略和区域经济一体化的必然要求。传统上,川渝地区职教师资培养培训以四川省和重庆市为单位独自开展,区域协同发展动力不足,职教师资培养培训资源的共建共享机制尚未形成,合作共识仍需进一步提升。川渝地区协同推进职教师资培养培训一体化,不仅有助于打破地域限制,实现资源共享,还有助于充分发挥区域合力,促进职教师资培养培训的高质量发展。

(一)建立健全合作协调发展机制

川渝地区职业教育协调发展,需要建立合作机制,以推动区域内职教师资培养培训各主体之间的相互合作。

首先,加强制度顶层设计,完善职教师资培养培训一体化发展的配套制度。职教师资培养培训涉及政府、高校、职业院校、教师、行业企业等众多利益相关者,要平衡各利益主体,实现合作共赢,必然需要正式的制度加以规范和约束,从而保障职教师资的培养培训质量。一方面,中央政府应加强对职教师资培养培训一体化发展顶层设计,制定专门针对职教师资培养培训的政策,其政策内容涉及较为具体的培养培训路径和举措,配套的资金支持等,为川渝地区各院校培养未来的职业教育教师和开展职业教育教师培训提供有利的宏观政策环境。另一方面,川渝地方政府在认真贯彻执行中央政府政策规定的基础上,结

合川渝地区职教师资培养培训的现状,协商制定针对川渝地区职教师资培养培训发展规划,对川渝地区职教师资培养培训的总体要求、目标定位、具体路径等方面进行整体设计,为川渝地区职教师资培养培训工作提供切实可行的制度指引。

其次,建立职教师资培养培训资源共享机制。为实现职教师资培养培训一体化,川渝地区可建立职教师资培养培训的网络教育资源服务平台,促进职教师资培养培训资源共建共享。职教师资培养培训不仅注重培养职业教育教师的基本理论素养,还注重培养教师的教学实践能力。通过网络教育资源服务平台,学员不受时空限制,在平台上下载存放相关的教师培养培训资源,共享实践教学经验。川渝地区各职教师资培养培训单位可合作开发培养培训资源,根据不同专业的性质和特色,研究和制定教师专业能力标准,对应设计和开发培养培训课程模块,建立有效的课程体系,避免培训课程的同质化和碎片化。川渝地区还可共建"双师型"教师培养培训师资库,组建由高校专任教师、国内外各地名校名师、职教知名专家、行业企业教师、职业院校一线教师等人员组成的师资库,确保师资队伍的水平。

最后,建立发达地区和欠发达地区联动发展机制,以解决职教师资培养培训地区发展不均衡问题。川渝地区职业教育发展存在区域发展不均衡问题,职业院校主要集中在成渝双城经济圈,而且优质教育资源、专项扶持政策也大多集中在成都和重庆两个地区,导致成渝地区不管是在社会发展、经济发展、产业聚焦方面,还是在教育资源供给方面,都呈现出"双核独大""双核独秀"的现象。[1] 同样地,川渝地区职教师资培养培训资源也主要集中在双核地区,成渝双城经济圈之外的其他城市因经济欠发达、教育资源相对缺乏,职业院校较少,使得川渝地区职教师资培养培训发展出现不平衡的问题。对此,川渝地区各级政府可制定相关支持政策,向川西、渝东南和渝东北等欠发达地区职业院校拨付专项资金,用于支持学校教师的学历提升、教育教学能力提升等培养培训项目;建立健全川渝区域对口帮扶机制,例如,重庆主城区的职业院校专业骨干教师与渝东南职业院校专业骨干教师开展"手拉手"活动,给予一对一的专业指导,

---

[1] 张家军,王嘉龄.职业教育集群发展:理论审思与推进路径——以成渝地区双城经济圈为例[J].职业技术教育,2022(30):48.

鼓励欠发达地区职业院校教师到主城区优质职业院校进修，切实提高欠发达地区职业院校教师的综合能力。

(二) 基于区域产业发展需求深度推进产教融合

产教融合是实现职业教育高质量发展的必由之路，也是职教师资培养培训助力成渝双城经济圈发展的重要渠道。职教师资培养培训的产教融合，不仅有利于增加职业院校教师关于生产实践的知识，还有助于提升教师的"双师"素质。产教融合视角下的川渝地区职教师资培养培训可从以下几个方面展开。

一是健全和完善管理机制。教师培养培训质量需要相应制度和机制的保驾护航。职业院校教师的职前培养与职后培训都需要制定严格的管理、考核制度，规范教师培养培训的过程管理，以提高职教师资培养培训的质量。川渝地区政府及其相关部门针对职教师资培养培训工作，制定并出台行业指导职教师资培养培训规范、校企合作规范等，明确行业企业在职教师资培养培训中的角色定位、权责关系等，调动行业企业参与培养培训的积极性，从而保障产教融合办学模式的长效性。与此同时，进一步完善"双师型"教师培养机制，使职业院校教师职前培养更具目标性。政府应以川渝地区产业需求为导向，鼓励多元主体参与到"双师型"教师的培养过程中，形成多元主体参与培养的格局；职业教育教师职前培养院校基于川渝地区产业发展实际，设置与地方产业结构、人才培养需求相适应的职业教育教师专业方向，使各院校培养的职业教育教师能满足职业院校的发展需求；行业企业积极参与职业教育教师的培养工作，在培养目标、课程设置、社会实践等方面提供专业指导。

二是推进职教师资培养培训基地建设。职教师资培养培训基地是职业院校教师队伍建设的重要阵地，是职业院校教师能力提升的能量源泉，也是实现产教融合的重要路径。中共中央、国务院发布的《关于全面深化新时代教师队伍建设改革的意见》明确提出要加大职教教师培养培训基地建设力度。当前职教师资培养培训体系仍以知名本科院校或国家示范性职业院校为主体，再加上学校与行业企业的利益诉求不同，导致行业企业参与职教师资培养培训基地建设的积极性不够。职教师资培养培训基地建设需要企业的深度参与，需要教师赴企业实践和挂职锻炼才得以真正推进。在职教师资培养培训基地建设过程中，川渝地区政府和学校需兼顾企业利益，在让企业获得收益的前提下，充分发挥其积极作用,使培养培训基地建设有更持久的动力;积极引导企业加大对职业教育的资源投入,创造条件鼓励行业企业为职业院校教师企业挂职锻炼提供机会;探索学校和企业共建职教师资培养培训基地的模式;深入挖掘具有可借鉴性的职教师资培养培训模式,形成典型案例在区域内推广实施,以发挥基地的示范性。

三是推进职业教育教师培养的结构供给侧改革。从目前来看,川渝地区高职院校招聘的教师主要来自高校的硕士和博士毕业生,中等职业学校招聘的教师主要来自高校的本科和硕士毕业生,这部分教师拥有较为扎实的专业理论知识,但欠缺的是专业实践能力。此外,川渝地区教育硕士(职业技术教育领域)专业学位研究生培养的专业覆盖面窄,只涵盖旅游服务和财经商贸等较少的几个专业方向,与川渝地区中等职业学校对教师的需求不匹配。对此,川渝地区各培养单位可优化职业教育教师培养结构布局,根据川渝地区经济产业技术结构,动态调整职业教育教师专业方向,避免专业设置的同质化,提升培养单位专业结构与区域经济产业结构的对接度,以提高职业教育教师培养的针对性和实效性;提升职业教育教师培养层次,尤其是研究生及以上层次,探索职业教育本硕连读培养机制,提高职教师资培养的统一规划,使人才培养更加具有连贯性;进一步扩大教育硕士(职业技术教育领域)专业学位研究生的招生规模,在数量上满足川渝地区中等职业学校的办学需求。

(三) 建设数字化的职教师资培养培训体系

大数据、人工智能、云计算、物联网等新技术的发展使人类社会快速进入数字化时代,给社会经济、生产生活带来了巨大变革,也给教育教学带来新机遇和新挑战。2018年,教育部等五部门发布的《教师教育振兴行动计划(2018—2022年)》指出,"充分利用云计算、大数据、虚拟现实、人工智能等新技术,推进教师教育信息化教学服务平台建设和应用,推动以自主、合作、探究为主要特征的教学方式变革"。为促进人工智能等新技术与职教师资培养培训的深度融合,川渝地区可探索建设数字化的职教师资培养培训体系。

首先,建设数字化职教师资培养培训资源库。数字化教师培养培训资源作为数字教育资源的组成部分,现已成为提升教师专业能力的重要支撑。数字化职教师资培养培训资源的建设应强调以满足教师的实际需求为目标,由多元主体协同参与，以充分发挥各主体的专业特色和优势。例如，学术专家作为职教师资培养培训资源研发的核心主体，在前沿教育理论和政策、教学设计与教学方法改进等方面经验丰富，可充分汲取学术专家的理论智慧，将其思想整理成培养培训资源供教师使用；职业院校教师结合自身教学实践经验，积极贡献实践智慧，尤其是他们的优秀教学设计、教学课例等是典型的教师实践性资源；教育科技企业能够从技术创新的角度出发，利用先进技术手段，为教师培养培训提供个性化的学习资源，提升教师培养培训的体验感，如基于VR的教师培训。

其次，完善教师信息化、数字化素养培训。职业院校教师是职业院校信息化建设的重要力量，培养和提升教师信息化能力是影响信息化课堂教学效果的关键因素。2019年，国务院发布的《国家职业教育改革实施方案》提出，要从教师、专业教材、教学方式方法改革等层面激励教师主动适应信息化技术变革，将现代信息技术应用于教育教学过程中，提升教师的信息素养。随着数字化时代的到来，职教师资培养培训也需要跟上时代步伐，川渝地区在培养培训中，根据职教师资信息素养和数字素养能力框架，在学术专家的指导下增加以教师实际需求为导向的信息化和数字化教育教学内容，开发数字教学资源。川渝地区各职业院校可根据教师数字化、信息化素养的实际需求，开展有针对性的培训。

二、自主建设职教师资培养培训体系

川渝地区职教师资培养培训质量的提升，不仅需要区域协同推进，形成合力，还需要四川省和重庆市按照新修订的《中华人民共和国职业教育法》（以下简称《职业教育法》）的相关规定，结合地方实际，探索具有各自特色的职教师资培养培训体系。从前文概述的川渝地区职教师资建设基本情况可知，川渝地区中等职业学校和高职院校的教师学历、职称结构、"双师型"教师数量等指标与浙江省、江苏省等省份相比，还存在一定差距。可见，职教师资队伍是制约职业教育高质量发展的重要一环，影响着现代职业教育的发展，必须加强教师专业化的培养培训，提升职业院校教师的数量和质量。

（一）建立健全职教师资培养培训标准体系

职教师资培养培训一体化不仅是学历教育与非学历教育的有机结合，还是体系培养与专项培训的有机结合。《中国教育现代化2035》明确提出要"强化职前教师培养和职后教师发展的有机衔接。夯实教师专业发展体系，推动教师终身学习和专业自主发展"。在开展职教师资培养培训工作中，需做好职前培养与职后培训的有效衔接，以促进教师的专业化发展。由于"双师型"教师是实现职业教育高质量发展的最优资源，是推动职业教育改革的核心力量，也是职教师资教师的典型特征。对此，川渝地区需要确立"双师型"教师标准，为职教师资培养培训提供依据和指导。

首先，制定地方"双师型"教师标准。"双师型"教师标准是对职业院校教师素养的基本要求。没有标准就没有衡量质量的依据。2021年，中共中央办公厅、国务院办公厅印发的《关于推动现代职业教育高质量发展的意见》明确提出，"强化双师型教师队伍建设，制定双师型教师标准"。2022年4月，新修订的《职业教育法》第四十五条明确规定："各级政府应当采取措施，加强职业教育教师专业化培养培训。"2022年，教育部办公厅发布的《关于做好职业教育"双师型"教师认定工作的通知》，确立了职业教育"双师型"教师基本标准。按照国家立法和相关政策文件要求，川渝地区各级政府应根据本地实际及其不同教育层次和专业大类，依据国家"双师型"教师基本标准，制定地方"双师型"教师标准、详尽的实施办法和完善的认定程序。

其次，建构职教师资培养培训标准体系。职业教育教师标准是职业教育教师专业发展的重要依据，为职教教师培养提供指导。由于职业院校层次和学科种类具有多样性，难以制定出统一的标准。职教教师标准体系包括不同层次（如高职院校与中等职业学校）、不同专业类别（如会计、机械制造、学前教育等）的职业教育教师标准以及不同标准之间的相互关联（如专业标准与发展标准之间的衔接、强制性标准与指导性标准之间的关联）。基于此，职教师资培养培训标准体系应涉及多个层面和多项内容，包括"双师型"教师培养标准、"双师型"教师培训基地建设标准、职业院校教师准入标准、职教师资培训教师标准、职教教师聘用标准、职称评聘标准、考核评价标准等。因此，川渝地区在制定职教师资培养培训标准时，可结合当地职业院校师资队伍的实际情况和"双师型"教师发展需求,将专业课教师和实习指导教师作为标准的适用对象,普通文化课教师选取普通高校的教师标准作为指导①;对标准内容进行精心设计,制定的标准贯穿职业教育教师的整个职业生涯,注重教师的教学实践能力,从强制性标准和指导性标准对职教师资培养培训标准进行划分,以提高职教教师的专业化水平;设计客观且具有可操作性、可衡量的评价标准,既包括定量评价也包括定性评价;地方有关部门及时监测和搜集标准的实施情况,发现问题及时动态调整和修订,不断完善标准体系。

(二) 创新职教师资培养培训路径

职教师资培养培训是一个由高等院校、企业、职业学校和政府四大主体参与的、由多个子系统构成的、具有与外界进行信息交流的系统性过程。② 因四大主体在职教师资培养培训中扮演的角色和发挥的作用不同,故这四大主体通过相互作用、利益协调,共同促进职教师资培养培训工作的顺利开展。

一是建构"四位一体"的职教教师培养格局。多元主体参与职教教师培养有助于凝聚教育资源,充分发挥各主体的专业作用,提升职业教育教师的培养质量。在多主体协同培养过程中,各主体分工明确,各司其职。政府作为规划管理主体,扮演宏观引导角色;高等院校作为培养主体,承担教师培养任务;职业院校作为使用培养主体,扮演着多种角色,如职教教师培养的需求提出者、效果检验者等;企业作为实习实训主体,为教师提供技能学习和专业实践的真实环境。为充分释放职教教师培养主体的活力,促进各主体协同培养职教教师,国家先后出台了一系列政策,包括教育部等四部门印发的《深化新时代职业教育"双师型"教师队伍建设改革实施方案》(2019 年 9 月)、教育部、财政部发布的《关于实施职业院校教师素质提高计划(2021—2025 年)的通知》(2021 年 8 月)、中共中央办公厅、国务院办公厅印发的《关于推动现代职业教育高质量发展的意见》(2021 年 10 月),《关于深化现代职业教育体系建设改革的意见》(2022 年 12 月)等政策文件。这些政策文件都明确提出要支持高水平学校和大中型企业共建双师型教师培养培训基地,支持高水平学校与行业企业联合培养

---

① 杨丽. 职业教育教师标准建设的国际比较及对我国的启示[J]. 教育与职业,2018(10):86.
② 庄西真. 论"四位一体"职业教育教师培养培训模式[J]. 河北师范大学学报(教育科学版),2017(2):38.

"双师型"教师。按照国家政策要求,川渝地区各级政府、高等院校、职业院校和企业四大主体在职教教师协同培养过程中,政府在宏观角度做好顶层设计和规划,给予政策和资金支持,协调各主体之间的利益,搭建合作平台;高等院校利用自身优势加强职教教师的培养,提高教师的专业理论水平;职业院校承担教师的后续培养工作,对教师的教育教学能力、专业能力进行评估;企业可参与职业教育发展规划、人才培养目标制定、课程设置、教材建设、实习实训等环节,尤其是帮助教师更好地开展教学实践活动,促进职业教育教师培养质量的提升。

二是注重开展校本培训。校本培训作为职业院校教师培训的重要途径,对促进教师专业发展发挥着重要作用,但当前职业院校教师对高质量校本培训的需求与不平衡不充分的培训供给之间的矛盾日益凸显,存在着供需结构性错位问题。[1] 校本培训能够根据职业院校的实际,充分考虑教师自身的发展需求,有针对性地解决教师在专业发展中面临的困境和问题。2021年,教育部、财政部联合印发的《关于实施职业院校教师素质提高计划(2021—2025年)的通知》明确提出,"健全完善国家示范引领、省级统筹实施、市县联动保障、校本特色研修的四级培训体系"。川渝地区各职业院校可从以下几方面着手开展校本培训。首先,加强制度建设,制定《新教师入职制度》《青年教师导师制》《"双师型"教师培训制度》等,规范教师培训工作;设立专门开展新教师培训和在职培训的部门,如教师发展中心、教师培训中心等;制定周期性的校本培训计划。其次,基于教师需求分层分类开展培训。

---

[1] 陈静.基于供给侧视角的职业院校教师校本培训研究[J].职教论坛,2018(11):86—90.

第五章
粤港澳大湾区职业技术教育教师培养培训发展报告

第一节 年度发展概况

2021年,粤港澳大湾区职业技术教师培养培训工作承前启后,加强了职业技术教师培养培训制度建设,完善了粤港澳三地职业技术教师合作培养培训机制,扩大了职业技术教师培养规模,提升了职业技术教师培养培训质量。年度发展概括如下。

一、广东省职业技术教师整体水平稳步提高①

2021年,广东省出台了《广东省深化新时代职业教育"双师型"教师队伍建设改革实施意见》,为职业院校高水平双师型教师队伍建设提供了政策保障。总体来看,本年度广东省中高职教育教师整体水平继续提高,教师队伍规模不断扩大,高学历教师比例逐年提升,专任教师中"双师型"教师的比例稳步提高。有关指标的中位数均高于全国水平。

2021年,全省中等职业学校(不含技工学校)382所,在校学生90.30万人,教职工总数5.72万人,比2020年增加1268人。其中,专任教师4.49万人,专业教师3.21万人,"双师"素质专任专业教师1.91万人,"双师"素质专任专业教师占专业教师数的59.44%。全省独立设置高等职业学校95所;其中专科层次职业学校93所,本科层次职业学校2所,"双师素质"专任教师比例64.84%,

---

① 中共中央、国务院印发《粤港澳大湾区发展规划纲要》(2019年)指出,粤港澳大湾区包括香港特别行政区、澳门特别行政区和广东省广州市、深圳市、珠海市、佛山市、惠州市、东莞市、中山市、江门市、肇庆市,强调粤港澳大湾区发展要坚持极点带动、轴带支撑、辐射周边。因此,本报告内容以粤港澳大湾区为主体,在职教师资培训数据获取上涉及广东省全域。广东省数据整理于《广东省中等职业教育质量年报(2022)》《广东省高等职业教育质量年报(2022)》。

高级专业技术职务专任教师比例27.51%。

2021年,广东省职业技术师资进一步加强对外交流与合作。由广东技术师范大学牵头成立的广东省职业教育师资培养培训联盟和大湾区职业教育教师发展联盟,在探索职教师资培养培训模式、打造职教师资培养培训品牌方面发挥了积极作用。2021年广东省共建设了27个"双师型"教师培训基地、3个国家级教师企业实践基地,保障职业院校教师的专业发展。全省共建设23个国家教师教学创新团队、3个国家教师企业实践基地,8所高职院校入选国家职业教育"双师型"教师培训基地。全省立项241个省教学团队、26个省级"双师型"教师培训基地,评选796名省级高层次技能型兼职教师,打造了一支高水平的"工匠之师"。

二、香港职业技术教师接受强制性和自愿性相结合的课程培训[①]

香港特区政府一直强调职专教育对推动香港社会及经济持续发展的重要性。2021年,香港涉及职业训练及成人教育课程的学校有2 993所,其中日校384所、日校暨夜校2 426所、夜校183所。特区政府十分重视教师专业发展,多举措提升教师专业素养,改善职前教师教育、促进教师持续专业发展并提升学校领导职能。通过推广职业专才教育和强制性教师培训课程,很好地提升了职业技术教师的教育质量。

就香港职业教育技术教师培养培训而言,包括学历培养和非学历培训。但是香港没有统一的专门培训职业教师的机构及学院,各个教育机构根据香港当地需求和机构资质设置专项培训课程,涉及不同需求的师资培训会放在不同学校,实现了职业技术教师的个性化培训。

香港职业训练局有内部的员工培训制度,教师上岗前会有相应的辅导课程。职训局教学中心提供18学时的"高级教学课程"计划,所有新聘任教师均须强制性完成,旨在使新教师具备基本教学及评价技能,适应职业训练局的教

[①] 数据整理于香港特别行政区政府统计处《香港统计年鉴(2022年版)》和中华人民共和国香港特别行政区政府教育局官网。

学环境。2021年,职业训练局教职员的专业发展策略为校本研习与设计思维培训,提供自愿性的专业发展培训,形式包括工作坊和研讨会,涉及数字化学习、技术增强学习,以及与内地职业院校教师开展交流研讨活动,主要参与的有香港专业教育学院、香港知专设计学院、工商资讯学院、训练及发展中心的教师1 071人,其中男性604人,女性467人。

三、澳门特别行政区政府教育及青年发展局成立[①]

2021年澳门特别行政区教育界的大事件就是成立了"澳门特别行政区政府教育及青年发展局"。该机构的成立改变了澳门教育资源配置散乱和教育政策协调性差等问题。在师资队伍建设上,教育及青年发展局对教师资格及在职进修作出规范,持续提升教师的专业水平,保障了教师的福利待遇。

2021年,澳门开设职业技术教育学校9所,其中公立学校1所,私立学校8所。2020—2021年职业技术正规教育学生数768人,班级数58个;职业技术回归教育学生数324人,班级23个。2021年开设职业技术教育学校的教师数量为853人,其中中葡职业技术学校105人、澳门演艺学院28人、澳门工联职业技术中学90人、澳门三育中学155人、创新中学43人、培华中学158人、澳门浸信中学214人、新华夜中学34人、雷鸣道主教纪念学校26人。

澳门职业技术教育由培养中等程度技术人员的非高等教育机构承担,师资主要来源于澳门科技大学、澳门理工学院、旅游培训学院、澳门保安部队高等学校、澳门高等国际学院和亚洲(澳门)国际开放大学等机构。澳门职业技术教师培训不是专门组织的,而是和普通学校教师统一进行的。一方面,澳门通过教育发展基金推出校本培训、脱产培训、进修资助计划,澳门大学教育学院也招收在职教师攻读硕士研究生学位;另一方面,教育及青年发展局每年都主办或协办大量的专业讲座和研讨活动。

澳门已建立教师培训制度,在新入职教师、中高层教师、学校领导等系统性教师培训中,都要求修读爱国爱澳课程。澳门特区政府推出了澳门高等院校

[①] 澳门职业技术教师培养培训数据全部整理于澳门特别行政区政府教育及青年发展局官网。

中葡人才培训及教研合作专项资助计划（2021年计划）和粤港澳大湾区旅游教育培训专项资助计划（2021年计划）。2020—2021学年，教学人员培训59 689人次，其中教育及青年发展局举办的培训（包括延续培训、专门培训和校本培训）57 175人次，澳门大学举办的教学人员培训1 104人次，澳门理工学院举办的教学人员培训（含学位课程培训和在职教学人员培训）876人次，圣若瑟大学举办的教学人员培训219人次，华南师范大学举办的教学人员培训315人次。此外，延续和职业培训35 502人次，其中澳门旅游学院举办的延续和职业培训12 483人次，澳门理工大学举办的延续和职业培训6 678人次，劳工事务局举办的延续和职业培训16 341人次。

四、粤港澳三地积极探索职业技术教师协同发展机制和模式

粤港澳三地在法律制度、教育体系和发展水平方面有差异，以往的合作基本上停留在局部、民间和松散阶段，落后于全球其他一流湾区，因此积极探索三地教育协同创新发展机制和模式非常重要。2021年，粤港澳三地在加强职业教育教师培养培训机制方面做了许多工作，取得了不少成效。

一是，广东已建立粤港澳大湾区职业教育教师发展联盟、粤港澳大湾区教师联合会等多个教师交流平台；二是，广州牵头成立了粤港澳大湾区旅游职业教育联盟、粤港澳大湾区职业教育研究中心、粤菜发展研究院和亚洲美食文化教育联盟等平台，举办穗港澳台技能节，加强与港澳地区职业教育教师交流，培养培训专业化师资队伍和旅游专业化技能人才；三是，在广东省教育厅指导下，华南师范大学、香港教育大学和澳门大学共同发起成立了粤港澳大湾区教师联合会，打造教师培养培训品牌项目；四是，全国电子商务职业教育教学指导委员会、广东科学技术职业学院与澳门科技大学三方积极筹划在横琴粤澳深度合作区进行战略合作，共建粤港澳大湾区电子商务职业教育教师培养培训基地；五是，深圳信息职业技术学院与香港都会大学举行了教育合作备忘录线上签约仪式，涉及两校教师教学和教研交流合作，以及教学管理人员培养培训等多方面内容；六是，深圳职业技术学院和香港职业训练局持续推动全日制整班联合培养电气服务工程高级文凭人才，形成"认同共生机制"，获

广东省职业教育教学成果一等奖,并在此基础上筹划建设粤港澳大湾区特色职业教育园区。

第二节　年度主要举措

一、进一步强化教师"双师素质"培训

粤港澳大湾区不断加强职业技术教师培养。2018年,广东省人民政府办公厅印发《关于深化产教融合的实施意见》,提出完善"双师型""一体化"教师认定标准和管理办法,并提出"双师型"教师占专业课教师比例达到60%的目标。2019年2月,《广东省职业教育"扩容、提质、强服务"三年行动计划(2019—2021年)》颁布,把广东省"双师型"教师占专业课教师的比例提高到65%。2020年,由教育部和广东省人民政府联合印发的《关于推进深圳职业教育高端发展,争创世界一流的实施意见》要求深圳专业课教师中"双师型"教师比例不低于80%、企业兼职教师比例不低于30%。

2021年,广东省教育厅等四部门印发《广东省深化新时代职业教育"双师型"教师队伍建设改革实施意见》,提出广东省职业技术教师培养培训具体目标:到2022年,全省职业院校"双师型"教师队伍结构明显改善,整体素质明显提高,职业院校"双师型"教师占专业课教师的比例稳定在60%以上;重点建设50个校企合作的优质省级职业教育"双师型"教师培训基地和50个省级示范性教师企业实践基地;推动打造30个职业教育师资培训优品牌项目。

2021年,香港特区政府多举措提升教师专业素养,鼓励每一位教师到企业实践,通过参加私人或公共机构的工商业实践,保持与业界紧密联系,了解业内的最新发展情况。鼓励教师考取国际国内的专业技能证书,通过考取专业资格以增强竞争力。澳门特别行政区成立了"澳门特别行政区政府教育及青年发展局",推出了2021年澳门高等院校中葡人才培训及教研合作专项资助计划和2021年粤港澳大湾区旅游教育培训专项资助计划,在此基础上加大了对澳门职

业技术教师的培训力度。

二、充分发挥国培和省培的主干作用

粤港澳大湾区正不断完善以国培项目为主体的职教师资培训体系。由于数据的可获得性的影响,具体从珠三角的国培和省培数据比较来看,因为广东以制造业立省,因此区域内有着充足的职业技术教育师资培训的供给与需求,其中国培项目各项指标占比较大,省培项目作为国培项目的辅助与补充,在培训对象突出重点的同时也充分考虑了区域的均衡性。

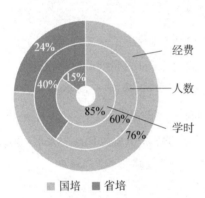

图 5-1 2021 年广东省职教师资国培和省培项目情况

2021 年广东省职业技术教师国培和省培项目共计 180 项,总学时达 35 324 学时,共 5 619 人次参加培训,使用经费总额为 4 707.77 万元。其中,国培项目 122 项,共计 29 956 学时,参培 3 380 人次,使用经费 3 556.45 万元。省培项目 58 项,总学时 5 368 学时,参培 2 239 人次,使用经费 1 151.32 万元。国培和省培项目各指标占比如图 5-1 所示,国培项目三项指标占比均高于 60%。

除特别针对粤东西北职教教师的委培和示范项目外,2021 年广东省职业技术教育教师国培和省培项目共计 160 项(见表 5-1),占所有两类培训项目的 88.9%,总学时 33 938 学时,占比 96.1%;4 381 人次参加培训,占比 78.0%;使用经费总额为 4 242.88 万元,占比 90.1%。其中,国培项目共计 118 项,占所有国培项目的 96.7%;共 29 466 学时,占比 98.4%;参培 3 187 人次,占比 94.3%;使用经费 3 442.43 万元,占比 96.8%。省培项目 42 项,占所有省培项目的 72.4%;共 4 472 学时,占比 83.3%;参培 1 194 人次,占比 53.3%;使用经费 800.45 万元,占比 69.5%。可见国培项目对粤港澳大湾区的辐射更强,省培项目作为国培项目的补充,会更注重区域的均衡性。

表5-1 2021年主要面向珠三角职教师资的国培和省培项目情况①

	项目数	学时	人次	经费(万元)
国培	118	29 466	3 187	3 442.43
省培	42	4 472	1 194	800.45
总计	160	33 938	4 381	4 242.88

2021年培训地点在珠三角范围内的国培和省培项目共175项,占所有两类培训项目的97.2%;共34 526学时,占比97.7%;5 421人次参加培训,占比96.5%;使用经费总额为4 558.54万元,占比96.8%。其中,国培项目共计118项,占所有国培项目的96.7%;共29 214学时,占比97.5%;参培3 250人次,占比96.2%;使用经费3 430.32万元,占比96.5%。省培项目57项,占所有省培项目的98.3%;共5 312学时,占比99.0%;参培2 171人次,占比97.0%;使用经费1 128.22万元,占比98.0%。

表5-2 2021年培训地点在珠三角的职教师资国培和省培项目情况②

	项目数	学时	人次	经费(万元)
国培	118	29 214	3 250	3 430.32
省培	57	5 312	2 171	1 128.22
总计	175	34 526	5 421	4 558.54

三、完善职业学校教师培训生态体系

2021年,即使受到疫情影响,粤港澳大湾区仍然培训高职院校教师4.1万人,比2020年增加40.6%。既包括大数据技术与应用、物联网技术、虚拟现实技术、数字媒体应用技术、大健康、电子商务、工业机器人技术、新能源汽车等新

---

① 表5-1中数据筛选自广东省职教师资国培和省培项目的统计,未剔除粤东西北地区委托培训等仅针对粤东西北地区教师的培训项目相关数据。
② 表5-2中数据筛选自广东省职教师资国培和省培项目的统计,为开展培训学校在珠三角范围内的相关数据统计。

兴产业需求方向的专业技术培训,也包括校长培训、骨干教师培训、师德师风培训、教育管理及教学能力提升培训等教师软实力提升培训。

从接受培训的人次上来看,粤港澳大湾区的职业高等学校师资培训规模与普通高等学校的师资培训规模基本持平,其比例为0.91∶1。从受培训的人次×学时的规模上来看,2021年职业高等学校师资培训规模约为2 778 057人次×学时,略大于普通高等学校的2 562 668人次×学时,其比例为1.08∶1。

值得注意的是,职业高等教育的长学时培训规模更大(见表5-3)。总体上,相较于普通高等教育学校教师,职业高等教育学校教师接受的各学时段培训的规模更为均衡。

表5-3　2021年粤港澳大湾区各类高校教师接受培训学时情况①

指标名称	职业高校(人次)	普通高校(人次)	成人高校(人次)	总计(人次)
36学时及以下	13 406	26 465	135	40 006
37—72学时	10 785	6 726	67	17 578
73—108学时	9 017	5 403	156	14 576
109学时以上	8 180	6 921	235	15 336
总计	41 388	45 515	593	87 496

从组间数据来看,普通高等学校的师资培训学时主要集中在36学时及以下,占普通高等学校师资培训总规模的58.1%;但是36学时及以下职业高等学校师资培训规模仅仅占职业高等学校师资培训总规模的32.4%。而在37学时及以上区间,职业高等学校接受相关培训的教师规模均要显著大于普通高等学校接受相关培训的教师规模,37—72学时、73—108学时和109学时以上三个学时段的职业高等学校师资培训规模与普通高等学校的师资培训规模比例分别为1.60∶1、1.67∶1和1.18∶1。

从组内数据来看,36学时及以下、37—72学时、73—108学时和109学时以上四个学时段的职业高等学校师资培训规模比例为1.64∶1.32∶1.10∶1,而

---

① 表5-3中数据来自高等教育学校专任教师接受培训情况的数据统计,其中提供培训的机构的地域不限,仅统计广东省、香港和澳门三地内各类高校教师接受培训的学时情况。因香港没有统一的专门培训职业教师的机构及学院,澳门没有专门职业高等院校,因此相关数据的统计以广东省为主。

四个学时段的普通高等学校师资培训规模比例为4.90∶1.24∶1∶1.28。

从接受各层次培训的教师规模来看(见表5-4),相较于普通高等教育,职业高等教育各层次师资培训规模总体上更为均衡,职业高等教育和普通高等教育中国家级、省级、地级、县级、校级、国(境)外六个层次的师资培训规模的比例分别为21.4∶27.1∶8.4∶1.4∶61.5∶1和70.8∶80.2∶11.9∶1∶196.8∶4.2。其中,两类高等教育的校级培训规模均为最大。

表5-4 2021年粤港澳大湾区各类高校教师接受各层次培训情况[①]

指标名称	职业高校(人次)	普通高校(人次)	成人高校(人次)	总计(人次)
国家级	9706	9776	51	19533
省级	12310	11068	381	23759
地级	3801	1641	137	5579
县级	630	138	0	768
校级	27931	27152	279	55362
国(境)外	454	585	0	1039

具体来看,普通高等教育的国家级师资培训的规模要略大于职业高等教育,除此之外,在省、地、县、校四个层级的培训规模中,职业高等教育均大于普通高等教育,其中地级和县级职业高等教育师资培训规模显著大于普通高等教育师资培训规模。但是,职业高等教育的国(境)外师资培训规模与普通高等教育的相关培训规模相差较大,这说明职业高等教育在师资培养培训方面需要进一步对外开放,加强与国外的交流。

由以上数据可知,从各学时培训规模和各层次培训规模上来看,粤港澳大湾区职业高等学校教师培训规模与普通高等学校教师培训规模相当,但是职业高等学校教师培训正逐步形成更为均衡的生态化培训体系。

2021年,粤港澳大湾区开展中等层次职业教育学校的教师培训总规模达8.18万人,比2020年增加96.5%。受限于数据的完整性,不再对其进行详细分析。

---

① 表5-4中数据情况与表5-3相同。

四、强化三地职教师资培训交流合作

2021年,粤港澳大湾区职业技术教师培养培训已进入深化合作阶段。事实上,从2018年开始,广东省出台的教师教育、职业教育政策文件中多次强调推进与港澳深度合作,促进粤港澳教师教育紧密合作、协同发展。例如,2018年8月广东省人民政府办公厅印发《关于深化产教融合的实施意见》,以广东省率先承认港澳职业资格为先导,推进职业资格粤港澳三方互评互认,允许港澳地区取得职业资格的专业技术和服务人员在广东提供专业服务。2019年2月,广东省人民政府办公厅印发《广东省职业教育"扩容、提质、强服务"三年行动计划(2019—2021年)》,推动粤港澳职业院校深入开展教师互动交流、学生交换访学等多种形式合作。2020年11月,广东省教育厅等四部门印发《广东省新时代教师发展体系建设实施方案》,打造教师交流平台,加强粤港澳大湾区校长、教师的交流合作。同年12月,教育部和广东省联合印发的《推进粤港澳大湾区高等教育合作发展规划》要求突出高端引育,深化人才交流合作,携手建设世界一流师资队伍引育高地;突出互学互鉴,打造高等教育对外交流合作枢纽。2021年9月,广东省教育厅发布的《广东省教育发展"十四五"规划》提出,到2035年建成教育强省和粤港澳大湾区国际教育示范区,要求推进粤港澳大湾区教师教育学院建设。

澳门特区政府积极努力吸收各地有益经验,推进职业技术教师教育的发展,在2021年取得了重大进展。澳门教育资源中心与教育部合作,开展"内地优秀教师来澳交流计划",内地优秀教师去澳门驻校,将内地课改、课程教学方法引进澳门。澳门教育资源中心积极与内地高校如华南师范大学、华东师范大学、北京师范大学、首都师范大学等进行交流与合作。2006年颁布的《非高等教育制度纲要法》中提到通过在职培训或者脱产培训等多种方式提升教师职业发展。2012年发布的《非高等教育私立学校教学人员制度框架》中规定教学人员的职业发展可通过参加培训、自主学习、研究和实践等多种途径,以灵活的方式进行,同时发放职业发展津贴,减少教学人员的财政压力。澳门教育及青年发展局采取积极态度参与教师教育的发展,筹办和组织多项校本培训以促进教师专业成长，设立了澳门高等院校人文社会范畴研究专项资助计划（2021年计划）和粤港澳大湾区旅游教育培训专项资助计划（2021年计划）、澳门高等院校教研人员专业发展资助计划和教学人员培训计划。同时，澳门正在尝试职业教育师资培训的转型，由之前的通过和华南师范大学等内陆高校合作进行培训并发放文凭，向通过澳门本地学校的自有培训力量进行培训后经内陆高校认定并发放文凭转变。

2021年，香港已有近50所专门开展职业教育的学校，由工业学校和职业先修学校两类学校构成。香港职教师资培训的特点是由香港职业训练局统一执行职业教育教师培养培训。相关培训由学历培训和非学历培训构成，基本实现了个性化培训。香港专科学院发达，由不同专长的专科学院承接对应学业（职业）的师资培训。内陆高校通过与香港相关专科学院的合作，积极参与到香港职教师资培训中，合作的特点是培训规模小而精，按教师需求进行个性化的高端培训合作，内陆高校主要通过委派师资、协助课程制作等方式参与合作。

第三节　年度主要成绩

一、粤港澳大湾区职业技术教师队伍整体素质位居全国前列

2021年，广东省独立设置高等职业学校95所，其中专科层次职业学校93所，本科层次职业学校2所，总数位居全国第二。2021年度全省共建设23个国家教师教学创新团队、3个国家教师企业实践基地，8所高职院校入选国家职业教育"双师型"教师培训基地；立项241个省教学团队、26个省级"双师型"教师培训基地，评选796名省级高层次技能型兼职教师；职业技术教师在国家级教学能力比赛中获4项一等奖、4项二等奖、6项三等奖，连续5年排名全国前三。

表5-5 2021年广东高职院校师资建设部分指标中位数及与全国对比情况①

指标(中位数)	2021年 广东	2021年 全国
教师总数(人)	632	518
生师比	16.69:1	16.37:1
硕士以上学位(人)	190	143
高级职称教师(人)	146	129
45岁以下专任教师(人)	341	261
"双师型"专任教师比例(%)	64.84	70.03
企业兼职教师财政专项补贴(万元)	3919	—

根据香港特区政府统计处的数据,在香港职业训练局所辖13家机构中,2021年有教师1185人。职业训练局设有专门的素质保证及评审事务处,负责对机构成员单位的工作进行评估,包括对教师素质进行提高培训的评估,而后帮助其找到可持续改善的方向,并监督执行改善方案和改善效果。而且,职业训练局每年为优秀教师颁发"杰出教学奖",以表彰教师在教学领域中作出的成就,2021—2022学年,有5位老师获得杰出教学奖。特区政府以"职学联通、多元发展"的策略,从政策、措施、宣传等方面多管齐下,提升公众对职专教育的认识,全方位推动职专教育的发展,职业技术教师的整体素质得到了很大提升。

根据澳门教育及青年发展局的统计资料,2021—2022学年澳门共有77所学校,其中私立学校67所(包括3所职业回归教育学校),接受正规教育学校职业技能教育的学生775人,接受回归教育学校职业技能教育的学生277人,全部教师数量合计为853人。2021年,澳门教育及青年发展局先后制定多项促进教育发展的政策文件,引导职业教育迈向高品质高公平教育系统,其中《非高等教育职业技术教育制度》正在编制,将于2022年推出,同时增加了职业技术教育资助额度(表5-6),以提升职业技术教育的专业性和认受性。

---

① 广东省教育厅.广东省高等职业教育质量年度报告(2022)[EB/OL].(2021-12-15)[2022-12-15]. https://ddzx.tjtc.edu.cn/gd-zlnb-2022.pdf.

表5-6　2020—2021学年澳门特区政府资助职业技术教育情况①

学年	课程数	班级数	学生数	总资助金额(万元)	总金额增长率
2020/2021	36	80	1 092	5 912	7.0%

二、广东省"双师型"教师队伍建设案例位列全国第二

在职业技术教师培养培训中,大力提高"双师型"教师素质是重中之重。2021年,广东省出台《广东省深化新时代职业教育"双师型"教师队伍建设改革实施意见》,结合省职业教育"双师型"名教师、名校长、名班主任工作室评选,加大职业技术教师培养培训力度,加强师德师风建设,建立健全教师资格准入、聘用考核制度,探索固定岗与流动岗相结合、校企互聘专兼职教师的改革,推进"双师型"教师培养培训基地建设,落实专业课教师到企业定期实践锻炼制度,推动职业院校教师和行业企业、科研机构技术技能人才双向流动,切实提升教师质量,优化教师队伍结构。2021年,广东省中等职业学校拥有国家"万人计划"教学名师2人,中等职业学校名校长工作室4个,省级以上"双师型"名师工作室11个,新增2个国家级职业教育教师教学创新团队,"双师型"教师19 081人,占专任教师59.44%(见表5-7)。

表5-7　2021年广东省中等职业学校教师队伍建设情况②

教职工总数/人	专任教师/人	专业教师/人	"双师"/人	"双师"占专业教师百分比
57 214	44 944	32 101	19 081	59.44

截至2021年,广东省有15个案例入选首批"双师型"教师队伍建设典型案

---

① 数据来源:澳门特别行政区政府教育及青年发展局.非高等教育统计[EB/OL].(2021-10-26)[2022-11-25].https://portal.dsedj.gov.mo/webdsejspace/internet/Inter_main_page.jsp?id=8525&search_data=%25E6%2594%25BF%25E5%25BA%259C%25E8%25B5%2584%25E5%258A%25A9&.

② 广东省教育厅.广东省高等职业教育质量年度报告(2022)[EB/OL].(2021-12-06)[2022-11-15].https://ddzx.tjtc.edu.cn/gd-zlnb-2022.pdf.

例,位列全国第二。以深圳市为例,2021年深圳市强化市级统筹,积极打造高素质职业教育双师型教师队伍。一是树立新发展理念。坚持以立德树人为根本任务,提升骨干教师、专业带头人、名师名校长能力素质,推进理想信念教育常态化,切实增强教师课程思政意识和能力。二是开展线下研修、在线培训、结对学习、跟岗研修、顶岗研修、访学研修,着力打造一支师德高尚、技艺精湛、专兼结合、充满活力的高素质双师型教师队伍。三是深化新时代教师队伍建设改革,加大教师编制支持力度,强化校企合作、育培结合,落实深化改革,提质增效,提升教师信息教学能力、教材开发能力。四是聘请技术能手、职教专家和行业企业高水平人员参与培训工作,支持产业导师参与双师型名师工作室建设、专业建设、课程建设、教学创新团队建设、校本研修、产教研合作,支持开展对新入职教师、青年教师的培训和校本培训。2021年,深圳市"双师型"教师共1108人,占专业教师的76.36%,与2020年相比,增长了5.57%。

三、"产教融合、校企合作"培养职业技术教师成果显著

2021年,粤港澳大湾区"校企合作"企业超过2.4万家,76%的高职院校开展现代学徒制试点,全国试点单位位列全国第一。广州、深圳入选国家产教融合试点城市,6家企业入选国家产教融合型企业,全省培育了13个产教融合型试点城市,建设培育两批共1223家产教融合型企业,数量位居全国第一。23个高职院校案例入选2021年产教融合校企合作典型案例,位居全国第三。2021年度,粤港澳大湾区职业教育机构充分发挥"产教融合、校企合作"优势,积极开展有企业参与的职业技术教师培养培训工作,培养了一大批专业(群)带头人、骨干教师和优秀教师,打造了一大批精于教学、善于创新的名师团队,涌现了一大批优秀的教育教学改革成果,有效提升了专业教师的实践教学能力和创新发展能力。在2021年全国职业院校技能大赛教学能力高职组比赛中,广东省获一等奖3个、二等奖和三等奖各6个,获奖数全国第一。

例如,在"2021年全国行业职业技能竞赛——全国餐饮行业职业技能竞赛"中,获得中式面点赛项金奖的中山职业技术学院黄立飞老师就是"产教融合、校企合作"培养职业技术教师模式的受益者。中山职业技术学院借助省级"粤菜

师傅培训基地"与中山市烹饪协会搭建的合作平台,摸索出"行校企合作、名师带师、师成带学"的"双师型"教师成长之路。在个人成长过程中,黄老师坚持"以赛促学、以赛促教、以赛促改",指导学生在省、市级烹饪比赛中获奖近40人次、多人成功创业,提高了专业人才的培养质量,获评全国"百姓学习之星"称号。

香港特区和澳门特区的职业技术教师也积极参与粤港澳大湾区以"产教融合、校企合作"培养职业技术教师的行动。例如,香港没有专门培训职业教师的机构及学院,香港职业训练局在内部员工培训(教师岗前课程辅导等)的基础上,积极和深圳的职业院校、大湾区企业在职业技术教师培养"校企合作"方面开展多项合作,包括校企共同参与课程教学研讨和师资培训、共同开展科技项目研发、共同制定育人课程标准等。这在一定程度上解决了跨区域、跨边境、跨法律制度、跨教育体系推进教育合作的难题。再比如,澳门特别行政区自2011年以来就实施"骨干教师研习计划"和"教师研习班"等,在教师培训中①要求来自本澳和粤港澳大湾区相关学者和企业家担任导师。2021年共举办5次相关活动,参加人员有学校领导、教青局代表及教师所组成的专责委员会,围绕教学人员能力以及去外地或企业任职等问题进行培训。

四、职业技术教师的思政素养在培训中得到了加强

广东省积极贯彻落实《关于深化新时代学校思想政治理论课改革创新的若干意见》《新时代学校思想政治理论课改革创新实施方案》等文件精神,强化习近平新时代中国特色社会主义思想进课程进教材,推进课程思政建设,创新教学模式与方法,改进教学内容。2021年,广东省职业院校共有思想政治课专任教师2 935人,生师比为276∶1;德育管理人员7 532人、名班主任工作室46个,思想政治课教学创新团队23个、思想政治课示范课堂63个。2021年度通过中等职业学校德育校长培训、出彩德育论坛、班主任专业能力大赛、全国首创的中小学中职100门思政课优质课程建设等形式,全方位打造中职思政一流师资队伍、一流管理队伍、一流研究队伍。在2021年度全国职业院校技能大赛中等职业学校班主任能力比赛中,广东省

---

① 澳门对职业技术教师任职资格没有特别规定,与普通中学教师相同。

获一等奖7个、二等奖4个、三等奖2个,一等奖获奖数全国第一。此外,各中等职业学校继续落实"思政第一课"制度,书记校长带头讲思政课已形成常态。

广东省教育厅颁布《关于全面推进高职院校课程思政建设工作的意见》,落实高校课程思政主体责任,建立课程思政建设工作体系,科学规划与设计课程思政教学体系,推进学校、专业、课程三级课程思政教学改革与建设,构建"大思政课"育人新格局,提高了职业技术教师的思政素养,培养成效非常显著。2021年,全省认定近300个课程思政教育案例,推广课程思政建设先进经验和做法,形成"校校有精品、门门有思政、课课有特色、人人重育人"的良好局面。截至2021年,全省已有全国高职教师思政示范课程8个、教学名师和团队8个,以及全国课程思政教学研究示范中心1个。

第四节 问题与展望

一、粤港澳大湾区职业技术教师培养培训存在的问题

1. 培养培训"规模"仍然不够大

2021年,广东省高职院校总投入328.07亿元、中职学校总投入324.29亿元,分别比2011年增长208%和95%;粤港澳大湾区培训高职院校教师4.1万人次,培训中等层次职业教育学校教师达8.2万人次,分别比2020年增加40.6%和96.5%。尽管大湾区职业技术教师培训力度和水平已大幅提升,但是职业院校(特别是中职)在培训资源、资金和规模方面仍然难以满足巨量的培训需求,使职业教育高质量发展受到一定程度的制约。

2021年,广东职业教育专任教师共11.9万人[①],全省培训中职学校教师8.18万人次,比2020年增加96.5%;全省培训高职院校教师4.1万人次,比

---

① 何淼. 数读广东职教发展十年:累计投入4486.63亿元[EB/OL]. (2022-05-24)[2022-12-01]. https://baijiahao.baidu.com/s?id=17336938213693292948&wfr=spider&for=pc

2020年增加40.6%。尽管2021年职业教育专任教师各种培训人次较前一年有了极大增长,但是仍然规模偏小。从支撑和辐射粤港澳大湾区的重要项目国培和省培来看,2021年国培和省培项目共计180项,总学时为35 324学时,参加人次仅有5 619人次,而其中辐射到广东省的国培和省培项目共计160项,占所有两类培训项目的88.9%,参加培训4 381人次,共计33 938学时。同样,大湾区内各城市职教师资培训力度也有待提升。以深圳市为例,2020年深圳市组织中职专任教师参加国家级培训463人次,参加省级培训403人次,参加市级培训2 852人次,参加区级培训1 826人次,参加校级培训8 428人次,当年职业技术教师培训规模无法满足现有教师的学习成长需要。

2. 培养培训"类型"特征不够突出

调查发现,粤港澳大湾区职教师资培训更多地延续普通高校教师培训经验和政策路径,职业教育"类型"特征不够突显,主要表现在如下三个方面:一是缺乏"双师型"教师认定和评价标准,由于粤港澳大湾区各地的条件不同,人才吸引力不同,对于职业教师的素质要求也不同,这给粤港澳大湾区师资培训的区域发展和特色发展提出了挑战;二是存在"职普不分"现象,一些地方缺乏独立的职业技术教师培养培训体系,例如澳门教师在职培训大都是"职普"混合编班,即使有的分开培训,培训内容与教育实践也不匹配;三是"下企业实践"和"职业教育理论"培训不够,在我们的问卷调查中,职业院校教师对于"您认为目前的职业院校教师培训最缺乏什么?"的回答结果显示,有75.24%的老师认为应该增加"下企业实践"的内容,52.73%的老师认为自己缺乏职业教育基本理论的学习(图5-2)。

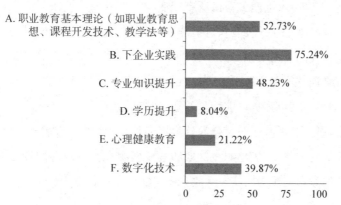

图5-2 职业院校教师对培训内容的看法

3. 培养培训"优质"资源比较缺乏

主要表现在五个方面：第一，培训内容大部分来自校本级培训，高质量的省培国培资源不足，不同培训间缺乏整体性、系统性贯通；第二，培训形式单一，培训项目偏重普惠性，缺乏多样性和弹性，难以满足教师的个性化、差异化发展需求；第三，培训行为主要基于外在行政驱动，教师内在动力和主体性没有得到充分调动；第四，缺少对教师解决实践教育教学问题能力和产业行业应用性知识的培训，培训内容陈旧过时，缺乏前沿性，致使培训与教师专业发展所需的实际相关较远，有效性和针对性不强，难以激发教师的有效学习动力；第五，粤港澳大湾区城市发展和职业教育发展状况不同，职教师资培训能力、水平和组织等也存在较大差异，培训的区域协调性和平衡性有待提升，例如澳门特区和香港特区的职业技术教师培训较弱，其中澳门未将职普教师分离培训，香港通常只是在职业训练局内部组织上岗课程培训等。在现有的管理和体系结构下，粤港澳大湾区师资培训难以持续形成有机链接，区域师资培训协调机制需要建立。

二、粤港澳大湾区职业技术教师培养培训展望

1. 粤港澳大湾区职业技术教师培养培训需发展并形成"生态圈"

随着粤港澳大湾区建设的进一步深化，发展并形成粤港澳大湾区职业技术教师培养培训的"生态圈"，这是粤港澳大湾区职业教育发展的应有内容。"生态圈"强调职业技术教师培养培训的高质、协同、均衡，赋予师资培养培训体系创新的能量，有利于粤港澳大湾区所有职业学校教师的专业发展；"生态圈"将粤港澳大湾区所有职业学校看作有机互补、共生共融的生态系统，形成良性的区域师资培训互动互通机制，为粤港澳大湾区职教师资整体发展开拓空间，提升区域师资培训整体能力和水平；"生态圈"有利于优质资源的高效配置和均衡化配置，推动不同城市师资培训特色的建设，带动区域每一所学校师资质量的提升。总之，粤港澳大湾区职业技术教师培养培训形成"生态圈"，将会改变传统师资培训的封闭状态，优化职教优质的学校资源和企业资源配置，推动师资培训由传统的教育系统封闭状态开放为面向社会和企业的共生体系。

2. 粤港澳大湾区职业技术教师培养培训需实现"数字化"嵌入

用生态圈思维规划和推动粤港澳大湾区职业技术教师培养培训，可以借助数字智能技术进行"数字化"嵌入。首先，持续加强数字智能技术基础设施的布局和协作，联通不同城市和学校的区域数字化教育资源和学习培训平台，使教师培训不再仅仅是传统固定机构的模式，而是可以更好地和教师日常工作学习相融合，随时随地为教师发展服务；其次，数字智能技术嵌入为粤港澳大湾区职教师资培训转型升级提供动力和支撑，通过多样化数字链接和多元化组织机制，教师的学习空间、学习资源和培训服务通过数字技术不断延展联通，培训相关主体将得以高频深度互动，更有利于教师基于自身需求选择专业资源，并自主制定培训规划；第三，数字智能技术的嵌入将引导师资培训的创新性发展，培养培训中的内容形式单一等问题都将随着数字化嵌入的进程而逐步得到解决。

3. 粤港澳大湾区职业技术教师培养培训需凸显"实践性"导向

逐渐摆脱"普职不分"困境，探索建立不同于普通教育教师培训的内容、方法和组织形式，是职业技术教师培训事业的重点内容。一方面，随着粤港澳大湾区职业教育事业的共同发展，不同区域特点和观念不断碰撞影响，独立的富有特色的职教师资培训理念、内容和形式都将得到探索发展；另一方面，将职业技术教师培训生态圈融入粤港澳大湾区产教融合系统，以实践问题和需求为导向重构师资培训的目标和方法，大力推动企业合作课程开发，持续为职教教师自主的专业实践探索创造条件，最终形成凸显"实践性"导向的粤港澳大湾区职业技术教师培养培训特色体系。

第六章
五大区域职业技术教育教师培养培训现状及未来发展

第一节　五大区域职业技术教育教师培养培训发展现状

一、五大区域职业技术教育教师培养培训的概况

京津冀、东北、长三角、川渝以及粤港澳五大地区职业教育的发展水平各不相同,在职业技术教师培养培训方面的做法也各有特点。虽然五大地区的职业技术教师培养培训均取得了显著成绩,但各个地区的发展水平仍然存在差异。

京津冀地区充分发挥了区位优势,通过构建"京津冀职业教育协同发展研究中心"和"京津冀职业教育教学协同发展联盟"等平台,以共研、共建、共用、共享、共赢的"五共机制"与政行企校研的"五方携手"合作新形式,实现京津冀地区职教师资培养培训的高质量发展。

东北地区在职业技术教师培养培训方面注重体系建设,通过培训体系的建设与完善,针对培训工作中发现的问题及时调整培训方案,积累了培训经验,逐渐形成了培训特色,培训质量不断提升。

长三角地区特别注重提升职业技术教师培养培训的实效性,通过科学设计、严格落实,切实提高了职业院校教师的职业认知水平、职业认同水平、职业匹配水平、职业能力等综合素质,而且教师在培养培训方面都表现出了较高的满意度。

川渝地区在本科层次的职业教育教师培养方面积累了一定的经验,通过教学创新团队建设、培养培训基地建设、校长工作室和名师工作室建设等,提升了教师的教学水平,体现了职业教育教师培养和培训的质量。

粤港澳大湾区在教师队伍的培养和培训方面取得突出成果。粤港澳大湾区职业教育机构充分发挥"产教融合、校企合作"优势,积极开展有企业参与的

职业技术教师培养培训工作，培养了一大批专业（群）带头人、骨干教师和优秀教师，打造了一大批精于教学、善于创新的名师团队，涌现了一大批优秀的教育教学改革成果，有效提升了专业教师的实践教学能力和创新发展能力。

总体上，可以从以下方面总结五大区域职业技术教师培养培训的现状。

一是五大地区的职业院校师资队伍结构都处于不断优化的状态，高级职称教师、高层次人才在专任教师中的占比总体上呈现出逐年提升的趋势。五大地区职业院校在招聘方面采取了一系列政策措施，鼓励引进高级职称教师和高层次技术技能人才，越来越多的职业院校开始倾向于招聘具有硕士学位及以上的教师，并且也越来越注重兼具企业实践经验、教学经验和专业知识的人才，所以教师队伍的整体素质亦在不断提升。五大地区职业院校注重为教师提供培训机会，帮助他们不断更新教学理念和专业知识。各职业院校教师通过参加培训和参与企业实践，逐渐掌握了较为成熟的专业技能。

二是在职教师资培养方面，形成了以地方师范大学和地方应用型本科高校为主的师资培养体系，这些高校提供了本科层次和研究生层次的职业教育师资培养项目。在职教师资培训方面，五大地区通过实施信息技术应用能力提升、公共课教学能力提升、课程实施能力提升、"1＋X"证书培训和访学研修等举措，推进地区职业院校教师队伍建设改革，助力教师全面发展，切实提升职业院校教师队伍的整体素质和发展水平。

三是加强师德师风建设，通过开展师德师风培训，地区职业院校教师整体思想政治素质和职业道德水平实现全面提升。师德师风培训内容主要包括教师职业道德规范、教育伦理、教育法律法规等方面的内容，旨在引导职业院校的教师树立正确的教育观和职业观，提高他们的职业素养和道德品质。五大区域的各大职业院校都将师德师风建设作为职称评定、岗位晋升和绩效分配的主要依据，强调师德师风对于教师职业发展的重要性，激励教师积极参与师德师风培训与学习，不断提升自身的师德师风水平。

四是人才培养质量持续提升。各个地区充分发挥地区专业特色优势，积极引进和培养高水平职教教师，打造教学名师等高层次人才队伍，推进人才培养质量持续提升。五大地区人才培养的共性特征主要体现在，一是构建多主体协同育人模式。育人主体包括高校、中等职业学校和企业等单位。二是打造多导师师资队伍。导师队伍人员构成多元化，主要由职业技术教育专业、学科方向、中等职业学校、企业的导师构成,职业学校导师一般为"双师型"教师。三是构建理实并重的模块化课程体系,在教师的培养和培训环节,不仅注重理论知识的传授,还注重实践能力的培养,五大区域的育人课程和培训课程还能经常结合实际案例和模拟场景,让教师在实践中学习和应用技能,培养他们的实践能力。

二、五大地区职业技术教师培养培训的特点与亮点

(一) 五大地区职业技术教师培养培训方面的特点

1. 职教教师队伍结构不断优化,主要体现在以下几个方面。

(1) 培养层次多元化。职业教育教师培养的层次和类型不断丰富,目前除了本科层次的职业技术教育师范专业,越来越多的地区和职业院校开始探索研究生层次的职教教师培养项目。

(2) 师资结构多样化。各地区职教教师队伍的师资结构逐渐多样化,不仅涌现出大量的校内专家和职教专家,还有越来越多的技术过硬、实践经验丰富的行业专家以企业导师或行业导师的身份加入职教教师队伍,优化了职教教师队伍结构。

(3) 职业教育发展支持体系不断健全。为了吸引和留住优秀的职教教师,各地区不断建立健全职教教师发展支持体系,包括提供良好的职业发展晋升通道、加强教师培训和交流合作等,这些举措帮助教师实现个人职业规划,提升专业素养和教学能力。

(4) 职教教师培训持续推进。五大区域积极推动职业教育教师培训的持续发展。从教育行政部门到学校和企业,各方都不断加大对职教教师培训的投入与支持。培训内容涵盖职业教育理论、职业教育课程开发、教学方法、专业技术应用等方面,力求协同多元主体提升职教教师的教学能力和专业水平。

2. 职教教师培养培训体系基本建成

建立健全职教教师培养培训体系是打造高质量教师队伍的基础。具体来

讲,就是要建立健全服务于职业教育高质量发展的教师培养培训体系。目前,五大地区在这方面已做了很多探索与实践,主要体现在以下几个方面。

(1) 深化教育教学改革。五大区域都非常重视职业教育改革与发展,陆续出台了一系列推进职业教育教学改革的政策与文件。各地区经过教育理念、课程设置、教学模式等方面的持续改革,不断适应地区需要和行业发展需求,培养培训效果不断提升,职教教师培养培训体系基本建成,体现了地区参与职业教育改革的探索与实践,对推动我国职业教育的高质量发展具有重要意义。

(2) 完善质量评价体系。职业教育质量评价事关地区职业教育高质量发展的方向,有什么样的评价指挥棒,就有什么样的职业教育办学导向。[①] 为此,各地区根据自身情况,建立了相应的教师培养与培训评价指标体系,明确了教师培养的目标,也能够对教师培养和培训的各个环节进行监控和评估。

(3) 引导社会各方和行业企业深度参与。职业教育是一种跨越学习与工作、跨越专业与职业、跨越学校与企业的跨界性教育,它的高质量发展离不开行业企业、高校以及社会多方力量的深度参与。[②] 五大区域的政府部门引导社会各方和行业企业深度参与,在人才培养方案的制定、课程体系的构建、教学内容的选定以及实训基地的建设等方面进行了合作性探索,为职业技术教师培养和培训工作的高质量发展提供了重要支持。

3. "双师型"教师培养成效显著

"双师型"教师队伍建设是职业教育开展教师培养培训的重要内容。[③] 五大地区就建设"双师型"教师队伍,分别从制度建设、培养培训、专业发展等方面进行了总体规划与部署,取得了一定成效。主要体现在以下几个方面。

(1) 教师专业素养和教学能力得到提升。通过"双师型"教师培养和培训,教师的专业素养、教学能力以及实践能力都得到不同程度的提升,能够更好地掌握教学知识和实践技能,提升教学效果。

[①] 沈中彦,孙丹. 职业教育评价研究二十年:基本逻辑、框架体系与未来展望[J]. 教育与职业,2022(21):20—27.

[②] 马廷奇,陈辉. 现代职业教育体系建设与职业教育高质量发展[J]. 职业技术教育,2022(21):7—12.

[③] 吴全全. 职业教育"双师型"教师内涵及能力结构解读[J]. 中国职业技术教育,2014(21):211—215.

(2) 实现教育资源共享。在"双师型"教师培养和培训过程中,政府给予了极大支持,一方面通过出台相关政策和文件,明确了教师培养和培训的目标和重点方向,引导行业和企业积极参与"双师型"教师的培养和培训。另一方面,政府持续为教师培养和培训提供资金支持,增加提供培训机构的数量,提供更多的教育设施和教学资源,协同企业以及行业力量为教师培养和培训提供必要的条件和支持,这些对于提高教师培养和培训成效起到了积极的推动作用。

4. 教师教学创新团队建设成效明显

打造高水平职业教育教师教学创新团队是引领职业技术教师培训改革走向实处的重要举措。近年来,随着职业教育双师队伍建设各项政策的相继落地,全国各地都在积极申报职业教育教师教学创新团队。[①] 五大区域在开展教学创新团队建设方面也取得了一定成绩,主要体现在以下几个方面。

(1) 各地区国家级、省级和市级教师教学创新团队的建设数量不断增加,这些团队由优秀教师和企业行业技术能手组成,他们不仅拥有丰富的教学经验和专业知识,还拥有精湛的技术和丰富的实践经验,越来越多的职业院校依靠创新团队,组建协作共同体,辐射带动地区各职业院校"双师型"教师队伍建设。同时,五大区域的实践经验表明,创新团队的研究成果和经验可以在地区范围内推广和应用,这些都有助于提升整个地区职业院校的教师队伍素质和教育教学水平。

(2) 各地区基于创新团队开展系列课题研究项目,明确团队教师职责分工,围绕不同学科领域的问题进行探讨与交流,通过跨学科的合作,教师分工协作进行模块化教学,确保团队能够高效地开展研究和教学工作,不断提升教学的针对性和有效性。

(3) 各地区创新团队成员来源广泛,来自不同学校和专业的教师互相之间学习先进经验并不断优化团队建设方案,实现了教育教学资源共享,促进了教师教学方法的改进,拓宽了教师的教学思路,为学生提供了更加多元的教育方法和学习体验。

---

① 曾照香,李良明."双高计划"背景下职业教育教师教学创新团队建设研究[J]. 职业技术教育,2021(2):53—56.

（二）五大区域职业技术教师培养培训方面的亮点

1. 五大区域坚持以信息化促进教育教学提升的发展战略，积极推动信息技术与教育教学的深度融合，支持职业技术教师培养培训工作的高质量发展。主要体现在以下几个方面。

（1）各个地区都积极利用信息技术手段，通过开展以互联网、智能化设备和平台为基础的学习和培训，为职教教师提供多样化的教学资源和培训方式，提升教师学习的个性化与自主性，推动教育教学与现代技术的深度融合。另外，在企业实践环节也突出体现新工艺和新方法训练，引导教师利用现代信息技术和平台提高从教任教能力。

（2）五大区域利用现代信息技术推动职教师资培养培训改革，大力推进了"互联网+""智能+"教育新形态，并在网络及教学基础建设、信息资源中心建设、教学信息化建设上构建"智能校园"，以人工智能、大数据、5G等技术集成应用为引擎，探索职业教育教师培养培训新形式，促进线上线下教育融合发展，利用优质数字资源和网络构建不同形态且富有效率的培养培训共同体，促进智慧校园建设与智能化水平全面提升，提升教师信息化应用能力推动教育教学改革创新，助力学校的高质量发展。

2. 五大区域在职教师资培训过程中普遍重视模式创新，为提高教师培训成效，采取了一系列模式创新做法，主要表现在以下几个方面。

（1）在线学习与线下培训相结合。随着信息技术的快速发展，各地区普遍采用在线学习和线下培训相结合的方式进行教师培训。各地区运用网络平台、视频会议等工具，让参训教师在不受时间和空间限制的情况下接受培训，而且基本都实现了培训资源的重复利用，参训教师随时随地都能方便快捷获取知识和资源，有助于提高培训的成效。

（2）多主体合作与产学研结合。在国家政策的引导下和地方教育行政部门的推动下，各个地区积极推动多主体合作与产学研结合，通过与行业企业、高等院校等合作，将理论教学培训与实践教学培训相结合，使得培训内容更能贴合教师工作实际，有助于提高教师的"双师"素养和能力。

3. 五大区域在职教教师培养培训过程中注重团队引领,合力建设高质量"双师型"教师队伍,主要表现在以下几个方面。

(1) 五大区域各职业院校大力推进教师教学创新团队建设,并以国家级团队立项建设单位为示范,进一步优化省级、地方级教师教学创新团队的建设方案与结构规范,坚持以职业教育教学改革创新为内生动力,全面提升教师的教学能力与团队协作能力,加强高素质"双师型"教师队伍建设。

(2) 聘请高水平专家学者和技能大师,提升团队教师教学管理和教研能力。五大地区很多高水平职业院校都通过聘请知名专家学者和技能大师的方式,开展教师培养培训工作。一方面,组织专家开展专题讲座和培训,为教师提供最新的教学知识和教育理念,积累专业素养。另一方面,邀请技能大师进行示范教学,让教师进一步了解并掌握所授专业相对应行业的应用技术的动态。

第二节　五大区域职业技术教育教师培养培训面临的问题与挑战

五大区域职业技术教育教师培养培训虽然取得了一定成绩,但仍然面临着诸多问题与挑战。

(一) 培养方面

1. 高层次职教教师培养院校数量不足

我国专门培养职业教育师资的院校或专业都以本科、硕士阶段培养为主。总体而言,在培养主体上,参与职业教育教师培养的院校数量并不多。数据显示,全国开办职教教师教育的院校有 32 所,其中职业技术师范院校仅仅只有 9 所,职业技术师范生的培养数量和质量均难以满足职业院校对教师的需求。在培养结构上,目前尚没有设置专门的高等职业院校教师培养渠道,大部分教师来自普通高等学校,对职业教育的理解还不够深刻,不能满足高职院校所需的"双师型"教师的数量和质量需求。在培养层次上,职业教育教师本硕博贯通培养模式还需探索,在职教师的学历提升需求尚未得到充分满足。

2. 高质量职教教师培养缺乏统筹协调

五大区域虽然都在积极构建完善以政府、行业企业、学校以及社会等多方参与的职业教育教师培养体系，形成产教融合的多元培养格局。但多主体之间仍然缺乏统筹协调，导致教师培养过程中出现很多问题。一是不同主体各有自身的利益诉求。高校追求人才培养的声誉，职业院校关注学生就业，企业则更加关注效益。高校、职业院校和企业等各自追求自身的发展和利益最大化，其利益诉求和目标追求并不一致。目前多主体协同培养职教教师模式缺乏整体设计以及系统化的制度保障，所谓多主体协同还只是停留在初级阶段的形式化合作，或仅仅是点对点的结合，即一个职业院校对接一个或几个企业、一个专业对接与之关联的行业。在职教教师培养过程中既缺乏与行业产业之间的整体性建构，在职教教师相关的培养方案、教学资源、教学过程、教学评价等方面又缺乏与地方产业和相关企业的针对性联系。二是高校与企业、职业院校合作形式单一。目前高校人才培养的学科导向思维仍然占主导地位，在职教教师培养环节往往更加注重学科专业知识的传授，而忽视了专业技术和教学技能的培养。课程设置多以学科教育为主，缺乏与企业和职业院校的合作与对接，导致学生毕业后难以胜任职业院校教师岗位的要求，与职校需求脱节。而现实情况是，大部分职业院校在教师招聘环节，往往还是以学历为重。因此多主体协同培养职教教师模式与现实情况仍有一定的差距，统筹协调任重道远。

3. 培养措施落实不够到位

五大区域在职教教师培养方面积累了一定经验，并且也有很多共性做法，比如，都树立了以"双师型"教师为核心的培养理念，注重培养教师的理论教学能力和实践教学能力，具备企业工作或实践经历，紧跟产业发展趋势和行业人才需求等。但现实中仍然存在着一系列问题有待解决，突出表现在职教教师培养的教学内容与实践脱节，缺乏与教育教学需求和行业企业发展的紧密结合，在教学内容上，学校和企业之间缺乏有效的协作和沟通，导致课程难以贴近实际需要。在企业实践上，企业难以为学生提供充分的实践机会，在实践教学安排、指导和监督等方面也较少关注和考虑学生的实际需求。再者，一些企业由于缺乏相应的培训和支持措施，导致高水平企业技术人员难以投入职教教师培养过程中。而且由于企业技术人员本身也缺乏教学经验和教育专业知识，导致教学成效并不高。

(二) 培训方面

1. 培训效能有待进一步提升

与普通教育相比,职业教育是一种跨越学习与工作、跨越专业与职业、跨越学校与企业的跨界性教育。因此,职业教育教师培养培训必须走产教融合、校企合作之路。[①] 但目前的产教融合、校企合作整体仍处于浅层次状态,还停留在顶岗实习、学生就业等方面,而企业在人才培养方案制定、课程开发、教学实施、质量评价等方面的参与和投入力度并不高。在培训实践方面,五大地区开展的多样化培训与交流普遍存在时间太短的问题,很多培训内容和行程安排过于紧凑,造成教师既无法完全掌握和理解专业知识,也难以深入了解企业,更无法掌握企业生产一线的具体情况和最新技术的运用情况,最终导致培训流于形式。

2. 培训机制有待进一步完善

从五大区域的实际情况来看,无论是从国家层面还是从培训机构层面,培训目标都是非常明确的,即综合提高职业院校教师的专业知识水平和实践技能水平,解决教师在教育教学工作中的问题,满足其专业发展的需求。然而,实践中还存在以下问题:一是培训缺乏顶层设计和整体规划,与普通高校教师培训区分度不高,课程设置缺乏科学研究,与职业院校教师需求相互脱节,导致很多职业院校开展的师资培训与教师实际需求不相匹配。常见的问题是用一套固化的标准去培训所有教师。例如,对初入职的教师,培训的重点应是借鉴、学习前人的经验,结合职业院校学生的特点,创新教育教学方法,促使自身能够站上讲台。但现实中的培训更多是单向的知识"传输",缺乏与专业经验、学习情境、企业实践等建立互动并形成实践体验。二是在培训规划设计方面,大多地区尚未将国家级、省(直辖市)级、区县级、校级等不同层次的培训有机衔接,各自为政的现象十分普遍。一方面,目前尚未建立培训信息共享平台或网络,导致各级别教育机构之间无法实现信息共享与沟通,使得各级别教育机构对真正的培

---

① 马廷奇,陈辉. 现代职业教育体系建设与职业教育高质量发展[J]. 职业技术教育,2022(21):7—12.

训需求和资源状况不甚了解。另一方面,国家或教育行政部门尚未制定统一的培训标准和指导文件,导致培训的目标、内容、评价等要求各不相同,不同层次的培训很难保持统一性和连续性。

3. 数字化培训资源供给不足

教育数字化发展是职业教育未来的专业建设与发展的必然趋势。增强教师信息化教学能力和模块化教学实施能力,是保障职业教育高质量发展的基础性工程。但目前五大区域在数字化培训方面的建设成效并不高,主要表现为资源供给不足。虽然各区域通过建设和整合优质的数字化教学资源,如在线课程、教学视频、虚拟实验室等,为教师提供了一定的教学素材和工具,用于支持开展数字化教学,但上述资源并非是所有职业院校都能享有的,大部分职业院校难以得到充分的数字化培训资源供给,而且实际利用率也并不高,由于地区间的学校和企业之间并没有完全建立起合作网络,使得共享资源、经验和技术更多只是一种口号,数字化培训的覆盖范围和效率并不高,效果也不显著。

第三节 我国职业技术教师培养培训发展方向展望

(一) 建立健全职业教育教师长效培养培训机制

建立健全职业教育教师长效培养培训机制是未来职业教育教师培养培训改进与发展的重要方向之一。长效培养培训机制可以提供持续性和系统性的教师培养,确保职教师具备专业知识、教学能力和实践经验,以应对不断变化的职业教育需求。结合五大区域现实情况而言,未来在职教教师培养培训方面,关键是要从单个学校或局部的行为转向职业教育体系建构层面,既要全面规划、系统设计,又要制度保障、政策引导。一是探索体现多主体协同属性的职业教育教师培养模式。优化职业教育教师供给结构,推动形成紧密对接教育链和产业链的专业人才培养体系;积极推进引企入校,提高校企合作效能;积极建设职教联盟、产业学院或产教融合型企业,激发企业的参与力度。二是构建体现职业教育特点的教师培养体系。在实践中,亟需完善"专业知识＋实践技能"

的教师招聘模式，推动教师企业实践，构建职业教育教师专业发展的国家标准，倒逼高等院校改进和优化培养方案，创新教师培养模式。三是建立体现职业教育特点的教师培养质量标准。从本质上来说，职业教育教师来源于产业、行业、企业以及高校，而不是仅仅只源于高校。高校在职教教师培养过程中要结合国家政策的要求和职业院校的实际需求，确立培养目标体系以及考核标准，并据此设置课程、组织教学、安排企业实践等。

（二）从单一培养培训走向多元化培养培训

从培训角度来看，职业教育教师培训经过多年的发展，其培训内容随着职业教育改革的持续推进一直处于更新状态，但在职业教育高质量发展的背景下，未来的职教教师培训更应在原有追求广度的基础上体现深度，逐渐破除培训价值导向单一、培训需求难以满足等常见问题。首先，要明确培训目标。未来职业教育教师培训应注重提升教师的教学理念和方法，引导教师在教学过程中注重发挥学生的主体性，运用启发式教学、项目驱动等方式，提高教育教学创新能力。更新专业知识和增加对行业背景的了解。职业教育教师需要了解不同行业的最新发展动态和技术变革进程，以便将最新的行业知识和技能融入教学之中。培训应注重关注行业发展情况和专业知识的更新。培养实践教学能力。实践教学是职业教育的核心，在培训中注重培养教师的实践教学能力尤为重要。未来培训可以设计包括实践教学设计、实验室操作技能、实训场景模拟等方面的内容，通过开展多样化的实践教学活动，提升教师实践教学能力。其次，要根据教师培训需求制定合理培训方案。制定合理的培训方案需要深入了解教师的培训需求，以确保培训内容和方式能够满足他们的实际需求。可以通过问卷调查和访谈等方式，收集教师的培训需求。还可以针对不同群体进行针对性调研，了解他们的知识储备、专业技能和教学经验等信息。然后对收集的数据进行分析和处理，归纳概括出教师培训中存在的共性问题，可以根据不同层次和专业领域进行分类，为培训方案的修正与完善提供依据。再次，要不断完善培训体系。建立健全可持续的培训体系，包括培训计划的制定和落实、培训资源的管理与分配、培训效果的评估与反馈等。提供定期的评估和管理，及时调整和改进培训内容和形式，确保培训的有效性和可持续性。

(三) 加强职业技术教师培养培训的系统研究

职业技术教师培养培训是一项系统工程，涉及课程设置、师资队伍建设以及评价与质量保障等多项议题，具体包括确定培养目标、制定教学计划、设计教学和教育资源、教师队伍的选拔、管理和评估、教学质量监控、教学评价管理等。对于这些问题的研究并非仅靠几篇论文或几篇调研报告就能解决问题，迫切需要多单位、多主体协同研究。为进一步提高我国职业教育教师培养培训的研究水平，未来可以尝试在各省成立省级职业教育教师培养培训协同研究中心，通过整合众多相关单位和学科资源，对职业教育教师的培养和培训问题进行系统研究，为多主体协同培养高质量职教教师提供强有力的科技支持。

(四) 建立发达地区和欠发达地区的区域联动机制

目前而言，五大区域在职业技术教师培养培训方面的发展水平存在一定差异，反映出地区之间仍然存在着发展不平衡和不充分的问题。为此，未来可以尝试在发达地区和欠发达地区建立区域联动发展机制，推动解决职教师培养培训地区发展不均衡的问题。首先，建立区域合作伙伴关系。发达地区和欠发达地区的政府部门可以牵头发起建立以教育部门、学校以及企业等为主体的合作伙伴关系网络，通过合作交流，实现技术共享、资源共享、师资共享等，促进职业技术教师培养培训的发展。其次，联合开展跨区域的培养培训项目。发达地区可以组织专业团队或教师到欠发达地区进行培训，提供必要的培养培训支持与指导。再次，资源共享与互助。在发达地区和欠发达地区建立资源共享与互助机制。发达地区可以与欠发达地区共享优质教育资源、课程开发资源以及教师培养培训经验等，并提供必要的技术支持。

(五) 提高职业技术教师培养培训的信息化和数字化水平

职业教育的发展已经进入了信息化和数字化的时代。未来职业教育教师培养培训工作要树立信息化和数字化发展的新理念，加快职业教育信息化、数字化转型升级，推动职业教育教师队伍建设实现高质量发展。一方面，建立职教教师培养培训信息资源共享平台，用于职业教育教师培养培训资源的分享和交流，该平台可以涵盖资源建设、课程交流、社区讨论等模块，为教师培养培训提供多元的信息化资源支持；还可以邀请职业教育领域的专家学者或企业的行家能手参与，提供必要的指导并分享经验，通过在线讨论以及交流等方式进行学习，提高职业教育教师培养培训的信息化水平。另一方面，丰富区域职教教师培养培训数字化教育内容，有针对性地提升职教教师数字素养。针对区域数字经济发展战略要求，跨区域组建数字共同体，精准分析不同地区职业教育的数字化发展战略需求。在职教教师培养培训中，按照职教教师数字素养能力框架，在专家指导下以需求为导向适切增加职教教师的数字教育内容，开发优质的网络学习资源。依托数字化新兴技术改革课堂教学和培训模式，优化评价方式，促进不同省份互选、互认培养培训课程学分学时，一体化高效推动职教教师的培养培训。

第七章
中国职业技术教育教师发展区域典型案例

一、江苏省职业技术教师培训工作的典型案例

(一) 高职职业技术教师培训

案例:泰州职业技术学院——教师企业实践常态化发展

泰州职业技术学院对接地方优势产业,与骨干企业合作建立"双师型"教师培养培训基地,充分利用现代学徒制试点班、驻点教学班等教学实践及寒暑假时间,集中安排教师进合作企业实践,开展"我为企业解难题"活动,并发放交通、伙食等补贴,为教师企业实践营造良好的"软环境"。同时通过制定目标、布置任务、中期检查、严格考核等,强化教师企业实践管理,并将企业实践经历作为教师职称晋升、岗位考核、名师评选的"硬杠杠"。学院一系列软硬结合措施的落实,极大提升了教师进企业实践的积极性和有效性。近三年,该院教师进企业实践达 477 人次,累计超 70 000 人·日,"双师型"教师占比提升至 86.32%。教师服务企业能力大幅提升,获批泰州市技能大师工作室 1 个,授权发明专利 21 项,获横向课题支持 133 项。[①]

(二) 中职职业技术教师培训

案例 1:溧阳中等专业学校——建设梯队化的教师培育工程

江苏省溧阳中等专业学校坚持"梯队建设、重点培养、全面推进"的原则,推进发展以 25 个校级名师工作室、专业团队建设为抓手的优秀教师孵化工程,开展"雏鹰展翅""大雁领航""鲲鹏翱翔"系列化的头雁培育工程。[②]

1. "雏鹰展翅":以常州市、溧阳市四类优秀教师评选为依据,规划实施期间,通过对 35 岁以下青年教师选拔,进行名师引领、师徒结对等,培养 40 名以上具有现代教育理念以及良好教学基本功和发展潜力,深受学生欢迎,教学质

[①] 本书编委会.江苏省高等职业教育质量年度报告(2022)[EB/OL].(2021-12-06)[2022-11-15]. https://zkc.wxgyxy.edu.cn/__local/1/9D/76/051FEBF83551E45EA19ED11D715_E4E64DAF_64D2D3.pdf?e=.pdf.

[②] 陈跃芬,戴志浩."三引一主"打造高水平"EQAV"教师队伍的探究与实践——以江苏省溧阳中等专业学校为例[J].江苏教育研究,2021(30):44—47.

量优秀的青年教师。

2."大雁领航"：重点选拔培育一批具有良好发展基础和潜力的教师，聘请高校名师或专家担任导师，对培育对象的教学能力、教育科研能力、校本课程和教材开发能力等方面进行重点培养，培育出一批省级名师。

3."鲲鹏翱翔"：以名师工作室为依托，在职教或者企业名师的引领下，组建由35岁以上45岁以下的骨干教师组成的"专业教学团队""企业大师工作室""名师工作室"等专兼职师资团队，形成校级优秀教师团队25—30个，提升教学团队的整体素质。

案例2：南京工程高等职业学校——"跨界·融合·共生"的专业教学团队发展机制

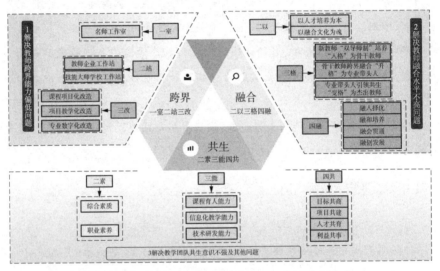

图7-1 "跨界·融合·共生"的专业教学团队发展机制

南京工程高等职业学校针对职业院校教师跨界能力偏低、融合水平不高和团队共生意识不强等现实问题，启动了教学名师、教学团队和名师工作室等相关领域的研究与实践计划，构建形成了"跨界·融合·共生"的专业团队发展机制。通过践行"一室二站三改"推动教师跨界，实施"二以三格四融"促进教师融合，落实"二素三能四共"实现教师共生，有效提升了学校教学团队建设、课程改革和教学创新水平。基于专业教学团队"跨界·融合·共生"发展机制实践的研究成果,获得了2021年南京市教学成果一等奖。[①]

二、浙江省职业技术教师培训工作的典型案例

(一)高职职业技术教师培训

案例:浙江机电职业技术学院——"双层次+多方向+X个职业技能等级能力"的人才培养模式

浙江机电职业技术学院在"双师型"教师培养方面进行了大量探索,积累了十分丰富的实践经验。学院构建起以国家、省、校为代表的三级教师团队培养体系,在加强职教师资培养和教师队伍建设、构建职教教师共同体等方面取得了显著成效。学院以创新型人才培养为主线,划分为创新意识、创新思维、创新能力、创新品格四个模块,从培养方案优化、学期项目实施、社区创新活动、课堂教学改革、技能大赛训练、课程项目化设计六个角度展开。

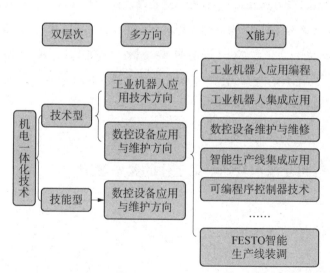

图7-2 "双层次+多方向+X个职业技能等级能力"人才培养模式

---

① 南京市教育局.南京市中等职业教育质量年度报告(2022)[EB/OL].(2021-11-08)[2022-11-15]. https://www.njzj.net/zlbg2022/cms/post-517663.

浙江机电职业技术学院的机电一体化技术教师创新团队由20人组成，汇集了控制科学与工程、机械电子工程、计算机应用技术、机器人、网络控制、数学、思政等专业领域。团队以"四有""三能"为目标，以智能制造控制领域，学生个性化发展的"双重"需求为原动力，探索与实践"四创"特色的"双层次＋多方向＋X个职业技能等级能力"人才培养模式，开发可选择、融入X证书的模块化课程体系。学院基于实际项目，开展并实施了模块化教学模式，通过技术服务、企业锻炼、访学进修等方式，提升教师的实践能力。①

（二）中职职业技术教师培训

案例：金华市第一中等职业学校——以文件保障教师专业发展

金华市第一中等职业学校出台了《学科带头人培养计划》《双师型教师培养计划》《金一职青年教师培养考核细则》《兼职教师聘用办法》等文件，对各个阶段的教师进行过程化管理和年度考核，进而构建适合各梯队教师的成长"通道"。为加快专业教师成长，学校定期举办教坛新秀、优质课和信息化说课学科组、学部、学校三级推选评比活动，有力地推动教师教学能力的磨砺与提升。同时依托朱玲娇名师工作室、詹东明大师工作室等省级名师（大师）工作室和青年教师培训班，充分发挥名师的专业引领、带动、辐射作用，搭建教师成长平台，打造高效、务实、创新的教师团队，形成省市级名师—校级专业带头人—骨干教师—青年教师的梯队。②

三、安徽省职业技术教师培训工作的典型案例

（一）高职职业技术教师培训

案例：安徽汽车职业技术学院——实施"双师型"教师素质提高项目

安徽汽车职业技术学院注重健全完善"双师型"教师评价标准。2021年学

---

① 丁力.中国职业技术教育教师发展报告2012—2022[M].上海：华东师范大学出版社，2023.
② 金华市教育局.2021年金华市中等职业教育年度质量报告[EB/OL].(2022-01-10)[2022-11-15].http://jyj.jinhua.gov.cn/art/2022/1/10/art_1229096151_3946189.html.

校与安徽江淮汽车集团股份有限公司、大众汽车(安徽)有限公司、蔚来汽车公司、合肥国轩高科动力能源有限公司、华霆(合肥)动力技术有限公司等企业合作,共建5个以上校级"双师型"教师培养培训基地;建立校企人才双向交流协作机制,开展校企双向互聘,推荐学院骨干教师到企业参与技术研发,选聘企业技术技能人才来院担任专业带头人、实训指导师;全面落实专业教师企业实践及5年一周期的全员轮训制度。①

(二)中职职业技术教师培训

案例:怀远师范学校——以企业实践推动教师"双师型"发展

按照"双师型"的教师培养要求,安徽省蚌埠市怀远师范学校定期安排各专业的专业课教师到企业(幼儿园)跟岗学习,将自身的理论学习与实践相辅相成地完成。通过基本技能理论,强化跟岗学习,让教师将课堂教学、理论和技能学习与企业(幼儿园)实践交替进行,完成教师所需综合素质的递进式培养,促进提升教师的职业道德与相关专业技能,加深自身对职业的认识,扩宽自身的职业视野,提高自身追求。

四、上海市职业技术教师培训工作的典型案例

(一)高职职业技术教师培训

案例:上海交通职业技术学院——打造新教师校本培养方案

2021年上海交通职业技术学院师资队伍总体建设成效较显著,教师专业发展的培养框架进一步完善。打造"师者+"校培品牌,助力"新师者"职业成长。在已建立的"3—4—5"教师校本培养框架基础上,打造新教师校本培养方案3.0。以"系列+主题"为模板,形成"师者·初心""师者·授业""师者·技艺""师者·同行""师者·成长"五大主题模块,涵盖教师思政、师德师风、专业教学能力、专业实践能力、社会能力、方法能力、科研能力及个人成长等较为全面的培

---

① 安徽汽车职业技术学院.安徽汽车职业技术学院质量年度报告(2021)[EB/OL].(2021-11-06)[2022-11-15] https://www.tech.net.cn/column_rcpy/art.aspx?id=14998&type=2.

养内容,体现了学院对教师"五项能力"提升的发展要求。①

(二) 中职职业技术教师培训

案例:上海市大众工业学校——注重教师科研能力提升

上海大众工业学校注重教师科研能力提升,每年编印《上海大众职教拾萃》收录教师文章,其中2021年度共收录50篇。"大中小学思政课一体化建设背景下有效开展中职校思想政治课教学的策略研究"成功获得市级一般课题立项;教学成果在嘉定区首届教学成果奖评选中获特等奖1项,一等奖2项,二等奖2项。②

对长三角职业技术教师培养培训主要举措进行梳理和归纳后发现,首先,在职业技术教师培养方面,江苏省以江苏理工学院为主要依托,职教师范生和职教专硕的培养取得了较好成绩,为社会培养了大量具有"双师素质"的职教教师,打造出"江苏范本";浙江工业大学承担着浙江省职业技术教师培养的任务,构建了多元的人才培养体系,推动了浙江省职教师资的发展。其次,在职业技术教师培训方面,第一,江苏省、浙江省、安徽省和上海市都实施了分层分类的培训工作,涵盖了教师的职业生涯发展全过程,这种基于教师发展不同阶段、不同授课专业而开展的培训能够更具针对性和适切性。第二,江苏省、浙江省、安徽省和上海市都注重名师工作室、教学创新团队的培育,以名师引领、团队协作的方式,优化了职业技术教师队伍的结构,加速了教师的发展。第三,为培养合格的"双师型"教师,江苏省、浙江省、安徽省和上海市的职业学校都重视教师的企业实践,职业技术教师需要定期到企业进行实践锻炼,获得职业技能,更好地达到"双师型"教师的要求。

---

① 上海交通职业技术学院. 上海交通职业技术学院高等职业教育质量年度报告(2022)[EB/OL]. (2021-11-16)[2022-11-15]. https://www.tech.net.cn/column_rcpy/art.aspx?id=16121&type=2.
② 上海市教育委员会. 2021年上海市中等职业教育年度质量报告[EB/OL]. (2021-12-06)[2022-11-15]. http://edu.sh.gov.cn/zyjy/imgs/2022%E4%B8%8A%E6%B5%B7%E4%B8%AD%E7%AD%89%E8%81%8C%E4%B8%9A%E6%95%99%E8%82%B2%E4%B8%AD%E5%BA%A6%E8%B4%A8%E9%87%8F%E5%B9%B4%E5%BA%A6%E6%8A%A5%E5%91%8A.pdf.

五、辽宁省职业技术教师培训工作的典型案例

职业教育高质量发展,师资队伍建设是关键,教师团队是教师队伍的领头雁,直接影响师资队伍建设的水平。新时代,我国通过《国家职业教育改革实施方案》《全国职业院校教师教学创新团队建设方案》《关于实施中国特色高水平高职学校和专业建设计划的意见》和《深化新时代职业教育"双师型"教师队伍建设改革实施方案》等政策性文件,推动职业院校加强教师团队建设。在国家政策推动下,农业高职院校教师团队建设取得长足发展,但仍存在个体能力不强、整体水平不高、合作意识差、团队战斗力弱等问题,迫切需要学校创新教师团队建设实践,提升团队整体实力,进而有效推动专业建设和发展,提升人才培养质量。辽宁农业职业技术学院按照国家和地方职业教育教师团队建设政策要求,以问题为导向强化教师团队建设,经过六年多的应用实践,形成了"三师合一,六力融通"结构化教师团队建设的模式、路径、机制,取得了一定成效。

(一)"三师合一,六力融通"结构化教师团队建设概览

1. "三师合一,六力融通"结构化教师团队建设的基本要义

结构化教师团队是基于校企深度融合的基础上创建的多元结构的复合型、协同型团队,是"双师型"教师队伍的升级加强版。结构化教师团队以专业(群)建设为载体,由具有较高学术成就和创新性思想、较强组织协调能力和合作精神,在团队中能发挥凝聚作用的专业(群)带头人牵头,团队成员具有较高的师德素质和综合力,在共同价值观和明确奋斗目标的引领下,按照校企"双师"结构、梯队层次结构和专业背景结构的合理搭配,形成人才优势互补、团队成员协同发展的共同体。结构化教师团队可根据专业建设任务模块组建若干小型专门化团队。结构化教师团队是提升专业建设水平、推进人才培养质量持续提升的重要力量。

2. 农业高职院校结构化教师团队中的个体培养标准

结构化教师团队的关键在于优化结构,为规范教师团队建设,提高结构化

教师团队水平，农业高职院校首先明确个体教师培养标准。教师个体在具备高尚师德的基础上，具备"教师+农艺师+职业导师"的"三师"素质，同时还要发挥指导就（创）业、服务"三农"等多项功能。因此，教师不仅要具备教学能力、专业实践能力，还要具备思政教育能力、就业创业指导能力、社会服务能力和专业建设能力。6种能力融会贯通，形成教师个体综合能力，详见图7-3。

图7-3 "三师合一，六力融通"结构化教师团队中的个体教师培养标准

3. 农业高职院校结构化教师团队建设的路径

（1）根据专业群建设任务需求，构建结构化教师团队

① 专兼结合，校企互通，完善团队"双师"结构。从行业企业和生产一线聘请技术能手担任兼职教师，专兼职教师结对互助，取长补短，协同指导，形成专兼结合的"双师"结构团队。

② 分层培养，目标明确，形成团队梯队结构。制定领军人才、技能大师、能工巧匠、职教名师、专业带头人、骨干教师、青年教师分层培养计划，确定分层培养目标，有针对性地打造不同层次的专业教师，在提升团队整体素质的同时，形成层级合理的梯队结构。

③ 制定计划，多地引进，优化团队学缘结构。制定团队建设计划时应考虑教师的专业背景和学缘结构，避免连续从同一高校引进教师，防止因"近亲繁殖"导致的团队整体实力退化。

④ 对接需求，协同创新，构建团队模块结构。将专业（群）建设的整体工作划分为若干任务模块，根据任务需要，打破行政归属，跨专业、跨院系、跨校企甚

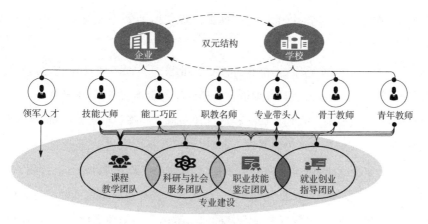

图 7-4 农业高职院校结构化教师团队建设逻辑

至跨校际组建若干专门化协同创新团队,不同来源的成员有机组合、分工协作、优势互补,起到 1+1>2 的效果。

(2) 以"四有""六要"为引领,加强师德师风建设

① 组织建设,思想引领,把握团队政治方向。充分发挥系级党总支的领导作用和教师党支部的战斗堡垒作用,加强对教师党员的教育管理监督和组织宣传,通过组织政治学习,把习近平新时代中国特色社会主义思想、全国教育大会精神、《国家职业教育改革实施方案》等传达到每一位教师,提升教师思想政治素质和理论修养,坚定理想信念,时刻保持清醒的政治头脑。

② 榜样示范,责任担当,引导教师爱教兴农。大力宣传教育系统和农业系统的"时代楷模"和身边的先进人物,弘扬爱国主义精神和工匠精神,激发教师的家国情怀、教育情怀和"三农"情怀,使他们自觉产生职业的认同感、育人的责任感和兴农的使命感,争做"四有"好老师和"乡村振兴"的践行者。

③ 严格管理,规范考核,建立师德师风考核制度。以"四有""六要"为标准,建立师德师风考核制度。将师德表现作为教师录用、资格认定、考核评价、职称评聘、评优评先的首要内容。同时,推行师德考核负面清单制度,严格执行师德失范一票否决制度,全面提升教师的师德水平。

④ 产教融合,多措并举,全方位提升教师综合能力职教理念、方法培训常态化。教师培养的第一步就是要对学科教育体系下培养出来的教师进行"洗脑",洗去学科教育思想,注入职业教育理念。新入职教师必须经过职教理念、教学方法、学生管理等方面的岗前培训。团队骨干教师也要定期参加职业教育

改革相关培训，及时了解国家关于职业教育发展的新动态和教学改革的新方法。

⑤ 校内基地顶岗实践规范化。制定专业教师实训培训管理制度，要求新教师上岗前必须在校内实训基地进行为期一年的专职实践；骨干教师应以专业为单位，分年度轮流下基地专职实践或担任基地生产项目负责人，以此将教师、课程、学生和实训基地紧密联系在一起，使师生专业技能、生产经验同步提升。

⑥ 行业企业挂职锻炼制度化。依据《教师企业实践管理办法》，有计划、有目标地安排专业教师深入农业生产服务一线实践。教师企业实践可以结合精准扶贫、对口支援等项目，也可以和企业共同打造教师实训培训基地，专业教师和学生同时下企业顶岗实习，校内外"双导师"共同发力，保证实习任务的顺利完成。

⑦ 教学实践能力培养进阶化。首先，通过"以老带新"的培养制度为新入职教师指定一位资深教师作"师父"，从教学文件撰写到课件开发，从信息化教学手段应用到课堂掌控，进行"一对一"的指导，"徒弟"需要完成足够的教学实践（理论教学和实践指导），"师父"要频繁听课并及时进行问题反馈；其次，引导青年教师和骨干教师积极参与教学能力大赛、职业技能大赛、教学软件大赛；最后，鼓励青年教师参与课程建设、教材编写，进阶式提升团队教师教学能力。

⑧ 择业就业创业指导专业化。专业教师担任职业导师，有助于培养学生的专业能力，帮助学生树立正确的择业观和就业观，指导学生根据自身的兴趣和特长进行职业生涯规划。同时，学校选拔具有一定教学和管理经验的专业教师开展职业指导师和创业指导师资格培训，通过考核即可获得相应资格证书，全面提升教师的职业指导能力。

⑨ 主动参与职业技能（等级）考评工作。在 2020 年之前，农业高职院校多实行"双证书"制（毕业证＋职业资格证书），因此，团队鼓励教师参加农业特有工种职业技能鉴定考评员的培训和考核。

(3) 结构化教师团队发展保障机制

① 教师个体成长评价机制。

按照"三师合一，六力融通"的标准，对新入职教师、骨干教师和资深教师制定不同的考核标准，对教师个体成长情况进行动态监测和考评。教师本人可对照标准进行实时自评，调动自身的内在提升动力。团队则成立专门的考评小组，对教师成长进行年终测评。根据评价结果，部门行政领导或专业带头人要

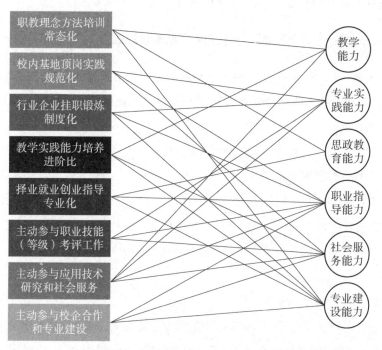

图7-5 农业高职院校结构化教师团队建设8条培养路径与6种能力的关系

与教师本人进行谈话,及时鼓励或诫勉,保证教师个体在成长期内不掉队。

② 协同创新机制

专门化团队借鉴现代企业管理机制,摒弃论资排辈陋习。选拔德才兼备的团队负责人;通过任务目标招募成员,凝心聚力;根据工作任务和个人能力特长,对团队成员做好明确分工,并依据承担任务的性质和数量,提前确定成果分配权重,实现资源共享,任务共担,成果分享。

③ 动态管理机制

专门化团队构成实施动态管理。每位教师可参加多个专门化团队,但只能担任一个团队的负责人。各专门化团队成员可以根据需要流动。借鉴企业管理模式,团队负责人和成员可根据工作绩效适时调整,始终保持团队的先进性和战斗力。

④ 激励机制

团队建设以精神激励为主,物质奖励主要来源于竞赛奖励、成果奖励和绩效工资等。教师在专门化团队中所承担的各项工作,均可纳入年终绩效考核范畴,并作为教师职称晋级、岗位职务聘任、评优选先的重要依据。

(二)"三师合一,六力融通"结构化教师团队建设的成效

"三师合一,六力融通"结构化教师团队建设全方位推进了教学改革,教师综合能力提升和团队建设成果显著,进而促进了专业群建设水平和人才培养质量的提高。

1. 教师综合能力提升

培养专业带头人5人,全国优秀教师1人,省党代会代表2人,教师个人获得省级荣誉称号20个。超过80%的教师获得农业技术员二级技师职业资格,23人获得职业技能等级鉴定考评员资格,10人获得创业教练资格。

2. 团队整体实力提升

团队先后获得辽宁省"巾帼文明岗"和辽宁省教育系统"先进集体"称号,并培养出全国高校"样板支部"1个、国家级教师教学创新团队1个、全国脱贫攻坚先进集体1个。

3. 专业建设水平和人才培养质量提升

团队建设完成国家职业教育教学资源库1个,主持国家高水平专业群(A档)建设项目1个,开发省级精品在线开放课10门,主编国家规划教材7部,省部级规划教材8部,各类教学竞赛获得省级以上奖励30余个,主持省级专业技术创新中心1个,主持省级科技特派团项目1个,主持省级"双师型"名师工作室1个,主持省级"双带头人"教师党支部书记工作室1个。近三年,学生在国家级技能大赛中获奖5项,在国家级创新创业大赛中获奖3项,省级创新创业大赛中获奖20余项;毕业生年终就业率连续三年超过95%。

4. 社会评价高

结构化教师团队的建设,有效提升了教师知名度和影响力,许多教师被聘为行业专家和企业技术顾问。同时专业人才培养质量也得到有效提高,社会对学员教师的综合能力以及毕业生的专业水平、职业精神和岗位适应能力都给予

了高度评价。中央电视台、新华网、辽宁省教育台、辽宁日报、营口日报等多家媒体对学院园艺技术专业群的人才培养、社会服务、技能大师、抗疫助学等事迹进行了专项报道。

(三)"三师合一,六力融通"结构化教师团队建设的推广与应用

1. 推广

(1) 成果在本校进行多年应用实践

农业高职院校"三师合一、六力融通"结构化教师团队建设,经过五年的研究与实践,先后应用于园艺技术专业群教师和2015级至2021级种植类专业学生,共有7个专业70余名教师和3500余名学生受益,全面推动了教学改革,为农业高职教育注入了新的生机和活力。

(2) 成果在省内外中高职院校中推广

在中国现代农业职教集团年会、机械工业出版社主办的"全国高职高专园林园艺类专业建设委员会第二次会议"和中国职业技术教育学会第十四届"说专业·说课程·说专业群"研讨会、山东省职教学会主办的"蔬菜产业技能人才培养助力乡村振兴论坛"及辽宁省职业院校师资培训班上,多次交流推广农业高职院校"三师合一、六力融通"结构化教师团队建设经验,得到了广大同行的一致认可和好评。先后有潍坊职业学院、西安职业技术学院、湖北三峡职业技术学院等多家院校的教师来到学院学习考察项目成果,并在教师队伍建设中加以借鉴。

2. 应用

(1) 在教师培养和团队建设上充分应用

园艺技术专业群教师团队在建设过程中,注重师德师风建设,制定师德师风长效机制实施办法和教师师德师风考核管理暂行办法,针对教师的成长,制定了不同的考评标准,有效防止了教师的成长懈怠。在此基础上,按照"三师合一,六力融通"的标准培养教师,使团队教师综合能力全面提升。在注重教师个体培养的同时,从行业企业引进了领军人才、技能大师和能工巧匠作为兼职教师,并打破行政归属壁垒,根据人才培养和专业群建设任务需求,跨专业、跨院系、跨校企甚至跨校际构建了课程教学团队、科研和社会服务团队、职业技能鉴定团队、就业创业指导团队等若干专门化团队。在有效的协作机制保障下,团

队成员分工合作，最大限度地调动了教师的工作潜能，全面提高了工作效率。

（2）在人才培养上充分应用

在教学实践中，专业教师充分发挥综合能力，针对2015级至2021级种植类专业学生，入学初即为学生指定职业导师，引导学生做好职业生涯规划；利用专门化课程教学团队、就业创业指导团队等对学生学习的全过程进行指导，利用科研与社会服务团队培养学生专业兴趣和个性发展，有效提高了人才培养质量。

（3）在社会服务上充分应用

自2015年以来，每年教师进行技术指导和培训约2 000人次，校内接待各类参观人员、企业及农民咨询约6 000人次。通过各种形式的社会服务，教师与企业和农户在技术创新、人才培养等方面有了更深层次的合作。五年来，团队相继开发了20余家校外实训基地。通过校企合作和社会服务，企业对学院师生有了更进一步的了解。对学院面向生产一线、服务乡村振兴的办学方向，以及师生吃苦耐劳、爱农强农的精神都给予了高度评价。

六、吉林省职业技术教师培训工作的典型案例

我国经济社会从高速增长转向高质量发展，需要大量的知识型、技能型、创新型高素质劳动者和技术工人队伍支撑，高素质劳动者和技术工人队伍建设则依靠高质量的职业教育。中等职业教育是现代职业教育体系的重要组成部分，强化师资队伍建设是促进中等职业教育高质量发展的内在需求。国家有关部门《关于全面深化新时代教师队伍建设改革的意见》《国家职业教育改革实施方案》《深化新时代职业教育"双师型"教师队伍建设改革实施方案》等政策文件的密集出台，均显示了振兴教师教育、提升职业教育教师专业素质能力的紧迫性。职业技术师范大学是培养职教师资的"工作母机"。在我国加快推进完善学历教育与培训并重的现代职业教育体系大背景下，针对中职教师培养培训始终存在培养与培训割裂、主体协同不够、基础条件薄弱、课程陈旧、方法单一等问题，吉林工程技术师范学院联合中国职业教育博物馆、吉林省职业技术教育学会、吉林省职业教育研究中心、吉林通用机械集团公司、吉林省职教教师教育联盟及部分职业院校，共同探索构建了符合新时代要求的中职教师培养培训融通模式。

(一) 新时代中职教师培养培训融通模式诠释

1. 融通模式简介

新时代中职教师培养培训融通模式以中职教师专业发展、终身发展理念下的中职教师培养与中职教师培训相融合理论为指导,以培养培训师德高尚、师能精湛的高素质中职教师为目标,坚持以标准制定为引领、以机制改革为动力、以平台建设为支撑、以体系完善为保障、以方法创新为路径,在横向上分别推动职业技术师范学历教育标准与国家、地方中职教师培训标准相融合,职业技术师范专业培养机制与地方中职学校校本培训机制相融合,职业技术师范教研科研平台与地方中职学校教师科研平台相融合,职业技术师范学历教育课程体系与地方中职学校教师专业发展体系相融合,职业技术师范学历教育教学方法与地方中职学校教师在职学习方法相融合,"五融合"详见图7-6。

2. 促进中职教师培养与培训融通的举措

基于办学基础和优势,吉林工程技术师范学院紧紧围绕中职教师培养与培训相融通的要求,聚焦中职教师培养与培训融通面临的关键问题,抓住关键环节,着力从标准、机制、平台、课程、教学模式五个主要途径推动中职教师培养与培训融通改革。

(1) 建立中职教师教育专业标准,解决中职教师培养标准与培训标准割裂的问题

学院根据教育部《职业技术师范教育专业认证标准》,编制了1216门职业师范专业核心课程标准;承担教育部、财政部职教师资培养资源开发重大项目,制定自动化、艺术设计等5个大类的本科职教师资培养标准;联合职业院校、企业构建了包含入职教师、骨干教师、专家教师三个类别,涵盖专业性、实践性、师范性、职业性、研究性5个一级指标,下辖22个二级指标、105个要素的"双师型"职教师资培训标准。

(2) 完善"校—企—校"合作育人机制,解决中职教师培养培训主体协同不够的问题

坚持"共建共管、共赢共生",深化校—企、校—校、政—校—企协同。与省内26所中职学校合作调研职教师范生知识与能力结构,联合开发培训课程;与

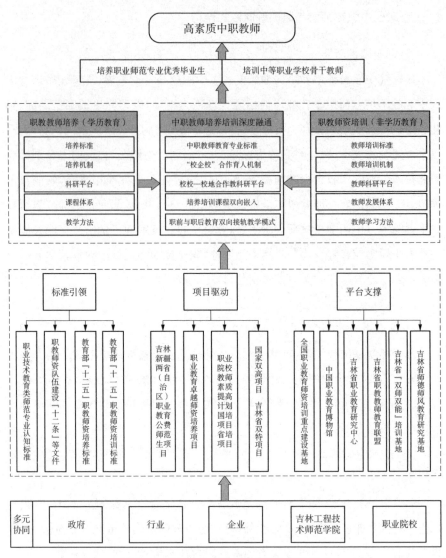

图7-6 新时代中职教师培养培训融通模式

省内各地级市合作，打造职教教师教育协同创新实验区；实施学校导师、职业院校导师、企业导师共同参与的"三导师制"中职教师培养模式；形成职业师范院校、政府部门、职业院校、企业"四位一体"多元协同中职教师培训模式。

（3）打造校校—校地合作教科研平台，解决中职教师培养培训基础条件薄弱的问题

依托中国职业教育博物馆，建设面向全省中职教师的师德师风教育基地和

综合素养教育基地;依托吉林省职业教育研究中心、职业教育研究院,建设中职教师科学研究能力培训基地;依托与吉林省人工智能学会、吉林省通用机械集团等行业企业共建 11 个特色产业学院,建设技能培训和实践基地;依托吉林省职教教师教育联盟,与全省近 100 所国家级、省级示范校共建师资培训和教学实践基地。

(4) 实施培养培训课程双向嵌入,解决中职教师培养培训课程陈旧的问题

总体规划和设计中职教师培养与培训课程,建立能力导向的培养培训课程体系;推进基于理论实践一体的课程群和能力训练平台建设,以及教师教育一体化课程资源建设,根据岗位需求开设课程资源包,构建系统的中职教师培养培训课程模块;同时,以"1+X"证书试点为突破口,将培养培训内容与职业资格要求结合、培养培训资源与职业岗位要求结合、培养培训教材与职业资格标准结合、培养培训关键环节与职业技能大赛结合,融通"课""岗""赛""证"。

(5) 构建职前与职后教育双向接轨教学模式,解决中职教师培养培训方法单一的问题

搭建师德—师能项目链,实施以"大国良师""大国工匠"培养为目标的"课程思政"培训项目,以及涵盖课程开发能力、教学实施能力、教学评价能力、实践操作能力培养的"中职教师素质提升项目";搭建常规—特色项目链,在开展职业院校教师素质提高计划中常规"国培项目""省培项目"的同时,承接吉林、新疆两省(自治区)职业教育公费师范生特色培养项目;搭建学员刚需—国家急需项目链,实施旨在解决"工学矛盾""本科师范生教育实习"等关键问题的"置换培训项目"。

3. 融通模式对传统模式的创新

以"标准体系""课程模块""项目链条""平台群"作为融通载体,构建中职教师培养培训融通实践模式,灵活、开放、可持续建设,破除了在传统中职教师培养培训实践过程中学员学习时间、地点、身份、内容、资源等限制,是时时、处处、人人皆可学习的中职教师队伍建设实践的雏形,也是以中职教师培养培训为切入点探索面向全民终身教育的实践创新。

(二) 新时代中职教师培养培训融通模式运行的成效

依托学校 40 余年的职教教师培养培训传统与优势,新时代中职教师培养

培训融通模式在理论研究与实践探索中得以不断优化,在实践中取得了显著成效。

1. 人才培养培训效果好

该模式自实施近 10 年以来,共培养了 1.3 万名"双师双能"型中职教师,其中,为吉林、新疆两省(自治区)培养职业教育公费师范生 837 人;共培训中职教师 5 000 余人,涉及培训专业近 30 个。培养的学生、培训的学员遍布全国 26 个省(直辖市、自治区),很多学生、学员获得国家级或省级教学名师、优秀教师称号,吉林省中等职业教育近 30% 的专业骨干教师毕业于该校。

2. 用人单位充分肯定

通过校企合作为职业院校培训了一大批"能说会做"的双师型工匠之师,通过与中职学校合作开展的"置换培训"等订单式培训,解决了中职学校教师培训的"工学矛盾",得到了委托单位的一致认可。

3. 研究成果有效转化

基于成果,教师们共发表高水平学术论文 25 篇,主持完成国家级、省级研究课题 48 项,出版专著教材 15 项,获批国家级、省级一流专业 16 个,获批国家级、省级平台近 10 个,建有国家级、省级教学团队(名师)20 余个,获得国家级、省级各类奖项共 30 个。团队成员参与了《吉林省职业教育校企合作促进条例》《吉林省"十四五"教育发展规划》《吉林省人民政府办公厅关于深化产教融合的实施意见》《关于加快推动现代职业教育高质量发展的若干措施》等 30 多个省级政策文件起草工作,撰写的 10 余份研究报告被省教育厅、发改委采纳,相关成果为服务决策咨询提供了典型经验支撑。

4. 影响力显著提升

《中国教育报》《吉林日报》及吉林教育电视台等媒体对本模式形成的典型经验和做法进行了深度报道,并给予高度赞誉。

（三）新时代中职教师培养培训融通模式的推广应用效果

经过十多年的坚持探索，新时代中职教师培养培训融通模式在人才培养、教师培训、示范引领、服务决策等方面取得了较为显著的推广应用效果。

1. 应用

该模式在学院承担的教育部、财政部"职业院校教师素质提高计划"等国家、吉林省职教师资培养培训项目，以及职业教育公费师范生特色培养项目等项目中得到广泛应用，并得到专家的一致认可。

2. 推广

该模式逐步推广到更大范围地区进行应用。学院承担的4门中等职业学校教师培养国家精品资源共享课程、编制的1 216门中职教师培养培训的课程标准、编写的7部中职教师培训教材在全国职业院校广泛使用。天津职业技术师范大学等一大批兄弟院校来校参观、学习、交流。相关成果成为教育部职业院校素质提高计划职教师资培养培训资源、中职教师国家教师教育精品资源共享课的主要内容。

七、黑龙江省职业技术教师培训工作的典型案例

哈尔滨商业大学职教师资培训基地1999年入选全国重点建设职教师资培养培训基地，2000年承担教育部首批全国职业学校骨干教师国家级培训任务，是教育部国家级职业教育"双师型"教师培训基地，是首批开展职业学校教师在职攻读硕士学位工作招生单位，也是国家级职业教育教师教学创新团队现代物流管理、餐饮专业领域培训基地和黑龙江省青年电商人才培训基地。为提高职教师资培养的规范性、系统性和先进性，哈尔滨商业大学职教师资培训基地聚焦服务第三产业相关行业，共享学校优质教育教学资源，以后现代主义教育思想为指导，立足黑龙江，面向全国，不断探索职教师资培养模式。后现代主义关注人的全面发展，强调多元化、崇尚差异性、主张开放和创造、重视平等理念、否

定中心与等级观念。以后现代主义教育理念为指导,按照后现代主义的整体性、开放性和多元性的思维方式,哈尔滨商业大学职教师资培训基地构建了"一心六式"职教师资培训模式,体现出整体性、开放性、多元性、非主体性、合作性及反思性等特征。该模式运行后取得了一定成效,为黑龙江省乃至我国职教师资培训提供了可资借鉴和参考的样本。

(一)"一心六式"职教师资培训模式简介

概括地讲,"一心六式"职教师资培训模式是指以参训学员发展为中心,聚焦问题——需求式、实践模式——开放式、培训方式——校企联合式、学习形式——合作式、学员评价——多元式、业余生活——人文式的职教师资培训模式,详见图7-7。

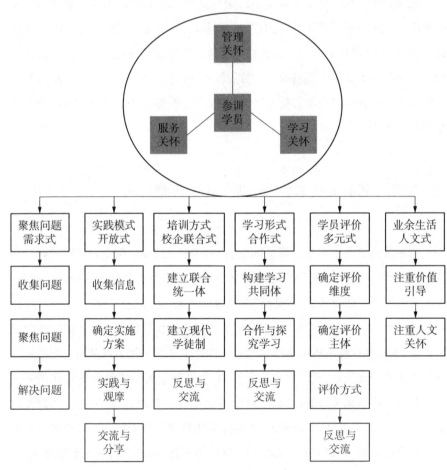

图7-7 哈尔滨商业大学职教师资培训基地"一心六式"培养模式

1. "一心"的具体体现

"一心"是指职教师资培训过程中融入后现代主义的关爱思想,以参训学员发展为中心,在管理、服务、学习等方面加强对参训学员的关怀和关爱,真正做到正视学员的存在、尊重学员的发展、开发学员的潜能。

（1）管理关怀

管理关怀是指基地制定《哈尔滨商业大学基地国培操作手册》和《哈尔滨商业大学中等职业学校专业骨干教师国家级培训学员手册》。同时,基地辅助开展专业介绍会和班主任例会等活动,全面介绍培训管理、教学安排与设计、教学评价与考核、学员考勤、教学班主任工作职责等内容,确保学员对基地的培训安排有整体了解与认识。

（2）服务关怀

服务关怀是指基地将商大酒店作为职教培训实习基地,为学员就餐开设专用食堂,制定较高的就餐标准,安排专人配餐,保证学员就餐需要和就餐质量。基地主要领导深入基层,了解学员生活中存在的各种困难,及时与校后勤部门沟通协调,解决学员住宿等生活问题。

（3）学习关怀

学习关怀是指基地围绕"知识、能力和素质"三个维度准确定位培训目标,以目标为导向,根据参训学员的实际情况,设计了"学科体系教学＋行动体系教学"的课程教学模式。根据学员学习需求,对学科知识体系进行有效整合,采用分组教学、项目教学和情境教学等教学方式,开阔学员的视野和思维。基地为学员提供拥有丰富馆藏和网络文献资源的图书馆和资料室,物流、管理、计算机、会计、烹饪、旅游类图书共有 21 666 册,基地图书馆还为学员提供网上参考咨询服务。同时,基地为学员提供建设水平高、网上教学资源丰富的校园网,学员可以免费使用计算机网络,浏览教学名师的精品课程,查阅学术期刊、网络信息资料。

2. "六式"的具体体现

"六式"主要指该培训模式的目标定位、实践模式、培训方式、学员学习形式及学习结果评价等。

(1) 聚焦问题——需求式

基地采用问卷法和访谈法等调查方法，收集参训学员的学习需求、专家课程需求。一方面，了解并掌握参训学员的专业素养和发展状况，在聚焦现代职业教育领域热点问题的基础上，培养并加强参训学员的问题意识，拓宽其思维和视野，提升其思考问题及解决问题的高度和能力；另一方面，通过参训学员交流会、座谈会、班主任例会等会议形式，了解其在培训过程中存在的困难及问题，为日后有针对性地开展培训工作并及时调整培训方案打下基础。

"聚焦问题——需求式"的实施具体如下。

① 收集问题。制定问卷和访谈提纲，对参训学员进行问卷调查和访谈，回收问卷和访谈材料并进行统计分析。

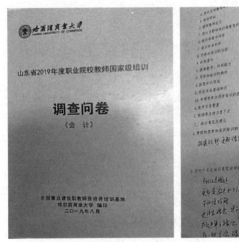
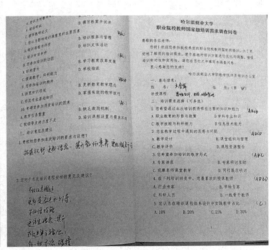

图7-8　调查问卷

② 聚焦问题。通过统计分析，综合考量参训学员所要了解的问题实质，确定问题领域，列出参训学员普遍关注的教育热点问题，帮助参训学员拓宽视野，提升个人的专业素养。

③ 解决问题。紧紧围绕参训学员提出的核心与热点问题，由专家采取模块和专题的方式进行系列讲座和研讨，坚持理论研究与实践办学的困难、瓶颈问题相结合。项目式及案例示范培训相结合，其中案例示范培训应考虑案例的独特性，即要具有真实性；案例的选取、分类必须与参训学员的分类相对应；专题性案例与综合性案例必须优化组合。提供经典案例帮助参训学员破解在实

践中遇到的难题。

（2）实践模式——开放式

在实践上，基地采取走出去与引进来相结合的实践方式，通过校外观摩与实践、借鉴特色学校先进经验、组建实践共同体等方式，提升参训学员的综合素质和职业岗位技能。

"实践模式——开放式"的实施具体如下。

① 收集信息。通过问卷及访谈，了解参训学员的学习需求、实践需求以及专家指导需求。

② 确定实施方案。根据学员在实践环节中的需求，考量并确定学员实践的企业单位，制定实训课程，明确相关实训指导专家。与此同时确定所要观摩的相关特色学校，明确观摩内容，包括实训条件、实训环境、实训流程等，带着内容和问题观摩考察特色院校的培训管理模式。

图7-9 交流与分享

③ 实践与观摩。建立参训学员实践共同体。将学员分组，根据学员专业特点选派学员赴相关领域知名企业进行实践，并邀请校外知名专家进行悉心指导。与此同时，基地组织学员到省内外特色学校进行分组观摩、分散学习。

④ 交流与分享。在实践和观摩中,每位学员通过亲身经历与体验,获得自己的想法和感悟。借助实践共同体,实现学员组内、组际之间的经验分享与交流,借助校外观摩,在理论实践一体化教学示范和说课示范观摩的基础上,实现学员与校外专业带头人在师资队伍建设、实习实训基地建设、校本课程开发、学员技能培养和国家示范学校建设等方面问题的交流,借助省外知名学者、专家专题报告,实现学员及我校先进理念、管理经验的提升。

(3) 培训方式——校企联合式

为提高职教师资培训模式的实践性、职业性,基地建立了以学校为主体、企业为导向的校企合作、产教融合的现代学徒制度体系。

"培训方式——校企联合式"的实施具体如下。

① 建立联合统一体。学校与企业建立联合统一体,企业参与学校制定培训目标与培训计划。

② 建立现代学徒制。在实践环节,建立师父即教师,徒弟即学生的学徒制。在理论学习环节上,建立导师制,即从学校挑选专家建立导师指导团队,由导师指导团队与学员进行交流、制定实训项目,学员带着项目进入企业进行实训,确保实训的针对性和有效性。按照培训计划,参训学员先在学校进行理论学习,在掌握相关专业理论知识的基础上,安排学员到企业专业涵盖岗位进行实训,部分岗位实行顶岗实习,每一专业由一位师父带领,对相关专业学生的实践操作进行指导,将理论与实践相融合,生产与教学融为一体。特殊专业岗位实行一师一徒制。

图 7-10 培训方式——校企联合式

③ 反思与交流。在实训后,学员自行组织交流会,就企业调查与实训经历进行交流,并提出意见和建议。基地就学员的提议对日后培训目标、培训内容等作出相应调整,以适应社会发展的变化。

(4) 学习形式——合作式

在学习形式上,哈尔滨商业大学职教师资培训基地建立"学习共同体"。通过小组研讨、学术论坛、讲座等合作、探究的学习形式,具有不同背景的参训学员,利用各自的专长,相互合作,完成其共同协商确定的学习目标。

图 7-11 学习形式——合作式

"学习形式——合作式"的实施具体如下。

① 构建学习共同体。在培训前,将来自省内不同地区的参训学员打乱分组,每组 8 人,在小组中自行产生一个领导者、一个促进者、一个记录者,其余成员为小组组员。根据已确定好的主题或核心问题建立共同的学习目标。

② 合作与探究学习。根据培训工作实际,基地开展教学研讨会,采取预设主题的办法,参训学员以小组的形式就基地一周前预设的研讨主题进行精心准备,并在会上就教育热点问题、国家示范校建设、实习实训室建设、指导学生参

加技能大赛、班级管理、微课制作等主题进行交流并发表自己的看法,最终达成小组共识,提出本小组的观点或问题解决方案,供小组间相互参考、借鉴。

③ 反思与交流。参训学员通过课下反思,结合各小组意见及方案,形成自己新的观点。学员课下自行组织学术论坛进行交流,使问题得以深化和拓展。

(5) 学员评价——多元式

在培训评价方面,哈尔滨商业大学建立了以学员自评、学员互评、教师评价、导师评价、企业专家评价为核心的评价机制,初步实现了评价内容、评价主体及评价方式的多元化。

"学员评价——多元式"的实施具体如下。

① 评价维度侧重能力和成果导向。主要包括两个维度,一是学员的学习能力,目标主要包括:积极参与、独立思考、主动探索、自主表达、善于合作、富于想象、敢于否定、兴趣浓厚。二是学员的学习效果,目标主要包括:知识与实践目标——学会了吗,能力目标——会学了吗,情感目标——学得快乐吗。

② 评价主体多元化。评价主体主要包括学员、教师、导师、企业专家、基地领导。

③ 评价方式多样化。注重过程评价与考核,关注学员的学习能力和效果,实行开闭卷相结合的考核方式,加大平时出勤和作业分数在考核中的比重,实行考勤与考试挂钩等有效管理与评价方式。

图 7-12　学员评价——多元式

④ 反思与交流相结合。根据评价结果，基地领导、教师及管理人员相互交流，反思在基地建设中需要改进的地方。学员之间通过交流，反思日后培训需要努力的方向。

（6）业余生活——人文式

在业余生活方面，基地注重加强文化建设，在业余生活中举办多样化活动，促进学员思想与精神的发展。

图7-13　业余生活——人文式

业余生活——人文式的实施具体如下。

① 注重价值引导。基地坚持立德树人，在传授知识、训练能力的同时，组织学员参观爱国主义教育基地，陶冶学员的情操、激发学员的爱国主义情结。

② 注重人文关怀。基地向培训学员开放酒店的健身房、棋牌室、沙狐球室、台球室、乒乓球室、标准游泳池和南区体育馆、南区体育场、网球场等齐全的文体设施，组织学员参加各种文体活动，举行羽毛球比赛、乒乓球比赛、篮球比赛、户外徒步和迎新年文艺晚会等系列文体活动，并为获胜学员颁发证书和奖品，缓解学员的压力，加深学员之间的情谊。

(二)"一心六式"职教师资培训模式的成效

"一心六式"职教师资培训模式的运行改变了职教教师在培训中的"失语"状态,有效激发了教师参与的热情,使培训活动变得更有效率,促进了职教教师的专业发展,得到了教育部、职业院校及学员的广泛认可。

1. 取得的成效

"一心六式"职教师资培训模式以学员为出发点和落脚点,把获得技能及其方法放在培训目标的首位,显著提升了教师的素质,符合职教高质量师资队伍成长特点,该培训模式运行取得了一定成效。2004年《烹调技术》获得国家级精品课,2012年获批教育部、财政部中等职业学校重点专业培养方案、课程及教材物流和烹饪专业项目,2014年"'理实并重'的中等职业学校烹饪专业师资培训研究与实践"获国家级教学成果二等奖,2021年获批国家级职业教育教师教学创新团队烹饪与餐饮管理专业建设单位。

2. 获得教育部和学员的充分肯定

基地面向省内外职业院校教师开展国家级培训,学员评教率达到100%,评教平均分为91.45分,评教结果呈现逐年上升的趋势。自创建以来,教育部组织专家对基地进行了首次合格评估,经过多方面的调研后,专家组对基地给予了高度评价,在所有参评基地中哈尔滨商业大学职教师资培训基地的成绩名列前茅。

3. 促进了职教教师专业发展

基地通过访谈、电话等方式,对2011—2014年培训的455位国家级、省级职业院校校长、专业带头人、专业骨干教师进行了回访。其中,101位学员公开在学术期刊发表学术论文,其研究成果在学界产生一定影响;83位学员主持、参与课题研究,49位学员获得科研奖励;88位学员职称或职务得到提升,265位学员成为学校教学的业务骨干,他们在各自的教学岗位上发挥着越来越重要的作用;184位学员指导学生参加技能大赛,成绩斐然。参训学员在参加培训后,教学科研能力得到了较大提升。

(三)"一心六式"职教师资培训模式的经验

哈尔滨商业大学职教师资培训基地严格按照教育部有关要求,注重教师的专业理论水平的提高和实践能力的培养,以后现代理论为指导,科学建立"一心六式"师资培训模式,积极做好需求调研和培训规划,创新培训模式,改革课程体系,持续跟踪指导,加强示范引领,打造国培基地品牌,取得了一定经验。

1. 确立以学员为中心的培训服务观,培训与服务相结合,全面提升培训效果

"一心六式"师资培训模式是学校以后现代教育理念为指导在不断实践—反思中生成的培训模式。后现代教育理念是对现代教育理念的超越,强调以学生为中心,培训尊重学员、尊重个体差异、尊重生命,教育的目的是学生的发展,后现代教育理念对培训的目标、内容及形式、效果产生深远的影响。"一心"与"六式"相互作用,不断整合全校学科优势,通过"六式"克服了培训与职教教师工作"两张皮"的现象。坚持立德树人,既传授知识、训练能力,还注意价值引领,注重以红色文化、诚信文化育人,将"求真至善、修德允能"的校训精神,"大商铸才、大雅育人、商雅兼备、经世济民"的育人理念渗透到职教师资培训中。以参训学员的学习需求和教师专业发展实际为导向系统设计培训内容,开展"定制化"培训,培训方法不再是知识和技能的简单灌输,而是注重互动体验建构生成,学员有更多的机会参与课程。通过"一心"从管理、服务和学习等方面更广泛地关注参训学员的需要,不断提升培训服务品质,体现对参训学员的关怀和关爱。"一心""六式"相互作用,培训与服务有机结合,培训得到教师的响应,职教师资培训的吸引力和竞争力得以增强。

2. 完善培训管理体制和机制,提高培训的规范性、系统性和有效性

培训管理体制与机制是培训管理规范有效的主要路径。基地自建立以来,对培训工作非常重视,推进产教融合、协同育人的应用型人才培养模式改革,建立健全培训管理体制与机制。基地专门组建了主管校长任组长的工作小组,成立职业教育研究院,组建职业教育专家指导委员会,完善培训管理规章制度。在培训开始前有组织地调研参训教师的需求,做好培训组织工作及培训规划与

实施方案,训后对效果的跟踪与调研。针对培训教师的特点和培训要求,精心组织制定教学计划。加强校企合作,形成了校企双赢的长效机制,遴选优秀的教师授课、组建现代学徒制导师指导团队,组织学员到企业实地考察,聘请知名专家做学术报告,加强培训实习实训基地建设,系统推动培训工作,统筹规范,培训效果显著。

3. 实施项目制师带徒模式,提高教师实践能力

实践能力是"双师型"教师的重要能力,也是职教师资培训的重要目标。在职教师资培训中提高教师的实践能力,有利于促进教师返校组织高质量的实践教学。为提升参训学员的实践能力,基地系统规划实践教学内容,建立了以学校为主体的现代学徒制度体系。校企共同制定培训目标与培训计划,学校建立导师指导团队,指导参训学员在校内进行理论学习,以需求为导向制定项目,参训学员带着项目进入企业实训或顶岗实习,以师带徒指导实践操作,理论与实践、生产与教学相互融合,提高了参训学员的实践能力。

(四)"一心六式"职教师资培训模式的推广应用

经过多年的发展,"一心六式"职教师资培训模式得以不断推广应用。

1. 在东北职业教育领域中具有较大影响

哈尔滨商业大学职教师资培训基地发挥优势学科作用,通过企业捐赠等方式,建设大数据会计实践教学平台,完善大数据会计实践教学中心建设,建成符合实践需要的虚拟仿真平台,并逐步开放面向区域的高度虚拟仿真实验室,通过强化大数据会计实习实训等路径,逐步提升其在东北三省的影响力。

2. 在全国职教师资培养培训基地中具有较高知名度

哈尔滨商业大学职教师资培训基地通过开设哈尔滨商业大学职教大讲堂,举办黑龙江省"龙菜杯"职业院校烹饪技能大赛、哈尔滨商业大学职业教育20周年暨职业教育高峰论坛,召开教育部职教师资培养资源开发项目专家论证会等活动,宣传基地的培训模式,提升其在全国职教师资培训中的知名度。

八、北京市职业技术教师培训工作的典型案例

案例1：健全师德教育机制，加强师德师风建设[1]

北京戏曲艺术职业学院结合学院工作实际，制定了《北京戏曲艺术职业学院关于开展师德专题教育的工作方案》，认真组织学习"习近平总书记给中国戏曲学院师生的回信"中的重要指示精神并组织专题讨论，引导全体教师坚定文化自信，弘扬优良传统，不忘从艺初心，全面落实立德树人根本任务。北京财贸职业学院健全师德教育机制，多举措落实师德师风建设，推动全体教职工做到学史明理、学史力行，提升理论素养和立足岗位办实事的能力。北京劳动保障职业学院组建教师志愿社会服务队伍，定期为社区送教送服务，不断深化师德内涵。学校依托国家级职业教育教师教学创新团队塑造"三老三心"的专业文化，即"尊老、爱老、孝老"的职业素养和"专心、耐心、责任心"的专业技能。北京电子科技职业学院结合学校"双高"建设，全面加强师德师风建设，组织召开第五届师德论坛，评选优秀教师和优秀教育工作者，讲好师德故事，表彰师德典型，宣传师德事迹。北京经济管理职业学院将师德师风专题列入2021年教职工政治理论学习计划中，加强警示教育，引导广大教师时刻自重、自省、自警、自励，坚守师德底线，树立优良师德师风。

案例2：加强师德师风教育，构建师德培育模式

北京农业职业学院强化以建党百年党史学习教育为重点的"四史"学习教育，引导广大教师坚定理想信念、厚植爱国情怀、涵养高尚师德，牢记为党育人、为国育才的初心使命，筑牢"铸根京郊"农职特色师德价值观。学院充分发挥11个教学单位党总支政治核心作用和38个教师党支部的战斗堡垒作用，突出抓好448名教师（含专职辅导员、实验员）师德专题教育工作。学院组织962名教职员工签订了师德承诺书，完成了师德师风常识及"四史"知识考试及"四史"知识竞赛活动；评选出2021年"铸根京郊——我身边的师德榜样""我最喜爱的老

---

[1] 北京市教育委员会.北京市高等职业教育质量年度报告 2022[EB/OL]. (2022-03-31)[2022-11-20]. https://jw.beijing.gov.cn/bjzj/gdzyreport/gdreport/202201/t20220114_2591278.html.

师"29人。通过几年的探索实践，学院基本形成"五联五通"师德培育模式，即积极关联五大基础平台，互通五个重点项目（活动）：一是依托专业（教研室）党支部平台，开展双带头人培育；二是依托职工之家平台，开展师德知识考试竞赛；三是依托教师发展中心平台，开展"铸根京郊——我身边的师德榜样"评选和师德承诺活动；四是依托管理育人平台，开展"我最喜爱的老师"评选活动；五是依托社会服务平台，发挥"铸根京郊"农职师德精神引领作用。

案例3：发挥培训平台作用，提升教师的专业能力和水平

北京劳动保障职业学院依托学校教师发展中心，分级分段精准提升教师素养，学校的结构化培养平台已形成了"三级"（国家级＋市级＋校级）教师教学创新团队、"三段"（专业带头人、青年骨干、新入职）梯队培养机制、多层次的激励保障机制等较为完善的系统培养体系。北京农业职业学院充分发挥教师发展中心平台的作用，多层次多渠道开展教师培训，为教师提供职业生涯规划、教育教学指导、学术发展咨询、问题诊断指导等服务，有效提升了教师的专业教学能力和职业发展潜力。北京财贸职业学院修订《北京财贸职业学院教职工学习进修管理办法》，积极探索多途径培训模式，有序组织教师参加各级各类培训累计3453天，人均16.76天（134.1课时）/年，有效促进教师成长。北京经济管理职业学院统筹教师研修、职业发展、教育教学指导、学术发展、学习资源服务等职能，健全教师精准培训机制，面向全体教师开展了教师师德素养系列、教师素质能力提升、教师协同研修等培训，2021年累计培训达到1536人次。

案例4：加大培养力度，提升"双师"素质

北京财贸职业学院依托校企共建国家级师资培训基地，组织开展"双师型"教师专业技能培训，学院2021年度完成数字化管理会计"1＋X"证书师资培训（中级）、物流管理"1＋X"证书师资培训（中级）、会计专业财务数字化应用培训、金融专业数字金融"双师型"教师培训共4期培训。学院聘请行业名家、企业高管等大师名家，融合行业发展前沿，开展理论讲解、企业实践教学等培训，切实提升教师的"双师素质"。学院投入教师企业实践专项经费85万，用于鼓励和支持教师分期分批下企业实践锻炼，"双师型"教师比例达到89.81%，比去年同期高5.77%。北京农业职业学院依托国培基地，通过专题培训、校企联合培养、考核验收等环节，采取线上＋线下、理论＋实践、校内＋校外、自学＋组学、培训＋比赛等灵活便捷形式，开展新时代各类专题的高水平职业能力、思政课程

和教学水平实践项目,促进双师素质再上水平,2021年完成国培项目17440人时,目前学院"双师型"教师占比达92.1%。

案例5:深化"三教"改革,打造国家级教师教学创新团队

教育部2021年首场新闻发布会在京召开,介绍新时代高校教师队伍改革建设情况。北京工业职业技术学院党委书记高喜军作为122个首批国家级职业教育教师教学创新团队的唯一代表,现场介绍了机电一体化技术专业教学创新团队建设经验。北京工业职业技术学院依托国家"双高"建设计划项目,"多方聚力,深化'三教'改革,打造国家级教师教学创新团队",机电一体化技术专业教学团队作为首批国家级职业教育教师教学创新团队,在师资队伍、课程改革、模块化教学、协作共同体等方面多措并举,教学创新团队建设取得良好成效。

案例6:打造"三强"创新团队,政产学研用携手共育未来工匠

北京电子科技职业学院药品生物技术专业群以骨干教师为基础,邀请企业高技能人才加入,充分发挥学科和人才优势,积极打造理论、实践、研发"三强"教师教学创新团队,获批国家级职业教育教师教学创新团队。一是以优势特色学科为平台打造高水平政产学研用团队。形成"政校企研"四方合作机制,与世界五百强企业国药集团旗下40多家企业和科研院所合作,共组教师教学创新团队,共建开发区生物医药中试基地,共育生物医药创新实践技能人才。二是以企业人才和高层次优秀人才为柱石构建高水平教学科研团队,形成专业带头人—骨干教师—团队成员的分工,建成了一支创新意识强、教学质量高、学术成果丰硕、行业影响大的优秀教学团队。三是以培养生物技术高精尖产业人才为目标推进SCI系统化人才培养。坚持"依托开发区办专业、联合行企建标准、对接岗位育人才"。建设企业现代学徒制教育中心,设立高级学徒岗位,为创新实践型技术技能人才培养提供顶岗实习、研习条件。疫情期间,近40名学生在新冠疫苗生产、核酸检测等岗位工作,为抗击新冠疫情做出了贡献。

案例7:以赛促教、赛教结合结硕果

北京交通运输职业学院的张利、高燕、宫英伟教师团队参加由教育部主办的2020年全国职业院校技能大赛教学能力比赛,凭借良好的精神风貌、过硬的专业素养、高超的教学技能,在比赛中脱颖而出,获得高职专业课程组一等奖。大赛启动以来,学院高度重视,加强组织领导、合理配置资源、强化比赛训练、做

到以赛促教、赛教结合。在 2020 年 8 月举办的北京市市赛中,学院的十支参赛团队中有九支获得市赛一等奖,一支获得市赛二等奖,学院获优秀组织奖;在 2020 年 9 月举行的国赛选拔赛上,学院有两支团队脱颖而出,获得代表北京市参加全国比赛的资格。在国赛现场,两支教学团队讲解清晰,示范标准,赢得评委的一致好评,分获国赛一等奖和三等奖。

案例 8:健全考核评价机制,深化人事聘用聘任改革

北京信息职业技术学院落实《深化新时代教育评价改革总体方案》《人力资源和社会保障部教育部关于深化高等学校教师职称制度改革的指导意见》《北京市职称评审管理暂行办法》精神,修订《专业技术职务评审及首次聘任管理办法》《专业技术职务评价标准条件》,深化职称评审改革,完善评价标准,将师德表现作为教师职称评审的首要条件,突出教育教学能力和业绩,推行代表性成果评价;创新评价方式,针对不同类型教师实行分类评价;畅通人才发展通道。修订《聘期考核管理办法》,针对不同类型教师实行分类评价,全年评选电控级"优秀教师""先进教育工作者"27 人、校级"优秀教师""先进教育工作者"68 人,优秀辅导员 2 人,优秀班主任 15 人;推荐北京市技能大师 1 人、高端会计人才 1 人、职业教育教师先进典型案例 3 项。北京经济管理职业学院修订《专业技术职务评聘管理办法》《专业技术岗人员量化考核办法》,细化《教学建设工作业绩计分办法》《科研工作量计分办法》,进一步完善教师评价机制,构建以品德、能力和业绩为导向的人才评价体系。

案例 9:以企业专家评价为切入点,探索教师评价改革

北京交通运输职业学院贯彻落实《深化新时代教育评价改革总体方案》,探索建立多元、多维的教师评价模式,评价主体包括学生、教师、企业等。为促进教学改革对接企业用人需求,学院近两年开展企业专家评教、评学工作。以企业专家听课为切入点评价教学过程,以企业专家考核实操为切入点评价教学成效。在评教和评学的过程中,各教学院系和创新团队,逐步形成和完善"双元"评价制度和评价标准。学院借助与沃尔玛校企合作的契机,不断探索企业评价学生的新模式,例如组织航空物流专业学生到企业进行参观调研,企业导师全程参与指导与评价,授课教师直接将企业导师评定成绩纳入学生最后的考评成绩中。

九、天津市职业技术教师培训工作的典型案例[①]

案例 1：强化师德师风建设，创建七位一体师德建设体系

天津职业大学创建"党建引领、制度保障、思想强基、队伍支撑、典型引路、规则立行、考核评价"七位一体师德建设体系。近两年天津联业大学选树校级教学楷模、优秀思政工作者、德技双馨教师等 13 人，选树校级黄大年式教师团队 5 支，教师获评"国家技能人才培育突出贡献个人"1 人、轻工"大国工匠"1 人、行业教学名师 4 人、"天津市最美女教师"1 人，5 支教师团队获评国家级、市级职业教育教师教学创新团队，4 名教师获得"全国技术能手"称号，教师主编 2 本教材获得首届全国教材建设奖二等奖，获评天津市技能大师工作室 1 个。

案例 2：实施实践卡与贡献卡，加强专兼职教师队伍建设

天津城市职业学院围绕高水平专兼结合"双师双能"师资队伍建设目标，实施企业实践卡与贡献卡，2021 年，学院全体教职工深入 216 家企业（社区）实践，人均实践天数 32.3 天，其中专任教师人均实践天数 42.27 天。教师通过企业实践为企业提供技术服务与支持、开展职工培训。

案例 3：落实教师企业实践，打造"双师型"教师队伍

天津市机电工业学校建立"流动岗+固定岗"的师资管理制度。2021 年，先后组织教学一线的 445 人次教师深入 15 家企业，累计完成 1 314 个工作日的实践锻炼。推动双主体育人（学校+企业）、双导师指导（教师+师父）、双课堂教学（校内课堂+企业课堂）、双身份学习（学生+学徒）、双评价证书（学历证书+专业技能证书）"五双"育人落地落实，不断在提升教学质量上强作为、创优质、出成果，打造了基础实、适应快、能力强、素质高，富有创新精神与实践能力的双师型教师队伍。

[①] 天津市教育委员会.天津市高等职业教育质量年度报告 2022[EB/OL].(2021-12-06)[2022-11-20]. https://ddzx.tjtc.edu.cn/tj-zlnb-2022.pdf.

十、河北省职业技术教师培训工作的典型案例①

案例1：打造国家课程思政示范项目

河北化工医药职业技术学院"食品安全与质量管理"课程以"诚信守法""社会责任""劳动教育""爱岗敬业"职业素养为核心，遵循"家国情怀""职业素养""个人品质"三元并行的理念，构建了"课—岗—思—证"四维融合内容体系。2021年5月，"食品安全与质量管理"获评教育部课程思政示范课程，该课程团队获评教学名师团队。2021年9月，根据教育部职业教育与成人教育司《关于开展职业教育课程思政集体备课有关工作的通知》要求，学院举办了全国职业院校食品药品与粮食大类课程思政集体备课会，得到了全国食品药品与粮食大类专业中高职学校广泛响应，吸引了来自全国50余所职业院校900余名教师的参与。

案例2：河北省教书育人楷模——刘少坤

刘少坤，现任河北工业职业技术大学教务处处长，教授，曾任学校计算机技术系主任。任系主任期间，他带领教师团队自主研发的"高校教师教学质量评价系统""大学生在线考试系统"等9个系统获得了国家版权局颁发的计算机软件著作权，主持的30余个项目涉及军队、建筑、高校等多个领域；带领学生团队，获2018年全国职业院校技能大赛高职组物联网赛项一等奖，实现了学校的历史性突破，摘取河北省在此项目8年来的首金，为学校乃至河北省赢得了荣誉；紧抓"大众创业、万众创新"机遇，建成"全国信息化程度最高"的来吧创客咖啡双创基地，服务学校电子信息大类专业的15000余名学生，孵化创业项目360余项，孵化企业42家，申请软件著作权20个、专利80余项，培养全国创业之星2人，获得全国创业大赛银奖1项，河北省创业大赛金奖2项、银奖5项、铜奖10项。2021年9月，他荣获2021年度河北省教书育人楷模称号。《中国教育报》还对刘少坤的教书育人事迹进行了报道。

---

① 河北省教育厅.河北省高等职业教育质量年度报告2022[EB/OL].(2021-12-06)[2022-11-20]. https://www.tech.net.cn/column_rcpy/art.aspx?sf=%E6%B2%B3%E5%8C%97%E7%9C%81&nd=2022&type=1.

十一、广东省职业技术教师培训工作的典型案例

案例1：以"三融合"为理念，以"三贯通"为模式，培养卓越的"双师型"职教师资

广东技术师范大学是我国培养职业技术教师的"老八所"之一，被誉为广东职教师资培养"母机"和职教师资培训"重镇"。该校坚持专业性、职业性和师范性的"三融合"理念，以职前职后培养贯通、本科硕士培养贯通、学校企业培养贯通的"三贯通"模式，培养卓越的"双师型"职教师资。

1. 坚持专业性、职业性和师范性的"三融合"理念

在专业性方面，该校实行本硕一体化的卓越职教师资的培养，指导学生从事职业教育研究、理解技术本性，激发了他们对研究的热情，让学术研究和科研创新逐渐成为了其教学相长的重要支撑。在职业性方面，该校构建了理论与实践并行的教学体系，既重视课程体系对学生教育教学能力、创新能力和专业能力的培养，又强调理论知识指导新一轮的教学活动，实现了理论"从实践中来、到实践中去"的循环发展。在师范性方面，该校建立了完善的校内学业导师、教学论导师和中职实践导师、企业实践导师为一体的"双导师制"，共同组成专兼结合的导师队伍和教学队伍。专业性、职业性和师范性的"三融合"理念促使学生在掌握扎实的专业能力与职业技能的基础上，培养职业技能传授能力，同时利用现代教育技术，改革教学手段，使学生全方位地提高"教"的能力。

2. 实现职前和职后培养"双师型"职教师资的贯通

《广东省新时代教师发展体系建设实施方案》提出"构建职业教育师资多元培养培训格局，支持建设高水平职业技术师范大学"。作为广东职教师资培养"母机"和培训"重镇"，广东技术师范大学将培养培训贯通起来，以培养促进培训，以培训反哺培养。在贯通方式上，该校把集中培训和企业实习相结合，把职校师范学习和职校教学体验相结合，提升培养培训的贯通性、针对性和实效性。

3. 实现本科和硕士"双师型"职教师资培养的贯通

广东省职业技术教师在规模上有待进一步扩大，尤其是研究生层次的职教

师资比例需要进一步提高。广东技术师范大学根据职业技术教师发展趋势，基于专业性、职业性和师范性的"三融合"理念，把本科和硕士"双师型"人才培养进行贯通，并在条件允许的时候进行"本硕博"培养贯通，在多元化和个性化相结合的前提下实现"一站式"培养，强调整个师资培养结构链条的分工与合作，大大提高了职教师资培养的效率和质量。

4. 实现学校和企业培养"双师型"职教师资的贯通

在实践基地和证书建设方面，依据"平台共建、资源共用、成果共享，产教融合"原则，广东技术师范大学与中等职业学校和企业共同构建校内实践基地、教育实习基地和企业实践基地，研制了"学历＋技能＋教师资格"三证书资历架构。在课程体系建构方面，广东技术师范大学与企业协同建构了"理论＋教学＋实训＋技能"的四模块课程体系。其中，理论教学培养学生的职业技能传授能力，重点讲授分析方法，教师教育模块学分比例达20％以上；实验教学培养学生的综合分析能力和技术技能，增加综合性、设计性实验；专业实训培养学生的职业技能和实操能力，根据中职学校对职教师资的发展要求灵活设置，还借鉴新加坡南洋理工学院的经验，设置了学期训练项目，强化学生的实践技能；技能考证要求学生在高职阶段获取技能证书达到技师水平，并获取教师资格证，最后取得学历学位证书。在导师制度建设方面，广东技术师范大学与基地依托单位共同组成专兼结合的导师队伍，创建了"校内学业＋校外实践"双导师制度，即校内学业导师、课程教学论导师和企业实践导师、中职实践导师为一体，引导师范生和参训教师发展教育教学知识和技能，提升实践能力。

案例2：建立"三全三分"培养体系，持续推进人事制度改革，培养高职教育"名匠大师"

深圳职业技术学院教师被称为"五高团队"：高职称教师比例高、高学历教师比例高、"双师型"教师比例高、"双师"证书含金量高、教师与企业融合度高。自建校以来，深圳职业技术学院始终把建设高素质"双师型"教师队伍作为落实立德树人根本任务和全面提高育人质量的基础性工作来抓，着力打造以"专业、专注、爱心、奉献"为核心内容的师德高尚、素质过硬、技艺精湛、专兼结合、充满活力的高职教育"名匠大师"汇聚中心。

1. 建立"三全三分"培训体系，使教师队伍永远保持"新鲜有活力"

"三全三分"培训体系是指，全覆盖、全过程、全方位实施教职工分类、分阶段、分维度培训。通过持续不断的培训,教师人人都是"新教师",永远都有"新活力"。这种"新教师"包括创新精神、更新观念、年年新证书、年年有新课、年年新教材,等等。首先,突出分类第一原则,围绕能力提升,构建教师人才梯队发展体系。按照中层管理干部、专业带头人、骨干教师、辅导员、管理人员、教辅人员等分类开展全员培训,全面推进制定教职工培训五年规划。干部培养围绕学校重点工作和中心任务,以举办短期专题培训为主要方式,充分利用校内外优质资源,采用集中讲授、现场教学、在线学习、调研考察等多种教学方法;教师培训通过"培训、教研、示范、大赛、督导"五条路径进行教学能力提升,构建"新入职教师—骨干教师—教学能手"的教学能力提升体系。其次,制定人才发展规划,实施培优工程,分类培育名匠大师。结合师资队伍发展需要,从存量激励到增量引进,做好人才发展规划布局,全面建设优秀人才储备库,及时发现、进阶式培养、全过程跟踪,形成可持续发展的高水平师资梯队建设。第三,建立400多人规模的青年骨干教师库,并进行个性化分析,有针对性地开展跟踪培养。建立新教师入职培训体系和企业实践制度、教师"传帮带"培养制度、新教师为期1年的教育见习制度,每年选派青年骨干教师到境外机构学习前沿技术、赴行业龙头企业或领军企业顶岗挂职,提升改进企业产品工艺、解决生产技术难题的能力;鼓励青年教师承接企业真实工作任务和项目,与企业兼职教师联合办公,提升实践教学能力与应用研发能力。

2. 持续推进人事制度改革,建立激发教师生命活性的"六大机制"

通过2011年、2016年和2019年开展的三轮岗位聘任工作,深圳职业技术学院逐步确立了人员"能进能出"、岗位"能上能下"、薪酬"能多能少"的活力机制。近年来学校一直积极探索岗位设岗、职务聘任、分类管理、分类考核、调配绩效工资等系列人事制度改革,建立了激发教师生命活性的"六大机制":一是"业绩导向"的竞争机制,二是"平稳过渡"的缓冲机制,三是"鼓励发展"的进阶机制,四是"打破身份"的转轨机制,五是"脱颖而出"的激励机制,六是"人文关怀"的保障机制。

3. 深圳职业技术学院培养高职教育"名匠大师"的五大基本经验

深圳职业技术学院在教师队伍培养中形成了以下五大基本经验:一是坚持"立德树人",把"强师德、铸师魂"作为建设基石,树立教师昂扬的教育理想信念和热诚的干事创业精神;二是坚持"生本育人",把"爱学生、抓教学"作为评价重点,树立教师的"以学生为本"意识和"以教学为重"的思想;三是坚持"共同育人",把"强实践、重合作"作为主要方向,建设"校企合作、工学互动、共同育人"的教学团队;四是坚持"活水养人",把"强培训、重改革"作为动力机制,持续推进人事制度改革和"三全三分"培训体系,建设激发教师队伍活力的活水源泉;五是坚持"文化育人",把"仁爱心、幸福感"作为关键路径,建设有爱心、有尊严、有奉献、有职业幸福感的教师队伍。

案例3:树立"教医结合"理念,强化"院中校、校中院"特色,建立"联动互认、兼职兼薪"机制,培养医专"双师型"教师

肇庆医学高等专科学校树立"医教结合"的办学理念,整合利用学校、医院优质资源,强化"院中校、校中院"特色,实现"课程学习、教研实习"有机衔接和沟通,建立"联动互认、兼职兼薪"机制,培养医专"双师型"教师。

1. 树立"医教结合"的办学理念,实现学校与医院的资源共享

肇庆医学高等专科学校是广东省唯一的公办医学高等专科学校,自2004年成立办学以来,培养了大量基层医药卫生与健康产业人才。近年来,为了解决大学扩招和师资力量、教学资源不足等问题,肇庆医学高等专科学校根据《国务院办公厅关于深化医教协同进一步推进医学教育改革与发展的意见》和《广东省人民政府办公厅关于印发广东省深化医教协同进一步推进医学教育改革与发展实施方案的通知》,树立"医教结合"的办学理念,以"资源共享""精准育人"为原则,制定了《医教结合工作规定》,主动适应地方经济社会发展需要,以服务为宗旨,以就业为导向,以职业能力培养为本位,走"校院合作、医教结合"的发展道路,坚持专业实践教学与医疗工作岗位需求紧密对接。从"适应区域社会需求""护航精准就业""培养职业能力""促进区域医学教育协调"四大优势,回答了"医教结合为什么"的问题,强调"医教结合"既是基于现实,也是面向未来基层卫生人员发展的最佳路线。

2. 建立"联动互认、兼职兼薪"机制,强化"院中校、校中院"师培特色

"院中校、校中院"是肇庆医学高等专科学校的教师培训特色,该校校长兼任附属医院院长,与其附属医院肇庆医专第一附属医院、肇庆医专附属医院建立长效合作育人机制,组建由各方主要人员组成的专业教学指导委员会,制定相关规章制度和管理办法,明确各方权责分工。为了强化"院中校、校中院"教师培训特色,该校制定《医教结合工作规定》,建立了"联动互认、兼职兼薪"机

制。首先，实现"两个打通"：一是"打通教师和医师"，教师必须持有医生资格证书；二是"打通教室和诊室"，学校教师参与附属口腔医院临床诊疗和实习见习带教工作，每年不少于3个月，领取与医院医生同等标准的工作量奖金，医院高水平医生作为兼职教师参与专业理论和实践教学，讲授诊疗经验、临床案例、职业素养和行业文化，领取与教师同等标准的课酬和科研奖励，将教师与附属医院医护人员参加医教结合工作的情况作为各种评优、绩效考核、职称晋升和岗位聘任的必要条件。其次，学校负责专业设置、结构优化、定位调整，制定人才培养方案，并根据行业、社会需求变化调整办学方向；医院根据教学需要提供临床实践教学场所、科研和社会服务平台、病例资源，开展专业技能实践教学。

3. 发挥教师发展研究中心的领导作用，打造医专特色教师团队

肇庆医学高等专科学校成立了"教师发展研究中心"，主管组织人事的副校长担任中心主任，人事处长担任副主任，人事处、教务处、科研处的三个副处长是中心成员。"教师发展研究中心"在组织管理师资培训和探索研究培训模式方面发挥了领导作用。在该中心的领导下，学校和医院共同打造专业教学团队，共同建设实训基地、教学资源库和精品课程，共同开展专业诊断与改进，共同建立人才培养质量评价和保障体系，实现了师资建设、课程设计、教学管理、实训实习的高度融合。教师和医师、教室和诊室的"联动互认、兼职兼薪"机制建立起来，学校教学团队依托附属医院临床实训基地，通过模拟临床接诊患者的情景进行综合实训教学，使教学、科研和诊疗实践形成一种共生关系，较好地解决了高等医学院校扩招带来的临床教学资源短缺和学校教师队伍数量不足、结构不合理等问题，打造一支具有肇庆医专特色的"双师型"教师队伍。

后　记

《中国职业技术教育教师发展区域报告（2021—2022）》（以下简称《报告》）即将定稿付梓。《报告》的编辑出版得到了京津冀地区、长三角地区、东北地区、川渝地区、粤港澳大湾区五个区域课题组和有关领导、专家学者的大力支持。在此，对他们表示衷心的感谢！

研究团队聚焦五个区域的职业技术教育教师发展，分析了现状与问题，并提出了对策与建议，希望能提供关于职业技术教育教师发展重点区域的细节信息，并对我国职业技术教育教师发展的面上创新提供助益。《报告》是上海市职业技术教师教育学院、上海市职业技术教师教育研究院和课题组专家学者集体智慧的结晶。上海第二工业大学副校长丁力研究员负责整本书的策划与协调，石伟平教授负责拟定写作大纲和篇章结构。杨旭辉副研究员、李丰博士负责报告的统稿与修订。《报告》各部分的分工如下：第一章由李梦卿、刘晶晶、余静、陈姝伊、田舒蕾、王志完成；第二章由韩玉、李玉静、刘兴革、蒋春洋、张淼、张祺午、衣明、田铁杰、王世铎、梁伟、吕国圆、徐涵完成；第三章由陈春霞、臧志军完成；第四章由袁李兰、王芳、贺应根、张宇、张汀、夏金星完成；第五章由李灵莉、王斯克、李良立、徐平利、卿中全完成；第六章由李丰完成；第七章由李丰在各课题组的基础上整理完成。

华东师范大学出版社教育心理分社社长彭呈军为本书出版做了大量工作，在此对他的敬业和专业表示崇高的敬意和衷心的感谢！

2023 年 12 月